TABLEAU DE LA NATURE

OUVRAGE ILLUSTRÉ A L'USAGE DE LA JEUNESSE

LES RACES HUMAINES

11583. — TYPOGRAPHIE LAHURE

Rue de Fleurus, 9, à Paris

LES
RACES HUMAINES

PAR

LOUIS FIGUIER

OUVRAGE ILLUSTRÉ

DE 334 GRAVURES DESSINÉES SUR BOIS

ET DE 8 CHROMOLITHOGRAPHIES

REPRÉSENTANT LES PRINCIPAUX TYPES DES FAMILLES HUMAINES

PARIS

LIBRAIRIE HACHETTE ET Cⁱᵉ

BOULEVARD SAINT-GERMAIN, 79

1872

LES
RACES HUMAINES.

———◦———

INTRODUCTION.

I

Définition de l'homme. — Différence de l'homme et des animaux. — Origine de l'homme. — En quels lieux de la terre l'homme a-t-il apparu pour la première fois? — Unité de l'espèce humaine; preuves à l'appui. — Ce qu'on entend par espèce en histoire naturelle. — L'homme ne forme qu'une espèce avec ses variétés ou races. — Classification des races humaines.

Qu'est-ce que l'homme? Un penseur profond, le cardinal de Bonald, a dit : « L'homme est une intelligence servie par des organes. » Nous aimerions cette définition, qui met en lumière le véritable attribut humain, l'intelligence, si elle n'avait le défaut de ne pas séparer suffisamment l'homme des animaux. En effet, les animaux sont intelligents, et leur intelligence est servie par des organes. Seulement, ils sont infiniment moins intelligents que l'homme. Chez eux, l'intelligence se réduit aux nécessités de la défense, de l'attaque, de la recherche de la nourriture, et à un petit nombre d'affections ou de passions, d'un cercle très-borné, qui ne dépasse guère les besoins matériels. Chez l'homme, au contraire, l'intelligence est d'une haute portée, bien que cette portée ait ses limites, et que souvent elle s'arrête, impuissante et muette, devant les problèmes qu'elle se pose. Par son corps l'homme est un animal, il vit dans une enveloppe matérielle dont la structure est celle du mammifère; mais il l'emporte singulièrement sur l'animal par l'étendue de ses facultés intellectuelles. Il faut donc que la définition de l'homme établisse cette relation des animaux avec nous-mêmes, et qu'elle marque, s'il est possible, le degré qui les sépare. C'est pour cela que nous définirons l'homme : *un être organisé intelligent, et doué de la faculté d'abstraire.*

Au reste, trouver une définition de l'homme qui satisfasse tout le monde est impossible : d'abord, parce qu'une définition n'étant que l'expression d'une théorie, qui ne peut jamais rallier tous les suffrages, s'expose à être rejetée avec la théorie ; ensuite, parce qu'une définition parfaitement exacte suppose la connaissance absolue de l'objet, connaissance absolue qui est refusée à notre entendement. On a dit avec raison que pour bien définir il faudrait être un dieu. Rien n'est plus juste, et si nous pouvions donner de notre espèce une définition rigoureusement vraie, nous aurions la science absolue.

La peine que nous trouvons à bien définir l'être qui fera l'objet de nos études, n'est que le prélude des difficultés que l'on rencontre quand on veut raisonner et dogmatiser sur l'homme. Celui qui essaye d'approfondir les problèmes qui se rattachent à la nature humaine, dans l'ordre physique, intellectuel ou moral, se voit arrêté à chaque pas. A chaque instant il est obligé de confesser son impuissance à résoudre les questions, et quelquefois même à les poser seulement. Et cela s'explique. L'homme est le dernier terme de la création visible; à lui s'arrête la série des êtres vivants qu'il nous est donné de contempler. Après lui s'ouvre, dans un monde interdit à nos regards, un cortége d'êtres nouveaux, doués de facultés supérieures et inaccessibles à notre entendement, mystérieuses phalanges, dont le lieu d'habitation nous est même inconnu, et qui font suite à notre espèce dans l'échelle infinie des créations vivantes qui peuplent l'univers. Assis sur les confins de ce monde inconnu, placé au seuil de ce domaine impénétrable à ses yeux, sinon à sa pensée, l'homme participe de quelques-uns des attributs propres aux êtres qui lui font suite dans l'ensemble de la nature. C'est pour cela sans doute qu'il est si difficile pour nous de comprendre la véritable essence de l'homme, ses destinées, son origine et sa fin.

Ces réflexions étaient nécessaires pour expliquer les fréquents aveux d'impuissance que nous serons obligé de faire, en étudiant, dans cette rapide Introduction, l'origine de l'homme, l'époque de son apparition sur le globe, l'unité ou la pluralité de notre espèce, la classification des races humaines, etc. Si à la plupart de ces questions nous sommes obligé de répondre par le doute et l'incertitude, le lecteur ne devra pas en accuser la science, mais seulement les lois de l'impénétrable nature.

Et d'abord, d'où vient l'homme? Pourquoi existe-t-il? Aurait-il pu ne pas exister? Ici, il faut se taire, le problème est au-dessus des forces de la pensée humaine. Mais, au moins, on peut se demander, puisque les savants ont longuement agité cette question, si l'homme a été créé de toutes pièces, ou s'il dérive d'une espèce animale antérieure, modifiée, dans sa structure anatomique, par le temps et les milieux. En d'autres termes, est-il vrai, comme l'ont prétendu divers savants contemporains, que l'homme soit le résultat du perfectionnement organique d'une race particulière de singes, race intermédiaire entre les singes que nous connaissons et les premiers hommes?

Nous avons déjà traité cette question avec développement dans le volume qui a précédé celui-ci. Nous avons établi, dans l'*Homme primitif*, que l'homme ne dérive, par voie de transformation organique, d'aucun animal, pas plus du singe que de la baleine; qu'il est le fruit d'une création propre.

Mais, création propre ou création antérieure modifiée, l'espèce humaine n'a pas toujours existé. Elle a donc eu une cause productrice. Cette cause productrice, quelle est-elle? C'est encore là un problème qui résiste à notre intelligence. Disons, chers lecteurs, que la création de l'espèce humaine fut un acte divin que l'homme est un des fils du suprême arbitre des mondes, et nous aurons donné à cette question la seule réponse qui puisse satisfaire à la fois le cœur et la raison.

Mais arrivons à des questions plus accessibles à notre entendement, qui mettent l'esprit plus à son aise, et sur lesquelles la science puisse s'exercer. A quelle époque faut-il fixer la première apparition de l'homme sur le globe? Dans l'*Homme primitif*, nous

avons amplement répondu à cette question. Nous avons rappelé
l'opinion de quelques savants qui font remonter jusqu'à l'époque
tertiaire la première apparition de l'homme. Rejetant cette date,
par suite de l'insuffisance des preuves alléguées, nous avons
admis, avec la majorité des naturalistes, que l'homme s'est montré
pour la première fois sur notre globe au commencement de l'é-
poque quaternaire, c'est-à-dire antérieurement au phénomène géologique du déluge, et avant la période glaciaire, qui précéda ce grand
cataclysme terrestre. Vouloir fixer à l'époque tertiaire la naissance
de l'humanité serait sortir des faits acquis en ce moment à la
science, et substituer à l'observation la conjecture et l'hypothèse.

En disant que l'homme est apparu pour la première fois sur le
globe au commencement de l'époque quaternaire, nous établissons ce fait, conforme à la cosmogonie de Moïse, que l'homme a
été formé après les animaux, qu'il est venu apporter le couron-
nement à l'édifice de la création animale.

A l'époque quaternaire, presque tous les animaux qui vivent
de nos jours avaient déjà vu la lumière, et il existait un certain
nombre d'espèces animales qui devaient bientôt disparaître.
Quand l'homme fut créé, le mammouth et le grand ours, le grand
tigre et le cerf mégacéros, ces animaux plus volumineux, plus
robustes et plus agiles que les espèces correspondantes que nous
connaissons, remplissaient les forêts ou parcouraient les plaines.
Les premiers hommes ont donc été contemporains de l'éléphant
à toison laineuse, de l'ours et du tigre des cavernes ; ils ont eu à
lutter contre ces phalanges sauvages, aussi redoutables par leur
nombre que par leur puissance. Cependant, en vertu des lois de
la nature, ces animaux devaient s'effacer du globe et faire place à
des espèces plus petites ou différentes, tandis que l'homme, per-
sistant au contraire, croissait et multipliait, comme le dit l'Écriture ; il s'étendait peu à peu dans toutes les contrées habitables, et
promenait partout son empire, de jour en jour accru par le perfectionnement et le progrès de son intelligence.

Nous avons donné, dans l'*Homme primitif*, l'histoire des débuts de
l'humanité. Nous avons suivi la naissance et la marche de la civilisation, depuis le moment où l'homme fut jeté, faible, chétif et
nu, au milieu d'une population animale hostile et sauvage, jusqu'au jour où son pouvoir, assis sur des bases définitives, chan-
gea peu à peu la face de la terre habitée.

Nous n'avons pas à revenir sur ces récits, que nous avons développés longuement et conformément aux découvertes de la science actuelle, dans *l'Homme primitif*. Mais il est un autre problème qui rentre dans le cas particulier du présent volume, et que nous devons aborder. L'homme a-t-il vu le jour sur un point unique de la terre, et peut-on désigner la région qui fut, pour ainsi dire, le berceau de l'humanité? Ou bien faut-il croire que l'homme s'est montré primitivement en plusieurs lieux à la fois, qu'il a été créé et qu'il est toujours demeuré dans les lieux mêmes qu'il habite aujourd'hui : que le nègre a vu le jour dans les régions brûlantes du centre de l'Afrique, le Lapon ou le Mongol dans les froides régions où il est aujourd'hui confiné?

A cette question on peut donner une réponse satisfaisante, en invoquant les faits acquis à l'histoire naturelle. Mais pour faire triompher notre opinion, nous aurons à combattre les arguments d'une doctrine opposée. Comme nous le disions dans les premières pages de cette Introduction, il faut toujours s'attendre à rencontrer des difficultés, à dissiper des incertitudes, à combattre des thèses contraires, pour chaque point de l'histoire de l'humanité que l'on essaye d'approfondir.

Il est une école de savants qui prétend que la création de notre espèce a été multiple, que chaque type humain a pris naissance dans les régions où il se trouve aujourd'hui, et que ce n'est point l'émigration, suivie de l'action du climat, du milieu et des habitudes, qui a donné naissance aux différentes races humaines.

Cette opinion a été soutenue dans un travail de M. Georges Pouchet, fils du célèbre naturaliste de Rouen. Mais il suffit de lire le mémoire sur la *Pluralité des races humaines* de M. Georges Pouchet, pour se convaincre que l'auteur, comme ceux de son école, aussi ardente à démolir qu'impuissante à édifier, après s'être complu dans le rôle facile de critique, se montre d'une faiblesse sans égale quand il s'agit de mettre un système à la place de celui qu'il contredit. S'il a existé plusieurs centres de création pour l'espèce humaine, il faudrait les signaler, et montrer que les hommes qui y vivent de nos jours n'ont eu aucuns rapports avec d'autres populations. M. Georges Pouchet garde un prudent silence sur cette question; il se dispense de fixer le lieu et les limites de ces prétendues créations multiples. Un pareil vice de raisonnement suffit à faire juger une doctrine.

Nous pensons, nous, que l'homme a eu un centre unique de création sur le globe; que, cantonné, à l'origine, sur une région particulière, il a rayonné de ce point dans tous les sens, et que par ses migrations, jointes à la multiplication rapide de ses descendants, il a fini par peupler toutes les régions habitables du globe.

Pour démontrer la vérité de cette proposition, nous examinerons ce qui se passe chez les êtres organisés, c'est-à-dire chez les animaux et les plantes, l'application de ce genre de faits à l'homme, c'est-à-dire l'observation et l'induction, étant le seul moyen logique à invoquer dans ce cas.

Que nous disent la géographie botanique et la géographie zoo logique? Elles nous enseignent que les plantes et les animaux ont chacun leur patrie, dont ils s'éloignent peu ; et que l'on ne pourrait citer aucune plante ni aucun animal qui vivent indifféremment dans toutes les contrées du globe, à moins d'y avoir été transportés par l'industrie humaine. La terre est, pour ainsi dire, partagée en un certain nombre de zones, qui ont leurs végétaux et leurs animaux particuliers. Ce sont autant de provinces naturelles, toutes d'une faible étendue, et qui représentent de véritables centres de création. Le cèdre, propre aux montagnes du Liban, n'existait que dans cette région avant d'être transporté sous d'autres climats, et le caféier n'avait poussé qu'en Arabie, avant d'avoir été acclimaté dans le sud de l'Amérique. Nous pourrions multiplier beaucoup les noms de ces végétaux qui ont leur patrie originelle très-nettement dessinée, mais ces exemples suffisent pour faire comprendre le fait général dont il s'agit.

Est-il besoin de dire que les animaux ont, comme les plantes, divers lieux de cantonnement, dont ils ne sortent guère qu'à leur détriment, car ils n'ont pas la faculté de s'acclimater partout. L'éléphant ne vit que dans l'Inde et dans certaines parties de l'Afrique, l'hippopotame et la girafe dans d'autres contrées du même continent; les singes n'existent que dans fort peu de régions du globe, et si l'on descend aux espèces de singes, on trouve que le lieu d'habitation propre à ces espèces est très-limité. Pour ne pas sortir de singes de grande taille, l'orang-outang ne vit qu'à Bornéo et à Sumatra, et le gorille que dans un petit coin de l'ouest de l'Afrique.

Si l'homme avait pris naissance dans tous les lieux mêmes où l'on voit aujourd'hui ses différentes races, il constituerait une exception unique dans l'ensemble des êtres organisés. Le raison-

nement par induction, c'est-à-dire l'application à l'homme de tout
ce qu'on observe dans l'ensemble des êtres qui vivent à la surface du globe, nous amène donc à conclure qu'il n'y a eu pour
l'espèce humaine, comme pour chaque espèce végétale ou animale, qu'un seul centre de création.

Peut-on aller plus loin encore, et déterminer le point particulier du globe d'où l'homme est sorti? Il est probable que l'homme
a vu le jour pour la première fois sur les plateaux de l'Asie centrale, et qu'il partit de là pour aller occuper, de proche en proche, le globe tout entier. Voici les faits qui viennent à l'appui de
cette opinion.

On trouve autour du massif central de l'Asie les trois types or-
ganiques fondamentaux de l'homme, c'est-à-dire l'homme blanc,
le jaune, le nègre. Le noir s'en est un peu écarté, quoiqu'on le
trouve encore au sud du Japon, dans la presqu'île de Malacca,
dans les îles Andaman, dans les Philippines à l'île Formose.
L'homme jaune forme en grande partie la population actuelle de
l'Asie, et l'on sait d'où venaient ces hommes blancs qui ont envahi l'Europe, aux temps antéhistoriques comme aux temps historiques : ces conquérants appartenaient à la race aryenne, ou
persane, ils arrivaient du centre de l'Asie.

Nous verrons plus loin que les diverses langues du globe appartiennent à trois formes fondamentales : les langues *monosyllabiques*, dans lesquelles chaque mot ne comprend qu'une syllabe,
les *langues agglutinatives*, dans lesquelles les mots se rejoignent, et
les *langues à flexion*, qui ne sont autre chose que les langues que
l'on parle en Europe. Or, ces trois formes générales du langage
se rencontrent aujourd'hui autour du massif central de l'Asie. La
langue monosyllabique se parle dans toute la Chine, et dans les
différents États qui dépendent de cet empire; les langues agglutinatives se parlent au nord de ce plateau, et s'étendent jusqu'à
l'Europe; enfin les langues à flexion se parlent dans toute la portion de l'Asie occupée par la race blanche.

Autour du massif central de l'Asie, on trouve donc et les trois
types physiques fondamentaux de l'espèce humaine, et les trois
types du langage humain. N'est-ce pas là une présomption, sinon
une preuve, que l'homme s'est montré pour la première fois
dans cette même région où l'Écriture place le berceau du genre
humain?

C'est en partant de ce massif central de l'Asie, en s'irradiant, pour ainsi dire, autour de ce lieu d'origine, que l'homme a progressivement occupé toutes les parties du monde.

Les migrations des peuples ont commencé de très-bonne heure. La facilité qu'a notre espèce de s'habituer à tous les climats, de se prêter aux variations de température, jointe au caractère nomade qui distinguait les populations primitives, nous expliquent les déplacements des premiers peuples. Bientôt les moyens, plus ou moins grossiers, de navigation, se joignant aux ressources des voyages par terre, on passa des continents aux îles éloignées, et les archipels se peuplèrent, aussi bien que les continents. C'est par le transport effectué dans les pirogues, formées de troncs d'arbres à peine dégrossis, que se sont peuplés de proche en proche les archipels de l'océan Indien et enfin l'Australie.

Le continent américain n'a pas fait exception à cette loi de l'envahissement du globe par l'émigration de phalanges humaines. Il n'est pas très-difficile de pénétrer de l'Asie en Amérique, par le détroit de Behring, qui est presque toujours occupé par les glaces, et qui permet alors un passage presque à pied sec d'un continent à l'autre. C'est ainsi que les Asiatiques du nord ont dû arriver dans le nord du Nouveau-Monde.

Cette communication d'un hémisphère terrestre à l'autre surprend moins, quand on sait que des travaux historiques modernes ont établi que vers le dixième siècle, c'est-à-dire 400 ans avant Christophe Colomb, des navigateurs partis des côtes de la Norvége avaient pénétré dans l'autre hémisphère. Les habitants du Mexique et du Chili possèdent des archives historiques très-authentiques, qui prouvent qu'une civilisation assez avancée brilla chez eux de bonne heure. De gigantesques monuments, encore debout, attestent la haute antiquité de la civilisation des Incas (Péruviens) et des Aztèques (Mexicains). Il est à croire que les populations de l'Amérique, qui marchèrent ensuite d'un pas assez rapide dans la carrière de la civilisation, descendaient des hordes asiatiques septentrionales qui étaient parvenues dans le Nouveau-Monde en passant sur les glaces du détroit de Behring.

Ainsi, pour expliquer la présence de l'homme dans tous les points du continent et des îles, il n'est pas nécessaire de croire à l'existence de plusieurs centres de création de notre espèce. Si les traditions des peuples établissaient que toutes les régions aujourd'hui habitées ont toujours été occupées par les mêmes peuples, et que ceux qu'on y trouve ont constamment vécu dans les mêmes lieux, il faudrait bien admettre l'hypothèse des créations multiples de l'espèce humaine; mais, au contraire, la plupart des traditions nous enseignent que chaque contrée s'est peuplée d'une manière progressive, par voie de conquête ou d'émigration. La tradition établit que la vie nomade a partout précédé les établissements fixes. Il est donc probable que les premiers hommes voyageaient constamment. Un flot de barbares, partis du centre de l'Asie, submergea l'empire romain, et les tribus vandales pénétrèrent jusqu'en Afrique. Les migrations modernes se sont faites sur une échelle plus vaste encore, car nous voyons aujourd'hui l'Amérique presque tout entière occupée par les Européens. L'Anglais, l'Espagnol, ainsi que d'autres peuples de la race latine, remplissent le vaste hémisphère américain, et les populations primitives de ces contrées ont péri presque toutes, anéanties par le fer du vainqueur.

Le continent de l'Asie fut peuplé de proche en proche par les peuples de la race aryenne, descendus des plateaux de l'Asie centrale, et qui suivaient la route des Indes. Quant à l'Afrique, elle reçut son contingent de population par l'isthme de Suez, la vallée du Nil et les côtes de l'Arabie, grâce au secours de la navigation.

Aucun fait ne prouve donc que l'humanité ait eu plusieurs berceaux distincts. C'est en partant d'un point unique que l'homme, qui se plie si facilement aux climats les plus opposés, a dû couvrir peu à peu toute l'étendue de la terre habitable.

Ce principe de l'unité de l'espèce humaine, la Bible l'avait proclamé avant les études des anthropologistes modernes. De même que la Bible oppose sa cosmogonie monothéiste aux cosmogonies diverses de l'antiquité orientale ou païenne, de même elle oppose aux dogmes erronés des religions et des philosophies de l'antiquité cette doctrine, sublime et simple, que l'homme, le dernier venu de la création, la domine, à titre de chef privilégié et de personne morale. Les livres saints nous disent en effet : « Dieu a fait naître d'un seul sang tout le genre humain [1]. »

Autre problème. L'homme blanc, l'homme jaune et l'homme noir, existaient-ils dès les premiers temps de l'apparition de notre

---

1. Saint Paul à l'aréopage d'Athènes, *Actes des apôtres*, chapitre XVII, verset 26.

espèce sur le globe, ou bien faut-il expliquer la formation de ces trois races fondamentales par l'action du climat, par une alimentation spéciale résultant des ressources de la localité, en d'autres termes par l'action du sol, comme le dit un auteur consciencieux, M. Trémaux[1]?

D'innombrables dissertations ont été écrites pour expliquer l'origine de ces trois races et les rattacher au climat ou au sol. Mais il faut reconnaître que le problème est à peu près insoluble: L'influence de la chaleur du climat pour modifier la coloration de la peau est un fait certain, et c'est une observation vulgaire que l'homme blanc européen transporté au cœur de l'Afrique, ou sur les côtes de la Guinée, revêt, dans sa descendance, la coloration brune de la peau du nègre; et qu'à leur tour les nègres transportés dans les pays septentrionaux donnent une descendance de plus en plus pâle, qui finit par être blanche. Mais la couleur de la peau n'est pas le seul caractère qui constitue une race; le nègre diffère du blanc, moins par la couleur de la peau, que par la structure de la face et du crâne, ainsi que par les rapports des membres entre eux. N'est-il pas vrai, d'ailleurs, que les contrées les plus brûlantes du globe recèlent des populations à la peau blanche? tels sont les Touaregs dans le Sahara africain, et les Fellahs en Égypte. D'un autre côté, des hommes à face noire vivent dans les pays à température moyenne : tels sont les habitants de la Californie, aux bords de l'océan Pacifique.

Concluons que la science ne peut nous expliquer la différence qui existe entre les principaux types de l'espèce humaine, que ni la chaleur ni l'action du sol ne donnent la raison de ce fait, et qu'il faut se borner à l'enregistrer sans commentaire, en dépit de la manie des savants du jour qui consiste à vouloir tout expliquer.

Nous avons maintenant une autre question à aborder. Ces hommes blancs, jaunes ou noirs, auxquels il faut ajouter, comme nous le verrons plus loin, les hommes bruns et les hommes rouges, tous ces êtres qui diffèrent les uns des autres par la couleur de la peau, par la taille, par la physionomie et par l'habitude extérieure, doivent-ils être groupés en espèces différentes, ou

---

1. *Origine et transformation de l'homme et des autres êtres*, 1 vol. in-18, Paris, 1865.

faut-il n'y voir que de simples variétés de l'espèce, c'est-à-dire des *races*? Pour bien comprendre cette question et en mesurer les conséquences, il faut savoir ce que l'on entend en histoire naturelle par le mot *espèce*, et par le mot *race*, ou *variété de l'espèce*. Commençons donc par bien poser le principe de l'espèce en zoologie.

Le lièvre et le lapin, le cheval et l'âne, le chien et le loup, le cerf et le renne, etc., ne peuvent être confondus entre eux. Cependant combien les chiens diffèrent les uns des autres, par la taille, par la couleur, par les rapports des membres! Combien le chien griffon diffère du chien des Pyrénées! De même pour les chevaux. Quelle différence de taille et d'habitude extérieure entre le gros cheval normand, le cheval du brasseur de Londres ou des omnibus de Paris, et les petits chevaux corses ou shetlandais que l'on peut porter sous son bras! Personne néanmoins ne s'y trompe; bien qu'il change de taille et de pelage, on reconnaîtra toujours un cheval, jamais on ne le confondra avec l'âne : dans le griffon, aussi bien que dans le dogue, on verra toujours un chien. Un lapin aura beau changer de taille et de pelage, on ne le prendra jamais pour un lièvre. La vache bretonne, mignonne et frêle, est tout aussi bien vache, pour l'agriculteur et le vulgaire, que les plantureux Durham. Même réflexion pour les oiseaux. Le dindon qui vit à l'état sauvage, en Amérique, diffère assurément beaucoup du dindon noir ou blanc acclimaté en Europe; cependant les uns et les autres sont dindons et bien dindons.

Le règne végétal va nous présenter les mêmes faits. Prenez le cotonnier dans sa patrie d'origine, en Amérique, vous le trouverez différent du cotonnier cultivé en Afrique et en Asie. Le caféier des plantations de l'Amérique du Sud n'est pas semblable au même arbuste qui vit dans l'Arabie, sa première patrie. Le froment varie selon les latitudes, dans des proportions extraordinaires, etc. Cependant le cotonnier est toujours le cotonnier, quel que soit le sol où il végète; le caféier et le froment sont toujours les mêmes végétaux, et le vulgaire ne s'y trompe pas. L'action des climats et du sol pour les végétaux, ces mêmes causes et l'alimentation pour les animaux, enfin les croisements qui se sont opérés entre les différents individus, expliquent toutes ces différences, qui portent sur l'aspect extérieur et non sur le type lui-même.

On appelle *espèce*, tant pour l'animal que pour le végétal, le type fondamental, et *variété*, ou *race*, les différents êtres qui résultent de l'influence du climat, de l'alimentation, des croisements chez des individus de la même espèce. L'*espèce chien* donne naissance aux *variétés*, ou *races*, connues sous le nom de dogue, de barbet, de griffon, etc. L'*espèce cheval* donne naissance aux *races*, ou *variétés*, connues sous le nom de cheval arabe, anglais, normand, corse, etc. L'*espèce dindon* produit les variétés connues sous le nom de dindon sauvage, dindon noir, dindon blanc. Dans le règne végétal, l'*espèce cotonnier* produit le coton d'Amérique ou le coton indien; la ronce produit les variétés innombrables connues sous le nom de rosiers.

Mais, va dire le lecteur, comment distinguer la race de l'espèce, et existe-t-il un moyen pratique de décider si l'animal que l'on considère appartient à une espèce ou à une race? Ce moyen existe, et il permet de prononcer avec assurance dans tous les cas. Il est d'autant plus important à connaître que chacun peut en faire l'expérience par lui-même.

Prenez les deux animaux considérés, mariez-les, et si de l'union des sexes il résulte un individu nouveau, qui soit fécond à son tour, on aura affaire à une race, ou variété. Si, au contraire, l'union des deux individus est stérile, ou si le produit est lui-même stérile, on aura affaire à deux individus d'espèce différente.

Malgré les observations et les expériences faites depuis des milliers d'années, on n'a jamais pu faire féconder une lapine par un lièvre, une louve par un chien, une brebis par un bouc. On obtient, à la vérité, des croisements entre le cheval et l'ânesse, entre l'âne et la jument, mais chacun sait bien que les individus sortis de ce croisement, c'est-à-dire les *mulets* et les *bardots*, sont des animaux inféconds, incapables de se reproduire entre eux.

Cette règle n'est pas particulière au règne animal : elle s'applique aussi au règne végétal. Vous pourrez obtenir des fécondations artificielles d'un poirier en portant le pollen des fleurs d'un poirier sur les étamines d'un autre poirier, avec les précautions convenables. Le fruit se formera, et les graines qui en proviendront seront elles-mêmes fécondes. Mais si vous essayez de faire la même opération entre un poirier et un pommier, vous n'obtiendrez aucun résultat. C'est même là le moyen pratique qui permet aux botanistes de distinguer les variétés des espèces. L'essai de fécondation artificielle d'une plante à une autre, dont on veut la distinguer, au point de vue de l'espèce, sert à trancher les difficultés que l'on rencontre lorsqu'on veut déterminer le rang d'une plante dans la classification botanique.

Ainsi, le mot *espèce* n'est pas un terme fictif, une expression conventionnelle inventée par les savants pour établir des classifications parmi les êtres vivants. L'espèce est un groupe posé par la nature elle-même. La fécondité ou l'infécondité des produits du croisement, tel est le caractère que la nature affecte à la variété ou à l'espèce; de sorte que ces groupes nous apparaissent comme ayant un fondement sérieux dans les lois qui régissent les êtres vivants, et que nous ne faisons que traduire par le langage ce que nous voyons dans la nature.

Et quand on y réfléchit, on comprend bien que si la nature n'avait pas institué l'espèce, le plus complet désordre aurait régné dans la création vivante. Par suite des croisements, le règne animal se serait rempli de *métis*, qui auraient mêlé tous les types et n'auraient pas permis de se reconnaître dans cette foule de produits incohérents. Tout le règne animal aurait été livré à une confusion inextricable. De même, si les plantes avaient pu varier à l'infini par des croisements d'espèces différentes qu'aurait opérés soit l'industrie humaine, soit le hasard des vents emportant à travers l'air le pollen fécondant, il n'y aurait eu que trouble et désordre dans la population végétale du globe.

Ainsi, l'espèce a une existence nécessaire, providentielle, fatale. L'impossibilité des unions, tel est le caractère imposé par la nature pour distinguer ce groupe d'êtres vivants. La reproduction n'est possible qu'entre des individus de même espèce, et les différences que peuvent amener dans ces produits le sol, l'alimentation, les milieux, déterminent ce qu'on appelle race, ou variété.

Le principe qui vient d'être posé étant appliqué à l'homme, va nous permettre de décider si les individus qui peuplent le globe appartiennent à des espèces d'hommes différentes, ou bien à de simples *races*, ou *variétés;* en d'autres termes, si l'espèce humaine est unique, et si les différents types humains que nous connaissons, l'homme blanc, l'homme noir, l'homme jaune, l'homme brun, l'homme rouge, appartiennent ou non à des *races* de l'espèce humaine.

Chacun a répondu d'avance à cette question. D'après la règle posée plus haut, tous les hommes qui peuplent la terre appartiennent à une même espèce, puisque hommes et femmes de tout type, de toute couleur, peuvent se marier, et que leur descen-

dance est toujours féconde. Le nègre et la femme blanche
s'unissent et donnent des mulâtres; mulâtres et mulâtresses sont
féconds et ont une descendance féconde. Les mariages entre individus de race rouge ou brune sont féconds, et bien plus, la fécondité des descendances des métis est supérieure à celle des
hommes et des femmes de même couleur.

Ainsi, à moins de vouloir considérer les hommes comme une
exception unique parmi tous les êtres, à moins de les soustraire
à l'empire des règles universelles de la nature, nous devons conclure qu'ils ne forment qu'un certain nombre de races d'une même
espèce, et qu'ils descendent tous d'une espèce primitive unique.

Les hommes sont frères par le sang. Ce principe de fraternité
universelle, posé par la nature, peut s'inscrire à côté de celui de
la maxime semblable proclamée par la morale.

Les adversaires de l'unité de l'espèce humaine, les *polygénistes*,
ou partisans de la pluralité des races humaines, se fondent, pour
admettre plusieurs espèces d'hommes, sur ce qu'il y a trop de
différence entre le nègre et le blanc pour qu'on puisse les ranger
dans la même espèce. Mais entre le chien bichon et le dogue,
entre le lapin sauvage et les races domestiques, entre le barbet
et le lévrier, entre le cheval shetlandais et le cheval russe, il y a
bien plus de différence qu'entre l'homme blanc et le nègre. Nous
ne pouvons dire exactement, nous ne pouvons expliquer d'une
manière rigoureuse, comment l'homme primitif a pu donner naissance aux diverses races blanche, noire, jaune, brune et rouge
qui existent aujourd'hui. Nous trouvons seulement une explication générale de ce résultat dans les conditions si variées d'existence, dans les milieux si opposés où l'homme a vécu depuis les
temps, si prodigieusement reculés, où il traîne le fardeau de son
existence, presque toujours difficile et précaire. Si le chien, le
cheval, le lapin et le dindon, par l'effet de l'industrie humaine
qui s'exerce sur eux depuis deux mille ans à peine, ont pu donner
naissance à tant de variétés, combien, à plus forte raison,
l'homme, dont l'apparition sur le globe est tellement ancienne
que nous ne pouvons même en fixer approximativement la date
première, comment l'homme, qui a dû traverser tant de situations
physiques, climatériques et sociales diverses, n'aurait-il pas vu
son type se modifier et se transformer? Ce qui doit nous surprendre, c'est que les différences d'une variété à l'autre ne soient pas
plus considérables encore.

Pour échapper à cette argumentation, il ne reste aux partisans de la pluralité des races humaines qu'à considérer l'homme comme une exception dans la nature, qu'à dire qu'il a des lois propres, et qu'on ne peut lui appliquer les principes qui régissent l'étude des plantes et des animaux. Mais l'homme étant un être organisé et vivant, étant pourvu d'un corps, qui diffère peu de celui d'un animal mammifère, est soumis, en ce qui touche l'organisation, aux lois universelles de la nature, à celles du croisement comme aux autres. On ne peut donc admettre l'argument d'exception invoqué par les adversaires de l'unité de l'espèce humaine.

Le principe de l'unité de l'espèce humaine, et cet autre qui en découle, que tous les hommes qui peuplent le globe ne sont que des races ou variétés de cette espèce unique, paraîtra donc au lecteur établi avec certitude.

Ces différentes races, issues d'une espèce unique par des modifications qu'ont imprimées au type primitif le climat, l'alimentation, le sol, les croisements, les habitudes des peuplades, varient singulièrement, il faut en convenir, par l'aspect, par la couleur, par la physionomie extérieure. Les différences sont tellement grandes, les extrêmes sont si tranchés, et les transitions si bien nuancées, qu'il est à peu près impossible de distribuer l'espèce humaine en groupes vraiment naturels au point de vue scientifique, c'est-à-dire fondés sur les caractères de l'organisation. La classification des races humaines a toujours été la pierre d'achoppement de l'anthropologie, et jusqu'à ce moment la difficulté subsiste presque tout entière.

Un examen rapide des classifications qui ont été tour à tour proposées par les savants les plus autorisés, mettra cette vérité dans tout son jour.

Buffon, dans son chapitre sur l'*homme*, morceau qu'on relira toujours avec admiration et profit, se contente de poser les trois types fondamentaux de l'espèce humaine établis depuis l'antiquité, sous les noms de race blanche, race noire et race jaune. Mais ces trois types ne résument pas à eux seuls toutes les physionomies humaines. Les anciens peuples de l'Amérique, les *Peaux-Rouges*, selon le terme vulgaire, échappent au cadre de cette classification, et la distinction entre le nègre et le blanc n'est pas toujours facile, car en Afrique les Abyssiniens, les

Égyptiens et beaucoup d'autres, en Amérique les Californiens, en Asie les Hindous, les Malais et les Javanais, ne sont ni blancs ni noirs.

Blumenbach, le plus profond des anthropologistes du siècle dernier, l'auteur des premières études positives sur l'histoire naturelle de l'homme, distingua dans son ouvrage latin *de Homine* cinq races humaines, les races caucasique, mongolique, éthiopienne, malaise et américaine. Un autre anthropologiste, Prochaska, adopta les divisions de Blumenbach, mais en réunissant sous le nom de *race blanche* les groupes caucasique et mongolique de Blumenbach, et ajoutant une *race hindoue*.

L'éloquent naturaliste Lacépède, dans son *Histoire naturelle de l'homme*, ajouta aux races admises par Blumenbach la *race hyperboréenne*, qui contenait les habitants des parties septentrionales du globe pour l'un et l'autre continent.

Cuvier revint à la division de Buffon, c'est-à-dire n'admit que les races blanche, noire et jaune, en faisant de simples dérivés des races *malaise* et *américaine*.

Un naturaliste estimé, Virey, auteur de l'*Histoire naturelle du genre humain*, de l'*Histoire naturelle de la femme*, et de beaucoup de productions savantes en histoire naturelle, particulièrement en anthropologie, s'occupa beaucoup de la classification des races humaines. Mais il n'était pas favorable au principe de l'unité de notre espèce, et il fut conduit à admettre l'existence de deux espèces humaines. Ce fut là le signal d'une déviation fâcheuse dans les idées des naturalistes qui ont écrit après Virey. On vit Bory de Saint-Vincent admettre jusqu'à quinze espèces d'hommes, et un autre naturaliste, Desmoulins, sans doute par émulation, distinguer seize espèces humaines, qui n'étaient pas, d'ailleurs, les mêmes que celles admises par Bory de Saint-Vincent.

On aurait pu aller plus loin dans cette voie, car les différences entre les hommes sont tellement grandes, que si l'on n'obéit pas à un principe sévère, on ne sait où s'arrêter, et l'on pourrait être conduit à admettre une quantité vraiment indéfinie d'espèces si l'on ne se pénétrait bien d'avance du principe d'unité.

C'est ce principe dont paraît imbu le plus savant de tous les anthropologistes de notre siècle, l'Anglais Pritchard, auteur d'une *Histoire naturelle de l'homme*[1], qui compte dix volumes dans le texte

---

1. *Histoire naturelle de l'homme*, 2 vol. in-8 avec planches. Paris, 1843.

original, et dont nous ne possédons dans notre langue qu'une traduction fort incomplète.

Pritchard professe que tous les peuples du monde appartiennent à la même espèce; il est partisan de l'unité de l'espèce humaine, mais aucune des classifications que l'on a proposées jusqu'ici en prenant pour base les caractères de l'organisation, ne satisfait notre savant. Il change donc complétement le point de vue des classifications ordinaires dont on a pris l'habitude en histoire naturelle. Il commence par décrire trois familles de peuples qui, selon lui, furent dans l'histoire les premières peuplades humaines : ce sont les familles *aryenne, sémitique* et *égyptienne.* Après avoir décrit ces trois familles, Pritchard passe aux peuples qui, selon lui, rayonnant en divers sens des régions habitées par ces familles, allèrent peupler le globe tout entier.

Ce genre de classification des races humaines sort, comme nous le disions, des habitudes consacrées en histoire naturelle. Aussi n'a-t-elle pas trouvé faveur auprès des anthropologistes modernes, et cette défaveur a réagi sur l'œuvre elle-même, qui est pourtant la plus considérable et la plus exacte de toutes celles que nous possédions sur l'homme. Bien qu'elle n'ait été adoptée par aucun auteur, la classification des races humaines de Pritchard nous semble la mieux fondée en principe.

M. de Quatrefages, dans son cours d'anthropologie du Muséum d'histoire naturelle de Paris, fait une classification des races humaines qui a pour base les trois types blanc, jaune et nègre; mais à chacun de ces trois groupes il adjoint, sous le titre de *races mixtes se rattachant à chaque tronc,* un nombre plus ou moins grand et arbitraire de races qui n'ont pas trouvé place dans les trois grandes divisions.

La classification de M. de Quatrefages est exposée dans son *Rapport sur les progrès de l'anthropologie,* publié en 1867 [1]. C'est une classification savante et très-étudiée, mais qui ne se prêterait pas au mode simple d'exposition que nous devons adopter dans cet ouvrage.

La classification des races humaines que nous suivrons, toutefois en la modifiant à l'occasion, selon nos vues, est due à un naturaliste belge, M. d'Omalius d'Halloy. Elle admet cinq races humaines : les races blanche, noire, jaune, brune et rouge.

---

1. In-4°, faisant partie des *Rapports sur les progrès des sciences et des lettres en France,* publié sous les auspices du Ministère de l'instruction publique.

La classification de M. d'Omalius d'Halloy est fondée sur la coloration de la peau. Ce caractère est d'une valeur très-secondaire au point de vue de l'organisation, mais il fournit un cadre commode pour le dénombrement exact et méthodique des populations du globe ; il met de la clarté dans un sujet des plus confus. Dans les groupes que nous établirons il ne faut donc pas voir une classification vraiment scientifique, mais une simple distribution des matières, qui nous permettra de faire une revue méthodique des divers peuples répartis sur tous les points du monde.

II

Caractères généraux des races humaines. — Caractères de l'organisation. — Sens et système nerveux. — Taille. — Squelette. — Crâne et face. — Couleur de la peau. — Fonctions physiologiques. — Caractères intellectuels. — Attributs de l'intelligence humaine. — Les langues et l'écriture. — Différents états des sociétés. — L'industrie primitive. — Les deux âges de l'humanité antéhistorique.

Avant de décrire en détail chacune des races humaines, nous devons présenter, dans un tableau d'ensemble, leurs caractères généraux.

L'homme étant un être intelligent qui vit dans un corps organisé, nous avons à étudier dans les races humaines les organes et l'intelligence, c'est-à-dire d'abord l'élément physique, ensuite l'élément intellectuel et moral.

Les caractères physiques sont ce qu'il y a de moins important dans les races humaines. L'homme est un esprit qui brille dans le corps d'un animal, et la seule merveille c'est de savoir comment l'organisme du mammifère se modifie pour devenir celui de l'homme ; c'est de constater l'harmonieux accord de ce même organisme avec le but, c'est-à-dire avec l'exercice de l'intelligence et de la pensée humaines. Nous allons voir que les organes du mammifère se sont singulièrement améliorés en devenant humains, et qu'ils sont devenus, soit par leur perfectionnement propre, soit par leur harmonie, bien supérieurs à l'ensemble des mêmes organes chez les animaux.

Parlons d'abord du cerveau et des sens. Quand on examine la forme et la grandeur relative du cerveau dans toute la série des animaux mammifères, on voit que cet organe augmente en volume et s'achemine, pour ainsi dire, vers les caractères supérieurs qu'il doit offrir dans l'espèce humaine. Malgré quelques exceptions dont nous n'avons pas la raison, mais qui n'infirment pas le fait général, le cerveau augmente d'importance depuis le zoophyte jusqu'au singe. Mais quand on passe du cerveau du singe à celui de l'homme, on a une grande distance à franchir. Le gorille, l'orang, le chimpanzé, c'est-à-dire les singes les plus rapprochés de l'homme, et qui sont désignés pour cela sous le nom de singes *anthropomorphes*, ont le cerveau beaucoup plus petit que celui de l'homme. Les lobes cérébraux sont bien plus longs chez l'homme que chez les singes anthropomorphes, et la hauteur de ces mêmes lobes est hors de toute proportion avec la hauteur des lobes du cerveau des singes. C'est ce qui produit cette belle courbe du front, l'un des traits caractérisques de la physionomie humaine. Les lobes cérébraux vont recouvrir, en arrière, une troisième masse nerveuse, nommée le *cervelet*. Le volume considérable de ces trois lobes cérébraux, la profondeur et le nombre des circonvolutions de la masse encéphalique, et d'autres détails anatomiques de la masse cérébrale, sur lesquels nous ne pouvons insister, mettent le cerveau humain à une grande distance au-dessus de celui de son congénère dans l'ordre zoologique. Ces différences témoignent en faveur de l'homme d'un développement intellectuel hors ligne, et nous pourrions mieux mesurer cette différence si nous savions en quoi consiste l'action cérébrale, ce que nous ignorons absolument.

Les sens pris isolément ne sont pas plus développés chez l'homme que chez certains animaux ; mais ce qui caractérise les sens chez l'homme, c'est leur harmonie, leur parfait équilibre, leur admirable appropriation au but commun. L'homme assurément n'a pas la vue puissante de l'aigle, ni l'ouïe subtile du lièvre, ni l'odorat prodigieux du chien. Sa peau est loin d'être aussi fine, aussi impressionnable que celle qui recouvre l'aile de la chauve-souris. Mais tandis que chez les animaux un sens prédomine toujours au détriment des autres, et condamne l'individu à une existence qui se lie à la perfection de ce même sens, chez l'homme tous les sens ont à peu près la même finesse, et l'harmonie de leur ensemble rachète ce qui peut manquer à chacun. D'ailleurs, les sens des animaux ne s'exercent que pour la satisfaction des besoins matériels, tandis qu'ils se rattachent, chez l'homme, à l'exercice de facultés éminentes dont ils favorisent le développement.

Un mot sur chacun de nos sens.

L'homme est certainement mieux traité pour le sens de la vue que la grande majorité des animaux. Au lieu d'être placés sur les deux côtés de la tête, d'avoir des directions opposées, et de donner deux images, qui ne peuvent être les mêmes, nos yeux se dirigent en avant, regardent les mêmes objets, et reçoivent une image semblable, qui double l'impression. Le sens de la vue donne à notre âme l'harmonie des tableaux d'ensemble ; c'est le sens qui nous est le plus utile, surtout quand il est dirigé dans son exercice par une heureuse intelligence.

Le toucher a, chez l'homme, un degré de perfectionnement qu'il n'a pas chez les animaux. Quelle merveille que le sens du toucher, quand il s'exerce par l'extrémité des doigts, le lieu du corps le mieux disposé pour cette fonction, et quelle merveille plus grande encore que cet organe qui s'appelle la main, et qui s'applique d'une manière si admirable aux surfaces les plus diverses dont nous voulons connaître l'étendue, la configuration et les qualités !

Un philosophe moderne a fait résider dans la main seule la cause de notre supériorité intellectuelle. C'était aller trop loin. Nous trouvons l'enthousiasme uni à la justesse de vues dans les admirables pages que Galien a consacrées à la description de la main, dans son immortel ouvrage *De usu partium*.

« L'homme seul, dit Galien, a la main, comme seul il a la sagesse en partage. C'est pour lui l'instrument le plus merveilleux et le mieux approprié à sa nature. Supprimez la main, l'homme n'existe plus. Par la main, il est prêt à la défense comme à l'attaque, à la paix comme à la guerre. Quel besoin a-t-il de cornes et de griffes ? Avec sa main, il saisit l'épée et la lance, il façonne le fer et l'acier. Tandis qu'avec les cornes, les dents et les griffes les animaux ne peuvent attaquer ou se défendre que de près, l'homme peut jeter au loin les instruments dont il est armé. Lancé par sa main, le trait aigu vole à de très-grandes distances chercher le cœur de l'ennemi, ou arrêter le vol de l'oiseau rapide. Si l'homme est moins agile que le cheval et le cerf, il monte sur le cheval, le guide, et atteint le cerf à la course. Il est nu et faible, et sa main lui fabrique une enveloppe de fer et d'acier. Son corps n'est protégé par rien contre les intempéries de l'air, sa main lui ouvre des abris commodes, et lui façonne des vêtements. Par la main, il devient le dominateur et le maître de tout ce qui vit sur la terre, dans les airs et au sein des eaux. Depuis la flûte et la lyre, avec lesquelles il charme ses loisirs, jusqu'aux instruments terribles avec lesquels il donne la mort, jusqu'au vaisseau qui le porte, hardi navigateur, sur la vaste étendue des mers, tout est l'ouvrage de sa main.

« L'homme eût-il pu sans elle écrire les lois qui le régissent, élever aux dieux des statues et des autels? Sans la main, pourriez-vous léguer à la postérité les fruits de vos travaux et la mémoire de vos actions? Pourriez-vous, sans elle, converser avec Socrate, Platon, Aristote, et tous ces divers génies qu'enfanta l'antiquité? La main est donc le caractère physique de l'homme, comme l'intelligence en est le caractère moral. »

Galien, après avoir exposé, dans ce chapitre, la conformation générale de la main et la disposition spéciale des organes qui la composent; après avoir décrit les articulations et les os, les muscles et les tendons des doigts; après avoir analysé le mécanisme des divers mouvements de la main, s'écrie, plein d'admiration pour cette merveilleuse structure :

« En présence de cette main, de ce merveilleux instrument, ne prend-on pas en pitié l'opinion de ces philosophes qui ne voient dans le corps humain que le résultat de la combinaison fortuite des atomes! Tout dans notre organisation ne jette-t-il pas un éclatant démenti à cette fausse doctrine? Osez invoquer le hasard pour expliquer cette disposition admirable! Non, ce n'est pas une puissance aveugle qui a produit toutes ces merveilles. Connaissez-vous parmi les hommes un génie capable de concevoir et d'exécuter une œuvre aussi parfaite? Un pareil ouvrier n'existe pas. Cette organisation sublime est donc l'œuvre d'une intelligence supérieure, dont celle de l'homme n'est qu'un faible reflet sur cette terre. Que d'autres offrent à la Divinité de sanglantes hécatombes, qu'ils chantent des hymnes en l'honneur des dieux; mon hymne à moi, c'est l'étude et l'exposition des merveilles de l'organisation humaine! »

Le sens de l'ouïe, sans avoir la portée qu'il a chez certains animaux, est, chez l'homme, d'une prodigieuse finesse, et devient une ressource infinie d'instruction et de jouissances morales. Non-seulement les différences d'intonation, d'intensité et de timbre sont perçues par notre oreille, mais les plus légères nuances de rhythme et de tonalité, les rapports des sons simultanés et successifs, qui donnent le sentiment de la mélodie et de l'harmonie, sont appréciés et nous dotent du premier et du plus naturel de tous les arts, la musique.

La perfection et la délicatesse de nos sens, qui permet de saisir les impressions faibles et nuancées, l'harmonie de ces mêmes sens, leur parfait équilibre, leur perfectibilité par l'exercice, nous placent donc à une distance considérable au-dessus de l'animal.

Passons à la partie osseuse du corps humain, et considérons d'abord la tête.

Deux régions se partagent la tête : le crâne et la face. L'empiétement, la prédominance de l'une de ces deux régions sur l'autre, tient au développement des organes qui les renferment.

Le crâne enveloppe la masse cérébrale, c'est-à-dire le département de l'intelligence; la face est le siége des principaux sens. Chez l'animal la face l'emporte beaucoup en dimensions sur le crâne ; le contraire se voit chez l'homme. Ce n'est qu'exceptionnellement que la face prend de l'importance aux dépens du crâne, c'est-à-dire que les mâchoires s'allongent et donnent à la face humaine l'aspect bestial.

On trouve dans les ouvrages d'anthropologie quelques expressions dont il faut donner ici l'explication. Elles sont fréquemment employées, parce qu'elles permettent d'exprimer par un seul terme du langage le rapport qui existe entre les dimensions d'un même crâne. On appelle *crâne dolichocéphale* (du grec δολιχός, long, κεφαλή, tête) le crâne qui est allongé d'avant en arrière, et pour fixer les idées par des chiffres, le crâne dont le diamètre longitudinal est au diamètre vertical dans la proportion de 100 à 68. Le crâne court est dit *brachycéphale* (de βραχύς, court, κεφαλή, tête) quand le rapport entre le diamètre longitudinal et le diamètre vertical est de 100 à 80.

Le caractère d'allongement ou de brièveté du crâne a moins d'importance qu'on ne lui en attribue généralement. Tous les nègres, il est vrai, sont *dolichocéphales;* mais il ne faudrait pas en conclure que l'allongement du crâne en arrière soit un signe d'infériorité, car dans la race blanche les crânes sont tantôt fort longs et tantôt fort courts. Les Allemands du nord sont *dolichocéphales* et ceux du midi *brachycéphales.* Ce caractère ne peut donc être considéré comme un signe de la valeur intellectuelle.

Il est dans la face humaine un caractère anatomique qui a plus d'importance que celui que l'on tire de l'allongement du crâne: c'est la projection en avant, ou la rectitude des mâchoires. On appelle *prognathisme* (de πρό, en avant, et γνάθος, mâchoire) cette saillie en avant des dents et des mâchoires, et *orthognathisme* (de ὀρθὸς, droit, γνάθος, mâchoire) la seconde disposition.

On a longtemps admis que le prognathisme; ou saillie des mâchoires, est un attribut de la race nègre. Mais il a fallu renoncer à cette opinion quand on a constaté la saillie des mâchoires chez des peuples qui ne se rattachent en rien à la race noire. Au sein des populations blanches ce caractère se rencontre assez souvent; il n'est pas rare chez les Anglais, et il est assez fréquent à Paris, surtout chez les femmes. Le prognathisme paraît caractéristique d'un petit peuple européen qui vit au sud de la mer Baltique, les Esthoniens, et qui n'est lui-même que le résidu de cette race *mongoloïde primitive* dont nous avons parlé dans notre ouvrage *l'Homme primitif*, comme la première race qui, d'après M. Pruner-Bey, aurait peuplé le globe. C'est probablement le mélange du sang des Esthoniens avec celui des habitants du centre de l'Europe qui fait apparaître dans nos grandes villes les individus à face prognathe.

Nous ne pouvons terminer ce qui concerne la face sans parler d'une relation entre le crâne et la face, relation curieuse sans doute, mais dont on a trop abusé : nous voulons parler de l'*angle facial*.

On appelle *angle facial* celui qui résulte de la réunion de deux lignes, dont l'une est tangente au front, et l'autre, passant par le milieu du trou de l'oreille, vient rencontrer la première, à l'extrémité des dents antérieures.

C'est l'anatomiste hollandais Camper, qui, étudiant d'une manière comparative les statues grecques et romaines ou les médailles de l'un et l'autre peuple, prétendit que la cause de la supériorité intellectuelle qui distingue les physionomies grecques des physionomies romaines, c'est que chez elles l'angle facial est plus grand que chez les têtes romaines. En partant de cette remarque, poussant plus loin ses recherches, Camper crut pouvoir avancer que l'augmentation de l'angle facial peut être prise, chez les races humaines, comme le signe de leur supériorité intellectuelle.

Cette considération était vraie en ce qu'elle séparait l'homme des singes et les carnassiers des oiseaux. Mais l'appliquer aux différentes variétés de l'homme, pour en mesurer les divers degrés d'intelligence, c'était une prétention que devaient détruire des observations postérieures. M. le docteur Jacquart, aide-naturaliste au Muséum d'histoire naturelle de Paris, à l'aide d'un instrument de son invention, qui sert à mesurer rapidement l'angle facial, s'est livré, de nos jours, à de nombreuses études sur l'angle facial des crânes humains. M. Jacquart a trouvé que cet angle ne saurait être pris comme mesure de l'intelligence, car il a observé cet angle droit chez des individus qui, sous le rapport intellectuel, n'étaient pas supérieurs à d'autres dont l'angle facial était beaucoup plus petit. M. Jacquart a même démontré que dans la seule population de Paris l'angle facial varie selon des proportions plus grandes que celles que Camper avait posées comme limites pour caractériser les races humaines.

Ainsi la mesure de l'angle facial est loin d'avoir l'importance qu'on lui a longtemps prêtée ; ce qui n'empêche pas que dans les cas ordinaires ce moyen d'appréciation ne puisse être invoqué avec avantage pour distinguer les races d'hommes.

La station droite est un des caractères qui distinguent l'espèce humaine de tous les animaux, et même du singe, chez lequel cette station n'est qu'accidentelle et contre nature.

Dans le squelette de l'homme, tout est calculé pour assurer la station verticale. C'est d'abord la tête qui s'articule avec la colonne vertébrale dans un point tel, que, lorsque cette colonne vertébrale se trouve debout, la tête repose sur elle, en équilibre, par son simple poids. En outre, la forme de la tête, la direction de la face, la position des yeux, l'ouverture des narines, exigent la station verticale et bipède.

Si notre tronc devait être placé horizontalement, tout serait à contre-sens : le sommet du crâne serait la partie avancée, au grand détriment de l'exercice de la vue ; les yeux regarderaient le sol ; les narines s'ouvriraient en arrière ; le front et la face seraient placés en dessous. D'ailleurs tout le système musculaire, toutes les insertions tendineuses, sont calculés, chez l'homme, pour la station verticale, sans parler des courbures de la colonne vertébrale, et du grand écartement des membres, etc.

J. J. Rousseau avait donc grand tort quand il soutenait que l'homme est né pour vivre à quatre pattes.

La taille de l'homme, ainsi que la couleur de sa peau, sont des caractères sur lesquels il faut insister, pour établir leur importance comme signes distinctifs des races humaines.

Et d'abord, quant à la taille, on a beaucoup exagéré les différences qu'elle peut offrir dans l'espèce humaine. Il faut beaucoup rabattre de ce qui a été écrit sur les nains, comme sur les géants. Les Grecs croyaient à l'existence d'un peuple qu'ils nommaient *Pygmées*, et dont ils négligeaient toutefois de fixer le lieu d'habitation. C'étaient de très-petits hommes, qui n'étaient plus visibles au milieu d'un champ de blé, et qui passaient une partie de leur temps à se défendre contre les grues. La même fable s'est renouvelée de nos jours, à propos d'un peuple qui vivait à l'île de Madagascar, et qu'on appelait les *Kymes*. Mais Pygmées et Kymes sont également fabuleux.

L'antiquité a admis des géants, mais sans en faire une race caractérisée. Ce sont plutôt les modernes qui ont mis en avant les races de géants humains. Au seizième siècle, quand Magellan eut doublé le cap Horn et découvert l'océan Pacifique, le compagnon de ce navigateur, Pigafetta, donna une description tout à fait extraordinaire des Patagons, ou habitants de la *terre de Feu*. Il en fit des géants. Un de ses successeurs, Leaya, amplifiant encore la taille des Patagons, donna à ces hommes une taille de trois à quatre mètres.

Les voyageurs modernes ont réduit à de justes proportions les dires des anciens navigateurs. Le naturaliste français Alcide d'Orbigny a mesuré un grand nombre de Patagons, et il a trouvé que leur taille, en moyenne, est de 1^m,73.

Telle est donc la limite extrême de hauteur que puisse atteindre l'espèce humaine.

Quant à la limite de petitesse, elle nous est fournie par le peuple des Boschimans, qui vit au sud de l'Afrique. Un voyageur anglais, Barrow, a mesuré tous les individus d'une tribu de Boschimans, et il a trouvé que leur taille moyenne est de 1^m,31.

Ainsi, la taille humaine ne varie guère que de 0^m,42, c'est-à-dire de la différence entre la taille des Patagons et celle des Boschimans. Il est bon de faire en passant cette remarque, car les partisans de la pluralité des races humaines ont invoqué la différence des tailles pour soutenir la multiplicité des races dans l'humanité. Il est évident que les races varient beaucoup plus par la taille chez les animaux que chez l'homme, et qu'entre un chien griffon et un chien des Pyrénées il y a plus de différence de taille qu'entre un Boschiman et un Patagon.

Quant à la couleur de la peau dans les races humaines, comme nous la prenons pour base dans notre classification, il est nécessaire de s'expliquer à cet égard.

La coloration de la peau est un caractère fort commode pour caractériser les races, car il a l'avantage de frapper les yeux ; mais il ne faudrait pas s'exagérer son importance scientifique. Certains individus, tout en appartenant à la race blanche, ou caucasique, peuvent avoir un teint très-foncé. Les Arabes sont souvent d'un brun qui va presque au noir, et pourtant ils ont les caractères les plus purs de la race blanche ou caucasique. Les Abyssiniens, quoique très-bruns, ne sont pas noirs. Les Indiens d'Amérique, que nous rangeons dans la race rouge, ont la peau souvent brune et presque noire. Dans la race blanche, surtout chez les femmes du nord, la peau peut être jaunâtre. Ajoutons que la couleur des téguments est souvent difficile à fixer, car leurs nuances se fondent les unes dans les autres. Tout cela soit dit pour montrer combien il est difficile de créer des groupes bien naturels dans la quantité innombrable des types de notre espèce.

Nous aurions à parler maintenant des caractères physiologiques des races humaines ; mais nos considérations seront ici fort courtes, car l'accomplissement des fonctions physiologiques est à peu près le même chez tous les hommes, quelle que soit leur race.

Disons pourtant que le système nerveux présente une différence importante à signaler, quand on compare les deux extrêmes de l'humanité, c'est-à-dire le nègre et le blanc européen. Chez le blanc, les centres nerveux, c'est-à-dire le cerveau et la moelle épinière, sont plus volumineux que chez le nègre. Chez ces derniers, ce sont les expansions de ces centres nerveux, c'est-à-dire les nerfs proprement dits, qui ont relativement un volume considérable.

On trouve un balancement tout pareil dans le système circulatoire. Chez le blanc, le système artériel est plus développé que le système veineux ; c'est le contraire chez le nègre. Enfin le sang du nègre est plus visqueux et d'un rouge plus foncé que celui du blanc.

Sauf ces différences générales, les grandes fonctions physiologiques s'exercent de la même manière chez toutes les races d'hommes. Les différences ne se remarquent que lorsqu'on envisage les fonctions secondaires, mais ces différences prennent alors des proportions assez étendues.

Le climat, les mœurs, les habitudes, produisent ces variations dans les fonctions secondaires, qui quelquefois rapprochent jusqu'à les confondre les races les plus opposées. Qu'un individu de la race blanche soit jeté au milieu des sauvages indiens, qu'il soit prisonnier des Peaux-Rouges, et qu'il partage leur existence guerrière au milieu des forêts, et le sens de la vue, comme celui de l'ouïe, seront tout aussi perfectionnés chez cet individu que chez ses nouveaux compagnons. C'est en vertu de la prodigieuse flexibilité de notre organisme, de notre faculté d'imitation et d'assimilation, que les fonctions physiologiques d'ordre secondaire peuvent se modifier ainsi.

Les caractères intellectuels et moraux sont ce qui domine dans l'homme. Non-seulement on ne peut les passer sous silence dans l'étude générale des races humaines, mais on doit leur accorder beaucoup plus d'importance qu'aux caractères corporels. Si le naturaliste, quand il étudie un animal, ne manque pas, après avoir décrit sa structure et son organisation, de consigner ses mœurs et ses habitudes, à plus forte raison doit-il, quand il s'occupe de l'homme, étudier ses caractères intellectuels, le véritable cachet de notre espèce.

L'expression de l'intelligence chez l'homme, c'est le langage. Si l'homme est pourvu de la faculté de parler, qui n'appartient à aucun animal, c'est que l'intelligence est infiniment plus développée chez lui que chez l'animal. C'est par le concours simultané de tous nos sens que la faculté de la parole se manifeste chez l'homme ; et la preuve c'est que, par l'absence d'un de nos sens, nous perdons la faculté de parler. Qu'est-ce qu'un muet de naissance? C'est un individu parfaitement semblable à l'homme parlant, mais avec cette différence qu'il est venu au monde entièrement sourd. L'absence native de la faculté de l'audition a paralysé l'intelligence de l'enfant, et surtout sa faculté de l'imitation, de sorte que le *sourd-muet*, comme on l'appelle, n'est, au fond, qu'un *sourd de naissance*.

Ainsi le langage n'est que l'expression de l'intelligence la plus élevée. « Les animaux ont la voix, a dit Aristote, l'homme seul a la parole. » Rien n'est plus juste que cette pensée de l'immortel philosophe grec.

On sait combien sont multipliés les langues et dialectes qui se parlent dans le monde ; aussi rien n'est-il plus difficile que de classer toutes ces langues et dialectes. Cette difficulté augmente encore quand on réfléchit que les langues varient avec le temps, et cela dans une proportion très-rapide. Le français de Rabelais et de Montaigne, qui écrivaient à l'époque de la Renaissance, n'est pas très-intelligible pour nous, et celui de nos chroniqueurs du temps de saint Louis exige, pour être compris, une étude spéciale ét des dictionnaires. Les Italiens modernes lisent très-péniblement le Dante, et on peut en dire autant des Anglais pour leur vieux Shakespeare. Ainsi les langues s'altèrent et se modifient très-vite, lors même que les peuples demeurent stationnaires. Les altérations sont beaucoup plus graves et plus promptes lorsqu'il y a mélange de deux peuples.

Ces considérations suffisent pour faire comprendre quel problème se posaient les savants qui ont voulu chercher la langue de l'humanité primitive. On peut dire qu'un tel problème est insoluble. Il faut donc renoncer à rechercher la *langue mère*, et se borner à ce qu'on a appelé les *langues filles*.

En comparant ces *langues filles*, on est arrivé à répartir en trois groupes fondamentaux toutes les langues qui se sont parlées et qui se parlent encore dans le monde : ce sont, comme nous l'avons déjà dit, les *langues monosyllabiques*, les *langues agglutinatives* et les *langues à flexion*.

Le chinois nous offre la langue *monosyllabique* par excellence. Chaque mot n'est formé que d'une syllabe, et il a un sens absolu. Il faut recourir à l'assemblage compliqué d'une foule de vocables pour exprimer toutes les modifications de la pensée, les distinctions de temps, de lieux, des personnes, d'état, etc. On s'émerveille souvent d'apprendre que la langue chinoise comprenne un nombre si prodigieux de mots que la vie d'un seul lettré ne suffise pas à les connaître tous. Cette richesse apparente n'est qu'une insigne pauvreté. Cette langue, au vocabulaire infini, est détestable. C'est à son imperfection qu'il faut attribuer le peu de progrès qu'ont faits les peuples de l'Asie dans la voie intellectuelle et commerciale.

Les *langues agglutinatives*, que parlent les nègres, ainsi que beaucoup de peuples de la race jaune, sont le premier degré de perfection du langage humain. Ici le mot n'est plus unique; des désinences variables, attachées à chaque mot, modifient l'expression primitive. Il y a des *mots racines* et des mots modificateurs de ces racines.

Le troisième et dernier terme de perfection du langage humain se trouve dans les *langues à flexion*. On nomme ainsi les langues dans lesquelles un même mot peut se modifier un grand nombre de fois, pour exprimer les diverses nuances de la pensée, pour traduire les changements de temps, de personnes, de situation. Les langues à flexion se composent d'une série de termes différents, assez peu nombreux par eux-mêmes, mais leurs modifications par les désinences ou par la place qu'ils occupent sont vraiment innombrables. Toutes les langues parlées en Europe, et celles que parlent en Asie les peuples de la race blanche, sont des langues à flexion.

Si le langage parlé est le premier élément qui ait servi pour constituer les sociétés humaines, le langage fixé, c'est-à-dire l'*écriture*, a été la cause fondamentale de leur progrès. Elle a permis de transmettre d'une génération à l'autre les fruits de l'expérience et du savoir ; elle a fondé la science primitive et l'histoire.

Les premières formes de l'écriture furent des signes purement mnémoniques. Des pierres taillées d'une certaine façon, des morceaux de bois auxquels on donnait une forme convenue, tels furent les premiers signes du langage écrit. Une des formes les plus curieuses de l'écriture mnémonique est celle que l'on a trouvée dans l'ancien monde comme dans le nouveau ; elle consistait à réunir de petits paquets de cordes de différentes couleurs, auxquels on faisait des nœuds d'aspect variable. Celui qui fait un nœud à son mouchoir, pour se rappeler un fait ou un projet, emploie, sans s'en douter, la forme de l'écriture primitive.

Un progrès de l'écriture a consisté à représenter par le dessin des objets que l'on voulait désigner. Les Indiens sauvages de l'Amérique du nord font encore usage de ces grossières représentations des objets pour se transmettre quelques renseignements.

Le même système est perfectionné lorsqu'on ajoute au dessin une idée conventionnelle. Si la prudence est représentée par un serpent, la force par un lion, la légèreté par un oiseau, on trace une véritable écriture. On appelle cette dernière forme l'écriture *symbolique*, ou *idéographique*.

L'écriture symbolique a existé chez les peuples anciens. Les hiéroglyphes qui sont gravés sur les monuments de l'ancienne Égypte, et ceux que l'on a trouvés sur les monuments mexicains, appartiennent à l'écriture symbolique.

Ce n'est pas encore là pourtant l'écriture dans le vrai sens du mot. Elle n'existe que lorsque les signes conventionnels dont on fait usage répondent aux mots ou aux signes du langage parlé, ét peuvent remplacer ce même langage.

On appelle *alphabet* l'ensemble des signes conventionnels répondant aux sons de la parole. L'*alphabet* est une des inventions qui ont exigé les plus grands efforts de l'esprit humain, et ce n'est pas sans raison que la mythologie grecque a divinisé Cadmus, l'inventeur des lettres. La même admiration pour les inventeurs de l'alphabet se trouve d'ailleurs chez tous les anciens peuples.

Ce n'est pas seulement par son immense supériorité sous le rapport de l'étendue et de la puissance que l'intelligence de l'homme se distingue de celle de l'animal; il est un attribut de l'intelligence qui est tout à fait particulier à notre espèce. C'est la faculté de l'abstraction, qui permet de réunir dans une synthèse supérieure les données perçues par notre esprit, et d'en tirer des conséquences générales. C'est par cette faculté de l'abstraction que notre intelligence a créé les prodiges que chacun connaît, c'est par elle que les arts et les sciences ont pris naissance dans les sociétés humaines.

A la faculté de l'abstraction se rattache la moralité, qui est une déduction de la même faculté. Le caractère moral est un attribut spécial de l'intelligence de l'homme, et l'on peut dire que c'est par cet attribut que l'intelligence humaine se distingue de celle des animaux, car ce caractère est vraiment le propre de l'esprit humain, et on ne le trouve pas chez les animaux.

Chez tous les peuples et dans tous les temps, on a distingué le bien du mal et le vrai du faux. La notion abstraite du bien moral et du mal moral peut varier de peuple à peuple ; on peut admirer ici ce qu'on réprouve là, honorer chez une nation ce qui est considéré comme criminel chez une autre, mais la notion abstraite du bien et du mal existe toujours. Le respect de la propriété, le respect de soi-même, le respect de la vie, se retrouvent chez tous les peuples. Si l'homme, à l'état sauvage, foule quelquefois aux pieds ces notions morales, cela tient à l'état social de la tribu, et surtout aux habitudes de la guerre ou au sentiment de la vengeance. Mais dans l'état de tranquillité et de paix, état sur lequel le philosophe et le savant doivent seulement fixer leurs yeux, la notion du bien et du mal moral peut toujours se retrouver. Les formes que revêt le sentiment de l'honneur varient, par exemple, chez l'homme sauvage et chez l'homme civilisé, mais jamais ce sentiment n'est éclipsé dans le cœur d'aucun homme.

Le sentiment religieux, la notion de divinité, est un autre caractère qui dépend de la faculté de l'abstraction. Ce sentiment est indissolublement lié à l'intelligence de l'homme. Sans vouloir faire avec un savant anthropologiste français, M. de Quatrefages, de la *religiosité* un attribut fondamental de l'humanité, un caractère naturel de notre espèce, on peut dire que tous les hommes sont religieux, qu'ils reconnaissent et adorent un créateur, un Dieu suprême. Que certaines peuplades, comme les Australiens, les Boschimans, les Polynésiens, soient athéés, ainsi que l'ont assuré quelques voyageurs, ou que le reproche qu'on leur a fait sous ce rapport soit mal fondé, et s'explique simplement par ce que les voyageurs qui ont porté ce témoignage comprenaient mal le langage de ces peuples et leurs signes, ainsi que l'avance M. de Quatrefages, le fait est assez indifférent au fond. L'état d'abrutissement de quelques tribus perdues au fond de contrées inaccessibles et sauvages, et l'imperfection intellectuelle qui en résulte, et qui leur cache la notion de Dieu, n'est rien, comparée à l'universalité des croyances religieuses qui brillent dans le cœur des innombrables populations réparties sur le globe.

Le langage et l'écriture ont donné naissance aux sociétés humaines, et plus tard à la civilisation, qui les a transformées. Il est curieux de suivre les formes progressives des associations humaines, de signaler les étapes qu'a dû parcourir la civilisation dans sa marche ascendante.

Les sociétés primitives ont eu trois formes successives. Les hommes ont été d'abord *chasseurs* et *pêcheurs*, puis *pasteurs*, enfin *cultivateurs*.

Les peuples, disons-nous, ont été d'abord *chasseurs* et *pêcheurs*: La population humaine était alors peu nombreuse, et cela s'explique. Un groupe d'hommes qui ne trouve que dans la chasse et la pêche ses moyens d'existence, ne peut être composé d'un nombre considérable d'individus. Il faut une vaste étendue de pays pour nourrir une population qui ne trouve sa subsistance que dans le gibier ou le poisson. De plus, ce genre de vie est toujours précaire, car on n'est jamais sûr de trouver des vivres pour le lendemain. Cette préoccupation continuelle de la subsistance rapproche l'homme de la brute, et l'empêche d'exercer son intelligence sur des sujets nobles et utiles. La chasse est d'ailleurs l'image de la guerre, et la guerre doit naître aisément entre des populations voisines et qui vivent de la même manière. Si dans ces collisions éventuelles on fait des prisonniers, ces prisonniers sont immolés, pour n'avoir pas à nourrir des bouches inutiles.

Tant que les sociétés humaines ne se composèrent que de groupes de chasseurs et de pêcheurs, elles ne purent donc faire aucun progrès dans l'ordre intellectuel, et leurs mœurs durent être barbares. La mort des prisonniers était la règle des combats.

La société des *pasteurs* succéda à celle des chasseurs. L'homme ayant réduit en domesticité, d'abord le chien, puis le taureau, le cheval, le mouton ou le lama, assura ainsi son existence du lendemain, et il put s'inquiéter d'autre chose que de sa nourriture. Aussi voit-on les peuples pasteurs s'avancer dans la carrière du progrès, perfectionner leur habillement, leurs armes et leurs abris.

Mais les peuples pasteurs ont également besoin de grands espaces, car les bestiaux épuisent promptement les herbages d'une région, et il faut aller chercher plus loin les pâturages qui doivent assurer la nourriture par la viande et le lait. Les peuples pasteurs furent donc nécessairement nomades.

Dans leurs migrations réciproques, les tribus de peuples pasteurs se rencontrent, et doivent se disputer, les armes à la main, le même territoire. La guerre éclate. Comme les prisonniers que l'on fait peuvent être assez aisément nourris par le vainqueur, à la condition d'en tirer parti, on en fait des serviteurs forcés, et c'est ainsi que naît la triste condition de l'esclavage, qui s'étendra plus tard et s'aggravera au point de devenir une plaie sociale.

La troisième forme de la société fut réalisée le jour où l'homme devint *cultivateur*, c'est-à-dire lorsqu'il demanda aux plantes et aux herbages artificiellement produits une source d'aliments abondante et sûre.

L'agriculture fait des loisirs à l'homme et elle adoucit ses mœurs. Si la guerre vient à éclater, elle est moins cruelle dans ses épisodes. Le captif peut, sans être réduit en esclavage, augmenter le nombre des travailleurs des champs, et en échange d'une redevance, contribuer au bien-être de la tribu. Alors le serf remplace l'esclave; une véritable société, composée de maîtres et de serviteurs à divers degrés, s'organise et devient définitive.

Les peuples cultivateurs, débarrassés des préoccupations de la vie matérielle, peuvent soigner leur intelligence, qui s'enrichit rapidement. C'est ainsi que la civilisation jeta ses premières assises dans la société des hommes.

Telles sont les trois étapes qu'ont dû parcourir, en tous pays, les groupes humains, pour arriver à la civilisation. La succession d'un état à l'autre a été plus ou moins rapide suivant les temps et les lieux, selon les pays et les hémisphères. Tel peuple, aujourd'hui fort peu avancé dans la civilisation, était, au contraire, supérieur à tel autre dans l'origine. Les Chinois furent civilisés bien avant les Européens. Ils bâtissaient des monuments superbes, cultivaient le mûrier, élevaient des vers à soie, fabriquaient des porcelaines, etc., alors que nos ancêtres, les Celtes et les Aryens, couverts de peaux de bêtes fauves, et la figure tatouée, vivaient dans les forêts, à l'état de chasseurs. Les Babyloniens s'occupaient d'astronomie et calculaient le retour des astres deux mille ans avant Jésus-Christ, car les registres astronomiques qu'Alexandre le Grand rapporta de Babylone supposent plus de dix siècles d'observations célestes. La civilisation égyptienne date au moins de quatre mille ans avant Jésus-Christ, comme le prouve la magnifique statue de Gheffrel qui remonte à cette époque, et qui, composée de granit, ne peut avoir été taillée que par des outils de fer et d'acier, ce qui suppose une industrie assez avancée.

Que cette dernière considération nous rende modestes. Rappelons-nous que les peuples que nous sommes portés à écraser de notre supériorité intellectuelle, que les Chinois, que les Égyptiens, peut-être même que les anciens habitants du Mexique et du Pérou, nous ont précédés de beaucoup dans la carrière de la civilisation.

Ce qui a contribué à hâter les progrès de la civilisation, c'est évidemment l'industrie. Il est bien remarquable de voir que c'est la matière composant les agents de cette industrie qui, en se transformant, a produit les progrès des sociétés. Deux substances minérales furent les agents de l'industrie primitive : la pierre et les métaux. La civilisation a été ébauchée avec l'outil de pierre, et elle s'est achevée avec l'outil de métal. C'est donc avec toute raison que les naturalistes et archéologues modernes partagent l'histoire de l'homme primitif en deux âges : l'âge de pierre et l'âge des métaux.

Dans notre ouvrage sur *l'Homme primitif*, nous avons suivi pas à pas le perfectionnement et les oscillations de l'industrie primitive des peuples. Nous avons vu d'abord l'homme, sans autr instrument de défense ou d'attaque que ses ongles, ses dents, ou le bâton, s'emparer bientôt de la pierre, pour en fabriquer des armes et des outils. Nous l'avons vu ensuite faire la conquête du feu, le feu dont l'homme seul connaît l'usage. Nous l'avons vu, grâce au secours du feu, suppléer dans les climats rigoureux à la chaleur que lui refusait le soleil, créer pendant la nuit un éclairage artificiel, et ajouter à l'insuffisance de son régime alimentaire, sans compter les nombreux services que son industrie retirait du puissant secours de la chaleur.

A mesure que l'homme fait des progrès, l'outil de pierre simplement taillé ne lui suffit pas; il le polit, et même il commence à l'orner de dessins et de symboles. Les arts prennent ainsi naissance.

A la pierre succèdent les métaux, et grâce à l'emploi des métaux, une véritable révolution s'opère dans les sociétés humaines. L'outil de bronze accomplit des travaux et des œuvres absolument interdits à l'outil de pierre. Plus tard le fer fait son apparition, et dès lors l'industrie marche à pas de géant.

Nous n'avons pas à revenir sur l'histoire des développements de l'industrie chez les hommes considérés pendant les temps anté-historiques. Nous ne pouvons que renvoyer, pour cette partie de notre sujet, à notre ouvrage *l'Homme primitif*, où il se trouve longuement traité.

En résumé, si l'homme, par son corps est un animal, par la haute portée de son intelligence il est le souverain de la nature. nous constatons chez lui des phénomènes pareils à ceux que nous rencontrons dans les végétaux et les plantes, nous le voyons, par ses hautes facultés, étendre au loin son empire, et régner sur tout ce qui l'entoure, sur le monde minéral comme sur le monde organisé. Les facultés qui appartiennent en propre à l'intelligence de l'homme, et qui le distinguent de l'animal, c'est-à-dire ses facultés abstractives, font de l'homme l'être privilégié de la création, et justifient son orgueil, car, outre la puissance de son action physique sur la matière, il a seul la notion du devoir et la conscience de l'existence de Dieu.

Après ces considérations générales, nous entrerons dans la description des diverses races humaines.

Nous avons dit que nous suivrons dans cet ouvrage la classification proposée par M. d'Omalius d'Halloy, en la modifiant d'après nos vues particulières. Nous aurons donc à décrire successivement :

1° *La race blanche ;*
2° *La race jaune ;*
3° *La race brune ;*
4° *La race rouge ;*
5° *La race noire.*

Ayons bien soin de faire remarquer que ces épithètes ne doivent pas toujours être prises dans un sens absolu. Elles veulent dire que chacun des groupes que nous établissons se compose d'hommes qui, considérés en masse, sont plus blancs, plus jaunes, plus bruns, plus rouges ou plus noirs que ceux des autres races. Il ne faudra donc pas être surpris de trouver quelquefois dans une race des hommes dont le teint ne s'accorde pas avec l'épithète qui nous sert à la caractériser ici. Ces groupes ne sont pas d'ailleurs uniquement fondés sur la couleur de la peau ; ils reposent sur la considération d'autres caractères, et surtout sur les langues parlées par ces peuples.

RACE BLANCHE

RACE BLANCHE.

Cette race fut désignée par Cuvier sous le nom de *caucasique*, parce que ce savant plaçait dans les montagnes du Caucase son origine première. On la désigne souvent aujourd'hui sous le nom de race *aryenne*, d'après le nom ancien des habitants de la Perse. On admet que la race *caucasique*, ou *aryenne*, est la souche primitive de notre espèce. De la région du Caucase ou des rivages persiques de la mer Caspienne, cette race se serait répandue dans les différentes régions du globe, et aurait progressivement peuplé la terre entière.

La beauté de l'ovale que forme sa tête distingue de toutes les autres races humaines la race *caucasique*, ou *aryenne*. Le nez est grand et droit; la bouche modérément fendue, les lèvres petites ; les dents placées verticalement ; les yeux grands, bien ouverts et surmontés de sourcils arqués. Le front est avancé, la face bien proportionnée; les cheveux sont lisses, longs et bien fournis. C'est cette race qui a donné naissance aux peuples les plus civilisés, à ceux qui sont le plus généralement devenus dominateurs.

Nous diviserons la race blanche en trois rameaux, correspondant à des peuples qui se sont successivement développés dans les premiers temps, au nord-ouest, au sud-ouest, au sud-est et au nord-est du Caucase. Ce sont les rameaux *européen*, *araméen* et *persique*. Ce classement a pour base des considérations géographiques et linguistiques. M. d'Omalius d'Halloy admet un quatrième rameau, le rameau *scythique*, que nous rejetons, les peuples compris dans ce rameau rentrant beaucoup mieux dans la race jaune, ou dans le rameau araméen de la race blanche.

CHAPITRE PREMIER.

RAMEAU EUROPÉEN.

C'est aux peuples du rameau européen que s'applique particulièrement ce que nous venons de dire sur la civilisation et la puissance de la race blanche.

D'après des considérations basées sur le langage, on distingue parmi les peuples qui composent le rameau européen, trois grandes familles : les familles *teutonne*, *latine* et *slave*, auxquelles il faut ajouter la petite famille *grecque*.

Quoiqu'il y ait de grandes différences entre les langues parlées par les peuples qui composent ces quatre familles, ces langues ont toutes des rapports avec le sanscrit, c'est-à-dire la langue des anciens livres sacrés des Hindous. C'est l'analogie des langues européennes avec le sanscrit, jointe à la haute antiquité à laquelle remontent les monuments historiques de plusieurs peuples de l'Asie. et notamment des Hindous, qui conduit à admettre que les Européens sont originaires de l'Asie.

FAMILLE TEUTONNE.

Les peuples de la famille teutonne sont ceux qui possèdent au plus haut degré les caractères de la race blanche. Leur teint, plus clair que celui d'aucun autre peuple, ne paraît même pas susceptible de brunir par une longue habitation dans les climats chauds. Leurs yeux sont ordinairement bleus, leurs cheveux blonds; leur taille est élevée; leurs membres bien proportionnés.

Depuis les premiers temps historiques, ces peuples occupent la

Scandinavie, le Danemark, l'Allemagne et une partie de la France. Ils se sont développés également dans les îles Britanniques, en Italie, en Espagne, dans le nord de l'Afrique ; mais dans ces divers pays ils ont fini par se fondre avec des peuples appartenant à d'autres familles. Ajoutons que ces mêmes peuples forment aujourd'hui la plus grande partie de la population blanche de l'Amé-

Fig. 1. Paysans islandais.

rique et de l'Océanie, et qu'ils ont soumis à leur puissance une grande partie de l'Asie méridionale.

Nous établirons dans la famille teutonne trois groupes principaux : les *Scandinaves*, les *Germains* et les *Anglais*.

Scandinaves. — Les Scandinaves ont conservé d'une manière assez pure les caractères typiques de la famille teutonne. Leur intelligence est très-développée. Aussi l'instruction est-elle très-répandue chez ces peuples, qui ont donné la plus vive impulsion

aux progrès des sciences. Les anciennes poésies des Scandinaves,
qui remontent jusqu'au huitième siècle, sont célèbres dans l'histoire de la littérature européenne.

Les Scandinaves comprennent trois populations bien distinctes :
les Suédois, les Norvégiens et les Danois. Nous ajouterons à ce
groupe la petite population islandaise, qui est celle dont la langue
se rapproche le plus de l'ancien scandinave.

Fig. 2. Veillée, dans une grange, de paysans islandais.

Les îles Féroë sont également habitées par des Scandinaves, et
on reconnaît encore beaucoup de Suédois sur les côtes de la Finlande. Mais dans les autres contrées où les Scandinaves avaient
autrefois étendu leurs conquêtes, ils se sont, en général, fondus
dans les peuples qu'ils ont soumis.

Les *Islandais* sont de taille moyenne et peu vigoureux. Ils sont
probes, fidèles et hospitaliers, et tiennent extrêmement à leur
patrie. Ils ont peu d'industrie et ne savent que fabriquer des
étoffes grossières et préparer les cuirs.

Nous donnons ici quelques types islandais.

La figure 1 représente des paysans islandais voyageant dans la campagne.

La figure 2 une veillée de paysans.

Fig. 3. Intérieur d'auberge à Baskeljo (Norvége).

Les *Norvégiens* sont robustes, vifs, durs à la fatigue, simples, hospitaliers et bienveillants.

On trouve en Norvége peu de différences dans les coutumes et usages des diverses classes de la société. Les mœurs sont ici vraiment démocratiques. C'est le paysan qui joue le rôle principal

dans les affaires du pays. La diète du peuple impose ses volontés
au gouvernement.

M. de Saint-Blaise, dans son *Voyage dans les États scandinaves,*

Fig. 4. Costumes du Télémark (Norvége).

donne au Norvégien un caractère rude, ombrageux, mais solide.
Une chose qui le frappa fut le peu de sociabilité qui existe entre
les deux sexes. On s'y marie ordinairement avant vingt-cinq ans;

l'épouse devient dès lors une femme d'intérieur, toute à son mari.

Fig. 5. Fille et garçon du Lauwergrand (Norvége).

Dans les réunions, les deux sexes se séparent aussitôt après le

Fig. 6. Femmes du Christiansund (Norvége).

repas. Il en résulte un sans-gêne trivial entre les hommes et un manque de soin dans la toilette des femmes, qui contraste avec leur grâce naturelle.

Nous représentons dans les figures 3, 4, 5, 6, 7 et 8 des types d'habitants de la Norvége.

Fig. 7. Costumes d'Hitterdal (Norvége).

Les *Danois* (anciens *Jutes*, ou *Goths*) forment un peuple fier de sa race, plein de vaillance et d'opiniâtreté. Les hommes sont grands et forts; les femmes sveltes et alertes. Les cheveux sont blonds, les yeux bleus, le teint éblouissant. Les enfants sont frais et ver- meils, les vieillards lestes et droits sur leurs jambes. Les voix sont belles, accentuées et mâles. On rencontre en Danemark un

mélange singulier de mœurs démocratiques et de coutumes féo-
dales : des majorats à côté de lois égalitaires. Les classes populaires ont un ardent désir de posséder en propre.

Il y a en Danemark trois classes de paysans : ceux qui ont maison avec cour, ceux qui ont maison seulement, ceux qui ont

Fig. 8. Femme du Sogn (Norvége).

chambre à loyer. Les premiers ont leurs bahuts garnis d'une
riche vaisselle; leurs femmes et leurs filles vont travailler aux
champs avec des bagues aux doigts et des bracelets aux poignets.

Le peuple a donc un assez large confortable. Joignez à cela une
instruction générale, qui se trouve même dans la chaumière du
paysan, et qui embrasse des notions d'agriculture, de géographie,

d'histoire et de calcul. La civilisation du Danemark est donc très-grande, plus grande assurément que celle de la France, de l'Angleterre, de l'Espagne et de l'Italie.

Il n'y a presque pas d'ivrognes en Danemark. Le mariage y est sacré.

Les mariages des paysans de Fionie durent sept jours. On danse et on festoie trois jours avant et trois jours après la noce. C'est au bruit des fanfares que se fait la célébration du mariage. Le marié est fort élégamment paré; la mariée l'est davantage encore; elle porte une sorte de diadème, où l'on voit les fleurs se mêler à l'or.

Germains. — A l'époque où leurs tribus nomades erraient encore dans les forêts, c'est-à-dire au temps de l'empire romain, les anciens habitants de la Germanie ressemblaient beaucoup à leurs voisins les Gaulois. C'étaient des hommes à la haute stature, aux formes vigoureuses et à la peau blanche. Seulement leurs cheveux étaient ordinairement roux, tandis que chez les Gaulois le blond était la teinte dominante. La tête était forte et le front large, les yeux bleus. Mais les descendants modernes des antiques habitants de la Germanie ont subi beaucoup de modifications dans leur type physique, de sorte qu'il serait difficile de trouver aujourd'hui dans la plus grande partie de l'Allemagne des caractères généraux quant à la structure de la tête et à la couleur des yeux ou à celle des cheveux.

Les Germains modernes, c'est-à-dire les *Allemands*, occupent une très-grande partie de l'Allemagne actuelle et de la Prusse orientale, ainsi qu'une large bande de pays à la droite du Rhin. On en trouve aussi dans diverses parties de la Hongrie, de la Pologne, de la Russie et de l'Amérique septentrionale. Les Allemands de l'Est et du Sud, s'étant beaucoup mêlés avec les peuples du midi de l'Europe, ne présentent point exclusivement le type teuton; on trouve parmi eux des hommes aux cheveux bruns et aux yeux noirs.

Nous donnons dans les figures suivantes (fig. 9 à 22) quelques types et costumes des habitants de l'Allemagne actuelle (Bade, Wurtemberg, Souabe et Bavière). On y voit aussi les costumes nationaux de l'Alsace.

Nous emprunterons à un ouvrage publié en 1860, sous ce titre : *Les races humaines et leur part dans la civilisation*, par le docteur Clavel, un tableau intéressant des mœurs de l'Allemagne moderne.

« Confinant, par sa frontière du sud-ouest, au monde latin, par sa frontière du sud-est au monde slave, par sa frontière du nord à la Scandinavie, l'Allemagne, dit le docteur Clavel, n'a pas de limites bien accusées. Sur toute sa périphérie, elle n'offre identité ni de mœurs, ni de langage, ni de religion. Ses provinces limitrophes du Danemark sont à moitié scandinaves; celles qui confinent à la Russie ou à la Turquie sont à moitié slaves; celles qui avoisinent l'Italie ou la France sont à moitié latines; elles forment dans leur ensemble une zone mixte et plus large dans les

Fig. 9-10. Costumes de la Souabe (Stuttgart).

frontières de l'Allemagne que dans les frontières de toutes les autres nationalités.

« C'est seulement vers le centre que l'on rencontre dans toute sa pureté le type blond de la Germanie, l'organisation féodale et les nombreuses principautés qui en sont la conséquence. C'est là que se trouvent également les conditions climatériques sur lesquelles semble se modeler cette race aux yeux bleus, à la carnation éclatante de blancheur, à la stature élevée, aux formes pleines et vigoureuses.

« De même que le Latin, amoureux de soleil et de lumière, élargit ses fenêtres, construit des terrasses, défriche ses bois pour leur substituer la culture de la vigne, de même l'Allemand veut, avant tout, l'ombre et les

retraites mystérieuses. Il cache sa maison sous les arbres, il rétrécit l'ouverture de ses fenêtres, il borde ses routes d'ormeaux touffus; il pousse
jusqu'au culte le respect pour ses vieux chênes, il leur donne une âme et
une voix, il en fait la résidence d'une divinité.

« Pour bien comprendre le génie allemand, il faut parcourir les sentiers
des antiques forêts, analyser les jeux de la lumière et de l'ombre, réparties
sans ordre et sans gradation, coupant des perspectives bornées et étroites,
donnant à un objet restreint un éclat qui contraste avec l'obscurité voisine,
modifiant la figure, brisant la ligne, créant des aires obscures traversées
de teintes irisées et de rayons ardents. Il faut, sous les arbres séculaires,
écouter les sons répercutés par mille échos, se divisant et mourant dans les

Fig. 11-12. Costumes de la Souabe (Stuttgart).

taillis, changés en frissonnements dans les feuilles du tremble, en soupirs
dans les rameaux du sapin, en murmures harmonieux dans les ruisselets
qui courent entre une double rangée d'iris et de salicaires. Il faut encore
respirer l'âcre parfum des feuilles tombées, ou l'arome enivrant des meri-
siers en fleur. Alors on comprend le culte de la nature et l'espèce
de druidisme qui se maintiennent dans la littérature allemande; on
comprend la passion de Gœthe pour l'histoire naturelle; on entrevoit
une signification au poëme de Faust; on s'imprègne de mélancolie, on devient ami de ce qui est doux, triste, mystérieux, fantastique, irrégulier et
original.

« Ainsi rapproché de la nature, l'Allemand est naïf et primitif; il a l'intuition de l'enfance des choses. Il sait remonter au passé et retrouver les premiers âges; il n'a pas la prescience de l'avenir; il résiste au progrès. S'il marche vers l'égalité et vers l'unité, c'est sous l'impulsion de l'idéal des Latins. En lui se trouve une résistance qui tient à sa nature patiente et froide. Ses actes s'opèrent avec lenteur. Sa langue est à peine formée. Sa littérature, débordant d'imagination, manque d'élégance et de pureté : elle n'est pas mûre pour la prose; elle ne sait pas faire un livre.

« Les arts plastiques de l'Allemagne possèdent aussi la naïveté et la variété, fruits de l'imagination; mais ils ignorent la proportion, la pureté du style et l'élégance; ils ne savent coordonner ni les lignes ni les couleurs;

Fig. 13-14. Costumes du Wurtemberg (Ulm).

souvent ils tournent au grotesque, ou sont imprégnés de lourdeur et de pédanterie; on sent qu'ils ne procèdent pas des fils du soleil.

« Les Allemands ont une oreille merveilleuse pour apprécier les sons et traduire en mélodies les mouvements fugitifs de l'âme.

« ....Celui qui possède une constitution forte et tenace doit à ses moyens d'action l'énergie de la volonté. Ses projets ne sont pas conçus à la légère; ils ne sont pas abandonnés sans de graves motifs; ils sont souvent poursuivis à travers mille obstacles. De là cette activité patiente et continue de l'Allemagne, qui réussit dans toutes les industries, malgré son morcellement et les empêchements résultant de sa constitution politique.

« Où les hommes sont laborieux, patients et économes, on doit s'attendre à voir la famille s'organiser fortement et prendre une influence décisive sur les mœurs nationales.

« L'amour, chargé de rapprocher les sexes et de rendre leur vie commune, n'est, en Allemagne, ni très-positif, ni très-romanesque : il est rêveur. Il cherche son *objet* dès l'adolescence, et le trouve vite ; il lui garde sa foi jusqu'à l'époque du mariage.

« Ces fiançailles prématurées étant admises par les mœurs, on voit ceux qu'elles concernent au bras l'un de l'autre dans la foule, dans les fêtes publiques ou privées, dans les bois solitaires et dans les ombres du soir. Plaisirs et peines, ils partagent tout, heureux de sentir leur cœur battre à l'unisson, de se redire mille fois leur tendresse. La placidité du tem-

Fig. 15-16. Costumes de la Bavière (Munich).

pérament et la certitude de s'appartenir un jour atténuent le danger de ces longs tête-à-tête. Le jeune homme respecte celle qui doit porter son nom et donner dans son ménage l'exemple de la vertu ; la jeune fille se garde d'une séduction qui l'abaisserait et compromettrait son avenir.

« On ne peut qu'applaudir à de pareilles mœurs. Elles assurent l'avenir de la femme et la sauvent de la coquetterie ; elles plient l'homme au rôle de chef de famille, lui font penser à l'avenir, lui évitent le libertinage, qui use le cœur autant que la constitution, enfin rendent son amour permanent en le transformant en habitude.

« Quand vient le jour des noces, appelé depuis tant d'années, les carac-

Fig. 17. Costumes du duché de Bade.

tères ont pris leur empreinte respective, les jeunes époux se connaissent, ils n'ont pas à redouter les déceptions, ils ont cette probité du cœur qui n'admet qu'une seule tendresse.

« Ici tout s'accorde à relever la dignité de la femme. Dès l'adolescence et pendant les années où la beauté s'épanouit dans sa fleur, elle se sent l'objet d'un culte, elle est la *maîtresse*. Tout ce qu'elle accorde, si minime que soit la faveur, acquiert un grand prix ; la pâquerette effleurée par ses lèvres vaut bien mieux que l'or, le ruban qu'elle a porté devient l'équivalent d'une décoration[1]. »

Cette peinture de mœurs allemandes se rapporte surtout aux habitants du midi de l'Allemagne, aux Autrichiens. C'est dans le

Fig. 18-19 Costumes de la Bavière (Munich).

midi de l'Allemagne que l'on trouve cette activité patiente et cette douceur de mœurs décrites par le docteur Clavel. Mais ces qualités sont loin d'être l'apanage des habitants du nord et de l'ouest. Les Allemands du nord et de l'ouest se sont montrés à nu pendant la guerre de 1870, alors qu'une série de fatalités déplorables et d'inconséquences funestes avait livré notre malheureuse patrie à la discrétion de l'envahisseur. On a vu alors ce

1. *Des Races humaines*, in-8°, Paris, 1860, pages 308 et suivantes.

qu'il fallait penser de la réputation de bonhomie, de naïveté et
de douceur que s'étaient acquise dans le vulgaire les peuples
d'outre-Rhin. Cette bonhomie est devenue une férocité non dé-
guisée, cette naïveté une duplicité noire, cette douceur une violence hautaine et brutale. La haine, la fureur jalouse des Prussiens, qui s'étaient rués sur la France dans l'intention avouée
de la réduire à l'impuissance et de la rayer, s'il était possible,
de la carte des nations, leurs froides cruautés, leurs rapines
éhontées, sont trop présentes à la mémoire de tous pour qu'il

Fig. 20-21. Costumes de la Bavière (Munich).

soit nécessaire de les rappeler. La barbarie prussienne a atteint
le niveau de celle des Vandales du second siècle.

Nos savants se sont trouvés assez embarrassés pour expliquer
l'anomalie qui existait entre les actes féroces des armées germaniques et la réputation toute contraire dont jouissaient nos voisins
d'outre-Rhin. Habitués à considérer les Allemands comme des
hommes paisibles et doux, sentimentals et rêveurs, nous étions,
en France, douloureusement surpris de voir les faits démentir
si cruellement une opinion généralement répandue. Un travail

Fig. 22. Costumes de l'Alsace (Strasbourg).

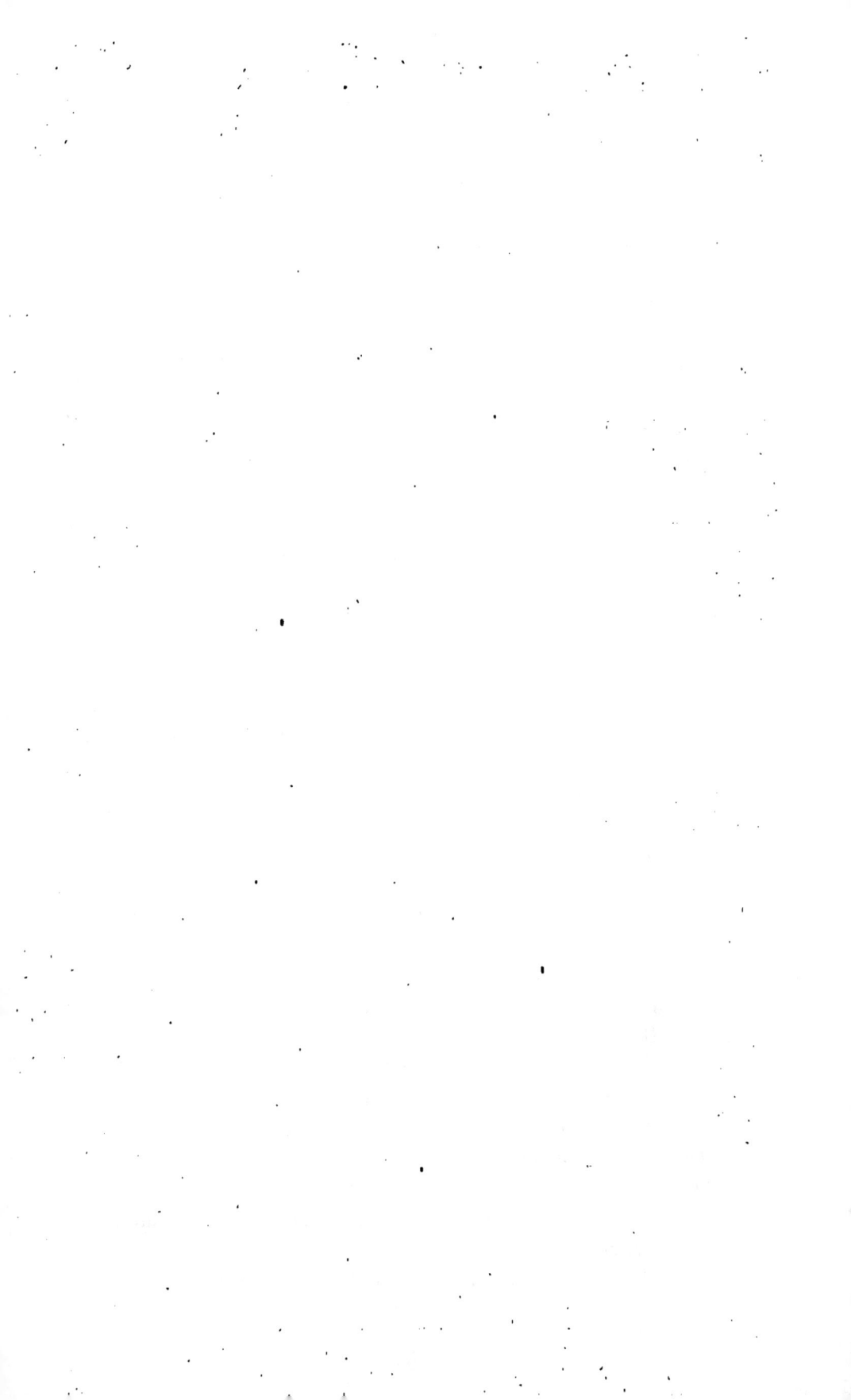

ethnologique publié en 1871 par M. de Quatrefages, dans la *Revue des Deux-Mondes*[1], est venu expliquer scientifiquement cette anomalie.

M. de Quatrefages a prouvé, par des considérations empruntées tout à la fois à la linguistique, à la géologie, à l'ethnologie et à l'histoire, que les Prussiens proprement dits, c'est-à-dire les habitants de la Poméranie, du Mecklembourg, du Brandebourg et de la Silésie, n'ont presque rien de la race germanique, qu'ils ne sont pas, de fait, Allemands, mais qu'ils résultent du mélange de Slaves et de Finnois avec les habitants primitifs de ces pays. Les Finnois avaient envahi de très-bonne heure la Poméranie et la Prusse orientale; plus tard, les Slaves conquirent le même pays, ainsi que le Brandebourg et la Silésie. Quelques peuplades germaniques, auxquelles il faut joindre les résultats d'une immigration française qui eut lieu en Prusse sous Louis XIV, après la révocation de l'édit de Nantes, viennent s'ajouter au fond slave et finnois, pour composer la race prussienne contemporaine. Or les Slaves du nord ont une rudesse de mœurs bien connue et un type tout particulier de belle stature et de forte constitution. Les Finnois, ou habitants primitifs des rives de la Baltique, ont comme caractères propres la ruse et la violence, unies à une remarquable ténacité. Les Prussiens modernes font revivre tous ces défauts de leurs ancêtres.

M. Godron, naturaliste de Nancy, qui a fort bien étudié la race allemande, disait : « Les Prussiens ne sont ni des Allemands ni des Slaves; ils sont Prussiens! » Le fait est maintenant démontré par les recherches de M. de Quatrefages. Au point de vue ethnologique, les Prussiens sont très-différents des populations allemandes, qui sont aujourd'hui courbées sous le joug de l'empereur Guillaume, sous le prétexte d'unité germanique.

Deux langues écrites différentes existent chez les peuples germains : la langue néerlandaise et la langue allemande.

La langue néerlandaise a donné naissance à trois dialectes : le *hollandais*, le *flamand* et le *frison*.

Les Hollandais faisaient, au dix-septième siècle, le plus grand commerce maritime de la terre, et fondaient, à cette époque, un certain nombre de colonies.

Le Hollandais est, de sa nature, réservé et taciturne. Le propre

1. Livraison du 15 février.

de son caractère est la simplicité. Il possède à un haut degré le sentiment patriotique. Il est capable d'enthousiasme et de dévouement pour défendre son étrange et curieux territoire, conquis sur la mer par des digues et des travaux formidables et arrosé par d'innombrables canaux, qui servent de moyen ordinaire de communication, et qui relient entre elles les rivières et les mers aussi bien que les villes.

Anglais. — Les Anglais peuvent être considérés comme le résultat du mélange des *Saxons* et des *Angles* avec les peuples qui habitaient les îles Britanniques avant l'invasion des Saxons.

D'où venaient et qu'étaient les *Angles* et les *Saxons?*

D'après Tacite, les Angles étaient un des petits peuples qui habitaient le littoral de l'Océan. Les Saxons, selon Ptolémée, résidaient entre les bouches de l'Elbe et le Schleswig. Vers le cinquième siècle après Jésus-Christ, les Angles et les Saxons envahirent les îles Britanniques, et s'y mêlèrent à la population, alors composée de Celtes, de Latins et d'Araméens. Pendant les neuvième, dixième et onzième siècles, de nouvelles invasions de la Grande-Bretagne par les Normands et les Danois ajoutèrent à ce sang, déjà si mêlé, une autre infusion étrangère.

C'est de ce mélange de peuples divers qu'est sortie la nationalité anglaise, chez laquelle on trouve à la fois le caractère patient et persévérant, l'esprit sérieux, le goût de la vie de famille apporté par les Saxons, et qui est le propre du génie germanique, mêlé à la légèreté et à l'impressionnabilité des peuples celtiques.

Le type physique qui est résulté de ce mélange, c'est-à-dire le type de l'Anglais, correspond à ce mélange de races. Les têtes ont une forme longue et élevée, qui les distingue des têtes carrées des Allemands, surtout de ceux de la Souabe et de la Thuringe. Les Anglais ont la peau généralement claire et transparente, les cheveux châtains, les formes élancées, la taille svelte, la démarche raide et la physionomie froide. Les femmes n'offrent pas la noblesse et la plénitude de formes des femmes grecques et romaines, mais leur peau surpasse en transparence et en éclat celle de la population féminine des autres contrées européennes.

Nous empruntons quelques pages à l'ouvrage de M. le docteur Clavel sur *les Races humaines et leur part dans la civilisation*, pour faire une connaissance exacte avec le génie propre et les mœurs de nós voisins d'outre-Manche.

« En examinant, dit le docteur Clavel, la situation géographique de l'Angleterre, son sol humide plutôt que froid, l'observateur sait à l'avance qu'il va rencontrer une population douée d'un appétit impérieux, d'une circulation puissante, d'un système moteur fortement organisé et d'un tempérament sanguin-lymphatique. La puissance des fonctions digestives annonce que le système nerveux ne peut dominer et que la sensibilité est restreinte: la fréquence des brouillards qui détruisent les parfums de la terre, les vents impétueux de l'Océan et l'absence du vin annoncent la pénurie du sentiment, de l'inspiration, et des arts qui en sont la conséquence.

« Des plaines basses et unies, telles que les présente l'Angleterre proprement dite, sont peu favorables au développement des extrémités inférieures; aussi la force de l'Anglais est-elle moins dans ses jambes que dans ses bras, ses épaules et ses reins. Le poing est son arme naturelle, soit dans l'attaque, soit dans la défense : son duel populaire est la boxe, tandis que le pied joue un grand rôle dans le duel qui porte en France le nom caractéristique de *savate*.

« Cette puissance des régions supérieures du corps donne à l'Anglais un aspect particulier. En voyant ses épaules charnues, son cou épais et musculeux, sa poitrine proéminente, on devine le rude travailleur, le marin intrépide, le fabricant infatigable, le soldat qui se fait tuer à son poste, mais qui résiste mal aux marches forcées et à la faim. Ses cheveux blonds ou roux, sa peau blanche, ses yeux gris, disent les brumes de son pays; sa nuque peu saillante et l'ovale peu accusé de son crâne disent qu'il y a du sang finnois dans ses veines; la force de ses maxillaires et le volume de ses dents disent ses préférences pour le régime animal. Il a le front élevé du penseur, mais non les longs yeux de l'artiste.

« L'état insulaire de l'Angleterre, sa belle situation sur l'Atlantique, ses ports nombreux et magnifiques, ses cours d'eau et la facilité de sa navigation intérieure, tout fait pressentir un grand commerce maritime et les mœurs qui s'y rattachent. Mais ce que ne peuvent dire ni le sol, ni le climat, ni la position géographique, ce sont les aptitudes importées par les races.

« Dans l'Anglais il y a deux hommes : le Celte et le Germain. Un examen superficiel peut seul les confondre.

« Le Celte, que l'absence de notions précises sur une population antérieure fait considérer comme indigène, se rapproche des races néo-latines, et surtout des Français actuels. Il n'existe guère à l'état d'agglomération que dans l'Irlande et dans quelques districts montagneux du pays de Galles et de l'Écosse. Son crâne et ses traits indiquent des aptitudes artistiques. Il préfère le christianisme sous sa forme catholique et anglicane. Comme l'ancien Gaulois, il aime le vin, le rire, le jeu, la danse, la causerie, la raillerie, la bataille. Il est spirituel et porte l'instinct du comique. Il est franc et hospitalier : mais sa versatilité le rend incapable de mûrir et de poursuivre une entreprise, de se donner les avantages de la réflexion, de se réserver l'avenir. Faute de savoir coordonner ses forces et agir avec ensemble, il est devenu la proie d'un ennemi qui n'était son supérieur ni en nombre, ni en bravoure, ni même en intelligence. La vieille, la joyeuse Angleterre et la verte Irlande ont subi le joug du Danois, du Saxon et du Normand : elles ont perdu leur gaieté proverbiale, leurs bardes, leur génie démocratique et leur civilisation.

« Entre les conquérants modernes de l'Angleterre, les différences physiques et morales sont minimes. Tous sont venus des bords de la Baltique et portent en eux l'élément germanique et scandinave; tous portent dans leur sang les aptitudes des anciens rois de la mer. Ils ont encore la force, qui érige la conquête en droit et prend ce qui est à sa convenance; l'orgueil, qui se refuse à courber la tête, même devant la tempête; l'initiative individuelle, qui exige, avant tout, la liberté; une ténacité que rien ne décourage; une intelligence capable de toutes les subtilités; une sensualité générale, qui cherche à transformer les besoins du corps en moyens de jouissance; une insuffisance de sentiment qui suppose le manque d'aptitude pour les arts; enfin, un tempérament calme et robuste entre tous.

« Ce type, qui se retrouve encore dans les sommités sociales et dans l'aristocratie, s'est modifié par sa combinaison avec l'élément celtique, mais a imposé plus qu'il n'a reçu. Le Saxon, en général, absorbe les autres races ou les détruit : on dirait qu'il boit leur vie et ne peut se plier à leur génie.

« Il faut donc s'attendre à trouver les mœurs de l'Angleterre actuelle plus scandinaves que celtiques. Le plaisir des temps anciens a bien diminué; les joyeuses commères ne sont plus guère connues que dans la littérature; la raillerie, en se plaçant dans une bouche saxonne, s'arme de dents aiguës : elle emporte le morceau.

« Lorsque l'intelligence se détourne de l'idéal et se dirige incessamment vers les choses positives de la vie, elle prend l'habitude de considérer en tout le profit et la perte; elle devient ennemie du gaspillage, qui détruit les biens sans profit, et amie de l'ordre, sans lequel la prospérité matérielle est impossible; elle dirige les forces de l'organisme vers la production industrielle et agricole, vers le commerce, qui les entretient et les féconde; enfin vers la spéculation, qui prélève la meilleure part des profits du commerce, de l'agriculture et de l'industrie. Le Saxon trouve moyen de spéculer sur tout et de manœuvrer avec habileté dans le dédale de ses lois commerciales. Son tempérament flegmatique fait qu'il ne subit ni les entraînements de l'enthousiasme ni les déceptions du découragement. Il voit juste dans le présent et l'avenir. En luttant de finesse avec ses adversaires, il apprend à se cuirasser contre les entraînements du cœur. Sa figure trahit rarement sa pensée intime; ses traits sont dénués d'une mobilité qui serait un désavantage.

« C'est ainsi que l'Anglais joint l'habileté à la volonté, d'où dérive sa puissance dans l'action. Étant fort et habile, il prend en lui-même une confiance qui dégénère facilement en orgueil et qui le sauve des petitesses de caractère. Il n'est ni obséquieux ni flatteur; il rejette les raffinements de politesse, qui lui paraissent une humiliation pour celui qui les emploie; il garde le serment qu'il ne pourrait violer sans s'amoindrir; mais il fait valoir tous ses avantages. La vie est pour lui une lutte dans laquelle on doit triompher sans prendre souci de ceux qui ne savent pas combattre et succombent en chemin. Il ne demande pas pitié et ne l'accorde guère; il n'a pas la cruauté, qui est une sorte de faiblesse, mais il sait supprimer un ennemi quand il y trouve un avantage marqué. En adjoignant à l'Anglais l'initiative individuelle, qui se retrouve dans toutes les branches de l'arbre germanique, on doit s'attendre à le voir amoureux de la liberté, sans laquelle ses forces ne pourraient prendre leur essor.

« Mais cette liberté le conduirait vite à sa perte s'il ne lui adjoignait l'esprit de conduite et s'il ne la tempérait par l'amour de l'ordre, qu'il puise dans ses habitudes industrielles et commerciales.

« .... Ses arts ne manquent ni de talent, ni d'observation, ni de finesse, ni d'esprit; ils représentent les hommes et les choses avec la fidélité la plus scrupuleuse; mais ils manquent de sentiment, de chaleur et d'idéal; ils ne savent pas mettre en jeu les passions; ils ne peuvent sortir du genre descriptif. Le théâtre leur fait défaut, comme la musique, œuvre pure du sentiment; comme l'architecture, qui se voit dominée par la nature des matériaux et par l'appropriation de l'édifice aux besoins de la vie. Cette recherche de la commodité, qui rend la maison de Londres si laide, a pu également simplifier la langue jusqu'à l'amphibologie et dessécher l'accent jusqu'à la discordance. Faute d'harmonie dans les moyens d'exprimer la pensée, l'art de bien dire se retire de la conversation pour se concentrer dans le discours. Il n'y a presque pas d'intermédiaire entre ce dernier et la conversation incorrecte du tête-à-tête. Le résultat est que l'Anglais fait, à propos de tout, des discours écoutés et commentés avec une patience imperturbable, mais ayant le tort grave de donner aux relations sociales la pédanterie et la raideur. Dès lors il n'y a plus de place pour l'abandon et la bonhomie. L'esprit formaliste aidant, une foule de choses ne sont plus permises ou ne peuvent se faire qu'en suivant des règles déterminées. Les convenances comprennent ainsi, outre la politesse, une foule de conventions qui aboutissent à une véritable tyrannie morale. Un acte qui partout ailleurs serait considéré comme naturel peut devenir l'objet d'un scandale; aussi le plus grand nombre s'abstient-il, dans un salon, d'agir, de parler et de gesticuler. Une réserve glacée devient la tenue générale.

« En face d'une pareille société, les indiscrétions et les hâbleries ne sont guère possibles. Mais de même que l'on ne peut mentir, on ne peut dire toute la vérité : on est obligé d'en réserver une partie, et souvent la meilleure. Le résultat est une hypocrisie particulière, qui porte le nom indigène de *cant*, et qui est le véritable fléau de la société anglaise. Par le cant, la vie intime est enfermée dans un cercle d'intolérance qui lui donne une désespérante uniformité. Chacun est obligé de faire comme tout le monde, si bien que dans le pays de la liberté l'âme est opprimée et désespérée jusqu'au suicide. Voilà pourquoi tant d'Anglais, pour échapper au spleen, sont obligés de fuir leur patrie.

« La femme anglaise est grande, blonde et fortement constituée. Sa peau est éblouissante de fraîcheur; ses traits sont minces et pourvus d'élégance; l'ovale de son visage est prononcé, mais alourdi inférieurement; ses cheveux sont fins, soyeux, charmants; son cou, délicat et allongé, donne à sa tête des mouvements pleins de grâce et de fierté.

« Jusqu'ici tout en elle est essentiellement féminin; mais si l'on analyse son buste et ses membres, on trouve que les os volumineux de sa race nuisent à la délicatesse des formes, épaississent les extrémités, empêchent l'élégance des attaches et l'harmonie des mouvements.

« La femme émane de deux centres, qui sont la tête et le cœur. Celui-ci donne la grâce du corps, la rondeur et la finesse des formes, l'inspiration dans le sentiment, le dévouement dans l'amour, l'affinité de l'âme, une séduction multiple et indéfinissable, une sorte de rayonnement divin qui est la grâce, qui est la tendresse, qui est le charme en un mot. Celle-là donne l'intelligence, l'esprit, l'animation et la conséquence dans les actes.

« Si tout chez l'Italienne et l'Espagnole révèle la suprématie du cœur dont lord Byron était si amoureux, tout chez l'Anglaise révèle la suprématie de la tête. Le physique et le moral sont d'accord.

« Il n'est guère de travail d'esprit dont une fille de la Grande-Bretagne ne soit capable. Elle s'instruit facilement; elle manie la plume avec élégance; elle serait capable, au besoin, d'improviser un discours; elle est spirituelle, brillante même; elle peut aborder les sciences abstraites; elle peut lutter avec l'homme de sagacité et de profondeur : cependant sa conversation ne captive pas. Elle manque des mille instincts féminins qui se révèlent dans la toilette, la pose, le geste et l'attitude. Rarement elle est musicienne. Sa parole et son chant ne caressent pas l'oreille; le sentiment de la couleur, de la forme et du parfum lui fait défaut. Elle aime ce qui est violent, et, au lieu d'arriver à l'harmonie, elle aboutit à la discordance.

« .... Aucune aristocratie ne peut, sous le rapport de l'habileté, être comparée à l'aristocratie anglaise. Après s'être assuré l'influence de la richesse en s'emparant de la terre et en la substituant de père en fils par droit de primogéniture, elle donne le pouvoir législatif aux propriétaires du sol, au moyen d'une chambre de pairs dont les prérogatives et les domaines sont substitués au fils aîné, et d'une chambre élective dont la nomination appartient surtout aux tenanciers des grands propriétaires. Avec de pareils priviléges chez la noblesse, la royauté devient forcément dépendante et se trouve réduite au rôle d'instrument. Les places influentes de l'administration, de l'armée, de la magistrature et de l'église reviennent de droit aux grandes familles, qui disposent de toutes les forces du pays et en usent au profit de leur caste. L'impôt est organisé de manière à peser principalement sur les classes inférieures, tandis que le produit en revient à la classe privilégiée, sous forme d'appointements.

« .... Pour amener l'aristocratie britannique au point de puissance où elle se trouve, il a fallu bien des conquêtes. Il a fallu dévorer la substance du Portugal, de l'Espagne, de la Hollande et de cent trente millions d'Indiens; il faut que quinze millions d'Anglais soient condamnés à vivre d'un

Fig. 23. Ang'ais.

salaire quotidien, quand il y a salaire, il faut que le canon ouvre les frontières de la Chine aux caisses d'opium et aux produits de manufactures obligées de vendre ou de succomber. Tant de maux n'ont pour compensation matérielle qu'une immense puissance donnée à l'argent. La sensualité exploitée sous toutes ses formes a décuplé le nombre des objets de consommation. Les maisons s'encombrent d'une multitude de meubles dont l'usage devient une sorte de science; les tables se chargent d'une variété infinie de mets, de fruits, d'argenterie et de cristaux; des étoffes aux mille nuances s'offrent aux caprices de la mode, soit pour la confection des vêtements, soit pour la décoration des appartements; mais la maison n'est ni plus belle ni plus saine, la table n'est ni plus hospitalière ni plus réjouissante, le vêtement n'est ni plus gracieux ni plus chaud. Le *comfort* étouffe le beau, que les hommes d'argent confondent toujours avec ce qui est cher.

« Il ne faut demander à l'aristocratie britannique ni la fine élégance de l'aristocratie latine, ni le sentiment de l'art qui fit naître tant de merveilles en Italie et même en France.

« L'argent a pu accumuler dans des galeries particulières les tableaux et les statues produits par les étrangers, mais il a été impuissant à faire surgir une école d'architecture, de peinture et de sculpture; il n'a même pu produire une simple partition musicale. Les industriels et les hommes d'État abondent en Angleterre; mais la pénurie des artistes est extrême. Un grand poëte sort des rangs de la noblesse, et il emploie son génie à flageller l'aristocratie et les mœurs de son pays. Des littérateurs éminents donnent une valeur philosophique au roman de mœurs, et ils peignent sous les couleurs les plus noires le génie mercantile et féodal.

« Les hommes de fer qui ont transformé l'Angleterre en une sorte de fief semblent se croire d'une autre espèce que le reste de l'humanité : ils passent à travers les populations sans subir leur contact, sans modifier une étiquette réglementant jusqu'aux excès de la table, jusqu'à l'ivresse du vin, de la chasse et de l'amour. Une parole, un geste suffit pour imprimer sur son auteur un cachet de vilenie et pour irriter la fibre de la noblesse. Elle s'irrite encore si des littérateurs de génie font parler des lords comme de simples mortels; mais elle a obvié à ce scandale par le roman *fashionable*, où brille, dans une auréole d'ennui, le décorum aristocratique.

« Tout cela produit une froideur compassée, une hauteur répulsive qui rend toute expansion et toute bonhomie impossibles. L'oppression morale et l'ennui s'infiltrent partout dans la vie : ils finissent par la rendre insupportable. Le *spleen* désole ces hommes si riches et si puissants.

« Ceux qui ne trouvent pas une distraction dans les luttes politiques vont à l'étranger chercher un peu d'affection et de gaieté; les plus robustes partagent leur temps entre la table, les chevaux et les chiens. Ils boivent d'une façon effrayante; ils forcent le renard et le suivent à cheval en franchissant tous les obstacles et en risquant de se rompre le cou, ou bien ils font cent lieues pour voir courir un *pur sang* et pour parier, en sa faveur, ce qui ferait la fortune de dix plébéiens.

« Une telle existence ne peut se mener qu'à la campagne. Aussi la noblesse anglaise réside-t-elle dans ses terres pendant neuf mois de l'année, exerçant l'hospitalité fastueuse de toutes les grandes oligarchies et créant des résidences où le culte du bien-être est poussé jusqu'au fanatisme.

« A l'ombre de la féodalité vit une classe de fermiers, d'industriels, de marchands, de rentiers et de spéculateurs, qui se console des humiliations subies par celles qu'elle impose à la plèbe. Cette bourgeoisie, opprimée d'en haut et menacée d'en bas, offre un singulier mélange de timidité et de résolution. Son existence, toujours précaire, fait qu'elle s'alarme facilement, qu'elle est prête à subir les conditions des forts, à se charger de tous les rôles, à répéter tous les mots d'ordre. Elle est inépuisable d'enthousiasme et d'admiration quand elle voit un gain pour elle-même dans la conduite de ses maîtres; mais elle oppose une résistance de la plus grande habileté quand les affaires publiques tournent à son détriment. Le danger ne la surprend guère; il est signalé de loin et conjuré quand il survient.

« On croit retrouver le caractère israélite chez des gens qui font de la Bible leur livre de prédilection; qui subissent l'avanie en conservant le sentiment de la dignité; qui aiment avec passion l'argent et les affaires aléatoires; qui savent hasarder pour gagner, et compenser une chance de perte par trois chances de gain; qui respectent le texte plus que l'esprit de la loi, et usent de la probité commerciale comme d'un habile moyen de faire fortune.

« Dans la classe bourgeoise l'aristocratie britannique trouve un instrument souple et fort qui lui sert à maintenir les prolétaires, véritables héritiers du caractère des Celtes. A ces malheureux on reproche l'ivrognerie dans laquelle ils cherchent l'oubli de leurs maux, la brutalité qui se complaît dans les coups, les injures, les scènes de pugilat et les combats d'animaux, l'épaisse sensualité qui se repaît de viandes et de bière, l'égoïsme qui sépare jusqu'aux verres des buveurs, enfin une criminalité plus forte que chez les autres nations civilisées.

« Mais derrière ces vices, tristes fruits de la misère, de la douleur et de l'ignorance, il y a de solides vertus. Le prolétaire anglais a dans le cœur un sentiment inné de générosité. Il est doux aux faibles et rude aux forts. Le bien le charme, et son appui est assuré à ce qui est généreux. S'il est aveuglé par sa personnalité au point de perdre la notion de la justice, il n'est guère atteint d'avarice et donne avec plaisir. Son amitié est sûre, quoique peu démonstrative; il tient sa parole et méprise la perfidie. Les revers redoublent son énergie au lieu de l'abattre; il ne désespère jamais de ses entreprises, parce qu'il sait tout sacrifier au succès, même sa vie. Il n'a pas les mesquines vanités qui avilissent les classes intermédiaires. A sa patrie, qui pour lui est moins une mère qu'une marâtre, il conserve un inépuisable amour. Il lui dévoue son existence entière; il l'admire, il la trouve aimable; il pousse l'illusion jusqu'à lui donner l'épithète de joyeuse et de bonne vieille Angleterre. »

Transplanté dans le Nouveau-Monde, l'Anglais a déjà pris un type quelque peu différent. Les *Yankees*, comme les Indiens les appelaient, c'est-à-dire les *Taciturnes* (*Ya-no-ki*), ont perdu dans l'Amérique du Nord leur caractère et la physionomie qu'ils tenaient de la mère patrie. Un type nouveau, moral et physique, rappelant davantage le type des Peaux-Rouges méridionaux, s'est formé chez l'homme du sud de l'Amérique, et ce type s'est exagéré chez l'homme de l'Ouest, plus rude et plus grossier que celui du Nord.

FAMILLE LATINE.

La *famille latine* s'est développée en Italie. De là elle étendit ses conquêtes sur une grande partie de l'Europe, de l'Asie et de l'Afrique, en fondant l'empire romain. Les seules parties de ce vaste empire où se soient conservées de nos jours les langues latines, sont l'Italie, l'Espagne, la France et quelques contrées du sud-est de l'Europe.

Les peuples appartenant à la famille latine ont, en général, une taille moyenne, des cheveux et des yeux noirs, un teint susceptible de brunir par l'action du soleil ; mais ils présentent beaucoup de variations. Ils parlent des dialectes nombreux, qui se fondent souvent l'un dans l'autre.

On distingue parmi les peuples de la famille latine : les *Français*, les *Hispaniens*, les *Italiens* et les *Moldo-Valaques*.

Français. — Les *Franks* provenaient du mélange des Gaulois avec les anciens habitants du pays, c'est-à-dire du peuple qui, dans l'antiquité, était désigné indifféremment sous les noms d'*Aquitains* ou d'*Ibères*, et dont il reste encore un petit résidu vivant au pied des Pyrénées, le peuple basque, reconnaissable à sa langue, qui est celle des anciens Ibères.

Mais qu'était le peuple gaulois, qui, se mêlant au sang national des Ibères, constitua le peuple frank ?

Les Gaulois étaient une branche des *Celtes* (ou *Gaels*), peuple ancien, qui, venu de l'Asie, envahit de bonne heure et occupa une partie de l'Europe occidentale, et particulièrement la portion de territoire qui forme la Belgique actuelle, la France, jusqu'à la Garonne, et une partie de la Suisse. Plus tard, les Celtes, ou *Gaels*, étendirent leurs conquêtes plus loin encore, c'est-à-dire jusqu'aux îles Britanniques. C'est au douzième ou au dixième siècle avant Jésus-Christ qu'ils envahirent la Gaule, et soumirent la population indigène des Ibères.

Les Celtes n'avaient conservé de leur origine asiatique que quelques dogmes religieux de l'Orient, l'organisation d'une secte sacerdotale, et une langue qui, se rattachant par des liens étroits à la langue sacrée de brahmes indiens, nous révèle la parenté qui unissait ces peuples à ceux de l'Asie.

Le peuple celtique était nomade, essentiellement chasseur et pasteur. Les hommes étaient de très-grande taille : on a prétendu qu'ils avaient de six à sept pieds. Plusieurs tribus se peignaient la peau avec une couleur tirée des feuilles du pastel. D'autres se tatouaient. Beaucoup se mettaient de fortes chaînes d'or autour des membres ou sur la poitrine, ou se couvraient de tissus aux couleurs voyantes, analogues au tartan des Écossais. Plus tard ils sacrifièrent au luxe. Par-dessus leur tunique ils portèrent la *saie*, manteau court, rayé de bandes de pourpre et brodé d'or ou d'argent. Une peau de bête ou un manteau de laine grossière et de couleur foncée remplaçait chez l'homme des classes pauvres la riche *saie* que nous venons de mentionner. D'autres portaient une *simare*, analogue à la blouse moderne ou au *caraco* des paysannes de la Normandie. Le second vêtement des Gaels était un pantalon étroit et collant, la *braie*. Les femmes portaient une tunique large et plissée et un tablier. Quelques-unes se contentaient pour tout vêtement d'un sac de cuir.

Leurs armes étaient des couteaux de pierre, des haches garnies de pointes en silex ou en coquillage, des massues, des épieux durcis au feu. Les hachettes celtiques de pierre sont communes dans l'ouest de la France.

Les Celtes étaient belliqueux et audacieux. Ils marchaient à l'ennemi au son du *karnux*, sorte de trompette, dont le pavillon représentait une bête fauve couronnée de fleurs. Quand le signal était donné, le premier rang se lançait tout nu et impétueusement dans la mêlée.

Menant une vie errante, les Celtes ne se construisaient pas de demeure fixe. Ils se transportaient d'un pâturage à l'autre, sur des chariots couverts, et bâtissaient de simples cabanes, qu'ils abandonnaient après quelques jours de halte. Ils s'abritaient aussi dans des grottes. Ils se couchaient sur la terre, étendant sous eux un peu de paille ou une peau de bête. Ils mangeaient et dormaient le plus souvent à ciel découvert. Amateurs d'histoires et de récits, ils se montraient curieux et bavards. Leurs mœurs étaient paisibles.

Un rameau de la famille des Celtes, les *Kymris*, qui venaient du fond de l'Asie comme leurs prédécesseurs, envahirent les fertiles plaines qui s'étendent depuis les landes de Bordeaux jusqu'à l'embouchure du Rhin, et ne s'arrêtèrent à l'ouest que devant l'Océan, à l'est devant les Vosges, au sud-est devant les monts d'Auvergne et les derniers chaînons des Pyrénées et des Cévennes. Les *Kymris*, ou Belges, apportèrent avec eux la rudesse septentrionale. Ils fondèrent des villes et appelèrent à eux l'émigration des Gaels.

Ces deux groupes distincts, quoique de même race, demeurèrent isolés dans quelques pays et dominèrent dans d'autres. Les Irlandais et les Écossais des hautes terres étaient des *Gaels*. L'élément *gael* avait aussi la prédominance dans la France orientale. Les habitants du pays de Galles, ceux de la Belgique et notre Bretagne appartenaient au rameau kymrique. Mais pour les Romains ces deux races se confondaient sous le nom général de *Bretons* dans la Grande-Bretagne, et sous celui de *Gaulois* dans la Gaule.

Jetons un coup d'œil sur les types physiques, sur les mœurs et usages des Gaulois.

Vers l'époque où Jules César envahit et conquit les Gaules, on distinguait les Gaulois du nord, ceux du nord-est et de l'ouest et ceux du sud. Les premiers se faisaient remarquer par l'abondance et la longueur de leur chevelure : de là leur nom de *Gaulois chevelus*. Ceux du sud et du sud-est étaient les *Gaulois porte-braies*.

Les Gaulois communiquaient artificiellement à leurs cheveux une couleur d'un rouge ardent. Quelques-uns les laissaient flotter complétement sur leurs épaules ; d'autres les relevaient et les liaient en touffe au-dessus de leur tête. Certains ne portaient que d'épaisses moustaches ; les autres avaient toute leur barbe.

Quand ils s'armaient pour les combats, les Gaulois revêtaient la *saie*. Ils avaient des traits, des frondes, des sabres à un seul tranchant, en fer ou en cuivre, des espèces de hallebardes qui faisaient d'horribles blessures. Un casque de métal, orné de cornes d'élan, de buffle ou de cerf, couvrait la tête du soldat ; sur celui du riche guerrier s'agitaient de hauts panaches, pendant que des figures d'oiseaux ou de bêtes fauves en ornaient le cimier. Son bouclier était couvert de figures effrayantes. Sous une cuirasse en fer battu, le guerrier portait une cotte de mailles provenant de l'industrie gauloise. Il se parait de colliers, et le baudrier des chefs était brillant d'or, d'argent ou de corail. L'étendard consistait en un sanglier de métal ou de bronze fixé au bout d'une hampe.

Les Gaulois vivaient dans des habitations spacieuses et arrondies, bâties avec des pierres brutes réunies par de la terre argileuse, ou composées de poteaux et de claies garnies de terre en dedans et en dehors. Le toit, large et solide, était composé de fortes douves taillées en forme de tuiles, de chaume ou de paille hachée et pétrie dans l'argile.

Le riche Gaulois avait, outre une habitation de ville, une maison de campagne. Les tables en bois étaient fort basses, et creusées d'excavations, qui tenaient lieu de plats et d'assiettes. On s'asseyait sur des bottes de foin ou de paille, sur des nattes de jonc ou sur des bancs à dos en bois. On couchait dans des sortes d'armoires en planches, ressemblant à celles que l'on voit encore dans certaines chaumières de la Bretagne et de la Savoie. On avait des vases de terre, de poteries tendres, grises ou noires, plus ou moins ornées, ou des vases d'airain. Des cornes d'aurochs servaient de verres à boire.

Les Gaulois mangeaient peu de pain, mais beaucoup de viande bouillie ou rôtie. Ils déchiraient ordinairement avec leurs dents les morceaux qu'ils tenaient à pleine main. Les pauvres buvaient de la bière et d'autres boissons peu coûteuses, les riches des vins aromatisés.

La beauté des Gauloises était proverbiale. On admirait l'élégance de leur taille, la pureté de leurs traits, la blancheur de leur peau. Pour fixer des hommes farouches, elles déployaient une excessive coquetterie. Pour entretenir la fraîcheur de leur teint, elles se lavaient avec de l'écume de bière, ou avec de la craie dissoute dans du vinaigre. Elles se teignaient les sourcils avec de la suie, ou avec une liqueur tirée d'un poisson nommé *orphie*. Elles rougissaient leurs joues avec du vermillon, enduisaient leur chevelure de chaux, pour la rendre blonde, l'enveloppaient d'un réseau de bandelettes, la rejetaient en arrière, ou la recourbaient en façon de cimier. Elles mettaient jusqu'à quatre tuniques superposées, se voilaient la tête avec une partie de leur manteau, et portaient une mitre, ou bonnet phrygien.

A la mort d'un simple particulier, on l'enterrait, suivant son sexe et sa condition, avec des pointes de flèches, des hachettes, des couteaux en silex, des colliers, des anneaux, des bracelets, des poteries, etc. Pour tombeau on prenait une pierre non taillée, que l'on entourait d'herbes, de mousse ou de fleurs. Ces tombeaux s'élevaient dans les plaines, sur les bords des routes, dans les sanctuaires ombragés par les hautes forêts. Ils étaient gardés

Fig. 24. Druides gaulois et franks.

par une statue de Teutatès, aux joues peintes l'une en blanc, l'autre en noir.

A la mort d'un chef, son corps était brûlé. A cet effet, on le plaçait sur un amas de bois résineux, avec ses armes de chasse et de guerre, son cheval de bataille et ses chiens, et quelquefois avec des esclaves. Pendant que les flammes dévoraient le corps, les assistants jetaient de grands cris, et les guerriers frappaient leurs boucliers. On renfermait les os à demi calcinés dans une urne de terre grossière, ornée, grossièrement aussi, de quelques coups de poinçon ou de moulures en relief. L'urne était déposée sous un tumulus recouvert de gazon. Dans la Gaule méridionale on la plaçait sous une colonne funèbre.

Pour compléter l'idée que nous pouvons nous faire sur l'aspect extérieur des Gaulois, nous devons dire un mot des druides.

Les druides étaient les prêtres des Gaulois. C'était un clergé puissant par son rôle politique et ses fonctions judiciaires. Les druides menaient une vie solitaire au fond des forêts de chênes, dans les grottes et les solitudes. Ils portaient un costume particulier. Leurs robes descendaient jusqu'aux talons. Dans les cérémonies religieuses, ils cachaient leurs épaules sous une espèce de surplis blanc, et avaient sur leurs vêtements pontificaux un croissant, par allusion à la dernière phase de la lune. Leurs chaussures étaient des sandales de bois pentagonales; ils laissaient croître leur chevelure, rasaient leur barbe, tenaient à la main une sorte de baguette blanche, et suspendaient à leur cou une amulette ovale cerclée d'or.

Les Franks provinrent, avons-nous dit, du mélange des Gaulois avec les Ibères, race indigène du pays, joints plus tard aux Romains, aux Grecs et plus tard encore aux Alains, aux Goths, aux Burgondes et aux Suèves. Après avoir parlé des Gaulois nous avons donc à décrire les Franks.

Le Frank avait une haute taille; une peau très-blanche, des yeux bleus étincelants et une voix puissante. Son visage était rasé, sauf sur la lèvre supérieure, qui portait deux fortes moustaches. Ses cheveux, d'un blond admirable, étaient coupés par derrière, et longs par devant. Son habit était si court qu'il ne lui couvrait pas le genou, et si serré qu'il laissait voir toute la forme de son corps. Il portait un baudrier garni de clous et de plaques argentées ou damasquinées. A sa ceinture étaient suspendus un couteau de fer, une hache à manche court au fer épais et acéré (la *francisque*), une lourde épée très-coupante ; une sorte de pique de moyenne longueur, dont la forte pointe était armée de plusieurs barbes, ou crochets tranchants, et recourbée comme un hameçon. Avant de combattre, le Frank teignait ses cheveux avec de la couleur rouge. Souvent sa chevelure était retenue par un réseau d'or ou par un cercle de cuivre. D'autres fois il se couvrait de la dépouille des bêtes féroces.

D'après les récits de plusieurs historiens, on peut se faire une idée exacte de la femme franke. Elle est forte, porte une robe longue et de couleur noire, ou une robe bordée de pourpre. Elle marche les bras nus. Son front est couronné de genêt fleuri. Son regard, quelquefois farouche, accuse une mâle vigueur. Aussi ne craint-elle pas de paraître dans les sanglantes mêlées.

Les langues celtique et ibérique disparurent peu à peu chez les Franks ; elles furent remplacées par le dialecte latin.

Les Gaulois et les Franks soumis par les Romains avaient reçu dans leur sang l'élément latin ; cet élément ne fit que s'accroître. Un instant arrêté par les invasions des peuples du Nord et de l'Est, par les hordes asiatiques de race mongole, parmi lesquelles figuraient les Huns, l'élément latin reprit le dessus à partir du seizième siècle. Alors les hommes et les choses, la langue et les arts, participèrent de plus en plus de l'influence latine. La chevelure blonde et la peau blanche du Frank changèrent de caractère avec la chevelure noire et la peau brune du peuple latin. C'est ainsi que le Français perdit la taille athlétique et les membres vigoureux du Gaulois, pour acquérir la souplesse et l'agilité des peuples méridionaux. C'est ainsi que la langue française se forma peu à peu, au moyen des dialectes latins modifiés.

L'existence d'une seule langue écrite fait qu'il est difficile d'établir des divisions caractéristiques parmi les Français actuels. On pourrait cependant distinguer les *Français proprement dits*, qui habitent le cours inférieur de la Loire ; et dont les dialectes sont le plus voisins de la langue écrite ; — les *Wallons*, dans le Nord, dont la prononciation se rapproche un peu de celle des peuples teutons ; — et les *Romans*, dans le Midi, où les dialectes se confondent avec ceux des Hispaniens et des Italiens. Les Français du centre sont ceux qui tiennent le plus des Celtes ; ceux du Midi ont la vivacité des anciens Ibères ou Basques, et ceux du Nord ont subi davantage l'influence teutonne, influence qui se fait surtout sentir en Normandie.

Grâce à la diversité des origines, et aux différentes races humaines qui se sont fondues dans son type, grâce peut-être aussi à l'extrême variété géologique du sol de la France, où l'on trouve comme une sorte d'échantillon de tous les terrains du globe, le Français n'a point de physionomie propre, au point de vue organique : ce qui n'empêche pas la nationalité française d'être parfaitement accusée.

Au point de vue physique, si l'on met à part certains extrêmes, on peut dire que le Français est caractérisé, non par les traits spéciaux, mais par la mobilité et l'expression de ces mêmes traits. Ni grand, ni petit, le corps a des proportions excellentes, et s'il n'est pas capable de développer une grande action musculaire, il est du moins en état de lutter avec avantage contre la fatigue et les longs exercices. Agile et nerveux, prompt à l'attaque comme à la riposte, plein de ressources dans la défense, souple et dispos, adroit au physique comme au moral, tel est le Français dont le type est reconnaissable dans notre classique troupier (fig. 25).

Au point de vue intellectuel, le Français se distingue par une promptitude et une activité de conception vraiment hors ligne. Il comprend vite et bien. Une nuance de sentiment vient s'ajouter à cette activité intellectuelle. A cet ensemble des qualités de l'esprit et du cœur, joignez une dose très-prononcée de raison, un jugement solide et une véritable passion pour l'ordre et la méthode, et vous aurez le type français.

C'est par la réunion de toutes ces qualités que s'explique le respect de notre nation pour la science et les arts, l'ordre admirable qui règne dans ses musées, et le bon entretien de ses monuments historiques. Ainsi s'explique l'excellente organisation de son enseignement public, tant pour les sciences que pour les arts, sa philosophie tolérante et douce, qui cherche surtout les règles pratiques applicables à la conduite des hommes, son excellent arsenal judiciaire, et son admirable code civil, qui a servi de modèle à toutes les nations des deux mondes.

Cependant si le Français respecte la science, s'il aime les arts et s'intéresse aux productions de l'esprit, il faut reconnaître qu'il répugne à s'y mêler de sa personne. Il est heureux de profiter des applications pratiques de la science, et proclame avec reconnaissance les services qu'il en reçoit, mais il recule à l'idée d'étudier les sciences en elles-mêmes, et le titre de savant est chez lui le synonyme d'un être parfaitement ennuyeux. Les sciences qui ont jeté en France un très-vif éclat à la fin du siècle dernier, y languissent aujourd'hui. Les carrières scientifiques sont désertées et la science est dans une décadence visible dans la patrie des Lavoisier, des Lalpace et des Cuvier. Pour faire accepter la science aux lecteurs français, il faut enduire de miel les bords de la coupe; encore faut-il bien connaître la dose à laquelle on peut lui administrer le breuvage édulcoré, et ne pas dépasser les forces de son tempérament ou de son humeur présente.

On peut en dire autant pour les arts libéraux. Le Français aime à jouir des œuvres de l'art, des beaux monuments et édifices, des statues précieuses, des tableaux magnifiques, des gravures et de toutes les hautes productions de l'art; mais il ne fait rien pour les encourager. Notre pays est aujourd'hui, dans le monde entier, à la tête des beaux-arts, et son école de peinture est sans rivale. Cependant c'est à l'étranger que les artistes, peintres ou sculpteurs, doivent aller chercher l'écoulement de leurs produits. En France, on se contente de rendre un hommage platonique au mérite de leurs œuvres, et l'on s'en rapporte au gouvernement du soin d'encourager et de propager les arts.

Cet encouragement se résume en une exposition annuelle des tableaux et des statues faite dans un local où l'on n'entre qu'en payant. Puis tableaux et statues sont renvoyés aux artistes, et des médailles, de différente valeur, permettent au public de classer le mérite de chaque exposant.

En France, on n'est donc à proprement parler ni savant, ni artiste; seulement on professe une grande estime pour les sciences et les arts. On leur rend hommage mais on n'a aucun désir de se les assimiler, et l'on ne fait rien pour les propager.

Une qualité excellente de notre nation, c'est la sociabilité. Tandis que l'Anglais et l'Allemand se renferment dans leur maison, avec un soin misanthropique, le Français aime à partager son logis, à habiter une espèce de ruche, où le même toit abrite quantité d'individus de tout âge et de toute condition. Il peut ainsi échanger et recevoir mille services, vivre de son existence propre, en même temps que de celle d'autrui. Voyez dans nos villages les maisons groupées ensemble, adossées l'une à l'autre; voyez dans les villes ces maisons où cinquante locataires, à peine séparés par une mince

Fig. 25. Français.

cloison, ont un domestique commun à tous, le portier, et vous reconnaîtrez là l'instinct de sociabilité, d'affabilité extérieure, propre à la nation française. L'empressement que chacun manifeste à rendre les petits services de la vie, à secourir un blessé, à s'employer pour tirer son voisin d'embarras, sont autant de signes de ce même et louable esprit de sociabilité.

La douceur des sentiments et des pensées, le goût extraordinaire pour l'ordre et la méthode, l'amour des arts, qui caractérisent la nation française, se retrouvent dans les productions diverses de son industrie. Le sentiment de l'art caractérise essentiellement l'industrie française, et lui donne ce cachet de bon goût, de distinction et d'élégance qui font sa juste renommée, et répandent ses produits dans le monde entier.

Sans être ni artiste ni savant, le Français sait donc parfaitement tirer parti de la science et de l'art. Il leur demande leur concours et leurs inspirations ; il sait les utiliser et les transporter dans la pratique. Grâce à son esprit d'ordre et de méthode, il parvient à retirer des profits matériels des objets d'étude ou de sentiment.

Après le côté brillant du caractère de notre nation, montrons son côté défectueux.

Il est reconnu que le tiers des Français et plus de la moitié des Françaises ne savent ni lire ni écrire : ce qui revient à dire que sur les trente-huit millions d'individus qui composent la population de la France, quinze millions ne savent ni lire ni écrire.

Le paysan français ne lit pas, et pour cause. Le dimanche on lui fait la lecture de l'almanach de Pierre Larrivay, de Matthieu Laensberg, ou de quelque autre prophète de la même farine, qui prédit pour chaque jour de l'année le temps ou les récoltes, et cela lui suffit. La Bruyère a tracé de nos paysans, au temps de Louis XIV, un portrait saisissant et sinistre, qui est souvent vrai de nos jours : depuis deux siècles, le modèle a peu changé[1].

L'ouvrier français lit fort peu. Les ouvrages de science vulgarisée qui, depuis un certain nombre d'années, se multiplient si heureusement en France, ne sont pas lus, comme on se l'imagine, par les ouvriers. Les personnes qui recherchent ce genre de livres

---

1. « L'on voit certains animaux farouches, des mâles et des femelles, répandus par la campagne, noirs, livides et tout brûlés du soleil, attachés à la terre qu'ils fouillent et qu'ils remuent avec une opiniâtreté invincible; ils ont comme une voix articulée, et quand ils se lèvent sur leurs pieds, ils montrent une face humaine. Et en effet ils sont des hommes. »

ont déjà une véritable instruction, qu'elles désirent compléter en l'étendant à d'autres branches du savoir : ce sont les jeunes gens des écoles et les personnes qui appartiennent aux diverses professions libérales ou commerciales.

Le bourgeois, qui a quelques loisirs, en consacre une partie à la lecture, mais il ne lit pas de livres. En France, le livre est un objet de luxe, à l'usage des raffinés. Quand elle voit passer dans la rue un homme tenant un livre sous le bras, la foule le contemple avec une curiosité respectueuse. Entrez dans les maisons, même les plus opulentes, vous y trouverez tout ce qui est nécessaire au confort de l'existence, tous les meubles à l'usage de la vie, mais vous n'y verrez presque jamais de bibliothèque. Jugée indispensable en Allemagne, en Angleterre, en Russie, la bibliothèque est à peu près inconnue en France.

Le bourgeois français ne lit que les journaux. Malheureusement les journaux en France n'ont jamais été consacrés qu'à la politique. La littérature et les arts, la science et la philosophie, voire même le commerce et le mouvement des affaires, c'est-à-dire tout ce qui constitue la vie et les intérêts d'une nation, sont exclus, avec un soin jaloux, de la plupart de nos grands journaux, pour faire place à la politique. C'est ainsi que la politique, la plus superflue et la plus stérile des matières, est devenue dans notre pays la grande préoccupation et la seule préoccupation de toutes les classes.

La presse dite *légère* est bien pire. Elle se fait avec les anciens *ana*. On coupe dans le *Bièvriana* les bons mots du marquis de Bièvre et on les met sur le compte de M. de Tillancourt; on attribue à Mlle X.... des Variétés une anecdote cueillie dans l'*Encyclopediana*, et le tour est fait. Cela ne se vend qu'un sou et ne vaut pas un liard.

Les journaux sont le grand moyen de farcir de vide la tête de nos bourgeois.

La faiblesse de l'instruction en France ressort davantage quand on sait ce qui se passe chez d'autres nations. Parcourez la Suisse, et dans chaque chaumière vous trouverez une petite bibliothèque. En Prusse, un individu qui ne sait pas lire, est une rareté : l'instruction est obligatoire dans ce pays. Tout le monde sait lire en Autriche. En Norvége et en Danemark le dernier des paysans lit et écrit sa langue avec pureté ; et dans l'extrême Nord, en Islande, dans cette terre vouée aux rigueurs d'un froid éternel, qui est comme la mort de la nature, les imprimeries sont en grand nombre. Nous n'avons pas besoin de dire que les Anglais et les Américains l'emportent de beaucoup sur les Français, au point de vue de l'instruction. Bien plus, tous les Japonais savent lire et écrire, ainsi que tous les habitants de la Chine propre.

Espérons que ce triste état de choses changera quand on aura décrété, en France, l'instruction gratuite et obligatoire.

Peu instruit et peu désireux de l'être, industriel timide et agriculteur routinier, le Français a pourtant une vertu dominante. Il est soldat; il a toutes les qualités exigées pour la guerre : la bravoure, l'intelligence, la vivacité de conception, le sentiment de la discipline, et même la patience quand il le faut. Si en 1870 un enchaînement de fatalités déplorables a forcé notre patrie de subir la loi d'un peuple qui s'étonne encore de sa victoire, la réputation de bravoure et d'intelligence du soldat français n'a pas souffert de cet échec imprévu. L'heure de la revanche contre les barbares du Nord sonnera tôt ou tard.

Ce qui est tout à fait propre à la nation française, c'est son esprit frondeur, sa verve satirique. Si du temps de Beaumarchais tout finissait en France par des chansons, de nos jours tout finit par des quolibets, et selon l'argot du jour, par la *blague*.

Il n'est rien que notre esprit satirique n'ait tourné en ridicule. Dans l'art du dessin il a créé la *charge*, c'est-à-dire la caricature du beau et l'exagération hideuse de toute imperfection physique; au théâtre il a introduit la *cascade*, parodie publique, avilissement devant le parterre, de notre histoire, de notre littérature et de nos grands hommes; dans la danse il a fait naître cette chose obscène et sans nom qui se compose de vraies contorsions de fou, et qui passe à l'étranger pour notre danse nationale!

La femme française est parfaitement douée au point de vue intellectuel ; elle a la conception facile, l'imagination vive et l'esprit enjoué. Malheureusement le poids de l'ignorance alourdit tout son être. Rarement la femme du peuple sait lire; seule la femme des classes supérieures a le loisir, pendant sa jeunesse, de cultiver son esprit. Toutefois il ne faut pas qu'elle s'adonne trop à l'étude; il ne faut pas qu'elle aspire à devenir un esprit orné et distingué. L'épithète de *bas-bleu* la ferait vite rentrer dans la foule commune, dans la plèbe féminine ignorante et légère. On lui appliquerait, avec un empressement unanime, ces vers des *Femmes savantes*, de Molière, qui ont eu, depuis deux siècles, le triste pouvoir de semer l'ignorance dans la moitié de la société française :

> Il n'est pas bien honnête, et pour beaucoup de causes,
> Qu'une femme étudie et sache tant de choses.
> Former aux bonnes mœurs l'esprit de ses enfants,
> Faire aller son ménage, avoir l'œil sur ses gens
> Et régler sa dépense avec économie,
> Doit être son étude et sa philosophie [1].

C'est sous le poids de cette malheureuse tirade que des personnes qui se croient bien raisonnables, étouffent les velléités qu'éprouveraient les jeunes filles et les jeunes femmes d'ouvrir leur esprit aux notions de la littérature, de la science et des arts.

Il a été question un moment de faire participer nos jeunes filles à l'instruction que l'Université donne aux jeunes gens. Nous voulons parler des cours qui devaient être faits par les professeurs des lycées, selon le plan imaginé par M. Duruy. Mais cette tentative d'émancipation intellectuelle des jeunes filles a été vite réprimée. A peine tolérés à Paris, ces cours ont été promptement interdits dans nos villes des départements, et la femme est bientôt revenue sur les *genoux de l'Église*, c'est-à-dire a été rendue à l'ignorance et à la superstition.

Ce défaut d'instruction chez la femme française est d'autant plus regrettable, qu'à d'excellentes dispositions intellectuelles se joint, chez elle, l'incontestable don des grâces et des charmes physiques. Il y a une séduction sans égale dans sa physionomie, bien qu'il soit impossible de la ramener à un type déterminé. Ses traits, souvent irréguliers, semblent empruntés à plusieurs races ; ils n'ont pas cette unité que donnent le calme et la majesté, mais ils sont expressifs au plus haut degré, et merveilleusement propres à traduire toutes les nuances du sentiment. On y voit le rire percer jusque sous les pleurs, la caresse sous la menace et la prière sous le commandement. On aperçoit le rayonnement de l'âme à travers l'irrégularité de cette physionomie.

Petite de taille, en général, la femme française a, dans toutes les proportions du corps, la grâce et la finesse. Les extrémités et les attaches sont délicates et élégantes, le modelé parfait et les formes accusées, sans être entachées de lourdeur. L'art vient d'ailleurs

1. Acte II, scène VIe.

chez elle merveilleusement en aide à la nature. En aucun lieu du monde on ne connaît au même degré qu'en France le secret de s'habiller, de rectifier par la forme et la couleur les défectuosités naturelles. Ajoutez à cela un désir continuel de charmer et de plaire, le soin d'attirer et de retenir les cœurs par la simplicité ou la coquetterie, par la bienveillance ou la malice, le besoin de répandre partout le plaisir et la vie, la noble attention d'éveiller les grandes ou les touchantes pensées, et vous comprendrez l'empire universel et charmant que la femme a toujours exercé en France, et la grande part d'influence qu'on est forcé de lui laisser sur la direction des hommes et des choses.

Toutes ces qualités qui distinguent la femme des classes supérieures, dans notre pays, se retrouvent chez la femme du peuple. Ses industrieuses mains excellent aux travaux d'aiguille. Elle taille ses vêtements et ceux de son enfant, entretient le linge de la maison, confectionne ses chapeaux, et sait maintenir l'élégance et le goût jusqu'au sein de la pauvreté. La rectitude de son jugement, son tact et sa finesse, sa rare pénétration, sont d'un puissant secours dans les affaires commerciales, où la justesse de ses appréciations apporte à son mari et à ses enfants le plus utile concours. C'est dans le commerce de détail qu'éclatent surtout ses qualités : l'ordre, la sagacité et la patience. Sa politesse et sa présence d'esprit charment l'acheteur, qui est toujours servi à souhait, toujours content de lui-même et de la marchandise.

Les femmes françaises excellent dans les soins du ménage et l'éducation des enfants. Ces jeunes filles gracieuses et douces deviennent des mères de famille à la tendresse inépuisable, qui font de la maison paternelle l'asile le plus sûr et le meilleur refuge contre les souffrances et les maux de la vie.

Hispaniens. — Nous comprenons sous le nom d'*Hispaniens* les Espagnols et les Portugais.

Les Hispaniens sont le résultat du mélange des Latins avec les Celtes, qui les avaient précédés en Espagne, et avec les Teutons, qui en chassèrent les Romains.

Baignée de trois côtés par la mer, séparée de la France au nord par les crêtes des Pyrénées, confinant au sud à l'Afrique, dont elle n'est disjointe que par un bras de mer, l'Espagne est accidentée de montagnes qui, se coupant réciproquement plusieurs fois, forment des bassins n'ayant entre eux que des communications difficiles. Les montagnes de l'Espagne sont une des principales causes de la richesse de ce pays. Elles renferment des métaux variés et précieux, et les eaux qui descendent le long de leurs pentes forment des sources qui fertilisent les vallées et donnent naissance à de grands fleuves.

Le climat de l'Espagne se ressent du voisinage de l'Afrique. Pendant l'hiver, l'air y est froid, sec et vif; il est brûlant pendant l'été. Les feuilles des arbres sont raides et luisantes, les branches noueuses et contournées, les écorces sèches et rugueuses. Les fruits mêlent à leurs parfums des saveurs âcres et piquantes ; les animaux sont maigres et farouches.

Il y a donc dans la nature, en Espagne, quelque chose de violent et de rude. Ce caractère se retrouve dans les habitants du pays.

L'Espagnol, comme l'Africain, est, en général, d'une taille peu élevée. Il a la peau brune, les membres musculeux, secs et agiles. Sous le rapport moral, la passion domine chez lui. Or la passion est impossible à maîtriser ou à dissimuler. Elle ne craint pas de se produire; et pour peu qu'elle rencontre la curiosité ou l'admiration, elle se répand au dehors, au point de devenir un spectacle. Aussi l'Espagnol laisse-t-il toujours éclater ses sentiments à l'extérieur.

Cette habitude de se mettre en scène, qui aurait des inconvénients chez une nation aux mauvais instincts, produit les meilleurs résultats chez l'Espagnol, dont le fond est plein de générosité et de noblesse. Elle lui donne l'orgueil, père des grands sentiments et des belles actions, l'émulation, qui excite à se dépasser soi-même, la tenue morale, la générosité, la dignité et la discrétion. Nulle part on ne comprend mieux qu'en Espagne les égards dus à l'âge et au sexe, ainsi que le respect qu'il faut avoir pour le rang et la hiérarchie.

L'amour des distinctions, des places et des grades est une conséquence, regrettable mais inévitable, de ce même sentiment.

Le juste orgueil de l'Espagnol le rend vétilleux sur le point d'honneur. Il supporte mal l'insulte, et veut la laver dans le sang. Il saisit facilement l'épée qui doit venger son honneur, ou le couteau qui doit vider ses querelles (fig. 26).

En Espagne les armes sont entre les mains de tout le monde, et c'est leur contact habituel — qu'on néglige trop parmi nous —

qui donne à chacun le désir de la gloire, ou l'espoir de jouer un
rôle dans le monde.

Fig. 26. Le duel au couteau.

Avec ces dispositions, l'Espagnol ne peut être qu'un excellent
soldat. Outre le goût et l'habitude des armes, il a la vigueur,

l'agilité, la patience ; il est donc digne d'être cité avec honneur à côté du soldat français. Seulement, la discipline est difficile à

Fig. 27. Paysan des environs de Valence.

imposer à ces hommes fiévreux et indépendants. Ils ne sont pas toujours faciles à conduire en temps de guerre régulière, et en temps de troubles ils deviennent vite des *guérillas*, mot qui équivaut à peu près à celui de brigand.

Fig. 28. Paysans des environs de Xérès.

Les armes étant familières à tout Espagnol, la tentation doit être prompte à en faire usage, et la passion aidant, les occasions ne doivent pas manquer. C'est pour cela que l'Espagne est la

Fig. 29. Marchand de bestiaux, à Cordoue.

terre classique de la guerre civile. Pour un oui ou pour un non, le paysan saisit son fusil et court à l'embuscade, ou va s'enrôler

Fig. 30. Homme et femmes du peuple à Tolède.

dans une bande d'insurgés. Les insurrections politiques sont un jeu pour ce peuple aux impressions vives et rapides. En un clin d'œil des bandes armées couvrent le pays. L'insuffisance de la discipline, chez les soldats et les sous-officiers, fait grossir d'é-

Fig. 31. Paysan des environs de Madrid.

pées infidèles ces phalanges irrégulières, et c'est ainsi que la malheureuse Espagne est toujours sous le coup d'une insurrection locale, dont la répression coûte toujours du sang, et qui ne garantit rien pour l'avenir.

L'Espagnol, qui met de la passion dans tout, en a mis nécessai-

Fig. 32. Intérieur d'un cabaret à Madrid.

rement dans la religion. Sa piété est exaltée. L'excès de cette piété s'est souvent tourné en violence, et est devenu funeste.

C'est la fureur religieuse qui rendit l'Espagne si cruelle contre les Sarrasins et contre les juifs; qui, plus tard, alluma les bûchers de l'inquisition et entretint la plus farouche intolérance. L'Espagne a brûlé, au nom d'un Dieu de paix et d'amour, des milliers de créatures innocentes; elle a proscrit, égorgé, torturé en l'honneur et pour le bien de la foi catholique!

C'est cette exagération passionnée du catholicisme qui a perdu l'Espagne dans les temps modernes. Comment cette nation, si puissante au seizième siècle, et qui sous Charles-Quint dictait des lois à l'Europe entière, est-elle tombée aujourd'hui au dernier rang des États de cette partie du monde? C'est que la multiplication des couvents d'hommes et de femmes a amené une prompte dépopulation du pays; c'est que la proscription des Maures, puis des juifs, puis des protestants, a détruit l'industrie; c'est que les tribunaux de l'inquisition et les auto-da-fé ont amené la tristesse, la défiance des masses; c'est que les abus de l'élément religieux et de ses symboles ont produit un bigotisme comparable à l'idolâtrie; c'est que la crainte d'offenser une religion intolérante et égoïste a arrêté tout progrès moral, et mis obstacle à tout développement de la science, qui repose sur le libre examen.

Voilà comment le mouvement, la vie et la pensée ont disparu, comment la prospérité matérielle s'est éteinte dans la partie de l'Europe la plus merveilleusement dotée de richesses naturelles; comment le commerce a été anéanti dans un pays dont la situation géographique est sans rivale, et qui possédait dans le Nouveau-Monde les plus florissantes et les plus puissantes colonies; comment enfin la littérature et la science, ces deux grandes expressions de la liberté et du progrès, se sont arrêtées dans la patrie de Michel Cervantes.

Comment l'Espagne pourrait-elle recouvrer sa splendeur des anciens temps? Quels sont les remèdes à opposer à ses maux? La tolérance en religion, et en politique la liberté.

Le type de la femme espagnole est tellement connu que c'est à peine s'il est nécessaire de le rappeler. Brune, en général, bien que le type blond soit beaucoup plus fréquent qu'on ne le pense, l'Espagnole est presque toujours de petite taille. Qui ne connaît ses grands yeux voilés sous des cils épais, son nez fin, ses narines charnues? La taille est toujours, chez elle, ondulée et cambrée; ses membres sont pleins de rondeur et de modelé, et ses extrémités d'une finesse incomparable. C'est un mélange charmant de force, de langueur et de grâce.

Aimer est la grande affaire de l'Espagnole. Elle aime avec pas-

Fig. 33. Jeune Espagnole et duègne.

sion, mais avec constance, et la jalousie qu'elle ressent n'est que la compensation légitime de l'attachement qu'elle éprouve.

L'Espagnole, qui est épouse fidèle, est excellente mère. Peu de femmes sont meilleures nourrices, peu sont plus attentives et plus patientes en face des soins exigés par l'enfance. La mère prodigue à sa jeune famille sa vie entière, et si elle ne lui donne pas elle-

Fig. 34. Danse du fandango.

même l'instruction, c'est que, hélas! le savoir lui manque; car elle n'est pas plus instruite que la femme française, sa digne compagne au point de vue de l'ignorance.

Fig. 35. Danse du boléro.

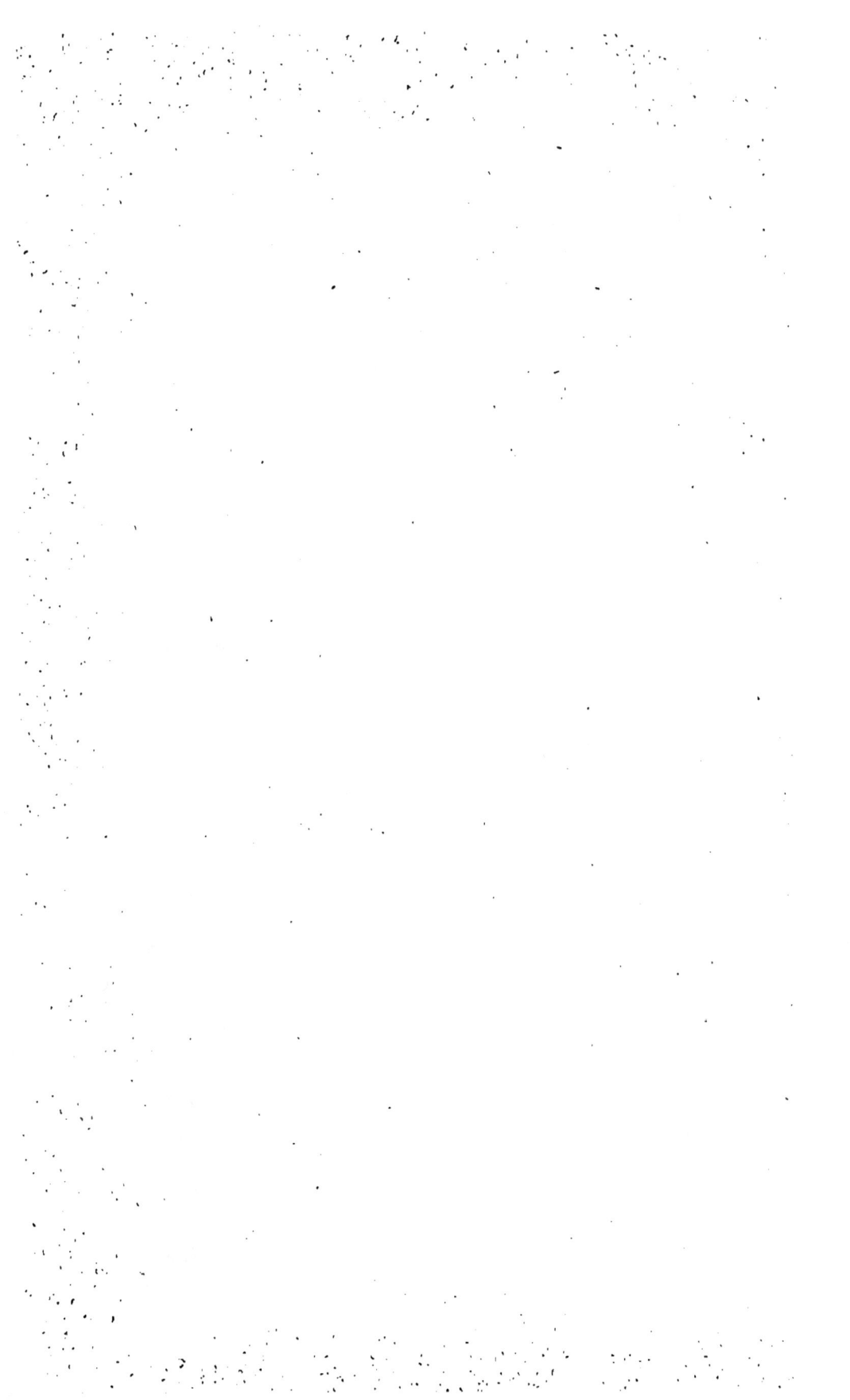

Nous avons dit que la femme exerce en France une influence très-manifeste sur la marche des événements. La femme espagnole n'est pas en possession de cette même influence utile. Elle n'est écoutée de son entourage que pendant la courte période de sa beauté. Arrivée à la maturité de la vie, alors que, son jugement s'étant formé par l'expérience et son esprit s'étant agrandi par l'observation ou la souffrance, elle pourrait calmer les passions de ses amis, les soutenir de ses conseils, les réunir autour de son foyer, la femme espagnole est reléguée dans l'ombre, et ses facultés acquises sont perdues pour la société.

Après cet aperçu général des mœurs de l'Espagne, nous parlerons des physionomies les plus caractéristiques de ce pays.

Le type mauresque se trouve d'une manière très-tranchée dans la province de Valence. Le teint des paysans est basané. La coiffure des paysans de Valence se compose d'un mouchoir aux couleurs éclatantes, roulé autour de la tête, et s'élevant en pointe : souvenir du turban oriental. Quelquefois ils y ajoutent un chapeau de feutre et de velours noir aux bords relevés. Les jours de fête ils mettent le gilet de velours vert ou bleu, aux nombreux boutons, formés de piécettes d'argent ou de cuivre argenté. Le pantalon est remplacé par un très-large caleçon de toile blanche, qui flotte jusqu'à la hauteur du genou ; il est retenu par une large ceinture de soie ou de laine rayée de couleurs vives ; la chaussure consiste en espardines fixées au moyen d'un large ruban bleu qui s'enroule autour de la jambe comme les cordons d'un cothurne. Une longue pièce d'étoffe de laine rayée et brillante de couleurs est jetée sur l'épaule ou drapée sur la poitrine : c'est la mante.

C'est au marché qu'il faut voir ces paysans apporter leurs oranges, leurs grappes de raisins et les régimes de dattes.

Les Valençaises sont quelquefois remarquablement belles. Leurs cheveux noirs sont roulés en nattes arrondies sur les tempes et ramenés derrière la nuque en énorme chignon traversé par une longue aiguille d'argent doré.

On a vu dans les figures placées plus haut les costumes des habitants des environs de Valence, de Xérès, de Cordoue, de Tolède et de Madrid, ainsi que les types des physionomies espagnoles.

La danse est un caractère national en Espagne. Elle ne varie guère d'une province à l'autre, mais elle reflète ordinairement le caractère des habitants, qui l'accompagnent de leurs chansons et des mélodies nationales. A-t-on assez chanté, assez fêté le boléro et le fandango? (fig. 34 et 35).

Le Portugal touche à l'Espagne; jetons un regard sur les types des habitants de ce pays.

Les femmes portugaises sont souvent jolies, et quelquefois complétement belles. Elles ont les cheveux abondants, le regard long, doux et pénétrant, les dents incomparables. Les pieds sont un peu forts, mais les mains sont charmantes. Bien plantées sur les jambes, la taille hardiment découpée, quoique un peu épaisse, les attaches menues, le teint mat, la tournure assurée, la tête bien placée et toujours parfaitement encadrée, elles portent avec une aisance plutôt modeste que délurée la courte jupe et le large chapeau de feutre.

Les habitants de Ponte de Lima sont de petite taille et ont des formes dégagées et vigoureuses. La population de la campagne est surtout remarquable. Elle fournit des soldats braves, sobres et faciles à discipliner, de robustes et intelligents laboureurs.

Le costume des paysans n'a rien de particulier; mais celui des femmes a beaucoup de cachet. La jupe est plissée à plat, courte, quelquefois retroussée par une ceinture, découvrant les trois quarts d'une jambe ordinairement nue. Le corsage, retenu par deux ou trois boutons d'argent, accuse les formes. Séparé de la jupe, il laisse bouffer la chemise autour du corps, et les manches, qui sont celles de la chemise, se portent larges et quelquefois relevées. La coiffure se compose d'un grand chapeau de feutre noir, souvent orné de pompons, presque toujours garni d'un mouchoir blanc, dont les plis se répandent sur le cou et les épaules. De longues boucles d'oreilles et même des colliers et des chaînes en or, complètent le costume pittoresque où le jaune, le rouge et le vert clair dominent.

Les rues de Porto sont animées par l'aspect des paysannes aux costumes variés et éclatants qui crient les oranges, les légumes, les fromages, les fleurs.

La figure 36 représente le costume des marchandes de poisson de Porto.

Fig. 36. Costumes des marchandes de poisson de Porto.

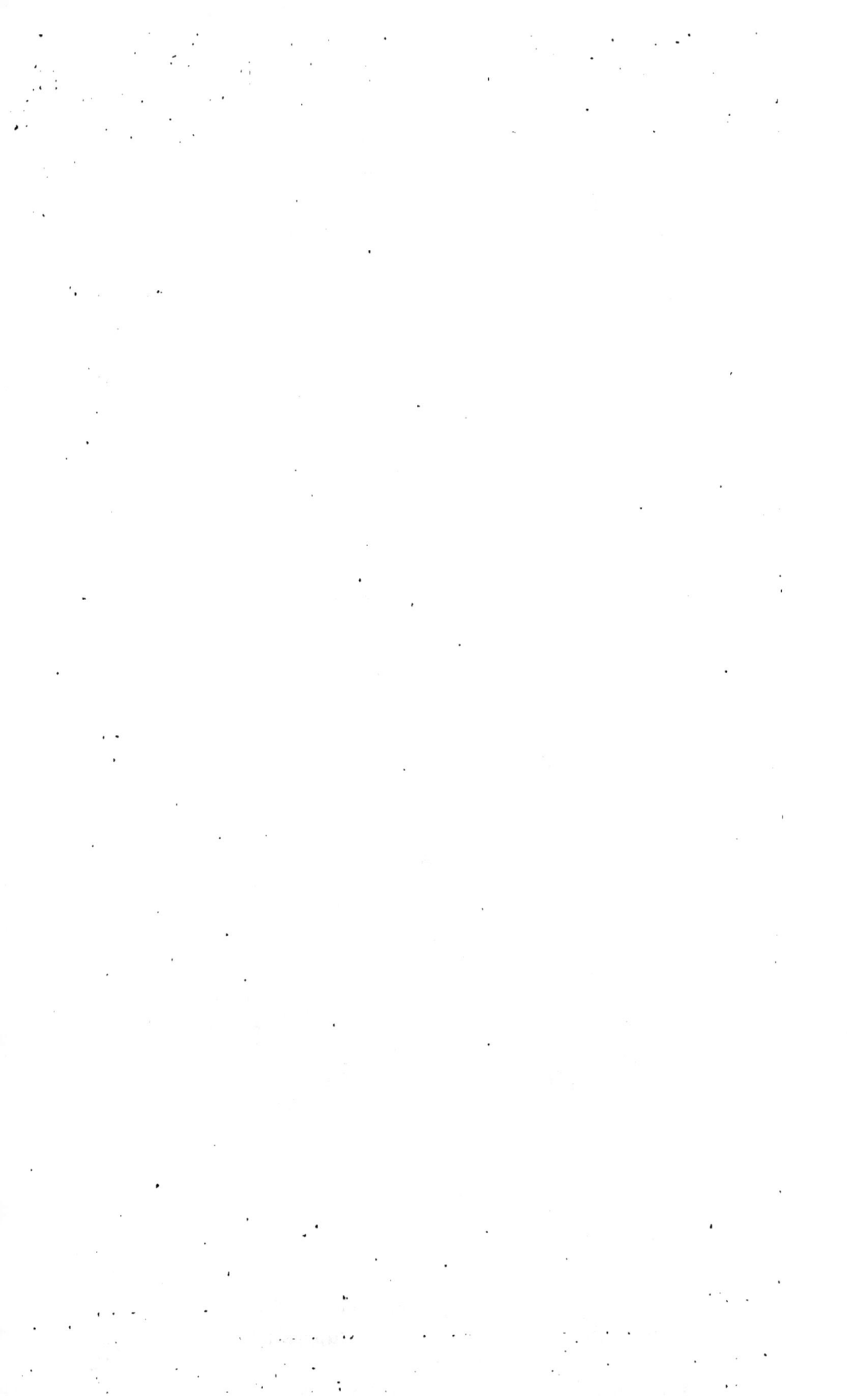

Italiens. — Aucune partie de l'Europe n'est comparable à l'Italie pour la douceur de son climat tempéré, la limpidité du ciel, la fertilité de la terre et la salubrité de l'air. Le sol, très-accidenté, arrosé de nombreux cours d'eau, peut recevoir toutes les cultures; les montagnes recèlent des minerais précieux et des marbres. Aucun pays n'est mieux défendu par la nature. Au nord

Fig. 37. Paysanne des environs de Rome.

s'élève une barrière épaisse de montagnes énormes, et la mer l'environne des trois autres côtés. Le long de ses côtes sont des ports vastes et sûrs; enfin, par un privilége unique, cette partie de l'Europe touche presque à l'Afrique et confine à l'Asie.

La richesse du sol, la douceur de la température, la variété des productions naturelles, qui assure une alimentation salubre, tout indique que l'Italie doit posséder une population belle, vigoureuse et intelligente En effet, les Italiens répondent à ces qualités.

Nous avons à examiner un peu de près l'origine de cette population et les différences qu'elle présente dans les diverses parties géographiques de la Péninsule.

La famille latine, qui a donné son nom au groupe humain que nous étudions, a eu l'Italie pour patrie. C'est donc en Italie que l'on doit pouvoir la trouver. Mais on se tromperait si l'on croyait reconnaître le type latin pur chez les Italiens modernes. L'invasion des barbares, au nord, le mélange avec le peuple grec et le peuple africain, dans le midi, ont singulièrement altéré le type des habitants primitifs de l'Italie. Ce n'est guère qu'à Rome et dans la campagne romaine que se trouve le vrai type de la population latine primitive. Le type grec existe au sud et sur le revers oriental des Apennins, tandis qu'au nord ce sont les figures gauloises qui prédominent. Enfin, on trouve en Toscane et dans les contrées voisines les descendants des anciens Étrusques.

Ce qui nous intéresse le plus, c'est la population latine primitive. On la trouve, avons-nous dit, à Rome et dans les environs de cette capitale : c'est donc là que nous irons la chercher.

Les traits de la population latine peuvent être facilement reconstruits à l'aide des bustes des premiers empereurs romains. On peut en déduire la caractéristique suivante, qui est peut-être celle des plus anciennes races de l'Italie : La tête est large, le front peu élevé, le vertex (sommet du crâne) aplati, la région temporale en saillie, la face proportionnellement courte. Le nez, séparé du front par une dépression prononcée, est aquilin ; la mâchoire inférieure est large, le menton est saillant.

La population actuelle de Rome, sans reproduire absolument ces linéaments de physionomie, en conserve cependant les belles et pures lignes.

Dans la figure 38, qui représente un groupe de paysans romains et de femmes romaines, on reconnaîtra ces types célèbres, illustrés par mille pinceaux. En examinant les paysans romains, qui abandonnent la patrie pour venir en France poser comme modèles, on n'aura pas de peine à reconnaître les mêmes types de physionomie.

Comme types pris sur nature, nous mettrons encore sous les yeux du lecteur la figure 39, qui représente une jeune Transté

Fig. 38. Groupe de paysans sur les marches d'une église à Rome.

vérine, c'est-à-dire une jeune fille romaine qui habite le quartier des bords du Tibre dit *Transtévère*, et la figure 40 qui représente, d'après nature, des paysannes des environs de Rome.

C'est assez inutilement que nous chercherions à étudier les mœurs des Romains modernes, pour y retrouver les restes, plus

Fig. 39. Jeune fille romaine (quartier du Transtévère).

ou moins effacés, du vieux sang romain. Chez une population déclassée, opprimée, abâtardie par des siècles de servitude et d'obscurantisme, on ne pourrait rencontrer que perturbation et chaos. Comment parler de famille là où les couvents multiplient le célibat, de facultés intellectuelles là où une tyrannie ja-

louse pèse sur les esprits, et de morale ou d'instruction là où
une autorité qui n'invoque que les ténèbres fait plier les âmes et
les corps? Il faudrait pénétrer bien profondément pour retrouver

Fig. 40. Famille de paysans des environs de Rome.

le génie romain sous la population amollie et dégénérée de la
Rome actuelle.

Espérons toutefois que Rome étant en partie délivrée aujour-

Fig. 41. Romains jouant à la mora.

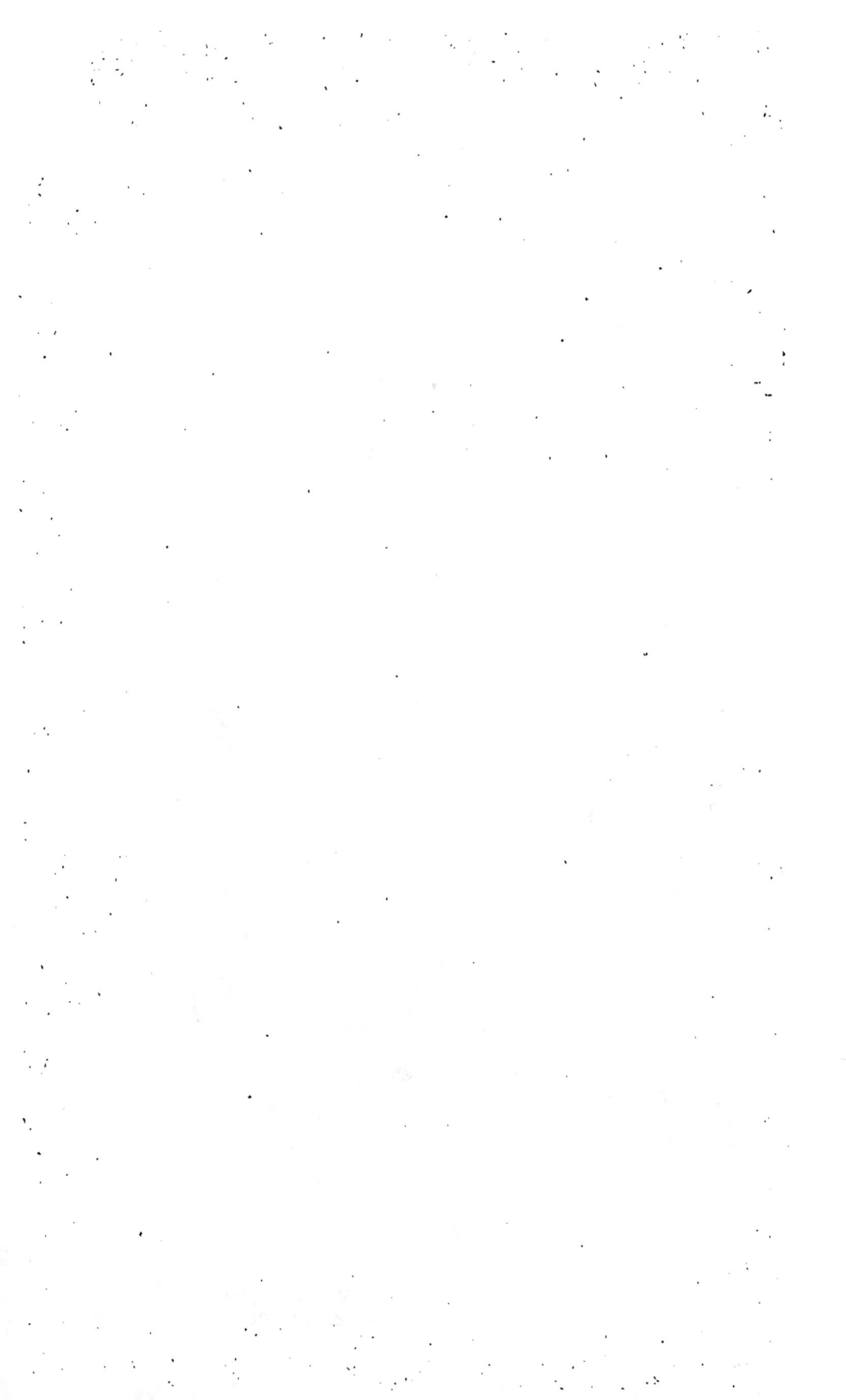

d'hui de l'autorité papale, et étant devenue, depuis l'année 1871, capitale de l'Italie et résidence du roi Victor-Emmanuel, l'esprit sacerdotal y perdra peu à peu de sa prépondérance.

Dans la figure 41, on a réuni des types de jeunes Romains

Fig. 42. Une rue de Tivoli et ses habitants.

jouant au jeu favori de l'Italie, la *mora*, avec l'accompagnement ordinaire de gesticulations et de cris.

Les deux joueurs élèvent en l'air un poing fermé, et le laissent retomber en dépliant, selon leur caprice, un certain nombre de doigts. En même temps, ils crient un nombre quelconque. Le gagnant est celui qui a, par hasard, crié le même nombre que la somme des doigts dépliés par les deux partenaires. Si par exemple j'ai crié *cinq* en lâchant deux doigts, tandis que mon adversaire en a lâché trois, ce qui, additionné, représente le nombre *cinq* que j'ai crié, je suis gagnant. Les bras des deux adversaires s'élèvent et retombent ensemble, les deux nombres sont criés en même temps, et cela très-vite, en cadence, ce qui rend ce jeu fort singulier et incompréhensible pour l'étranger.

La *mora* se joue d'ailleurs dans toute l'Italie.

Ce n'est pas seulement dans la ville de Rome que l'on retrouve les types caractéristiques de l'ancienne race latine. Le voyageur qui parcourt les environs de la capitale du monde chrétien, Frascati ou Tivoli, découvre encore les vestiges des anciennes races latines cachés sous les tristes vêtements de la misère (fig. 42).

Rome est encore aujourd'hui, on peut le dire, un vaste couvent. La population ecclésiastique y tient une place et y joue un rôle considérable. C'est ce qui donne à la ville éternelle son cachet d'austérité, pour ne pas dire de tristesse publique et de langueur morale. Nous terminerons donc la série des vues pittoresques des habitants de la Rome moderne, par les costumes des principaux dignitaires de l'ordre ecclésiastique, que représente la figure 43, et que nous faisons suivre de la reproduction d'une toile célèbre, représentant l'*Exaltation de Pie IX* (fig. 44).

Le type latin, qui sous le rapport organique, sinon sous le rapport moral, s'est parfaitement conservé à Rome et dans la campagne romaine, est, au contraire, fort altéré dans les provinces du nord de l'Italie, aussi bien que dans celles du sud. Parlons d'abord des provinces du nord.

L'Italie du nord, parfaitement douée sous le rapport des avantages naturels, baignée par deux mers, arrosée par les affluents d'un grand fleuve, et dont la terre est d'une fertilité extraordinaire, nourrit une race dans laquelle sont mêlés le sang latin avec le sang germain et gaulois. Dans la Toscane et ses environs, sont, avons-nous dit, les descendants des anciens Étrusques; plus au nord sont les fils des Germains et des Gaulois.

Les dessins qui ornent les couvercles des sarcophages des Étrusques, venus, dit-on, de la Grèce septentrionale, nous ont conservé les formes physiques de ce peuple. Elles sont lourdes

Fig. 3. Cardinal entrant au Vatican.

et arrondies. Les hommes sont sans barbe et vêtus d'une tunique, qui est quelquefois ramenée sur la partie postérieure de la tête. Quelques-uns tiennent dans la main gauche une petite coupe, et

Fig. 44. Exaltation de Pie IX.

dans la droite une patère. Ils reposent dans une posture aisée, le corps appuyé sur le coude gauche. Les femmes sont couchées dans la même posture. Elles portent une tunique, quelquefois serrée au-dessous du sein par une large ceinture, qui est munie d'une agrafe circulaire, et un péplum qui, assez souvent, recouvre la partie postérieure de la tête. Elles tiennent dans une main une pomme ou un fruit analogue, et dans l'autre un éventail. Tel est le portrait que l'antiquité nous a laissé des Étrusques.

La Toscane est de toutes les contrées de l'Italie celle qui représente le mieux la douceur, l'ordre et l'industrieuse activité de l'Italie moderne. Là une culture agricole bien entendue fournit au pays une richesse suffisante. Les arts fleurissent en paix dans cette patrie des grands peintres, des grands sculpteurs et des grands architectes. Les mœurs sont douces et paisibles, tant dans les classes supérieures que dans les classes inférieures. Le bien-être est général, l'instruction assez répandue. Le pauvre ne nourrit pas, comme dans notre pays, une sourde et haineuse hostilité contre le riche; chacun a le sentiment de sa dignité, chacun est affable et poli. La bienveillance générale se manifeste par les paroles et les actes. La piété est douce et tolérante. On aime et on respecte la femme, et ce respect de la femme se retrouve dans la religion avec le culte de la Madone.

C'est à Florence et dans la Toscane que l'on jouit de cette urbanité italienne que les Français appellent de l'*obséquiosité*, se méprenant sur une qualité qu'ils ne peuvent comprendre. L'urbanité italienne n'est point servile; elle vient du cœur. Une bienveillance universelle accueille les étrangers, qui se sentent heureux au milieu de cette population prévenante et gracieuse, et qui ne s'arrachent qu'avec peine de cet heureux pays où l'on semble baigner dans une atmosphère d'art, de sentiment et de bonté.

L'Italie du midi nous offrira un tableau fort différent de celui qui précède. Ici le voisinage de l'Afrique a sensiblement altéré le type physique des habitants, tandis que le joug d'un long despotisme abaissait les âmes en produisant la misère et l'ignorance. Le sang africain a changé le type organique de l'Italien du midi au point de le rendre absolument distinct de celui du nord; le climat excitant les sens donne une exubérance toute particulière aux sentiments extérieurs. De là une grande légèreté et peu de consistance dans le caractère.

C'est dans la ville et les environs de Naples que l'on peut trouver réunis les traits que nous venons d'esquisser. Pénétrons donc pour un moment à Naples, et jetons un coup d'œil sur l'étrange

Fig. 45. Marchands de friture et de macaroni à Naples.

population qui dès l'aube se répand dans la ville pour chanter, mendier, ou se livrer au travail.

La figure 45 nous montre, sur la place du marché (*mercatello*), une boutique de marchands de friture.

C'est dans les fêtes publiques, si nombreuses à Naples, que l'on peut examiner la grande variété de types que réunit la population du midi de l'Italie. On peut examiner ce mélange curieux dans les

Fig. 46. Marchand d'eau glacée à Naples.   Fig. 47. Paysanne des environs de Naples.

foules populaires qui fréquentent la fête de Piedigrotta. Là on rencontre les échantillons de toutes les races grecques et latines. On y voit des Procidanes (île de Procida, près de Naples) qui ont gardé la simarre antique, le mouchoir qui pend négligemment de leurs têtes et les profils classiques au nez droit (fig. 47). Des filles de l'ancienne et grande Grèce, c'est-à-dire du midi de l'Italie, ont un diadème d'or et une ceinture d'argent comme les épouses d'Homère. La Capouane enveloppe sa tête d'un voile comme les

Sibylles et les antiques Vestales. Les Abbruzzaines ont des tresses relevées qui rappellent les coiffures des statues grecques. Les hommes des mêmes contrées s'affublent de peaux de mouton pendant l'hiver, et marchent dans des sandales attachées avec des courroies de cuir. Les Étrusques, les Grecs, les Romains, et même les Normands, ont laissé leur trace dans ce pays, si curieusement mélangé.

Non moins curieux sont les paysans montagnards et les marins de ce beau pays. Les formes les plus bizarres, les plus riches couleurs s'entremêlent, depuis le caleçon en grosse toile et la chemise du pêcheur, jusqu'au costume éclatant de certaines parties des Abruzzes ; depuis le bonnet phrygien du pêcheur de Naples, jusqu'au chapeau pointu des Calabrais. Ces derniers sont sveltes, élancés, bronzés par le soleil.

Au milieu de ce bizarre assemblage de costumes de toutes sortes et de toute cou-

Fig. 48. Marchand du matin à Naples.

leur, le gracieux *acquajolo* (fig. 49), c'est-à-dire la boutique du marchand d'oranges et d'eau glacée, forme le plus pittoresque ornement.

Fig. 49. Un acquajolo à Naples.

Valaques. — De l'étude des types humains de l'Italie nous passerons assez naturellement à leurs voisins, c'est-à-dire aux habitants de la Valachie et de la Moldavie.

On appelle *Valaques*, ou *Moldo-Valaques*, un peuple répandu dans la Valachie, dans la Moldavie et dans quelques contrées voisines.

Les Valaques proviennent de la fusion des colonies romaines établies par Trajan, ainsi que des colonies grecques, avec les anciennes populations slaves de ces contrées. La langue de ce pays est en rapport avec cette triple origine, car on y retrouve les caractères du latin, du grec et du slave.

La Valachie et la Moldavie répondent à la *Dacie* des anciens.

Les Valaques, d'abord sujets du royaume de Bulgarie et de celui de Hongrie, formèrent, en 1290, un État indépendant, dont le premier prince s'appela *Rodolphe le Noir*. Vers 1350, une de leurs colonies occupa la Moldavie sous la conduite d'un prince nommé Dragosch. Mais l'État valaque n'eut jamais une grande solidité, et en 1525 la bataille de Mohacz le soumit définitivement au pouvoir musulman. Les Turcs laissèrent aux Valaques leur organisation intérieure; mais ils obligèrent leur prince (*hospodar*) à payer à la Porte un tribut annuel, et à recevoir des garnisons turques dans leurs places fortes. Mais placée entre l'empire ottoman d'un côté, la Hongrie, la Pologne et la Russie de l'autre, la Valachie devint le théâtre continuel des luttes à main armée de ses redoutables voisins. Elle était le rendez-vous des troupes ottomanes ou chrétiennes. L'exil et la ruine étaient les conséquences de cette situation pour les malheureux habitants de ce territoire. Les hospodars, qui occupaient les trônes de la Valachie et de la Moldavie, étaient nommés par la cour de Constantinople, qui vendait ce trône au plus offrant. Les hospodars n'étaient donc que des espèces de pachas: leur cour était modelée sur celle des empereurs byzantins; il ne leur manquait que la puissance militaire des pachas turcs.

Cette situation a changé depuis 1849. A cette époque, un traité fut conclu entre la Porte ottomane et la Russie. Aux termes de ce traité, la dignité d'hospodar fut maintenue pendant toute la vie du possesseur. A la suite d'événements nouveaux, et depuis l'année 1860, la protection politique des principautés danubiennes est répartie entre la Russie, la Porte ottomane, la Prusse et l'Autriche. Le prince de Hohenzollern, qui occupe aujourd'hui le trône de la Moldo-Valachie, est de famille prussienne.

Les deux principautés de la Moldavie et de la Valachie jouissent de leur nationalité et de leur indépendance, à la condition de payer un tribut annuel à la Porte ottomane. Aucune de leurs forteresses ne peut recevoir de garnison turque. Le prince est assisté

Fig. 50. Costume national de la Valachie.

d'un conseil composé des principaux boyards, et ce conseil forme

une·hauté cour pour les affaires judiciaires. Couza a été de nos
jours le prince de Valachie le plus célèbre, bien que les événements politiques ou le mécontentement populaire aient amené
assez promptement sa déchéance.

La sûreté publique est confiée à une sorte de gendarmerie indigène, commandée par le grand *spathar*.

Les habitants de la Valachie sont remplis de patience et de ré-
signation ; sans cela, ils auraient pu difficilement exister au milieu des calamités qui dans tous les temps ont accablé leur
pays. Ce sont des hommes doux, religieux et sobres. Seulement,
comme le produit de leur travail ne leur reste pas, ils travaillent
le :moins possible. Le lait de leurs vaches, la chair de leurs
porcs, un peu de maïs, joints à une mauvaise bière, enfin une casaque de laine, suffisent à leurs besoins. Aux jours de fête seulement les paysans revêtent de brillants costumes, que nous reproduisons ici (fig. 50, 51, 52).

« Les Valaques, dit M. Vaillant, sont généralement de grande taille, bien
pris et robustes ; ils ont le visage oblong, les cheveux noirs, les sourcils
épais et bien arqués, l'œil vif, les lèvres petites, les dents blanches. Ils sont
gais, hospitaliers, sobres, agiles, braves et aptes à faire de bons soldats. Ils
professent le christianisme selon le rite grec. Ce peuple, qui habite des contrées longtemps dévastées par la guerre, parait avoir en ce moment une
grande disposition à se développer. »

Les villes sont rares dans la Valachie, pays encore arriéré sur
la civilisation avoisinante, par suite de sa subordination politique
à la Turquie, et de sa mauvaise organisation intérieure. Le pays
qu'arrose le Danube n'offre guère, en fait de très-grande ville,
que Bucharest. Il n'y a donc pas dans ce pays de centre d'où
les lumières puissent se répandre ; c'est une civilisation incomplète, qui ne pourra s'améliorer que par une révolution intérieure, ou par le choc, inévitable tôt ou tard, des grands empires
limitrophes.

« Cependant, dit Malte-Brun, la nature semble attendre à bras ouverts
l'industrie humaine ; elle a prodigué à peu de régions autant de bienfaits.
Le plus beau fleuve de l'Europe baigne la frontière méridionale de ces provinces ; il ouvre un débouché à la fertile Hongrie, à toute la monarchie
autrichienne ; il présente une communication entre l'Europe et l'Asie par la
mer Noire ; c'est en vain : à peine une barque solitaire glisse-t-elle sur ses
flots majestueux. On craint les rochers, les bas-fonds, les garnisons turques
et la peste. D'autres belles rivières descendent du sommet des monts Karpathes pour se jeter dans le Danube ; elles ne servent qu'à fournir du poisson

dans le carême : abandonnées à elles mêmes, elles menacent les bords que,

] Fig. 51. Costume des femmes valaques.

mieux réglées, elles pourraient fertiliser. L'Aluta, la Jalovitza, l'Ardschis

ne sont naviguées que par des bateaux plats. D'immenses marais empestent
la partie basse de la Valachie, où leurs exhalaisons font régner presque
continuellement des fièvres bilieuses. Les forêts les plus superbes, où fourmillent les plus beaux chênes à côté de hêtres, de pins, de sapins, couvrent
non-seulement les montagnes, mais encore plusieurs grandes îles du Da-

Fig. 52. Femme valaque.

nube. Au lieu de servir à la construction des flottes, elles ne fournissent que
du bois pour paver les rues et même les chemins; car la paresse et l'ignorance ne savent pas remuer les blocs de granit et de marbre que présente
la chaîne des Karpathes. Le sommet du mont *Boutchez* s'élève à plus de six
mille pieds d'élévation, et toutes les richesses minérales de la Transylvanie
paraissent commencer à la haute Valachie. Il y a eu des mines de cuivre

exploitées à Baya di Roma, ainsi que des mines de fer dans le district de Gersy, entre autres près de *Zigarescht*, où une couche de roches présente le phénomène d'une fermentation ignée presque continuelle.

« L'Aluta et d'autres rivières roulent des paillettes d'or, recueillies par les Bohémiens ou *Ziguanes*, et qui indiquent l'existence de mines aussi riches que celles de la Transylvanie ; mais personne ne pense à les rechercher. On n'exploite que les carrières de sel, parmi lesquelles celle d'*Okna Teleago* donne cent cinquante mille quintaux par an. Le climat, malgré deux mois d'hiver et deux mois de chaleurs excessives, offre à la santé et à l'agriculture une température plus douce qu'aucun pays limitrophe. Les pâturages, remplis de plantes aromatiques, nourrissent jusqu'aux troupeaux des provinces voisines, et peuvent même en nourrir un plus grand nombre. La laine des moutons a déjà naturellement une grande valeur. On compte deux millions et demi de moutons de trois variétés : la *zigay*, à la laine courte et fine ; la *zaskam*, à la laine longue et dure ; la *tatare*, qui tient le milieu entre les deux autres. On exporte des chevaux et des bœufs. Les champs de maïs, de froment et d'orge, les forêts de pommiers, de pruniers, de cerisiers, les melons et les choux, excellents quoique énormes, attestent la qualité productive du sol. Les vins pétillent souvent d'un feu généreux et pourraient, moyennant quelques soins, égaler ceux des fameux vignobles de la Hongrie. Mille autres avantages sont offerts par la nature bienfaisante, mais ils sont de peu de ressource pour un peuple sans activité et sans lumière. »

FAMILLE SLAVE.

La famille slave comprend les *Russes*, les *Finnois*, les *Bulgares*, les *Serbes* et les *Bosniaques*, c'est-à-dire les habitants de la Slavonie ; les *Maggyares* ou *Hongrois*, les *Croates*, les *Tchèques*, les *Polonais* et les *Lithuaniens*, c'est-à-dire les peuples qui habitent les contrées comprises à peu près entre la mer Baltique et la mer Noire.

Avant de décrire chacun de ces peuples, nous caractériserons d'une manière générale l'ensemble de la famille qui les réunit.

La famille slave renferme les peuples de l'Europe qui ont le mieux conservé le type de la race aryenne primitive. Grands, vigoureux et bien faits, et rappelant en cela le type caucasique, ils ont pourtant l'empreinte du type mongolique. Les pommettes sont proéminentes, le nez déprimé à sa racine et se relevant vers l'extrémité, presque toujours épaisse. L'ovale du crâne est très-prononcé. Le volume de la poitrine est considérable, ainsi que les épaules et les bras, mais les membres inférieurs sont peu volumineux.

M. William Edwards a décrit ainsi le type organique des Slaves :

« Le contour de la tête, vue de face, représente assez bien la figure d'un carré, parce que la hauteur dépasse peu la largeur, que le sommet est sensiblement aplati, et que la direction de la mâchoire est horizontale; le nez est moins long que la distance de sa base au menton; il est presque droit, à partir de sa dépression à la racine, c'est-à-dire sans courbure décidée; mais si elle était appréciable, elle serait légèrement concave, de manière que le bout tendrait à se relever; la partie inférieure est un peu large, et l'extrémité arrondie. Les yeux, légèrement enfoncés, sont exactement sur la même ligne, et, lorsqu'ils offrent un caractère particulier, ils sont plus petits que la proportion de la tête ne semblerait l'indiquer. Les sourcils, peu fournis, sont très-rapprochés, surtout à l'angle interne; ils se dirigent de là obliquement en dehors. La bouche, qui n'est pas saillante, et dont les lèvres ne sont pas épaisses, est beaucoup plus près du nez que du menton. Un caractère singulier, qui s'ajoute aux précédents, et qui est très-général, se fait remarquer dans leur peu de barbe, excepté à la lèvre supérieure. »

On a dit que les Slaves actuels sont les anciens Scythes, joints aux Sarmates, mais leur origine n'est pas aussi simple. Ces peuples portaient dans l'origine le nom de *Venèdes* ou de *Serbes*. Ils occupaient, au commencement de l'ère chrétienne, les bords du Danube et la Hongrie actuelle, et s'étendaient de là jusqu'au Dniéper et à la Baltique. Leur nom de *Serbes* leur vient d'une population mentionnée par Ptolémée sous le nom de Σερϐοι, qui habitait aux environs de la mer Baltique (*Palus-Meotis*) et appartenait à la nation sarmate. En effet, les Sarmates s'avancèrent graduellement des bords du Don inférieur, qui était leur patrie, jusqu'au centre de la Pologne, où ils se mêlèrent aux Vendes. Les Sarmates étaient alliés aux Scythes d'Europe, qui étaient une nation indo-européenne, et que Diodore de Sicile et Pline regardent comme originaires de la Médie.

On voit que la filiation des Slaves, assez compliquée, se rattache à des déplacements graduels de peuples venus de l'Asie. C'est ce qui explique qu'ils possèdent le type caucasique dans un état de pureté assez remarquable, mais altéré par le mélange du sang mongol.

Un certain esprit de particularisme, une tendance à mal supporter le joug de l'autorité, ont fait le malheur de ces peuples. Ils se sont de bonne heure divisés en nationalités rivales, peu capables de se gouverner seules. L'anarchie a été leur règle politique, et c'est ainsi que sont arrivés les malheurs de la Pologne et de la Hongrie, nations à peu près effacées aujourd'hui de la carte de l'Europe.

Les Slaves occupent une grande partie de l'Europe orientale;

ils s'étaient avancés antérieurement jusqu'au centre de l'Allemagne. Les descendants des Slaves de la Germanie sont représentés par les Vendes de la Lusace, les Tchèques ou habitants de la Bohême, et par les habitants de la Carinthie et de la Carniole. Le type le plus pur de la race slave se conserve chez les Serbes (Esclavons), population de la Servie, de l'Herzégovine et de l'Esclavonie hongroise. Les Bosniaques et les Monténégrins sont également Slaves. Ils envoyèrent autrefois en Croatie des colonies connues sous le nom d'*Uscoques* (émigrés).

Les Croates sont des Slaves qui descendirent, vers le neuvième siècle, de la région des Carpathes en Illyrie, et qui absorbèrent la population antérieure d'origine pannonienne et dalmate.

Une branche tout à fait distincte de cette grande race, et qu'on pourrait considérer comme faisant souche à part, est représentée par les Lithuaniens, population dont la douceur et l'indolence semblent impliquer un croisement primitif avec le sang finnois, peut-être aussi avec le sang goth.

La Russie est occupée aujourd'hui par une race slave mélangée aux Scandinaves et aux habitants primitifs de ce pays. Les Slaves qui occupaient la Pologne se répandirent des bords du Dniéper au pied des monts Ourals, tandis que l'émigration des Varègues, population scandinave, apportait dans ce pays l'influence du Nord. Ces Varègues s'assimilèrent les Slevènes établis dans ce pays, et les Tchoudes qui les avaient appelés. C'est sous cette double action que prit naissance la nation russe, qui n'est mentionnée pour la première fois par les écrivains grecs, qu'en 839, et dont les éléments furent ensuite modifiés en divers points par l'infusion du sang turc et mongol. La Russie emprunta son nom à la contrée située aux environs d'Upsal, dont les émigrés scandinaves étaient originaires (*Rios-Lagen*, le *Ruotsimaa* des Finnois).

La population de la Grande Russie paraît être constituée surtout par une race finno-slave. Chez les habitants de la Petite Russie (Cosaques de l'Ukraine), l'élément polanien prédomine. C'est chez ces Russes qu'il faut aller chercher la souche de ceux qui s'établirent plus au nord dans la Grande Russie, dont la population les absorba par la suite. Les Biélo-Russiens ou habitants de la Russie blanche, qui occupent la plus grande partie des gouvernements de Mohilew, de Minsk, de Witepsk, de Grodno et de Wilna, constituent une race intermédiaire entre les Russes et les Polonais.

Ceux-ci n'apparaissent dans l'histoire qu'avec la dynastie des Piasts, vers 860. Les Slovaques, qui s'étendent au nord-ouest de la Hongrie jusqu'à la Galicie autrichienne, appartiennent, ainsi que les Tchèques, à ce même rameau polonais. Les Ruthènes, fixés au nord de la Transylvanie, sont issus du mélange des premiers Slaves établis en ce pays et de Polaniens émigrés au douzième siècle de la Galicie ou Russie rouge.

Tel est le vaste ensemble de populations que l'on réunit sous le nom de famille slave.

Il est difficile d'analyser les mœurs d'une race partagée depuis des siècles entre l'oppression et la servitude. Nous l'essayerons pourtant, en commençant par les Slaves du nord.

Le Slave du nord est, en général, doux et patient. Son langage euphonique caresse l'oreille et l'âme par des expressions pleines de tendresse. Il traite avec la plus grande bonté sa femme et ses enfants. Il aime, comme l'Arabe, les courses et la vie aventureuse, sous le ciel libre et sous l'œil de Dieu. Comme l'Arabe, il peut supporter les plus longues fatigues. Il parcourt à cheval les plaines couvertes de neige, comme l'Arabe parcourt les sables brûlants du désert. La musique émeut profondément le Slave. Elle traduit sa tendresse et sa mélancolie; elle répond aux impressions vagues et nuageuses, aux besoins inassouvis de son âme comprimée. Les paysans slaves cultivent leur voix. Des hommes grossiers à beaucoup d'égards composent des mélodies pleines de sentiment. Les auditeurs se pressent autour des chanteurs, comme les bergers de l'ancienne Arcadie, et l'on voit des larmes d'attendrissement et de bonheur rouler sur les barbes incultes des pauvres danubiens.

Les Slaves sont moins sensibles aux harmonies de la ligne qu'à celles du son. C'est pour cela que l'architecture russe ne sait qu'imiter les monuments de France et d'Italie. Au contraire, le sentiment de la couleur est très-développé chez eux : c'est ce que prouvent les teintes des étoffes, des meubles, et la décoration des appartements. Le sens de l'ornement se retrouve au sein des dernières bourgades de la Russie, et le paysan qui construit sa maison avec des troncs d'arbres grossièrement équarris, trouve moyen de peindre et d'encadrer de fines découpures sa porte, sa fenêtre et son toit.

On s'explique ainsi comment le serf arraché à sa charrue peut après un apprentissage fort court, reproduire les œuvres délicates et artistiques de la bijouterie de Paris.

On voit que les aptitudes artistiques du Slave sont très-développées, et qu'il ne manque à cette race, pour briller dans les arts, que des conditions de liberté politique et d'indépendance individuelle.

Au point de vue moral, le Slave du nord obéit surtout au sentiment et au cœur, plutôt qu'à la raison. Aussi ne faut-il demander au Russe ni l'initiative individelle, ni des innovations philosophiques ou sociales. Il n'a pas le génie libéral, mais il possède à un haut degré la sympathie, l'action collective, et les instincts égalitaires qui en sont la conséquence.

Cette suprématie du sentiment se manifeste par la religion orthodoxe qui règne en Russie, qui impose souverainement ses décisions, et dont les préceptes s'adressent moins à la pensée qu'à la foi.

C'est par le sentiment de la sympathie que l'on peut expliquer la facilité avec laquelle un peuple immense, mal policé, mal administré et dépourvu de bons moyens de communication, agit collectivement, accepte la même croyance et se plie docilement à la même loi. Toutes les âmes, en Russie, semblent obéir à une volonté et à une inspiration uniques.

Les républiques slaves prospérèrent depuis le sixième jusqu'au septième siècle. Ces peuples étaient alors heureux, riches et tranquilles. Les arts et les sciences y florissaient à l'ombre des libertés municipales. Mais, bien organisées pour la paix, elles n'avaient pas l'élément de centralisation nécessaire pour faire face aux agressions étrangères. Elles finirent par être la proie des Mongols et des Germains, qui apportèrent avec eux la féodalité et anéantirent toute prospérité en détruisant l'élément démocratique et égalitaire. Les habitants de Nowgorod furent réduits en une véritable servitude, et la Pologne, vouée à des institutions politiques déplorables, fut en proie dès ce moment à une anarchie qui devait la conduire au tombeau.

La Russie prit naissance par la soumission des populations slaves du nord à la centralisation despotique si fortement organisée par Pierre le Grand et ses successeurs.

Les Slaves du sud, c'est-à-dire les habitants de la Slavonie, de la Serbie, de la Bulgarie, de la Carniole, etc., diffèrent sensiblement des Slaves du nord. Une contrée sèche et montueuse, mais chargée

de senteurs, un soleil brillant, un ciel pur et les produits variés
du sol, ont rendu la race des Slaves méridionaux brune, maigre,
agile, belliqueuse et chevaleresque. Peu d'hommes sont plus
forts au physique et au moral que les Slaves de l'empire otto-

Fig. 53. Costumes de Saint-Pétersbourg et traîneau russe.

man. La déplorable administration turque n'a pu altérer les précieuses qualités de ce peuple. Incessamment courbée sous le
sabre, leur tête se relève toujours; le moindre espoir d'indépendance fait battre leur cœur. Les mœurs hospitalières des Slaves
du sud, leur langage, empreint de poésie, leurs chants nationaux, tout revêt chez eux un caractère de grandeur et de beauté.

Une civilisation brillante surgira certainement du sein de ces peuples dès qu'ils seront affranchis du joug ottoman.

Nous allons parcourir rapidement les principales populations que nous avons réunies dans la famille slave.

Fig. 54. Un cabaret russe.

Russes. — Les Russes forment la branche la plus importante de cette famille. On peut les subdiviser en *Russes proprement dits*, en *Rousniaques* et en *Cosaques*.

Les Russes proprement dits habitent presque exclusivement la partie centrale de la Russie, et sont, en outre, disséminés dans tout le reste de l'empire russe, dont on connaît l'immense

étendue. Dans les parties asiatique et américaine de ce vaste
empire, ils forment, non la majorité de la population, mais le
peuple dominateur.

Les figures 53 et 54 donneront un aperçu de la physionomie
russe dans la capitale de l'empire, à Saint-Pétersbourg; la figure
53 représente le costume des bourgeois, et le traîneau qui rem-

Fig. 55. Un *isba*, ou maison russe.

place la voiture dans les longs hivers de cette latitude; la figure
54 montre l'intérieur d'un cabaret.

On appelle *isba*, en russe, les maisons des paysans, qui presque
toujours sont en bois. Un village russe n'est composé d'ordinaire
que d'une seule rue, bordée d'isbas plus ou moins ornés, suivant
le goût ou la fortune du propriétaire. Les maisons sont presque

toutes pareilles. La figure 55 represente un isba, et la figure 56 l'intérieur de cette même maison.

Dans ces maisons, tout est en bois, sauf la partie qui supporte et environne un poêle gigantesque qui reste allumé tout l'hiver. Tout l'ameublement de l'isba se compose de bancs, placés tout le

Fig. 56. Intérieur d'un *isba*.

long des murs, et qui servent de lit à toute la famille. En hiver, on couche par-dessus le poêle.

On suspend au plafond les provisions et les chandelles. A l'angle de chaque pièce est une statuette de la Vierge Marie. Les instruments de la profession, les ustensiles du ménage et les animaux domestiques se mêlent, à l'intérieur de l'isba, dans un pittoresque désordre.

Le paysan russe est intelligent, courageux, hospitalier, affable et bienveillant; mais il manque de propreté, et s'adonne avec excès à l'eau-de-vie de grain. Il porte une chemise de cotonnade, le plus souvent rouge, tombant par-dessus de larges pantalons qui entrent dans de fortes bottes. Son vêtement se com-

Fig. 57. Paysan russe (Livonien).

pose de la *touloupe*, faite d'une peau de mouton garnie de sa laine, et s'applique en dedans sur le corps. Son chapeau, bas de forme, a des bords larges et cambrés. Le chapeau des paysans des environs de Moscou est pointu et presque sans bords.

Les femmes mettent des bottes comme les hommes; elles portent la toulouque avec un châle et un fichu sur la tête et les épaules. Ce triste costume fait place, dans les jours de fête seulement, à des tabliers et des fichus ornés de vives couleurs et même brodés d'or et d'argent. Les coiffures sont élégantes et varient selon les provinces.

Les plaisirs et les joies du paysan russe sont toujours graves.

Fig. 58. Cosaque.

La vive et brillante expansion, la gaieté des populations méridionales, sont inconnues aux habitants de ces régions glacées.

M. d'Hearyet, qui a voyagé dans les provinces russes de la Baltique, nous apprend qu'à Riga les maisons sont confortables et bien aménagées ; que des poêles énormes entretiennent 20 à

22 degrés dans de vastes appartements garantis au dehors par
de doubles fenêtres et de doubles portes ; que pour la sortie, on
prend une fourrure, dans laquelle on ne reconnaît plus aucune
forme, si bien qu'il est difficile d'y distinguer un homme d'une

Fig 59. Cosaque.

femme ; que, pour la nuit, le lit est petit, bas, avec un ou deux
matelas de cuir et des draps un peu plus grands que des ser-
viettes. On vit dans une atmosphère de serre chaude dont l'air
n'est pas assez renouvelé.

Les *Cosaques* forment en Russie plutôt une caste militaire qu'un peuple distinct. Ils paraissent tirer leur origine des Rousniaques mélangés avec d'autres peuples, notamment avec les Circassiens. Ils ont souvent le visage plus allongé, le nez plus proéminent, la taille plus élevée que les Russes proprement dits. Leur principal établissement se trouve sur les rives de la partie inférieure du Don. Cependant leurs résidences fixes sont rares. Répandus dans presque tout l'empire russe, les Cosaques font le service de cavalerie légère et de gardes de frontières.

Les figures 58 et 59 représentent divers types, pris sur nature, de Cosaques qui vivent dans le Caucase, le long des frontières qui bornent au midi les possessions russes.

Finnois. — Les Finnois forment de petites populations éparses qui s'étendent de la mer Baltique jusqu'à l'est de l'Obi. On considère les Finnois comme les restes de peuples plus nombreux qui auraient été conquis, resserrés, entraînés ou refoulés par des Slaves, des Turcs et des Mongols. Ils mènent la vie de chasseurs et de cultivateurs plutôt que celle de guerriers et de nomades. Des cheveux d'un blond roussâtre, ou souvent roux, une barbe peu fournie, un teint chargé de taches de rousseur, des yeux bleuâtres ou grisâtres, des joues enfoncées, des pommettes saillantes, un occiput large, une figure anguleuse et moins belle que celle des Européens et des Araméens, ont été considérés comme les caractères originaires des Finnois; mais chez un grand nombre de ces peuples ces caractères sont plus ou moins modifiés. On distingue parmi eux les *Ostiaks*, les *Vogouls*, les *Finnois de Sibérie*, les *Finnois de la Russie orientale*, les *Finnois de la Baltique*.

Les Finnois de Sibérie forment deux groupes : l'un au midi, l'autre au nord.

Le premier se compose de quelques peuplades connues sous les noms de Téléoutes, de Sagaïs, de Kachintz, dont le langage se rapproche en général des dialectes turcs; elles se livrent à la chasse, à la pêche, à l'agriculture, et sont soumises à l'empire russe.

Le groupe septentrional se compose de deux peuples, les *Ostiaks* et les *Vogouls*, qui ont conservé les dialectes finnois.

Les Vogouls ne forment plus qu'une très-faible population, qui habite à l'est de l'Oural et a été tellement mélangée avec les Turcs et les Mongols qu'elle a pris une partie de leurs caractères.

Les Ostiaks qui habitent sur les rives de l'Obi paraissent avoir mieux conservé les caractères du type finnois. Peuple chasseur et pêcheur, aux cheveux roux, il est arriéré et en partie idolâtre.

Mme Ève Felinska, exilée en Sibérie, a visité, autant que cela se pouvait, les huttes des Ostiaks. Ils vivent dans des lieux infects. Notre voyageuse ne put, malgré l'intérêt de la curiosité, rester plus

Fig. 60. Hutte d'Ostiaks.

d'une minute dans ces habitations, qui exhalaient des miasmes putrides.

Les Ostiaks ont pour premier vêtement une couche de graisse rance, qui recouvre leur peau, et par-dessus une peau de renne. Ils mangent tout cru poisson ou gibier : c'est là leur nourriture ordinaire. Mais de temps à autre ils viennent à Berezer, avec de grands seaux d'écorce d'arbre, pour recueillir le rebut des cuisines dont ils font leurs délices. La figure 60 représente une hutte d'Ostiaks.

Les Finnois de la Russie orientale comprennent les *Baskirs*, les *Teptiaires* et les *Metscheriaks* de la partie méridionale de l'Oural : trois petits peuples qui parlent des dialectes turcs mêlés de mots finnois et ont à peu près le même mode d'existence. Les Baskirs sont les plus nombreux; ils s'occupent de l'éducation des chevaux et de la production des abeilles. Comme les Cosaques, ils fournissent des corps de cavalerie à l'armée russe.

Les Finnois du Volga comprennent les *Tchouvaches*, les *Tchérémisses* et les *Moadueins*, qui parlent aussi des dialectes mélangés de mots turcs; ils sont devenus depuis peu cultivateurs.

Quelques populations éparses dans les gouvernements de Perm, de Vologda, d'Orenbourg et de Viatka sont les restes d'un peuple assez considérable, jadis indépendant, civilisé, commerçant, soumis par les Russes et en grande partie fondu avec eux : ce sont les *Permiens*.

Les Finnois de la Baltique ou Finnois proprement dits ont été longtemps soumis à des peuples teutons, et ont généralement conservé les caractères de la famille que nous avons signalés plus haut. On distingue parmi eux les *Lives*, les *Esthes*, les *Ischores*, les *Kyriales*, les *Ymès* ou *Finlandais*, et les *Quaines*, qui sont respectivement les restes des anciens habitants de la Livonie, de l'Esthonie, de l'Ingrie, de la Finlande et de la Carélie, où ils se trouvent maintenant mêlés avec des Slaves et des Teutons. Les Quaines se sont avancés dans le dernier siècle jusqu'à l'extrémité de la Laponie norvégienne, dont ils forment actuellement la population principale.

Bulgares, Serbes et Bosniaques, ou habitants de la Flavinie. — Pour faire connaître ces peuples, nous n'avons qu'à renvoyer aux généralités que l'on a lues plus haut concernant les Slaves du sud. Nous emprunterons seulement quelques descriptions et quelques figures à un *Voyage chez les Slaves du sud*, publié en 1870 par M. George Perrot, littérateur français, connu par les belles relations de ses voyages en Asie Mineure.

M. George Perrot a parcouru la Slavonie, la Croatie, la Bosnie, et la bande de territoire récemment délimitée pour servir de frontière aux possessions musulmanes et qui porte le nom de *Confins militaires*.

M. George Perrot nous donne d'abord quelques types des habitants de la Slavonie, types que nous reproduisons ici. La figure 61 représente un paysan des environs d'Essek, ville de la Slavonie.

M. George Perrot s'arrêtant au bourg de Vouka, situé à quelques lieues d'Essek, décrit en ces termes les paysans de ces contrées :

Fig. 61. Costume d'un paysan de la Slavonie.

« La plupart des hommes qui nous entourent ont les cheveux blonds ou
d'un châtain plus ou moins foncé : tout brunis qu'ils soient par le soleil,

ils sont en général moins noirs que les Magyars. Plusieurs des femmes, grandes et sveltes, sont vraiment jolies. Les yeux surtout, clairs et brillants, bleus ou plus souvent d'un gris sombre, sont charmants. Le bas de la figure est moins bien ; le menton est en général proéminent, et les lèvres sont un peu grosses.

« Ce sont aussi les costumes qui me rappellent l'Orient. Les hommes ont un béret de feutre noir à bords relevés, une chemise de toile, et de

Fig. 62. Paysans des Confins militaires ramenant des bestiaux du pâturage.

larges pantalons flottant sur la cheville ; quand il fait chaud et qu'ils sont en tenue de travail, c'est là tout leur vêtement. Un ou deux flâneurs, qui nous ont rejoints, sont plus couverts que les autres. Ils ont aux pieds de grandes bottes de cuir épais, et par-dessus la chemise un gilet de drap bleu orné par devant de boutons blancs en métal et dans le dos de galons jaunes ou blancs appliqués en soutache. L'autre jour, sur le bateau, quelques hommes avaient encore, en sus du gilet, une cape courte ou demi-caban, qui ne tombe pas plus bas que la ceinture et dont en général on ne se donne pas la peine de passer les manches. L'hiver, on ajoute à ce costume de chaudes douillettes en peau de mouton ou de grands manteaux qui rappellent un peu les limousines de nos charretiers.

« Quant aux femmes, elles me font songer aux Albanaises de l'Attique. Par cette belle après-midi de septembre, elles ont pour tout vêtement une longue chemise brodée de points à jour et de dessins de couleur : cette chemise, qui laisse le cou très-dégagé, tomberait jusqu'aux pieds; mais, pour courir plus commodément dans les champs et dans la maison, elles la relèvent en la remontant sous une ceinture de couleur qui fait deux ou trois fois le tour de la taille; ainsi retenue, la chemise forme des plis élégants et symétriques : par devant, elle descend jusqu'au-dessus de la cheville, et par derrière s'arrête au milieu du mollet. Sur la tête est jeté en diverses manières un fichu, tout blanc les jours ordinaires, brodé d'argent et d'or les jours de fête; les bouts en retombent sur le dos ou sur la poitrine; chacune l'arrange à sa guise. Quand on veut se parer, un tablier de drap, dont la couleur et le dessin rappellent les tapis que j'ai retrouvés en Serbie et en Bosnie, descend jusqu'aux genoux; par-dessus la chemise, on met une espèce de gilet ou de veste sans manches ornée de broderies d'or et d'argent. L'hiver, pour se garantir du froid, on couvre le tout d'une veste en peau de mouton, d'une sorte de houppelande fourrée. Tous les vêtements que portent les femmes sont l'œuvre de leur propre industrie, du travail de leurs doigts agiles pendant les longues veillées d'hiver. »

M. George Perrot a fait un séjour un peu long dans les provinces que l'on désigne aujourd'hui sous le nom de *Confins* ou de *frontières militaires*, et il décrit l'existence misérable et triste dévolue aux paysans slaves, obligés de vivre côte à côte avec la horde farouche des soldats ou plutôt des pandours musulmans.

La figure 62 montre les paysans des Confins militaires au retour du pâturage.

La figure 63 est donnée par l'auteur comme le type des femmes slaves qui habitent les frontières militaires.

Écoutons le voyageur nous décrire ses impressions :

« Ce qui m'a frappé, dans tous les villages des Confins que j'ai traversés, ce sont les corps de garde devant lesquels flânent ou dorment, à côté de leurs fusils pendus au mur, cinq ou six *Gränzer*. En été, ils n'ont pas d'autre vêtement que leur pantalon et leur chemise de grosse toile blanche, et parfois une sorte de jaquette brune à brandebourgs rouges, qu'ils portent aussi pour les travaux des champs. En hiver, on les voit nveloppés dans leurs grands manteaux de drap rouge à capuchon, qu' elève par derrière la crosse du fusil jeté sur l'épaule : c'est ainsi équi es et armés qu'ils vont garder leurs troupeaux sur la lande. L'État leur fournit, pour les exercices et pour la guerre, des fusils de munition semblables à ceux dont sont pourvues les troupes de ligne; mais hors du service, beaucoup

d'entre eux préfèrent encore de longs fusils de fabrique ou tout au moins
de forme albanaise, à crosse en queue d'aronde, qui se transmettent dans

Fig. 63. Femme des Confins militaires.

les familles de père en fils depuis un ou deux siècles. De plus, ils passent
dans leur ceinture un ou deux pistolets, et une sorte de dague à manche

d'os incrusté de corail ou de verroteries. En cet équipage, ils ont plus l'air de *bachibozouks* bosniaques que de sujets civilisés de Sa Majesté François Joseph, empereur constitutionnel d'Autriche et roi de Hongrie. Quant à l'uniforme, un pantalon bleu serré au mollet et une veste de laine noire ou blanche, il ne sert que les jours de revue et à la guerre.

« Sur quoi veillent les sentinelles qui peuplent ces corps de garde? C'est ce que je ne suis par arrivé à comprendre. Aucun ennemi, de Belgrade à Sissek, ne menaçait le pays, et ces villages ne sont pas exposés à plus de désordres que ceux des provinces voisines, où l'on se passe de tout ce déploiement de force armée. C'est donc encore là une de ces exigences inutiles, fâcheuses conséquences du régime militaire; ce sont des bras enlevés chaque jour sans nécessité au travail des champs, des habitudes de paresse et d'ivrognerie contractées dans l'oisiveté forcée du corps de garde [1].

« Pour tous ceux qui ont vécu quelque temps au milieu des *gränzers*, ce qui les caractérise surtout, c'est leur indolente apathie, c'est une certaine paresse insouciante et bornée. Pour qui s'épuiseraient-ils à travailler? Avec le régime de la communauté, leurs femmes et leurs enfants sont à peu près à l'abri du besoin. Quant à eux, demain peut-être on les arrachera à leurs vergers et à leurs champs pour les envoyer mourir en Italie ou sur quelque autre frontière; ne serait-ce pas folie de s'imposer des privations et de la fatigue en vue d'un avenir sur lequel on n'a pas le droit de compter? D'ailleurs leur bien, qu'ils ne peuvent ni mettre en valeur comme ils l'entendent, ni vendre et léguer à qui leur convient, leur appartient-il assez pour qu'il y ait plaisir et profit à l'améliorer? Aussi ont-ils ces maximes, qui les peignent au naturel : « Va tard au champ, et reviens de bonne heure, « pour éviter la rosée; — si Dieu ne m'aide pas, à quoi sert le travail ? » Habitués à ne compter, comme ils disent, que « sur Dieu et l'empereur, » ils se refusent à comprendre les avantages qu'ils tireraient de telle ou telle invention moderne, de meilleurs outils et de méthodes de culture plus savantes. «Ainsi je l'ai trouvé, ainsi je le laisserai, » répètent-ils souvent en parlant du domaine patrimonial.

« La seule chose qui aurait pu, malgré toutes les entraves qui enchaînent et engourdissent leurs membres, éveiller les esprits et leur donner quelque désir du progrès, c'est l'instruction. Or l'ignorance est profonde dans les Confins; les écoles régimentaires y sont fort insuffisantes et comme nombre et comme tenue; dans certains districts, surtout dans la Croatie méridionale, les villages sont assez éloignés les uns des autres pour que les enfants qui n'habitent point le bourg où est l'école ne puissent aisément s'y rendre en toute saison. Comment d'ailleurs l'autorité ferait-elle beaucoup pour l'enseignement? Elle sent bien que, plus instruits, les hommes des Confins se résigneraient moins aisément à leur dure condition. Si elle était logique, l'instituteur serait banni de tout ce territoire.

« Sur les bords du Danube et de la Save, là où le Confin borde le fleuve, que remontent et descendent paquebots, voyageurs et marchandises, les gens des frontières ont malgré tout des rapports quotidiens avec les habi-

1. Nous représentons (fig. 64) un des postes militaires des Confins, ainsi que des soldats gardiens de ces postes, c'est-à-dire des *gränzers*.

tants des provinces voisines, et même avec des étrangers. Ce contact leur ouvre peu à peu l'esprit, et leur suggère quelques idées nouvelles ; mais c'est surtout dans la Croatie méridionale, dans les districts dits Banal et Karlstadt, que sont sensibles et marqués les traits qui caractérisent la physionomie du *Gränzer*. Là commence, au sud-est de Karlstadt, ce que l'on appelle la *frontière sèche* ; ce n'est plus un cours d'eau comme le Danube ou la Save, c'est une ligne toute conventionnelle qui fait la limite de l'Au-

Fig. 64. Gränzers, ou soldats des frontières, et leur corps de garde.

triche et de la Turquie. Les surprises et les coups de main n'ont cessé que très-tard sur cette frontière, plus difficile à définir et à garder ; on s'y disputait encore, au commencement de ce siècle, certains forts, certaines places, comme Zettin, que les Turcs assaillirent en 1809 et 1813. Aussi le territoire des Confins est-il là, non plus seulement de 15 à 20 kilomètres, mais de 5 à 6 myriamètres de largeur ; la population soumise au régime militaire y forme une masse plus homogène et plus compacte. Les actes de brigandage à main armée et les assassinats, qui étaient très-communs dans toute cette contrée, commencent à y devenir plus rares ; mais le vol est encore le délit qu'on a le plus souvent à punir. Les ancêtres des *Gränzers* vivaient surtout de butin, et de pareilles habitudes ne s'effacent pas en un jour. »

M. Perrot a fait une promenade en Bosnie, en descendant le cours de la rivière la Save. Il s'arrêta dans une bourgade de cette province, dont il nous parle en ces termes :

Fig. 65. Paysan bosniaque..

« Après une station chez le curé bosniaque, nous flânons dans le bourg ; nous y faisons diverses petites emplettes, pour nous donner le plaisir d'un peu de contrebande. J'emplis mes poches d'un tabac de Bosnie qui est loin d'ailleurs de valoir celui de Macédoine. J'achète un de ces tapis comme les femmes en tissent aussi en Slavonie et dans les Confins militaires ; ce n'est point, comme les tapis de Perse ou d'Anatolie, un tissu épais et moelleux, mais une sorte de drap assez mince, assez sec au toucher. On retrouve d'ailleurs ici, dans les dessins et le mélange des couleurs, le même goût inné, les mêmes hardiesses heureuses que dans tous les ouvrages des Orientaux; les femmes slaves, en Autriche comme en Turquie, ne seraient point indignes de rivaliser avec les femmes turcomanes qui, des environs de Smyrne et des hauts pâturages du Taurus jusqu'au fond des

Fig. 66. Paysanne bosniaque.

déserts de la Perse, tissent, sous leurs tentes noires en poil de chèvre ou de chameau, ces merveilles que nous payons aujourd'hui un si haut prix. Ce qui fait l'infériorité des produits de cette industrie domestique dans la Turquie d'Europe, c'est qu'ici les femmes, plus voisines de grands marchés tout remplis de marchandises européennes, y trouvent des laines déjà teintes par des procédés industriels et s'en servent à l'occasion; or, les couleurs ainsi obtenues, pour coûter meilleur marché et être plus variées, sont loin d'avoir la franchise et l'éclat durable de ces couleurs, en petit nombre, toujours les mêmes, et à peu près toutes empruntées aux règnes animal et végétal, dont le secret se transmet, dans les bazars de l'Orient et sous les tentes des nomades, depuis le temps où florissaient Ninive, Babylone, Suse, Tyr et Sidon.

« Nos achats terminés, nous retournons au bord de la Save, et, pendant que le bac achève de passer un troupeau de bœufs qui vient d'être acheté en Bosnie, je m'amuse à regarder le pittoresque mélange de costumes et de types que m'offre la berge, où se tient en plein air le gros du marché.

« Ici, c'est un forgeron tsigane qui a établi son atelier volant en plein air; il bat et raccommode les chaudrons qu'on lui apporte; il effile au marteau la pointe de longues fiches de fer qui servent à assembler les poutres des maisons. L'appareil est des plus simples. Deux tiges verticales supportent une traverse horizontale sur laquelle bascule le levier qui sert à faire mouvoir le soufflet; en avant de l'orifice par lequel l'air se dégage, une petite enclume basse est fichée en terre. Autour de l'ouvrier, qui travaille accroupi, quelques outils sont épars sur le sol. La longue chemise et les pantalons bouffants du Tsigane paraissent blancs, quoiqu'il les porte depuis des semaines peut-être, à côté de sa peau : sa poitrine et ses bras ont la teinte du bronze.

« Un peu plus loin, les groupes les plus variés attirent et retiennent les yeux. Ici, ce sont des Bosniaques musulmans, des pandours qui surveillent le marché; leurs attitudes et leurs costumes me transportent en plein Orient et me rappellent de bien vieux souvenirs. L'un d'eux est coiffé d'un turban blanc qui laisse voir une mèche de cheveux tressés tombant sur le cou; il se tient debout, la main appuyée sur la crosse de son fusil qu'il porte en bandoullière. Un sac en tapisserie, orné de longues floches de laine, particulier aux frontières des deux pays, est jeté sur ses épaules. A côté de lui, un autre Bosniaque, appuyé contre une muraille, est enveloppé d'un long manteau de laine rouge; ses pieds sont chaussés de sandales en cuir tressé. Un riche propriétaire des environs, noble homme dont on nous dit le nom, fait emmener par ses serviteurs le bétail qu'il n'a pas vendu; des paysans remontent sur leurs chevaux, dont j'admire le gai et pittoresque harnachement. »

Les figures 65 et 66 représentent, d'après M. Perrot, un paysan et une paysanne bosniaques, et la figure 67 un marchand bosniaque.

Le peuple magyar est propre à la Hongrie. La population qui domine dans ce pays se compose d'un peuple venu de l'Asie connu sous le nom de Magyars, et qui n'était qu'une tribu des Huns. On considère la Hongrie comme ayant été peuplée par les restes des sauvages compagnons d'Attila, *le fléau de Dieu*, le terrible roi des Huns.

La langue et le costume des Magyars les distinguent des autres peuples. Le Magyar offre une taille moyenne et des cheveux

Fig. 67. Marchand bosniaque.

noirs. Son caractère est belliqueux. Sa civilisation est supérieure à celle des autres peuples de la famille slave.

Dans ses *Causeries géographiques* (de Paris à Bucharest), M. Duruy

nous a communiqué ses impressions sur son passage à Pesth en
1861. La population lui parut superbe. Les femmes se faisaient
remarquer par des allures vives et décidées. Leur costume ne
diffère pas beaucoup de celui des hommes. Une chemise froncée
au cou, à larges manches richement brodées et serrées un peu au-
dessus des poignets qu'elles recouvrent de flots de dentelles; un
corsage à spencer rouge ou noir, ou vert, à torsades, avec des

Fig. 68. Costumes de Pesth (Hongrie).

franges et boutons d'argent, dessinant une taille cambrée et souple; une jupe claire, très-ample, souvent assez courte; sur une
épaule, un dolmar de soie ou de velours jeté à la hussarde; pour
coiffure, le chapeau national à bords très-relevés, surmonté d'une
aigrette de plumes dressées; un pied bien cambré chaussé de
brodequins, quelquefois d'une petite botte en maroquin rouge
éperonnée, tels sont les costumes hongrois. On les voit représentés
dans les figures 68, 69 et 70.

Les marchés ont aussi leur physionomie : ils se tiennent sur les quais. Il y a là, dit M. Duruy, des attelages qui rappellent le temps des hordes sauvages d'Attila. M. Duruy crut même aper-

Fig. 69. Costume d'un gentilhomme hongrois.

cevoir un des compagnons du *fléau de Dieu*. C'était, dit-il, une façon de paysan, au nez camard, à l'œil rond, aux pommettes larges et saillantes, aux moustaches traînantes. Il était brun et vêtu d'un gilet en peau de mouton et d'un large pantalon de grosse toile, maintenu à la taille par une écharpe, retombant sur de grosses bottes ferrées et éperonnées. Un large chapeau à bords relevés couvrait sa tête, de laquelle pendaient deux longues nattes de cheveux..

La langue magyare, énergique, abondante en images, est rauque et chargée d'aspirations gutturales, qu'on dirait empruntées à l'arabe, pendant que certaines intonations douces et caressantes

Fig. 70. Costumes hongrois.

rappellent l'idiome italien. Le sentiment national est vif dans les villes et les campagnes. Chez les dernières, il a pour auxiliaires les airs chantés par les Bohémiens et les récits des chefs de famille pendant les longues soirées d'hiver.

Nous n'avons rien de particulier à dire sur les derniers peuples qui composent la famille slave, c'est-à-dire les *Croates*, les *Tchèques*, les *Lithuaniens* et les *Polonais*. Les généralités du commencement de ce chapitre leur sont parfaitement applicables.

P. Sellier, p^t   Imp. Dupuy, 22 R rue Petits Hotels   G. Regamey, lith.

SCANDINAVE.   GREC.

RACE BLANCHE

FAMILLE GRECQUE.

La famille grecque comprend les Grecs et les Albanais. Ces peuples tirent leur origine des peuplades anciennes connues sous le nom de *Pélasges*. Les anciens Grecs fondèrent beaucoup de colonies sur les rivages de la Méditerranée. Au quatrième siècle avant Jésus-Christ, sous la conduite d'Alexandre, ils soumirent une partie de l'Asie, et portèrent leurs armes victorieuses en Égypte. Mais ces conquêtes furent éphémères. L'empire grec fut à son tour subjugué par d'autres peuples, notamment par les Romains, les Slaves et les Scythes.

Les Grecs ne forment plus maintenant qu'une population peu nombreuse, concentrée dans la Morée, ou éparse dans les contrées voisines. La plupart de celles de ces populations qui habitent le continent asiatique ont même adopté le langage des peuples qui vivent autour d'elles, et ne sont réputées grecques que parce qu'elles professent la religion chrétienne selon le rite grec.

Policés par des colonies égyptiennes, les anciens Grecs avaient présenté l'exemple d'une civilisation très-avancée, à une époque où les autres peuples européens et asiatiques étaient plongés dans la barbarie.

Malgré tous les malheurs d'une décadence sociale qui devait aboutir à plusieurs siècles d'asservissement, les Grecs ont conservé de nos jours les caractères physiques de leurs ancêtres. Chacun sait que le plus beau développement du front, la plus belle forme du crâne humain, est celui que nous retracent les œuvres de sculpture de l'ancienne Grèce. On avait supposé que les magnifiques têtes au noble profil que l'on admire dans les sculptures des Grecs, n'étaient pas la reproduction exacte de la nature, et que certains traits avaient été exagérés dans le sens de la beauté idéale. Mais on a trouvé de nos jours des crânes d'anciens Grecs qui, sous le rapport des proportions et des contours généraux de la tête, démontrent que chez les artistes de la Grèce la statuaire antique n'était pas allée au delà de la nature, et qu'elle n'avait fait que s'inspirer des types vivants.

L'Apollon du Belvédère peut donc être considéré comme un modèle, seulement un peu idéalisé par l'art, de la physionomie générale des anciens Grecs. Dans un *Voyage en Morée*, M. Pouqueville donne une description de la physionomie des Grecs actuels, qui permet de juger de l'étonnante persistance des plus belles formes, même au sein d'une condition sociale si profondément modifiée.

« Les habitants de la Morée, dit M. Pouqueville, sont généralement grands et bien faits. Leurs yeux sont pleins de feu, leur bouche est admirablement bien formée et garnie des plus belles dents. Les femmes de Sparte sont blondes, sveltes, et ont de la noblesse dans le maintien. Les femmes du Taygète ont le port de Pallas.... La Messénienne se fait remarquer par son embonpoint; elle a les traits réguliers, de grands yeux et de longs cheveux noirs; l'Arcadienne, cachée sous de grossiers vêtements de laine, laisse à peine apercevoir la régularité de ses formes.... »

Voici, du reste, les caractères fournis par la statuaire et qui, d'après ce que nous avons dit, peuvent être réellement considérés comme ceux du type grec : front élevé, espace interoculaire assez grand, offrant à peine une légère inflexion à la racine du nez; ce dernier droit ou faiblement aquilin; les yeux grands, largement ouverts, couronnés d'un sourcil peu arqué; la lèvre supérieure courte, la bouche petite ou médiocre et d'un gracieux contour ; le menton saillant et bien arrondi.

La figure 72 représente des Grecs d'Athènes; la figure 73 une famille grecque et l'intérieur d'une maison à Athènes.

Pour donner une idée des mœurs et des types grecs modernes, nous emprunterons quelques lignes à un intéressant *Voyage à Athènes* de M. Prout, publié dans *le Tour du monde* en 1862.

Écoutons d'abord ce voyageur nous parler des habitants de la Grèce :

« Si l'on en croyait Fallmerayer, il n'y aurait plus de Grecs en Grèce, il n'y aurait que des Slaves; il est hors de doute que les Hellènes de la Thrace et de la Macédoine ne peuvent se vanter d'une origine aussi immaculée que les montagnards de l'Olympe ou du Magne; mais il est également incontestable que du cap Malée à la mer Noire, et de Smyrne à Corfou, il y a dix millions d'individus qui parlent le grec, mêlés à une population qui parle le slave, et que, dans la plaine d'Athènes, on distingue facilement l'Albanais aux tempes étroites et au nez busqué du Grec au front large et aux pommettes saillantes, bien que leur costume soit le même. Il suffit de causer une heure avec ce dernier pour ne pas mettre en doute l'authenticité de son origine. Les qualités d'esprit sont restées les mêmes qu'au temps d'Homère : même aptitude à tout comprendre bien et vite, même facilité à tout exprimer élégamment et métaphoriquement. Ces qualités donnent aux Hellènes

Fig. 71. Intérieur de l'Agora d'Athènes.

une supériorité si grande sur les autres races de l'Orient, qu'ils ne sont aimés d'aucune. Les Turcs leur reprochent d'être défiants et dissimulés, parce qu'ils ont opposé la ruse à la force ; les Levantins les accusent de mauvaise foi dans les relations commerciales, parce qu'ils ont pris modèle sur eux et

Fig. 72. Grecs d'Athènes.

qu'ils ont souvent surpassé leurs maîtres. Ils ne sont pas plus sympathiques aux autres nations méditerranéennes. Sérieux et réfléchis, ils ignorent la raillerie ainsi que le ton rapide du drame. La douleur suit chez eux le sentier tranquille de l'élégie ; c'est un mal latent et non une crise aiguë qui amène les transports de la folie. Tandis qu'à Naples ou à Venise, par exemple, les armes de Cupidon font de terribles blessures, les flèches du dieu athénien n'empêchent ni de dormir ni de vaquer à ses affaires. Les Grecs ont conservé l'intonation tragique et sont bien les fils de ce furieux Oreste, mort à plus de quatre-vingt-dix ans des suites d'un accident : dans leur esprit, l'action marche toujours avec lenteur et gravité, non sans emphase, quoique serrant de près la réalité, dialoguant, questionnant et se donnant le temps de la réflexion avant d'arriver au dénoûment. On est stupéfait de ces tendances analytiques et prévoyantes, même chez les plus ignorants. C'est le peuple qui sait le mieux écouter ; c'est celui qui parle le moins, tout en parlant beaucoup.

« Tout le monde connaît le costume grec : le dolman court, la jupe (*fystan*) appelée foustanelle, le fezy dont le gland retombe touffu sur la nuque, et la guêtre brodée dessinant étroitement la jambe. Chez les marins la foustanelle est remplacée par un pantalon très-ample et la guêtre par un bas. L'hiver, ce costume est complété par le *talagani*, long manteau en peau d'agneau qui indique la taille. Les Grecs, pour la plupart régulièrement beaux, grands et élancés, portent cet uniforme national avec une grande tournure. Les Jeune-Grèce en exagèrent l'élégance en se serrant la taille outre mesure et en donnant trop d'ampleur à la foustanelle; pendant l'hiver de 1858, la mode était parmi eux de porter la barbe pleine. J'espère que cette fantaisie qui leur donnait l'aspect de sapeurs en jupons aura disparu; la moustache effilée, découvrant la lèvre, convient mieux à leur visage finement accentué comme à leur accoutrement spirituel et coquet. Mais, hélas! chaque jour à Athènes l'or pur des vêtements se change en un drap vil, sorti de quelque maison de confection. Athènes compte soixante-dix tailleurs et cinquante cordonniers qui habillent et chaussent à la française contre six tailleurs et trois bottiers nationaux. Il y a soixante-deux magasins de nouveautés pour les femmes; aussi n'en est-il pas plus de trois ou quatre qui portent le costume national par fidélité (j'excepte les demoiselles d'honneur de la reine qui le portent par ordre), et encore de ce costume ne reste-t-il que la moitié : la veste échancrée sur la poitrine et le *taktikios* (bonnet) de Smyrne ; la trame crinoïde est venue gonfler la jupe étroite et longue. Le costume des îles est plus commun, mais rappelle, par le grand nombre de vêtements superposés, la simplicité enfantine de nos silhouettes campagnardes. Je lui préfère de beaucoup, malgré sa raideur, la longue robe albanaise que portent les femmes de la campagne.

« C'est surtout à l'Agora qu'on voit cheminer dans son uniforme pittoresque toute la paysannerie des environs.

« Cette Agora (fig. 71) n'est pas l'antique Agora du Céramique; c'est un marché fait de baraques vermoulues, abrité de toiles en lambeaux; là s'étalent tous les produits, depuis la figue ventrue de l'Asie Mineure jusqu'aux productions brevetées des parfumeurs de Paris.

« De chaque côté de ce marché se dressent deux spectres de l'antique : la tour des Vents, ou clepsydre d'Andronicus, monument octogone estampé d'assez médiocres figures, et le portique de Minerve Archégetis. Les archéologues, après avoir commenté le premier, traversent rapidement cette longue halle pour aller voir le second; mais ceux qui n'en veulent ni à

Fig 73. Intérieur d'une famille grecque.

l'opinion de Meursius ni à celle de Leake s'attardent volontiers au seuil des marchands, surtout le matin, alors que la gent campagnarde

> Assise sur un char d'homérique origine,
> Comme l'antique Isis des bas-reliefs d'Égine,

débouche des routes de Thèbes et de Marathon. J'ai dit que les hommes étaient régulièrement beaux ; les femmes des champs sont laides. De moyenne taille, robustes, basanées, elles n'ont rien de féminin, dans l'acception que nous donnons à ce mot. Dans la classe commerçante et la société phanariote, qui vient en grande partie d'Asie, où le sang est resté pur, il y en a, au contraire, un grand nombre qui sont réellement belles. La nonchalance orientale leur donne un charme inconnu en notre pays ; mais elles marchent mal et ignorent cette correction dans la tournure que les Françaises possèdent à un si haut degré.

« On les voit rarement à la promenade ; elles quittent peu leur intérieur, où elles se livrent à des travaux domestiques, et s'adonnent à la lecture de romans pour la plupart traduits du français.

« Bien que les nuances tendent à disparaître, il y a aujourd'hui encore dans Athènes deux sociétés bien distinctes : la société phanariote et la société grecque proprement dite, la première déjà tout européenne, la seconde en train de le devenir.

« Les dames phanariotes sont instruites et parlent admirablement le français. Les autres, dont l'instruction est très-limitée, ont un bon sens instinctif et un tact parfait qui n'est pas un des moindres sujets d'étonnement pour les étrangers.

« .... J'ai entendu dire que le taux de la probité d'un marchand anglais était de cent livres sterling, et que celui de la probité grecque était moindre. L'une et l'autre de ces suppositions sont absurdes ; il est impossible d'établir en pareille matière une base exacte : c'est l'occasion qui fait le larron. Les étrangers sont volés partout, mais pas plus à Athènes qu'en tout autre lieu du monde. La seule différence est qu'ils y sont volés plus facilement à cause de la confusion des systèmes monétaires, et cette confusion est encore une suite des méprises bavaroises. Rothschild avait offert au conseil de régence de soumissionner un emprunt payable en monnaies frappées au poids de la France. Le conseil trouva plus ingénieux et surtout plus archaïque de s'éloigner de toutes les bases connues en rétablissant la drachme avec son poids ancien. Ces pièces mal faites furent exportées en lingots, et aujourd'hui ce sont des calculs désespérants pour la moindre transaction, calculs où la monnaie autrichienne, laide et désagréable au toucher, joue le plus grand rôle et où le marchand, à quelque nation qu'il appartienne, vous en débarrasse obligeamment.

« Pour en finir avec la probité grecque, qu'on a tant maltraitée, dans les campagnes la population est avide parce qu'elle est pauvre, mais elle est honnête. Les voyageurs qui jugent d'après les hôteliers, portefaix, cochers, etc., jugent mal. Cette race est la même partout. A Athènes seulement, un grand sang-froid avec des allures dignes remplace la grossière impudence de certains facchini italiens ou l'aménité doucereuse des serviteurs allemands.

« C'est un fait digne de remarque qu'on n'est jamais assourdi dans les rues par les plaintes des mendiants. Ils sont peu nombreux, car la famille vient en aide à ceux de ses membres qui sont pauvres, et le peu qu'il y en a demande sans bruit.

« Les rues d'Athènes ont une physionomie particulière. Ce n'est ni le désordre bruyant des rues de Naples, ni l'activité méthodique des rues de Londres. On trouverait un point de comparaison plutôt dans certaines de nos villes de province où les bourgeois désœuvrés flânent et se repassent les commentaires de la ville, sans quitter le trottoir. Athènes a tout à fait l'aspect d'une ville où l'on ne sait que faire ; la population mâle campe dans les rues presque tout le jour en compagnie du soleil ; les marchands ont un pied dans leur boutique et l'autre en dehors, et les chalands mêlent à l'ingrate arithmétique des échanges quelques propos familiers ; on arrête celui-ci, on fait des commentaires sur celui-là. Le magasin d'Alexandre, entre autres, est une des agences les mieux informées. Restez une heure au carrefour des rues d'Hermès et d'Éole, devant le café de la *Belle-Grèce*, vous aurez la satisfaction de voir défiler devant vous tout le monde athénien ; le premier gamin venu vous les nommera tous. Celui-ci, c'est le ministre vendre ; celui-là, c'est le ministre vendu. Voici Canaris, un nom qui a rempli l'Europe et qui tient dans un étroit paletot, Chriesis, Métaxas, Maurocordato, Rangabé, Miaoulis, les noms d'hier et les noms d'aujourd'hui. Cet homme qui s'avance timidement comme s'il marchait sur des œufs, et qui jette autour de lui un regard inquiet, est Chiote. A sa vue votre cicerone grognera ; car les Chiotes ne sont pas aimés. Une tradition populaire veut que l'île de Scio ait été peuplée par des juifs ; bien que les Chiotes aient les allures des juifs et comme eux réussissent dans la banque et le négoce, cette tradition est erronée. L'esprit commercial a toujours formé, dans l'antiquité comme aujourd'hui, le fond du caractère national des Chiotes. « Deux causes, dit M. Lacroix, expliquent cette tendance. La position de Scio, située au milieu de la mer entre l'Europe et l'Asie, sur cette grande route maritime du commerce ancien, invitait naturellement ses habitants au négoce ; d'autre part, la nature de leur île, dont le sol pierreux est peu propre à l'agriculture, leur en faisait en quelque sorte une nécessité. »

« De même qu'à l'allure on reconnaît le banquier de Scio, on reconnaît à la parole l'habitant des îles Ioniennes. Son éloquence épileptique domine les voix dans les groupes. J'ai une grande admiration pour les Ioniens ; je ne dirai pas que ceux qui recherchent la perfection humaine en trouveront dans ces îles de nombreux exemples, mais ils trouveront un assemblage des plus merveilleuses qualités naturelles, joint à la saine civilisation qu'y ont laissée les républiques italiennes. L'ingénieuse combinaison Gladstone a donné tout dernièrement à l'Europe une idée de la dignité de leur caractère, de l'étendue de leur patriotisme et de la sagesse de leur esprit. Ils joignent à cette sagesse hellénique toute la fougue italienne. Actifs, intelligents, affectueux et simples dans leurs rapports, ils s'attirent à première entente toutes les sympathies.

Fig. 74. Fête du temple de Jupiter, à Athènes.

« C'est une curieuse étude que celle de ce mélange dont se compose la population athénienne.

Fig. 75. Albanaise.

« Le dimanche, tout le monde se transporte du carrefour de la Belle-Grèce à la promenade de Patissia (corruption de Pachiscliah) ; les hommes s'en vont toujours causant, et les femmes, qui ce jour-là abandonnent la maison, les suivent à quelques pas derrière. Autour d'un kiosque où est circulairement rangée la musique militaire, la foule se promène, puis chacun revient non pas au logis, mais dans la rue; pendant les nuits chaudes de l'été, le plus grand nombre y couche. Ces dormeurs signalent leur présence par un bourdonnement qui est une sorte de monologue interne; écho de la conversation de la veille, car le peuple grec est resté le plus spirituel et le plus éloquent bavard de tous les peuples. »

Nous plaçons à côté des Grecs les *Albanais*, dont le langage a quelque rapport avec le grec. Concentrés dans les montagnes du pays dont ils portent le nom, ils paraissent être les représentants des anciens habitants de ces contrées. Ils sont les descendants des anciens Illyriens, mêlés avec des Grecs et des Slaves. Presque exclusivement occupés du métier des armes, les Albanais forment les meilleurs soldats des armées ottomanes.

Leur nombre n'atteint pas deux millions, bien que l'Albanie soit vaste et renferme des villes assez importantes.

L'Albanie, formée de la Turquie d'Europe, bornée au nord par le Monténégro, la Bosnie et la Servie, à l'est par la Macédoine et la Thessalie, au sud par le royaume de Grèce, à l'ouest par les mers Adriatique et Ionienne, forme les pachaliks de Janina, Ilbessan et Scutari. Elle renferme trois ports : Dinazzo, Avlona et Parga. Les villes les plus importantes sont Scutari, Akhissar, Bérat et Arta.

Demi-barbares, plutôt pirates et brigands que cultivateurs et laboureurs, les Albanais vivent continuellement en guerre les uns contre les autres.

Chrétienne jusqu'au quinzième siècle, et après avoir résisté glorieusement, sous le commandement de Scanderberg, à l'invasion des Turcs, l'Albanie dut subir la conquête ottomane, qui imposa à ses habitants la religion de Mahomet. Cependant quelques parties de l'Albanie conservent encore le culte grec. Au nord, entre la mer et le Drin Noir, la courageuse tribu des *Mirdites* (braves) pratique le culte catholique et jouit de sa liberté.

La figure 75 représente le costume des Albanaises.

CHAPITRE II.

RAMEAU ARAMÉEN.

Cuvier a cru devoir donner le non d'*Araméen* (dérivé de l'ancien nom de la Syrie) à l'ensemble des peuples qui habitent le sud-ouest de l'Asie et le nord de l'Afrique.

Dès les plus anciens temps historiques, les peuples araméens s'étaient développés dans le sud-ouest de l'Asie et le nord de l'Afrique, et ils s'y sont maintenus jusqu'à nos jours. Ils s'étaient également étendus dans le midi de l'Europe, où ils se sont fondus dans les peuples de ces contrées.

A une époque où les Européens étaient plongés dans les ténèbres de l'ignorance, les peuples araméens cultivaient avec succès les sciences et les arts. Mais plus tard, tandis que chez les Occidentaux le progrès marchait d'un pas rapide, chez les Araméens, au contraire, il s'arrêta; de sorte que la civilisation de ces peuples asiatiques est encore à peu près ce qu'elle était il y a deux mille ans.

Le christianisme a pris naissance chez les Araméens, mais il y a fait peu de prosélytes. L'islamisme et le bouddhisme ont conquis l'immense majorité de ces populations.

Nous distinguerons dans les peuples araméens quatre grandes familles : les familles *libyenne*, *sémitique*, *persique*, *géorgienne* et *circassienne*.

FAMILLE LIBYENNE.

La *famille libyenne* est formée des *Berbères* et des *Égyptiens*.

Berbères. — Les Berbères composent les peuples qui habitent depuis des temps très-reculés la chaîne de montagnes de l'Atlas, ou qui errent dans les déserts de Sahara[1]. Les Berbères constituent un grand nombre de tribus, dans lesquelles on distingue quatre groupes principaux : les *Kabyles*, les *Shellas*, les *Touaregs* et les *Tibbous*.

En parcourant la Kabylie on admire ses montagnes imposantes, les douces et gracieuses ondulations de son sol, ses vallées, où serpentent d'innombrables cours d'eau. Le peuple qui habite ces contrées est pasteur, agricole et industriel.

Nous représentons ici (fig. 76) le costume d'une femme kabyle. La coiffure des femmes est en rapport avec l'habitude qu'elles ont de porter sur la tête des cruches d'un très-grand poids. Elles les maintiennent en équilibre en cambrant fortement les reins. Elles se font une large ceinture avec de grosses cordes en laine, dont elles entourent vingt fois leur taille. Quant à leur vêtement, c'est toujours un simple morceau de laine, retenu par deux épingles au-dessus du sein.

Le peuple kabyle n'est point nomade, comme l'Arabe proprement dit; il reste toujours fixé au même sol. Tandis que l'Arabe vit sous une tente qui se déplace à son gré, et selon les besoins de la famille, le Kabyle se renferme dans une maison de pierre, et son douar est un véritable village. Le kabyle n'est pas d'ailleurs Arabe; c'est un Africain d'origine, un Berbère un peu modifié par les différents peuples qui ont successivement occupé les rivages africains de la Méditerranée, mais dont les mœurs et le caractère physique sont toujours restés les mêmes.

Les armées romaines avaient conquis les rivages de la Méditerranée occupés par les Kabyles, et ils avaient refoulé les indigènes dans leurs montagnes. Le but principal des gouverneurs romains qui se succédaient en Afrique était d'exploiter le pays, pour suffire aux besoins insatiables de Rome et aux largesses inouïes que les empereurs faisaient au peuple de cette capitale du monde. Rome ne demandait donc à l'Afrique que des esclaves et des laboureurs. Ceux des vaincus qui ne voulaient pas accepter le joug pesant des gouverneurs romains, leur abandonnaient la plaine et se retiraient dans leurs montagnes, retraites inaccessibles qui, par les

---

1. Le mot Berbères vient de *Barbari* en latin (Βάρβαροι en grec, *Beraber* et *Bera-bra* en arabe). Tous ces mots semblent venir du mot sanscrit *warwara*, appellation hostile appliquée à l'étranger.

-ravins et les bois, opposaient des obstacles infranchissables aux cruautés des centurions et aux exigences des préteurs. De ces forts

Fig. 76. Femme kabyle.

naturels, ils descendirent plus tard, sous la conduite de chefs audacieux, pour attaquer et repousser définitivement la puissance romaine.

Pour donner une idée de la Kabylie actuelle, et de son organisation, nous emprunterons nos renseignements à une *Excursion dans
la Grande Kabylie* publiée en 1867, dans *le Tour du monde*, par M. le
commandant Duhousset.

« Dans la Kabylie, dit M. Duhousset, la réunion des individus d'une
même famille s'appelle *kharouba*; chacune des kharoubas qui composent le
village ou *déhera* choisit parmi ses membres un *dhaman* qui doit la représenter aux réunions du conseil municipal, défendre ses intérêts, en un mot,
être pour elle responsable ou *répondant*.

« L'ensemble de plusieurs déheras prend le nom d'*arch*.

« Dans chaque village, l'autorité est exercée par un *amin*, choisi à l'élection et à tour de rôle dans chaque kharouba. Ce chef est chargé de veiller à
l'exécution des lois écrites, classées sous le nom de *khanoun*, et qui ne sont
que l'énoncé des coutumes en usage de temps immémorial en Kabylie.

« L'amin ne peut prendre aucune décision, frapper aucune amende sans
la réunion (*djemâa*) de ses adjoints ou dhamans, toujours pris parmi les
notables. Ce tribunal choisit un secrétaire (*khodja*) chargé de tenir à jour le
registre de ses délibérations et de faire toute la correspondance avec l'autorité française. Ces fonctions de khodja sont rémunérées par des rétribu-
tions en figues, olives, etc., etc.

« Le commandement de la tribu est donné par l'autorité française à un
amin-el-oumena, qui a pour fonction principale la surveillance de sa tribu,
au point de vue de l'ordre public. Il ne doit s'immiscer en rien dans les
affaires des villages, qui se gouvernent chacun suivant son khanoun.

« La djemâ possède une caisse municipale, déposée entre les mains d'un
oukil (homme d'affaires, gérant). Cette caisse est alimentée par les amendes
qu'infligent le conseil municipal et l'autorité indigène, et par les droits
perçus pour les mariages, les naissances et les morts.

« Chaque village est divisé en deux partis ou *soff* qui sont généralement
ennemis héréditaires. On comprend facilement à quelles extrémités regret-
tables pour la tranquillité publique en arrivent ces voisins irréconciliables
quand leurs intérêts sont en jeu. »

Les élections sont une source constante de troubles dans les
villages kabyles.

La disposition des villages dont les constructions se dominent
presque toujours les unes les autres, rend ces rixes sanglantes.
Quelques maisons élevées sont crénelées; les autres sont percées
de meurtrières, et la *djama* (mosquée) devient, en raison de l'importance militaire de son premier étage, une véritable forteresse,
dont la possession assure le succès.

On sait que la Kabylie fut conquise par nos armes en 1857. Ce
qui contribua le plus efficacement à la soumission des Kabyles,
ce fut la promesse de respecter leurs coutumes et leurs élections

communales. La promesse a d'ailleurs été tenue, et ce respect des coutumes locales n'a pas peu contribué à consolider notre conquête.

Les villages kabyles sont riants, vus à distance ; mais si l'on pénètre au milieu des centres de population et dans les maisons, on est bien désenchanté. On se demande même comment des créatures humaines peuvent séjourner dans un milieu où s'étalent sous toutes les formes l'incurie et la malpropreté les plus hideuses.

« Tous les Kabyles, dit M. le commandant Duhousset, sont d'une saleté révoltante : il n'y a pas d'établissement de bains dans toute la Kabylie du Djurjura. Les enfants ne reçoivent aucun soin : aussi résulte-t-il de cette incurie beaucoup d'ophthalmies, parfois la cécité complète ; puis des maladies cutanées ou de pires affections héréditaires, que ces montagnards se transmettent de génération en génération, sans cesser pour cela d'être — les femmes, de bonnes mères qui allaitent leurs enfants jusqu'à trois ou quatre ans, — les hommes, de laborieux ouvriers et de bons agriculteurs. »

Les Kabyles ont un caractère indépendant, un esprit observateur et le goût du travail ; mais ils sont enclins à l'avarice, à la rancune et aux querelles. Certains villages sont scindés en deux partis hostiles, et souvent il existe un terrain communal qui, de génération en génération, est affecté à des rendez-vous de guerre. Là, les griefs se tranchent par le yatagan et le fusil.

Le divorce est une des plaies de la société des Kabyles.

Tout le monde sait que la Kabylie est un pays riche, tranquille, adonné à l'industrie, et possédant une population nombreuse. Mais les chiffres auront ici un intérêt particulier.

Il y a en France neuf départements moins peuplés que la Kabylie ; ce sont, dit le commandant Duhousset, les Basses-Alpes, les Hautes-Alpes, le Cantal, la Corse, la Lozère, les Basses et Hautes-Pyrénées et le Tarn-et-Garonne.

Trois départements sont moins étendus : le Rhône, la Seine et Vaucluse.

La population spécifique de la France est, en moyenne, de 67 habitants et 963 millièmes par kilomètre carré ; celle de la Kabylie est de 67 h. 723 ; il en résulte que vingt-huit départements français ont une moyenne de population plus forte, un seul une population égale, et cinquante-sept une moyenne plus faible.

Les productions agricoles de la Kabylie sont les fruits ordinaires de la culture africaine, mais surtout les figues et les olives, aux-

quelles il faut ajouter de vastes cultures de froment. La figue est
le principal aliment des populations, l'olive l'objet principal de
leur industrie agricole.

Pour la moisson les Kabyles se couvrent la tête d'un immense
chapeau de paille de forme pointue, aux bords larges d'une qua-

Fig. 76 *bis*. Moulin à froment dans la Kabylie.

rantaine de centimètres et rayonnant autour de leur visage. Leur
costume se compose d'une chemise qui laisse nus les bras et les
jambes, et d'un tablier en peau, comme celui de nos forgerons.
Ils moissonnent, avec une faucille, le blé et l'orge par petites
poignées et fort près de terre. Le dépiquage ainsi que le vannage
se font assez grossièrement avec des bœufs.

M. le commandant Duhousset, qui a assisté à la moisson et à la récolte des grains de froment, et à leur mouture, donne la figure suivante comme représentant les moulins à moudre le froment dans la Kabylie (fig. 78 *bis*).

Le moulin à olives est peu différent de celui qui est en usage dans le midi de la France : seulement ce sont des femmes qui tournent la meule, et font l'office rempli chez nous par des chevaux ou une machine à vapeur (fig. 77).

On apporte dans la Kabylie des soins tout particuliers à la culture du figuier, la principale ressource alimentaire de toute la contrée. M. le commandant Duhousset a vu en exercice la pratique de la fécondation artificielle du figuier, opération qu'il est assez curieux de connaître, car nous n'en avons en France aucune idée.

Le figuier est fécondé artificiellement en Kabylie, comme le dattier; seulement, tandis que pour le dattier, ce sont des fleurs mâles qui sont placées sur les dattiers femelles pour les féconder, ici ce sont des insectes qui sont chargés de transporter la poussière fécondante : c'est ce que l'on appelle la *caprification*.

« La caprification, dit M. le commandant Duhousset, est pratiquée de temps immémorial par tous les peuples qui habitent le littoral de la Méditerranée. Cet usage, si important et si curieux, m'a paru mériter un examen particulier : aussi ai-je recueilli beaucoup de renseignements et d'explications plus ou moins plausibles sur la manière dont on opère et sur les avantages qu'on retire de ce mode particulier de culture.

« Le dokhar est le fruit du figuier sauvage. Il est petit, sans saveur et d'un goût âcre. C'est donc une espèce peu comestible ; elle n'est pas cultivée pour être mangée. Elle est hâtive, et déjà mûre quand les autres figues, encore vertes, n'ont pas atteint la moitié de leur développement. L'arbre qui la produit, le caprifiguier, donne deux et même trois récoltes par an ; mais on utilise la première et rarement la seconde.

« Arrivé à maturité, le dokhar est cueilli et arrangé en petits paquets (*moulak*) formant chapelets ; on suspend ces chapelets aux branches des figuiers femelles, vers la fin de juin dans la plaine et à la fin de juillet dans la montagne. Chacun de ces dokhars, lorsqu'il est desséché, laisse échapper par l'ombilic une multitude de petits insectes ailés qui s'introduisent dans les fruits de l'arbre auquel il est attaché, leur donnent la vie et les empêchent de tomber.

« Ces insectes, sortes d'agents de fécondation, prennent naissance et grandissent avec le fruit du dokhar, et en sortent, après leur complet développement, pour se porter sur le figuier femelle. Leur corps est velu comme celui de l'abeille, qui, on le sait, remplit une mission analogue pour certaines fleurs.

« Ces insectes sont de deux espèces, les noirs et les rouges ; les premiers, plus petits que les seconds, ne portent pas, comme ceux-ci, un appendice en forme de dard à l'extrémité postérieure. Les indigènes prétendent que l'insecte noir seul joue un rôle utile dans la caprification du figuier (le rôle du vent, de l'oiseau ou de la main de l'homme dans la fécondation du dattier) ; une longue expérience lui attribue le privilége de préserver les figues du dépérissement et de la chute avant la maturité. C'est ce qui a fait naître ce proverbe connu de toute la Kabylie : *Qui n'a pas de dokhar, n'a pas de figues.* L'abondance des figues, quelles que soient les localités et les circonstances atmosphériques, est en rapport avec celle du dokhar ; il arrive cependant que ce dernier, si nombreux qu'il soit, ne donne naissance qu'à un petit nombre de ces insectes préservateurs, comme en 1863, où la récolte a été faible, le dokhar n'ayant produit qu'une très-petite quantité d'insectes.

« Les Kabyles sont convaincus qu'un seul de ces insectes suffit pour préserver quatre-vingt-dix-neuf figues, mais que la centième devient son tombeau. Cette opinion n'est peut-être que la suite d'un préjugé populaire, mais il serait injuste de l'omettre : chez les peuples primitifs, quelques vérités se conservent parfois sous le merveilleux, qui a sa place marquée en toute chose.

« On opère la caprification au moins une fois par an. Quand le dokhar est abondant, il convient de la répéter plusieurs fois de suite à peu d'intervalle, et il est de la plus haute importance que cette opération soit faite en temps opportun, à l'automne ou au printemps, si l'on ne veut voir la récolte gravement compromise et en partie perdue.

« Une règle généralement suivie aujourd'hui dans les villages qui possèdent du dokhar, est que nul, sous peine de cinquante francs d'amende, ne peut en vendre à l'étranger, même à un allié, avant que les jardins de la localité soient abondamment pourvus du précieux préservatif.

« On sait qu'avant notre domination les tribus kabyles étaient sans cesse en hostilité les unes contre les autres ; la vente du dokhar était alors suspendue et même interdite de tribu à tribu. Comme la figue est l'aliment principal et indispensable des populations, cette mesure prohibitive était le plus sûr moyen d'affamer l'ennemi ou au moins de lui causer un grave préjudice. Il n'est donc pas inadmissible que plusieurs fois des tribus en soient venues aux mains pour se procurer, par la force et au prix de beaucoup de sang, ce qu'elles ne pouvaient obtenir avec de l'argent. »

Les métaux, tels que le cuivre et le fer, existent dans la Kabylie avec une certaine abondance, et les habitants du pays sont experts dans l'art de retirer ces métaux de leurs minerais. Cependant ils commencent à emprunter à l'Europe les matières métalliques.

Avec les outils que leur fournit leur propre industrie, ou qu'ils obtiennent par l'importation étrangère, les Kabyles fabriquent un grand nombre d'objets usuels et d'ornement. Les bijoutiers et les armuriers ne sont pas rares dans les villages de la Kabylie.

Fig. 78. Moule à broyer les olives dans la Kabylie.

La figure 79 représente, d'après un dessin du commandant Duhousset, l'atelier d'un bijoutier kabyle.

Le tour en bois de l'ouvrier kabyle est représenté dans la figure 80. C'est avec ce tour que l'on confectionne les vases de bois et les nombreux ustensiles que le Kabyle vend sur toutes les côtes

Fig. 79. Kabyles bijoutiers.

d'Afrique. Il est assez remarquable que le tourneur kabyle ne fasse jamais usage que du tour vertical, et paraisse ignorer notre tour horizontal, si commode et si répandu dans toute l'Europe.

Les Shellas habitent à l'ouest de l'Atlas, tandis que les Kabyles habitent l'est de ces montagnes. C'est un peuple cultivateur, laborieux et pauvre. Il est en général indépendant.

Les Touaregs forment un peuple bien distinct des deux précédents qui habitent au delà de la chaîne de l'Atlas. Les Toua-

Fig. 80. Tourneur kabyle.

regs sont nomades; ils errent dans le Sahara et font de continuelles excursions dans le Soudan pour y enlever les esclaves. M. Henri Duveyrier, qui a publié un ouvrage étendu sur les Touaregs du nord[1], veut que ce peuple soit hospitalier et humain. On le

[1] 1 vol. in-8° avec planches. Paris, 1869.

considère pourtant, en général, comme composé de tribus assez
redoutables, qui parcourent le désert, arrêtant les caravanes et
pillant les traînards de l'escorte. Ce qui est certain, c'est qu'une
infortunée voyageuse, Mlle Tinne, qui avait exploré courageuse-
ment l'Asie et l'Afrique, fut assassinée dans le désert, en 1869,
par des Touaregs.

On donne en général dans l'Afrique française le nom de Maures
à toute la population musulmane (excepté les Turcs) qui habite la
Barbarie et le Sahara; mais le plus ordinairement ce nom ne
s'applique qu'à deux classes particulières. La première de ces
classes se compose d'une partie de la population des villes que
l'on a souvent considérée comme descendant des anciens habitants
de la contrée, c'est-à-dire de la famille libyenne, mais qui semble,
au contraire, être principalement d'origine arabe. La seconde ne
comprend que les tribus, nomades pour la plupart, qui habitent
dans le sud-ouest du Sahara, et qui appartiennent soit aux peuples berbères, soit aux Arabes.

Egyptiens. — Arrivons au peuple égyptien, à cette race immua-
ble qui semble dormir embaumée dans un sol conservateur, immense hypogée où depuis trente siècles des générations successives se sont remplacées et maintenues presque sans altération,
elles et leurs animaux domestiques.

Le livre d'Hérodote, les dialogues de Lucien, et les ouvrages
d'Ammien Marcellin, nous apprennent que les anciens Égyptiens,
en tout semblables à ceux de nos jours, avaient la peau d'une
teinte brune. Deux contrats de vente remontant à l'époque des
Ptolémées nous renseignent sur la couleur des personnes inté-
ressées. Le vendeur est appelé μελάγχρως (brun foncé) et l'acheteur
μελίχρως (jaune ou couleur de miel). De tous les documents et témoignages, il résulte qu'il existait chez les anciens Égyptiens
certaines variétés de coloration de peau, mais qu'il y avait une
couleur dominante. On trouve dans les temples et les tombeaux
des peintures où les personnages ont le teint cuivré, rougeâtre ou
couleur chocolat clair. Les figures de femmes ont quelquefois une
teinte plus jaune, approchant du fauve.

On retrouve une autre représentation fidèle des traits des anciens Égyptiens dans leurs peintures et leurs sculptures qui sont
venues jusqu'à nous. Leur physionomie présente un type particu-

lier et remarquable, et il en est de même de la conformation de
leur corps. D'après Denon (*Voyage en Égypte*) les anciens habitants du pays des Pharaons avaient des formes pleines, mais délicates et voluptueuses, des visages calmes et reposés, des traits
doux et arrondis, des yeux longs, fendus en amande, à moitié
fermés, languissants et relevés aux angles extérieurs, comme si
la lumière et la chaleur du soleil les eussent fatiguës habituellement. Des joues rondes, des lèvres épaisses et saillantes, une
bouche grande, mais souriante, un teint foncé et d'un rouge cuivré, achevaient de donner l'expression à la physionomie.

Blumenbach, par l'examen d'un grand nombre de momies et
par leur comparaison avec les produits de l'art ancien, est arrivé
à établir trois types principaux d'anciens Égyptiens, auxquels se
rapporteraient, avec plus ou moins de déviations, les figures indi-
viduelles : le type éthiopien, le type indien et le berbère. Le premier
est caractérisé par des mâchoires saillantes aux lèvres épaisses,
par un nez large et plat, par des yeux saillants. Ce type coïncide
avec des descriptions données par Hérodote et d'autres auteurs
grecs, qui accordent aux Égyptiens un teint noir et des cheveux
laineux. Le second type est bien différent du précédent. Le nez est
long et étroit; les paupières sont minces, allongées et à ouverture
légèrement oblique, se relevant à partir de la racine du nez en
allant vers les tempes ; les oreilles sont haut placées dans la tête ;
le tronc est court et mince ; enfin les jambes sont très-longues.
Cet ensemble rappelle les Hindous qui habitent au-delà du Gange.

Telle était donc la population ancienne de l'Égypte. Celle qui
habite aujourd'hui le même pays est difficile à classer au point de
vue ethnographique. Il ne faut pas la ranger, comme on le fait
souvent, dans la race arabe. La population de l'Égypte est l'antique race indigène, ou race berbère, profondément altérée par son
mélange avec des éléments nouveaux.

Cette race indigène de l'ancienne Égypte, on la retrouve encore
dans le pays, clair-semée, mais très-reconnaissable. C'est cette petite partie de la population qui porte le nom de *Copte* ou *Cophte*.

Les Coptes, race que la religion a préservée de tout mélange,
ne sauraient représenter que d'une manière éloignée la race égyptienne primitive, puisque l'Égypte ancienne fut conquise et subju-
guée par les Arabes, puisqu'elle fut soumise tantôt aux Perses,
tantôt aux Grecs et aux Romains, enfin aux Musulmans.

Les Coptes (fig. 80) sont, en général, d'une taille au-dessous de la

moyenne; leurs formes se prononcent vigoureusement; la couleur
de leur peau est d'un rouge obscur. Ils ont le front large, le men-

Fig. 31. Coptes au temple de Kranah.

ton arrondi, les joues médiocrement pleines, le nez droit, les ailes
du nez fortement sinueuses, les yeux grands et bruns, la bouche

peu fendue, les lèvres grosses, les dents blanches, les oreilles hautes et très-détachées, la barbe et les sourcils extrêmement noirs. La ressemblance frappante des Coptes avec les figures qui ornent les anciennes sculptures égyptiennes est une preuve suffisante que ce groupe d'hommes est bien le résidu des anciens indigènes de l'Égypte, un peu mêlé aux nations qui ont successivement occupé l'Égypte.

Les Coptes se convertirent au christianisme au deuxième siècle.

Au septième siècle, au moment de la conquête de l'Égypte par les Arabes, on comptait 600 000 Coptes; il n'en reste aujourd'hui que 150 000, dont 10 000 vivent au Caire. Ils considèrent saint Marc comme leur premier patriarche. Ils communient très-rigoureusement le vendredi, mènent une vie très-austère, et ont des prêtres mariés.

Les Coptes ont les yeux noirs, les cheveux généralement crépus. Sombres, taciturnes, dissimulés, ils rampent devant ceux qui les dominent, détestent leurs égaux, et sont arrogants envers leurs inférieurs. Ils font de très-habiles comptables dans toutes les administrations. Ils exercent exclusivement certains arts, tels que la fabrication des moulins, des appareils pour l'irrigation, de la bijouterie, etc.

La langue copte est l'ancienne langue des Pharaons, mêlée de mots grecs ou autres, écrits avec les lettres de l'alphabet grec. Elle ne s'enseigne plus grammaticalement, et ne se parle plus, mais elle sert toujours pour les prières du culte.

Les Coptes ont assez mauvaise réputation en Égypte. Complices de l'invasion arabe, tolérés par l'islamisme, ils furent employés par les mameluks à la perception des impôts. On trouve chez eux beaucoup de moines mendiants et de voleurs. La figure 81 représente des prêtes coptes au temple de Kranah.

On appelle fellah, en Égypte, la partie la plus misérable de la population égyptienne, les paysans et les travailleurs, ceux qui ont concouru avec tant d'utilité aux travaux du canal de Suez.

Les fellahs (fig. 82, 83), au point de vue ethnographique, dérivent de l'ancienne population indigène, profondément modifiée par les Arabes. Bien qu'ils parlent la langue arabe, on ne peut les confondre avec les Arabes, vu la grossièreté de leurs traits.

Ainsi la terre d'Égypte nourrit des populations bien mêlées au point de vue ethnographique, et il est impossible d'y retrouver un type organique pur. C'est le résultat de l'état politique dé-

plorable de ce pays. Depuis son origine, l'Égypte a toujours été
asservie par des conquérants étrangers, qui n'ont fait que se rem-

Fig. 82. Femme fellah.

placer les uns les autres, et ont substitué leur physionomie naturelle à celle des habitants originaires de la contrée.

Dans un *Voyage en Égypte* de MM. Cammas et Lefèvre, publié dans le *Tour du monde*, nous lisons, au sujet des fellahs, les ré-flexions qui suivent :

« Les fellahs ont une faible idée de la dignité humaine et de leur propre

Fig. 83. Fellah ânier.

valeur ; ils ne répondent aux coups que par des plaintes. Parfois ils se révoltent comme des moutons, mais avec la conviction que la lutte est inutile. Ainsi, à l'époque de la conscription, ils résistent à la force armée ; on en tue quelques-uns, et le reste, emmené sur les barques de l'État vers le Caire, descend le Nil, suivi pendant plusieurs lieues par les lamentations des femmes et des jeunes filles. La vie des fellahs n'est pas, matériellement, plus malheureuse que la vie de nos manouvriers des campagnes ; leur

Fig. 84. Dame du Caire.

caractère est plutôt gai que mélancolique ; et les circoncisions, les mariages

sont des fêtes où tout le village est invité : leurs *fantasias*, leurs chants et
leurs danses respirent la joie spontanée, instinctive des nègres. Mais, avec
tout ce qui peut rendre l'existence aimable, il leur manque le sentiment des
droits et des devoirs, ce quelque chose qui fait l'homme libre et le citoyen;
chacun d'eux aime sa maison, son hameau; mais l'Égypte n'est pas une
nation, une patrie. Cet abaissement de l'espèce humaine, si douloureux à
voir, étonne au premier abord; toutefois, si l'on réfléchit à la tyrannie op-
pressive des mameluks, à la désorganisation profonde de l'Égypte sous la
dynastie grecque et romaine, enfin à l'antique loi des castes qui condamnait
la masse du peuple à l'esclavage de la glèbe, on comprend que l'esprit du
fellah, atrophié déjà sous les Pharaons, ahuri sous les Romains, tué par le
fatalisme musulman, résiste longtemps aux efforts, aux tendances intelli-
gentes du gouvernement de Saïd-pacha. Depuis la conquête arabe, la terre
a été légalement la propriété des sultans, des émirs et des beys; ce qui
existait chez nous en principe dans le monde féodal, fut rigoureusement
appliqué en Égypte. Toute la moisson des fellahs passait, sauf le strict
nécessaire, dans le grenier du maître. Aujourd'hui le vice-roi renonce au
monopole; il veut transformer les tributs arbitraires en impôts réguliers;
il crée des droits aux laboureurs, et assure aux paysans la libre transmission
du champ qu'ils ont arrosé de leurs sueurs. Mais ce n'est pas en un jour
que s'effacera l'empreinte terrible du servage passé.

« Les mariniers du Nil, fils et parents des fellahs, tiennent d'eux l'ignorance, l'humilité, le dédain de la vie, l'instinct du rire, des chansons et de
la danse. Cependant leur intelligence s'aiguise au contact perpétuel des
étrangers; il y a plus de choses dans leur cerveau. »

Les mêmes voyageurs nous disent, à propos des mariages en
Égypte :

« Le mariage, en Égypte, n'est pas un acte public, rigoureusement constaté par la loi. Quand le futur et les parents sont d'accord, quand la
somme que doit payer le mari est stipulée (la femme n'apporte pas de dot),
on procède à la célébration devant deux témoins; quelquefois on avertit le
cadi, mais c'est une formalité souvent négligée. Dans une telle union, sans
garantie ultérieure, la femme n'est plus qu'une esclave achetée; lorsqu'on
n'en veut plus, on la renvoie; elle n'a elle-même droit au divorce qu'en un
seul cas, regardé chez nous aussi comme une grave injure. La naissance
des enfants n'est jamais constatée; il en résulte pour eux une position précaire tant qu'ils ne sont pas en état de se défendre. Leur mort est aisément
cachée, et quelquefois ils périssent de la main d'une des femmes, rivales de
leur mère. Un usage fréquent parmi les mariniers du Nil est de prendre
une femme à Girgeh, par exemple, et une autre à Assouan. Le mari, tour à
tour, selon ses affaires, va passer un mois chez elles; il apporte quelques
piastres, une ou deux pièces de cotonnade bleue, souvent une petite paco-
tille que la femme détaillera lorsqu'il sera parti. En échange, il reçoit
des produits du pays et alimente ainsi le commerce de l'autre épouse. Nous
avions à bord une cargaison de poteries, de sel et de pipes; les matelots
les déposaient au passage et devaient trouver au retour une provision de

tabac, de dattes et de harnais. La polygamie ainsi comprise est industrieuse; cependant elle perd chaque jour du terrain, non-seulement chez

Fig. 85. Almée.

les pauvres, mais encore chez les riches qui n'ont le plus souvent qu'une
épouse légitime à la fois. Elle n'a d'ailleurs qu'une raison d'être, c'est la vieillesse prématurée des femmes. Que les hommes cessent d'épouser des enfants

promptement épuisées par les fatigues d'une maternité précoce, et c'en est fait de la polygamie. »

La figure 84 représente le costume d'une dame du Caire.

Les *almées*, ou danseuses égyptiennes (fig. 85), ne sont plus qu'un souvenir en Égypte. C'est à peine si on en rencontre quelques-unes au Caire. Les dernières sont confinées dans la ville d'Esneh.

Les voyageurs auxquels nous avons emprunté les renseignements qui précèdent ont visité la ville d'Esneh, et par conséquent les danseuses égyptiennes. Ils nous tracent d'elles le portrait suivant :

« On nous introduisit dans une masure d'aspect peu engageant; au milieu de la salle étaient groupées les danseuses, toutes de figure ordinaire, mais jeunes et bien faites. L'appât d'un gros gain les avait entraînées à de grands frais de toilette. Je vois encore leur gilet très-ouvert, leurs larges pantalons de soie retenus à la hanche par des ceintures éclatantes, leur tunique intérieure en gaze ou en tulle couleur de chair; ici des pieds nus, là de longues babouches jaunes ou rouges; des colliers et des bracelets, et sur les fronts des médailles légères; puis, derrière les têtes, de petits fichus de soie jetés négligemment. La danse, commencée par une série d'attitudes mollement gracieuses, s'anima vite jusqu'à l'expression la plus passionnée; le buste des femmes demeurait immobile, tandis que le reste du corps s'agitait avec frénésie. Une distribution d'olives, de liqueurs et une pluie de talaris nous valut mille bénédictions et termina dignement la soirée. Les almées n'ont pas tous les jours de pareilles aubaines, et si elles dansent l'hiver, elles ne chantent pas l'été; la population qui les entoure n'est guère en état de payer leurs talents. Savantes aux poses plastiques, mais incapables de tout travail, elles sont réduites aux expédients, aux emprunts qui les font esclaves des usuriers. Leur temps se passe à fumer, à boire l'*aquavite* (sorte d'anisette) et l'éternel café. Les difficultés d'une si misérable existence font décroître de jour en jour le nombre des almées, qui, au temps des mameluks, abondaient dans toute l'Égypte. Esneh est leur dernier refuge et fut sans doute leur berceau. »

FAMILLE SÉMITIQUE.

Nous disions plus haut que les peuples qui composent le rameau araméen ont, de bonne heure, fait briller en Asie le flambeau de la civilisation. Cette remarque concerne surtout les peuples de la famille sémitique, qui va nous occuper maintenant. C'est de cette famille que sont, en effet, sortis ces peuples célèbres dans l'antiquité, sous les noms d'*Assyriens*, d'*Hébreux*, de *Phéniciens*, de *Carthaginois*.

Soumis par d'autres peuples, les Assyriens, les Hébreux, les Phéniciens et les Carthaginois ont disparu successivement, et sont maintenant en grande partie remplacés par les Arabes.

86. Bédouin de la presqu'île du Sinaï.

Nous réunissons dans la famille sémitique les Arabes, les Juifs et les Syriens.

Arabes. — Les Arabes forment la population principale de l'Arabie actuelle; ils composent également une grande partie de la population de l'Égypte, de la Nubie, de la Barbarie, du Sahara. Ils s'étendent même dans la Perse et jusque dans l'Hindoustan.

Les Arabes sont en partie pasteurs (*Bédouins*), en partie cultivateurs : ceux-ci sédentaires, ceux-là nomades. Les Bédouins (fig. 86), enfants du désert, toujours errants, agiles, très-sobres, sont plus petits et d'une complexion plus grêle que les autres, et supportent parfaitement les fatigues et les privations de leur genre de vie. Les agriculteurs, ou *fchles*, sont plus grands et d'une apparence plus robuste. Les premiers ont un air défiant et farouche.

Un profil allongé, avec élévation considérable de la voûte crânienne; un nez aquilin, presque sans dépression à sa racine; la ligne des mâchoires un peu rentrante; une bouche petite; des dents bien plantées; des yeux logés peu profondément, malgré le peu de saillie des arcades sourcilières; des formes générales élégantes, déterminées par la petite quantité du tissu cellulaire et de la graisse, et par la présence de muscles énergiques sous un médiocre volume; des sens très-aiguisés, une intelligence très-vive; des sentiments profonds et persévérants : tels sont les caractères de la race arabe. Ces caractères accusent une véritable et remarquable supériorité sur toutes les autres races, et le baron Larrey a retrouvé cette supériorité jusque dans la conformation de la tête et le développement des circonvolutions cérébrales, la consistance des nerfs, l'aspect de la fibre musculaire et du tissu osseux, la régularité et le développement parfait du cœur et du système artériel.

Le type arabe est donc vraiment admirable. Constant et bien prononcé dans l'ensemble de ses caractères, ce type a pourtant subi des modifications considérables sous l'influence de causes diverses.

La couleur de la peau des Arabes varie beaucoup; leur teint peut être aussi blanc que celui des Européens dans les régions situées le plus au nord. On a cité, dans l'Yémen, des femmes arabes dont la peau était d'un jaune foncé. Dans la portion de la vallée du Nil qui borde la Nubie, les Arabes sont noirs. Dans cette même vallée du Nil, au-dessus de Dengola, les Arabes *Shegya* sont d'un noir de jais, d'un noir pur, brillant, et qui parut au voyageur anglais Waddington la plus belle couleur qui pût être choisie pour une créature humaine.

Fig. 57. Tente d'Arabes nomades.

« Ces hommes, dit Waddington, se distinguent complètement des nègres par l'éclat de leur couleur, par la nature de leurs cheveux, par la régularité de leurs traits, par l'expression suave de leurs yeux humides, et par la douceur de leur peau qui, à cet égard, ne le cède en rien à celle des Européens. »

Chez les Arabes des régions tempérées, on a rencontré quelquefois des cheveux plus ou moins clairs et des yeux bleus ou gris ; en revanche, on a signalé des tribus au milieu du désert libyen chez lesquelles les cheveux étaient crépus et assez analogues à ceux des nègres.

En résumé, les Arabes nomades, qui mènent fidèlement, depuis la plus haute antiquité, le même genre de vie, nous offrent, malgré des circonstances climatériques variées, l'empreinte originelle d'une beauté hors ligne.

La figure 87 représente une tente d'Arabes nomades.

Juifs. — Parmi les petits peuples que l'on rapporte à la famille sémitique, il en est un bien remarquable par son importance historique, et par la manière dont il a su conserver son type originel depuis près de dix-huit siècles qu'il est dispersé dans tout l'ancien continent : ce sont les *Juifs* ou *Israélites* [1].

Les Juifs ont conservé quelque chose de leur physionomie propre. Ils se distinguent des nations parmi lesquelles ils sont dispersés, par des traits particuliers, que l'on reconnaît facilement dans plusieurs tableaux des grands maîtres. Cependant ils ont fini par prendre plus ou moins les caractères des nations au milieu desquelles ils ont séjourné longtemps. Sous la seule influence des circonstances extérieures et du genre de vie, le mélange des peuples au milieu desquels ils vivent a altéré peu à peu leur type national. Dans les contrées septentrionales de l'Europe, les Juifs ont la peau blanche, les yeux bleus et les cheveux blonds. Dans quelques parties de l'Allemagne, on en voit beaucoup avec la barbe rouge ; en Portugal, ils sont basanés. Dans les parties de

---

1. La politesse française a introduit entre ces deux mots une distinction qui est trop bizarre pour que nous ne la fassions pas remarquer. En France, on appelle *israélite* un juif enrichi, et *juif* un israélite pauvre. MM. de Rothschild sont des banquiers *israélites* ; mais si, par impossible assurément, MM. de Rothschild, ayant perdu leurs millions, allaient habiter à Francfort, dans le quartier des Juifs, la maison paternelle, qui s'y trouve encore et que nous avons vue, ils seraient, comme leurs ancêtres, des marchands *juifs*.

l'Inde où ils sont établis depuis longtemps, c'est-à-dire dans la province de Cochin; sur la côte de Malabar, ils sont noirs et si

Fig. 88. Juif de Salonique.

complétement semblables, pour le teint, aux indigènes, qu'il est quelquefois difficile de les distinguer des Hindous.

Les figures 88 et 89 représentent un Juif et une Juive de Salonique. La figure 90 des Juifs de Babylone, et la figure 91 des Juives de Cochin.

Fig 89. Juive de Salonique.

Syriens. — Les anciens Syriens se sont, en général, fondus dans les peuples qui les ont conquis; cependant leur langue est encore parlée par des populations chrétiennes de la Mésopotamie et de la Chaldée, les Souriani, les Yakoubi ou Kaldani.

Beyrouth, au pied des montagnes du Liban (fig. 92, p. 203), est la ville et le port qui sert de centre au commerce de toute la Syrie.

Là le Liban apporte son vin et ses soies, l'Yémen son café, le Hau-
ran ses blés, Djébaïl et Lattakieh leur blond tabac, Palmyre ses
chevaux, Damas ses armes, Bagdad ses riches étoffes, et toute l'Europe les innombrables produits de son industrie.

Dès le premier coup d'œil jeté sur Beyrouth, on voit à quel
point le commerce est florissant dans cette ville. Les Maronites
aux habits sombres et grossiers, le Druse au turban blanc ou
rayé, porteur d'armes magnifiques, des Arabes qui étalent leurs
haillons superbes, des Turcs, des Grecs, des Juifs, des Arméniens, tout cela se presse sur le port. C'est une véritable Babel
de langage et de costumes; néanmoins l'élément chrétien y domine.

Mais les rues de Beyrouth, comme toutes celles des villes de
l'Orient, ne répondent pas à ce qu'annonce ce brillant panorama.
Les maisons sont de massives enveloppes de pierre; les rues sont
étroites et rapides, reliées quelquefois par des passages voûtés;
quelques-unes, plus larges, sont occupées par des *cafedjis*, à l'intérieur desquels des Arabes accroupis fument tranquillement le
chibouque à l'abri de tentes, en sparterie grossière, suspendues
sur leurs têtes. Au milieu de la rue des enfants se roulent dans
la poussière.

Les Maronites et les Druses sont deux petits peuples du Liban,
mais qui parlent arabe, comme la plupart des Syriens actuels.

Les Maronites composent une peuplade forte, mais peu instruite. Ils tirent leur origine d'un moine chrétien nommé *Ma-
roun*, qui vivait vers la fin du sixième siècle, et mourut en
odeur de sainteté. Un couvent fut fondé pour faire honneur à sa
mémoire. Un siècle plus tard, un de ses disciples, Jean le Maro-
nite, épousa la querelle des Latins contre les chrétiens grecs, qui
faisaient alors de grands progrès dans le Liban. Ces derniers
chrétiens suivaient les inspirations de Constantinople; les Maronites, au contraire, obéissaient à celles de Rome. Le voile religieux
devait ici servir à couvrir les dissidences politiques. Jean le Ma-
ronite arma ses montagnards, les conduisit à l'ennemi, et s'em-
para de tout le Liban, jusqu'auprès de Jérusalem. Retirés sur
leurs montagnes et bien qu'en petit nombre, les Maronites con-
servèrent longtemps leur indépendance. Ce ne fut qu'en 1588
qu'ils furent réduits par Ibrahim, pacha du Caire, et soumis à un
tribut annuel, qu'ils payent encore aujourd'hui.

Fig. 90. Juifs de Babylone.

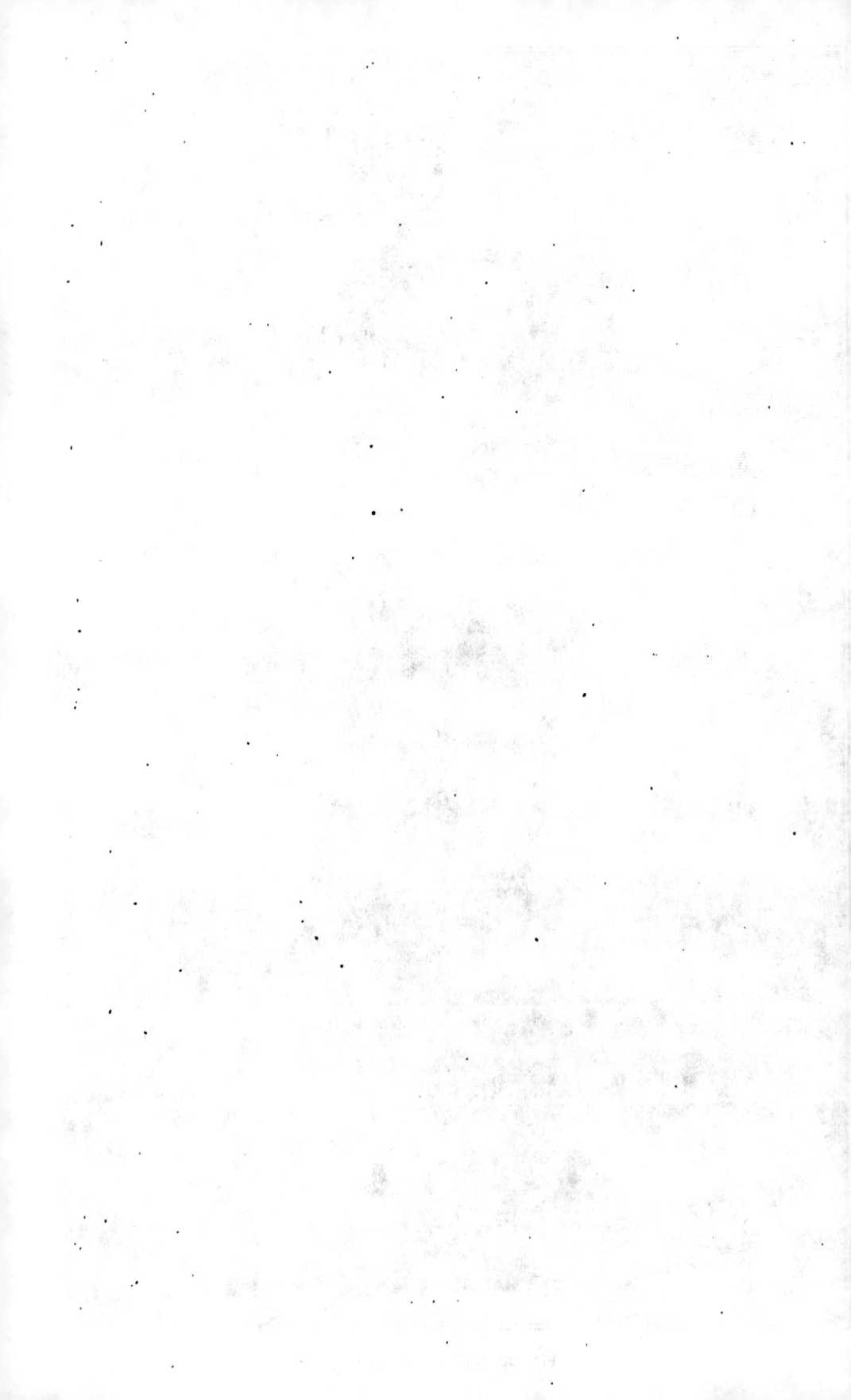

Cependant les Maronites, comme tous les peuples montagnards,

Fig. 91. Juives de Cochin.

ont conservé le goût de l'indépendance. Opprimés par les Musulmans, leurs maîtres, et par les Druses, rivaux que leur a suscités, dit-on, l'Angleterre, jalouse de la prépondérance française dans le Liban, en querelle avec les Ausariehs ou les Mutualis, ils n'en continuent pas moins, une pioche d'une main, le sabre de l'autre, à cultiver et à défendre l'héritage de leurs pères.

Les Maronites sont instruits ; c'est la seule race lettrée du pays. Les magnifiques couvents qui existent dans le pays des Maronites sont remplis de manuscrits anciens et d'écrits arabes de nos jours. La figure 93 (p. 207) représente un des couvents maronites du Liban.

Les Druses sont des schismatiques musulmans, comme les Maronites sont des sectaires chrétiens. Ils sont cultivateurs, mais plus guerriers encore. Chez eux, tout homme est soldat de fait et de droit; ils sont hospitaliers, mais ils savent, au besoin, combattre comme les meilleurs *guérilléros* d'Europe.

FAMILLE PERSIQUE.

On range d'ordinaire dans le même rameau que les Européens le peuples blancs qui se sont développés au sud-est du Caucase, parce que les langues qu'ils parlent sont à peu près les mêmes et ont toutes du rapport avec le sanscrit. Mais ces peuples ressemblent bien plus aux Araméens qu'aux Européens. Comme les Araméens, les peuples de la famille persique avaient acquis de bonne heure une certaine civilisation, à laquelle ils ont peu ajouté depuis.

Les peuples appartenant à la famille persique ont la peau blanche, une taille moyenne, les cheveux et les yeux noirs. Ils habitent non-seulement la Perse, mais l'Arménie, le Turkestan et une partie de l'Hindoustan.

On peut faire cinq divisions bien tranchées dans les peuples qui composent cette famille : 1° les Persans proprement dits, ou *Tadjiks;* 2° les Afghans; 3° les Kurdes; 4° les Arméniens; 5° enfin la petite peuplade des Ossètes.

Persans. — Une grande partie de la Perse est occupée encore aujourd'hui par des tribus qui errent dans les campagnes, vivent sous la tente, ou font cultiver la terre par des esclaves et des domestiques. Mais plusieurs de ces tribus sont étrangères à la

Fig. 92. Beyrouth et les Syriens.

race persane. Seule la race pure des Persans habite les villes et leurs environs. Ces *Tadjiks*, ou Persans purs, étaient jadis beaucoup plus nombreux qu'aujourd'hui. Le nord-est du royaume de l'Iran est la patrie de leurs ancêtres.

Tous les anciens auteurs ont parlé des premiers Perses (Mèdes et Perses) comme d'une race singulièrement belle et bien faite de corps. Ammien Marcellin parle de la Perse comme d'un pays renommé pour la beauté des femmes (*ubi feminarum pulchritudo excellit*), et tous les auteurs anciens désignent les Perses comme des hommes d'une haute taille et d'un beau visage.

Les figures que l'on trouve dans les nombreuses sculptures antiques des monuments persans, à Istahkar, à Persépolis, à Ecbatane, et dans plusieurs autres lieux, confirment de tous points ces témoignages. Dans les bas-reliefs de Ninive qui existent au palais du Louvre, à Paris, on reconnaît la pureté des traits et le caractère de beauté qui distinguent les hommes de cette cité antique. Ce type est noble, digne, et annonce l'intelligence et la réflexion.

Les *Tadjiks*, ou Persans modernes, sont également fort beaux. Ils ont une grande régularité de traits, le visage ovale, un peu long, la chevelure abondante, de grands sourcils noirs et bien marqués, et ces yeux noirs et très-doux que les Orientaux estiment au plus haut degré.

Les Tadjiks sont gais, spirituels, actifs, légers, paresseux, vicieux, aimant le luxe, la toilette et le cérémonial. Ils ont une littérature, et leur langue, qui est remarquable par sa tendance au style fleuri et orné, est parlée non-seulement en Perse, mais par les personnes des hautes classes d'une grande partie de l'Hindoustan.

La Perse (royaume d'Iran) est gouvernée par un roi (*schah*) qui jouit d'une autorité presque absolue et qui réside à Téhéran. Le successeur du roi est le fils aîné de son fils aîné, suivant un ancien usage de l'empire russe.

Les douze provinces dont se compose le royaume sont administrées par un gouverneur (*béglébeig*) qui délègue son autorité à un lieutenant (*kakim*). Les villes sont administrées par un gouverneur particulier, un chef de police et un premier magistrat. Chaque village élit un chef (*ketlkhoda*). La législation de la Perse, peu différente de celle de la Turquie, a pour base le Coran.

Le royaume de Perse peut mettre sur pied 150 000 hommes de

force militaire; mais son armée permanente ne dépasse pas 10 000 hommes, parmi lesquels on distingue les gardes du roi (*gholaums*). La Perse a quelques navires de commerce.

L'industrie est peu florissante en Perse. Ce pays, qui faisait autrefois un commerce important, en est réduit à tirer presque tout de l'étranger et à ne fabriquer que les objets de première nécessité. L'Inde, la Russie, l'Afghanistan procurent aux Persans la plupart des produits manufacturés.

La Perse ayant été souvent envahie et occupée par des peuples étrangers, présente nécessairement une population très-mélangée. Il y a quatre classes parmi sa population :.

1° Les nobles, qui occupent toutes les fonctions publiques ;

2° Les bourgeois des villes, comprenant le clergé et le corps enseignant, et qui est un mélange de Persans, de Turcs, de Tartares, de Géorgiens, d'Arméniens et d'Arabes ;

3° Les paysans, composés de Persans purs ;

4° Les tribus nomades ou pastorales, composées de Persans, auxquels il faut adjoindre les restes des anciens peuples conquérants de ce pays. C'est de cette dernière classe que sortent les soldats et toute la force militaire qui forme en Perse une véritable autocratie héréditaire.

La religion des anciens Perses était celle de Zoroath, c'est-à-dire la magie. Pendant le troisième et le quatrième siècle de l'ère chrétienne, le christianisme fit beaucoup de prosélytes dans ce pays, bien qu'il fût alors occupé par les Arabes. Mais dès le cinquième siècle les rois de Perse s'attachèrent à le détruire dans leurs États, et le mahométisme est aujourd'hui la religion dominante. Cependant une nouvelle secte, le *sosisme*, venue d'une province de la Perse (la province de Kerman), a gagné beaucoup de prosélytes dans tout le royaume. Les partisans de cette religion nouvelle sont des déistes qui n'acceptent le Coran que comme un livre de morale et repoussent le dogme religieux que Mahomet en a tiré.

La figure 94 représente divers types persans ; la figure 95 donne une idée de la richesse des costumes des nobles persans.

L'auteur d'un *Voyage en Perse*, M. le comte de Gobineau, a parfaitement décrit la vie intérieure des Persans. Nous ferons quelques emprunts à son intéressant voyage. Parcourons, par exemple, le chapitre dans lequel est décrit un *dîner à Ispahan*.

Le couvert de vingt personnes était dressé, nous dit M. Gobineau,

Fig. 93. Couvent de Maronites du Liban.

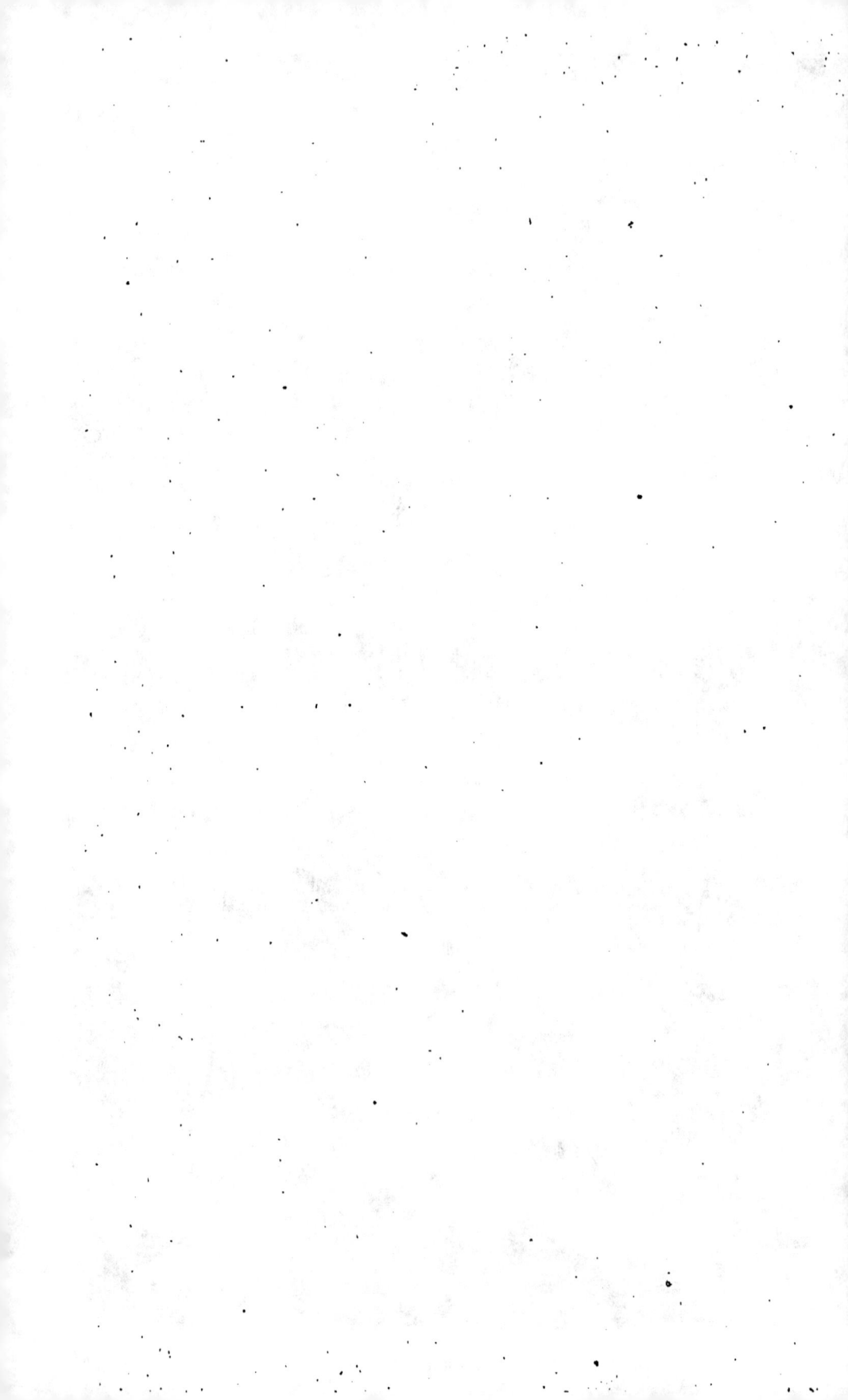

sur une table, se perdant dans un immense espace. Le devant
du théâtre était ouvert, soutenu par deux hautes colonnes peintes
de couleurs vives; le grand voile d'usage, blanc à dessins noirs,
s'étendait en abat-jour sur la partie du jardin la plus rapprochée.
Les convives avaient vue sur un grand bassin d'eau courante et

Fig. 94. Divers types persans.

sur des massifs de platanes; de nombreux serviteurs, bigarrés,
armés chacun suivant son caprice, et quelques-uns portant un
arsenal complet, se tenaient par groupes au bas de la terrasse,
où circulaient avec les plats, ou servaient les invités. La table
avait été arrangée, avec l'aide des domestiques européens, un peu
à la mode d'Europe, beaucoup à la façon persane. La ligne du

milieu était occupée par une forêt de vases, de coupes, de bols
de cristal bleu, blanc, jaune, rouge, remplis de fleurs. Pour les
hôtes, la nouveauté consistait dans les cuillers et les fourchettes :

Fig. 95. Costumes des nobles persans.

ils se complimentaient réciproquement s'ils avaient pu saisir
quelque chose avec la fourchette et la porter à la bouche sans se
piquer. Certains mets leur parurent excellents. Un Persan rem-

plit son assiette de moutarde et déclara qu'il n'avait jamais rien mangé de si bon. Comme ils faisaient plus de gymnastique que de consommation, on les engagea à se servir à leur guise. Après beaucoup de façons, ils consentirent à tenir de la main gauche leur fourchette en l'air et à saisir les morceaux avec la main droite.

Au milieu du repas on entendit comme un bruit argentin de

Fig. 96. Musiciens persans.

sonnettes, et l'on vit entrer quatre jeunes garçons habillés en femmes, avec des robes roses et bleues semées d'oripeaux. C'étaient des danseurs; ils portaient des petites calottes dorées, d'où sortaient leurs longs cheveux tombant sur leurs épaules. Les musiciens s'étaient assis par terre (fig. 96) : l'un jouait d'une espèce de mandoline, l'autre d'un petit tambour à main, enfin un troisième d'un certain instrument consistant en une série de cordes ajustées sur une table, et d'où l'on tire avec de petites baguettes des sons assez semblables à ceux de la harpe.

Il y a à Ispahan, d'après M. Gobineau, beaucoup de gens instruits dans tous les genres, des marchands riches ou aisés, des propriétaires qui vivent en rentiers. La ville pourrait être comparée à Versailles quant à son étendue et à sa tranquillité.

Un autre chapitre du Voyage de M. Gobineau : « les fiançailles, le divorce, la journée d'une Persane, » mérite aussi d'être feuilleté.

Les promis sont d'ordinaire très-jeunes. L'homme a de quinze à seize ans, la fille de dix à onze. Arrivée à vingt-trois ou vingt-quatre ans, il est assez rare qu'une femme n'ait pas encore eu au moins deux maris et souvent bien davantage, car les divorces se font avec une extrême facilité.

Les femmes sont rigoureusement cloîtrées dans l'appartement intérieur, ou *enderoun*, en ce sens que personne du dehors, aucun étranger à la famille n'y est admis. Mais elles sont parfaitement libres de sortir depuis le matin jusqu'au soir, et même, dans beaucoup de circonstances, depuis le soir jusqu'au matin. D'abord elles ont le bain. Elles y vont avec une servante, qui porte sous son bras un coffret rempli des objets de toilette et des parures nécessaires, et elles en reviennent au plus tôt quatre ou cinq heures après. Ensuite elles ont les visites, qu'elles se font entre elles et qui durent tout aussi longtemps. Elles ont enfin des pèlerinages à des tombeaux situés à peu de distance, dans de jolis paysages.

Toutes les femmes persanes (fig. 97) sont si exactement voilées et si semblables dans leurs vêtements extérieurs, qu'il est impossible à l'œil le plus exercé d'en reconnaître une seule. En dehors des invitations, du bain, de la visite au bazar et des pèlerinages, les femmes sortent quand elles veulent, et elles encombrent les rues. Malheureusement les femmes persanes se considèrent un peu comme des êtres inférieurs irresponsables. Elles sont maîtresses absolues dans leur maison, extrêmement colères et violentes, et leur petite pantoufle, armée d'un fer à cheval d'un demi-pouce d'épaisseur, produit souvent de déplorables effets sur la figure d'un mari.

Les heures que le Persan ne donne pas, de son côté, au bazar, sont absorbées par les visites. Voici comment elles se passent.

Le visiteur se met en route avec le plus de serviteurs possibles, *le djelodar* marchant devant la tête du cheval, la couverture brodée

sur l'épaule ; derrière le maître vient le *kalyaudjy* (musicien) avec
son instrument. On arrive à la porte où l'on doit s'arrêter et
l'on met pied à terre. Les domestiques marchant en avant, on
pénètre par différents couloirs, toujours bas et obscurs, et souvent
on traverse une ou deux cours avant d'arriver à l'appartement du

Fig. 9 Costumes des femmes persanes, pour l'intérieur et la sortie.

maître. Si le visiteur est d'un rang élevé, le maître du logis vient
le recevoir à la porte. En cas d'égalité, il envoie son fils ou l'un
de ses jeunes parents. Les premières politesses sont extrêmement
fleuries. « Comment Votre Seigneurie a-t-elle conçu la pensée mi-
séricordieuse de visiter cet humble logis ? » etc.

Arrivé dans le salon, on y trouve tous les hommes de la famille, qui se tiennent debout, rangés contre un mur, et qui saluent le visiteur. Lorsque tout le monde est assis, le visiteur demande au maître du logis « si, grâce à Dieu, son nez est gras. » Celui-ci répond : « Gloire à Dieu ! il l'est, par l'effet de votre bonté. » Cette même question peut se poser trois et quatre fois de suite. Après un bout de conversation on fait circuler le thé, le café, et les sorbets. Le grand mérite de ces conversations légères, c'est la broderie, le tour spirituel et plaisant.

Les Persans ont un goût singulier pour la calligraphie. La peinture est chez eux à peu près inconnue. Ils ont cependant l'instinct artistique, comme le prouvent la richesse et l'élégance de certains de leurs monuments.

Nous mettons sous les yeux du lecteur (fig. 98) d'autres types de costumes de Persans de diverses classes. Les *Louty* et les *Backtyans* qui sont représentés sur ce dessin, sont des tribus nomades d'hommes assez malfamés.

Les *Afghans* habitent toute la région montagneuse qui se trouve au nord des contrées basses du Penjab, c'est-à-dire des plaines de l'Indus. Le climat en est délicieux. Les Afghans sont robustes et musculeux, leur visage est allongé, leurs pommettes saillantes, leur nez proéminent. Leurs cheveux sont le plus souvent noirs. Leur peau, selon les régions, est noire, basanée ou blanche. Ils constituent un peuple rude et guerrier qui, par ses mœurs et sa langue, ne se distingue pas moins des Persans que des Indiens. Il se divise en un grand nombre de tribus ou de clans.

Les *Beloutchis*, à la vie pastorale, aux mœurs simples, transportent de place en place leurs tentes, fabriquées en feutre, soutenues par une légère carcasse d'osier. Ils errent, avec leurs troupeaux, dans les hautes plaines qui environnent Kélat. On les retrouve dans presque toute cette partie de la Perse orientale qui, comprise entre l'Afghanistan au nord et l'océan Indien au sud, s'avance à l'ouest depuis l'Indus jusqu'au grand désert salé. Ils parlent un dialecte dérivé du persan.

Les tribus nomades des *Brahnis* errent dans les parties froides et élevées des montagnes propres aux mêmes limites géographiques. Ils sont petits, trapus, avec une face ronde et des traits plats, la barbe et les cheveux bruns. Les Beloutchis, qui occupent des régions plus basses et plus chaudes, sont, au contraire, de

béaux hommes à la taille élevée, aux traits réguliers, à la physionomie expressive. Mais ceux qui habitent les basses plaines
voisines de l'Indus ont la peau foncée et même noire. Les Brahnis
sont aux Indous du Penjab ce que sont les Beloutchis par rapport
aux Persans.

Fig. 93. Autres costumes persans.

Les *Kurdes*, qui habitent la haute région montagneuse, coupée
de profondes vallées, qui est située entre le grand plateau de la
Perse et les plaines de la Mésopotamie, constituent une population
demi-barbare, bien différente des descendants des Médo-Perses,

et pourtant aussi de souche aryenne. Les Kurdes sont, en effet, des hommes de haute stature, mais aux traits grossiers. Leur teint

Fig. 99. Jeune noble arménien.

est brun, leurs cheveux noirs, leurs yeux petits, leur bouche grande, leur physionomie sauvage.

Les *Arméniens* des deux sexes (fig 99, 100, 101) sont remarquables par leur beauté physique. Leur langue est voisine des plus anciens dialectes de la race aryenne, et leur histoire se

Fig. 100. Prêtre arménien.

lie à celle des Mèdes et des Perses par de très-anciennes traditions. Ils ont la peau blanche, les yeux et les cheveux noirs, des traits plus arrondis que ceux des Persans. Ils

Fig. 101. Dame arménienne.

se distinguent des Hindous par l'abondance de la barbe.

Fig 102. Salon d'une maison arménienne.

La figure 102 représente le salon d'une maison d'Arméniens, à Soucha.

Le climat de l'Arménie est généralement froid; cependant dans les vallées et dans les plaines l'air est plus tempéré et le sol très-fertile. Les grains, vins, fruits, tabac et coton y sont récoltés en abondance. On trouve dans les montagnes des mines d'or, d'argent, de cuivre, de fer et de plomb; mais ces minerais sont peu exploités. Les chevaux arméniens passent pour les meilleures races de l'Asie occidentale. La cochenille, produit important de ces contrées, vit en grande quantité au pied de l'Ararat. On récolte dans le même pays de la manne excellente. La flore arménienne est très-riche.

L'Arménie actuelle forme les pachaliks d'Erzeroum, de Kars et de Diyar-Bekr, dans la Turquie d'Asie. Elle est peuplée, outre les indigènes, par des Turcs, des Kurdes, des Turcomans, et autres restes de peuplades qui firent autrefois des irruptions dans ce pays.

L'Arménien se distingue par son caractère grave, laborieux, intelligent, hospitalier. Il excelle dans le commerce. Attaché aux traditions de ses ancêtres et à son gouvernement, il sympathise beaucoup avec les Européens. Il se plie facilement aux mœurs européennes, et apprend sans difficulté à parler nos langues.

La religion chrétienne a toujours été professée en Arménie, et les Arméniens sont très-attachés à leur Église. Mais plusieurs sectes se partagent la religion chrétienne. Il existe en Arménie la *religion grégorienne*, c'est-à-dire attachée aux usages de l'Église fondée par saint Grégoire, *catholique* (romaine) et *protestante* (évangélique-américaine). Le chef de la première, qui est la plus nombreuse (elle réunit quatre millions d'âmes environ), réside à Etchmiadzine, dans l'Arménie russe. Il existe un autre patriarche presque indépendant à Sis, ancienne capitale du royaume de Cilicie. Le patriarche des catholiques, qui composent une population de cinquante mille âmes, réside à Constantinople; mais il existe au mont Liban un autre patriarche (*in partibus*), dont la juridiction s'étend sur la Syrie, la Cilicie et une partie de l'Asie Mineure. Ceux de l'Arménie russe sont soumis au métropolitain, résidant à Saint-Pétersbourg. Les protestants, au nombre de quatre à cinq mille, ont leur chef à Constantinople.

Les *Ossètes*, qui sont la dernière branche de la race aryenne en Asie, habitent une petite partie de la chaîne du Caucase, qui est occupée en général par des races distinctes des Indo-Européens

Ils ressemblent aux paysans du nord de la Russie, mais leurs mœurs sont barbares et ils s'adonnent au pillage.

M. Vereschaguine rencontra les Ossètes dans son voyage dans les provinces du Caucase. Un Cosaque à qui il eut affaire appartenait à cette race, et nous donnons ici (fig. 103), d'après cet auteur russe, le portrait exact de cet Ossète.

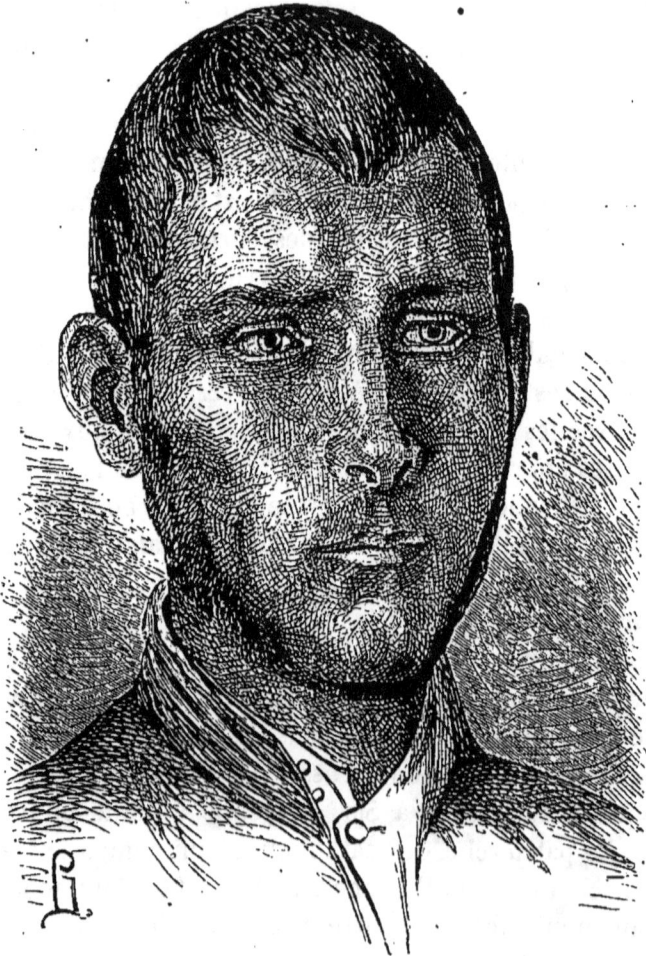

Fig. 103. Ossète.

Les villages des Ossètes sont répandus sur le versant des montagnes. On voit des deux côtés du défilé du Darial de hautes murailles flanquées de tourelles. Ces monuments rappellent l'époque du brigandage.

Contrairement aux mœurs de toutes les autres tribus du Cau-

F. Sellier, pʲ   Imp. Dupuy, 22 R. des Petits Hotels   G. Regamey, lith.

GEORGIENNE.   ARABE.

RACE BLANCHE

case et du Transcaucase, l'Ossète fait usage du lit, de la table et du siége. Il s'assied, comme la plupart des Européens, sans croiser les jambes sous lui.

Fig. 104. Costumes géorgiens.

FAMILLE GÉORGIENNE.

La *famille géorgienne* est concentrée sur le versant méridional du

Caucase. La beauté des Géorgiennes est proverbiale. M. Moynet, dans son *Voyage à la mer Caspienne et à la mer Noire*, nous dit que les Géorgiennes méritent toute leur réputation de beauté. Leur physionomie est calme et régulière comme celles dont les marbres antiques de la Grèce nous ont laissé le type immortel. Leur coiffure se compose d'un bandeau aux couleurs éclatantes, ayant la forme d'une couronne, et dans lequel s'ajuste un voile dont un coin passe sous le menton (fig. 104). Deux grandes nattes de cheveux descendent par derrière, presque jusqu'aux pieds. Rien de plus gracieux et de plus noble à la fois que cette coiffure. Un long ruban, aux plus riches couleurs, leur sert de ceinture, et vient tomber jusqu'à terre devant la robe. Dans la rue, elles s'enveloppent d'une grande étoffe blanche qui les préserve du soleil et qu'elles portent avec élégance.

Les Géorgiens sont aussi généralement beaux. Ils ont conservé le type caucasique intact et inaltéré. Ils portent de riches costumes, des broderies d'or et d'argent, de belles armes étincelantes. Braves et chevaleresques, ils aiment passionnément les chevaux.

FAMILLE CIRCASSIENNE.

La *famille circassienne*, concentrée dans les montagnes du Caucase, se compose de peuples qui sont remarquables par leur bravoure, mais peu civilisés.

Le type circassien a dans tout l'Orient grande réputation de beauté, et il la mérite. La plupart des Circassiens se distinguent par une figure d'un ovale allongé, un nez droit et mince, une bouche petite, de grands yeux noirs, une taille bien prise, une tournure martiale, un pied petit, des cheveux bruns, une peau très-blanche.

A côté des Circassiens, les Abases, qui parlent un dialecte de même souche, sont à demi barbares et vivent des produits de leurs troupeaux et de leurs brigandages. Ils ont un ensemble de traits qui n'a rien de l'élégance circassienne. Leur tête est étroite, leur nez saillant, le bas de leur visage très-court.

Les Mingréliens, ou habitants de la Mingrélie, petit royaume aux bords de la mer Caspienne, ressemblent aux Géorgiens sous le rapport du type physique, des mœurs et des coutumes.

RACE JAUNE

RACE JAUNE.

La race jaune a été également nommée *race mongolique*, d'après les traits bien caractérisés de l'un des peuples qu'elle comprend.

Des pommettes saillantes, une tête presque en losange, un nez petit et peu proéminent, un visage plat, des yeux étroits et obliques, des cheveux droits, gros et noirs, une barbe rare, un teint plus ou moins olivâtre, tels sont les caractères principaux qui servent à distinguer les individus et les familles appartenant à la race jaune.

Cependant tous les peuples appartenant à la race jaune ne nous présentent pas ces traits bien distincts. Quelquefois ils n'en présentent que quelques-uns, et par les autres ils semblent se rapprocher de la race caucasique. C'est ce qui rend très-difficiles les divisions rationnelles dans cette race.

Nous distinguerons dans la race jaune trois rameaux : les rameaux *hyperboréen*, *mongolique* et *sinique*.

CHAPITRE PREMIER

RAMEAU HYPERBORÉEN.

Divers peuples qui habitent les régions voisines du cercle polaire boréal, qui ont en général la taille petite et les principaux caractères de la race jaune, composent le rameau hyperboréen.

Répandus sur un espace immense, mais peu nombreux, les peuples appartenant au rameau hyperboréen sont nomades, et n'ont pour animaux domestiques que des chiens et des rennes. Ils se nourrissent des produits de leur chasse et de leur pêche. Ils aiment passionnément les liqueurs fortes, et n'ont qu'une civilisation rudimentaire. Peut-être quelques-uns de ces peuples se rangeraient-ils mieux dans le rameau mongolique. Peut-être même quelques-uns devraient-ils être classés dans la race blanche, car ils ont perdu, sous l'influence du climat et du mode d'existence, les caractères propres à la race jaune. Comme il est très-difficile de créer ici une classification bien naturelle, nous conserverons les groupes admis par M. d'Homalius d'Halloy.

Ce naturaliste établit parmi les peuples qui composent le rameau hyperboréen, sept familles, en prenant pour base les affinités de langage : ce sont les familles *laponne, samoyède, kamtchadale, esquimale, iénisséienne, iukaghire* et *koriake.*

FAMILLE LAPONNE.

Les Lapons sont maigres, petits, et pourtant assez forts et très-agiles. Leur tête est proportionnellement grosse. Elle offre, avec le crâne rond, les pommettes écartées, le nez large et plat des Mon-

JAPONAIS.　　　　　　　　　　　　　CHINOIS.

RACE JAUNE.

gols, un front avancé et des yeux ouverts. Leur teint est d'un jaune brun et leurs cheveux généralement noirs. Il existe dans cette curieuse race d'hommes deux classes distinctes, le Lapon nomade et le Lapon résidant.

Le premier n'a pour tout bien que son troupeau de rennes. Il va s'établir, avec ses troupeaux, sur les hauteurs, y passe les mois de juin, juillet et août, et ne retourne qu'au mois de septembre

Fig. 105. Attelage de rennes.

dans ses quartiers d'hiver. Dans ces deux voyages, les rennes lui servent comme bêtes de somme. Lorsque la terre est couverte de neige, on attèle aux traîneaux ces précieux ruminants (fig. 105).

Les chiens servent également d'animaux de trait chez les Lapons. Sur la lisière des maigres forêts de la Laponie ou de la Sibérie, on voit souvent passer rapidement, porté sur un traîneau attelé de chiens, un habitant de ces contrées sauvages (fig. 106).

La vie habituelle du Lapon nomade est ce qu'on peut imaginer de plus misérable. Une tente posée sur quatre piquets est sa demeure d'hiver et d'été. Le foyer est au milieu de la tente, et la fumée s'en échappe par une ouverture pratiquée dans le haut. Cinq ou six peaux de rennes étendues autour du feu servent de lit à toute la famille, et ce lit a pour rideau la fumée qui l'entoure. Le mobilier se compose d'une chaudière et de quelques

Fig. 106. Attelage de chiens.

seaux de bois. Le Lapon porte dans sa poche sa cuiller en corne et son couteau. Souvent, au lieu de seaux de bois il emploie des vessies de rennes. C'est également dans des vessies de rennes qu'il conserve le lait, mêlé d'eau, qui lui sert de boisson. Quand il se déplace, quand il voyage, c'est une paire de rennes qui est attelée à son traîneau.

Au reste, cette race nomade qui a occupé autrefois, une partie

de la Suède, est aujourd'hui bien diminuée. Il y a une trentaine
d'années, en comptant tout ce qu'il en reste dans la Laponie russe,
norvégienne et suédoise, on la portait seulement au nombre de
12 000 individus.

Le Lapon résidant est, d'ordinaire, un pauvre propriétaire de
rennes qui, étant ruiné et ne pouvant plus continuer sa vie de
pâtre errant, se fait mendiant ou domestique. S'il lui est resté
quelque argent, il s'établit au bord de la mer, et devient pêcheur,
pendant que sa femme tisse la laine au métier. Il passe alors
une triste existence au milieu d'hommes d'une autre origine.
Norvégiens et Suédois le dédaignent, en sorte qu'il vit en véritable paria. Sa cabane, son costume, ses mœurs sont tout différents
de ceux des populations qui lui donnent asile. Nulle famille ne
saurait s'allier à la sienne, et il reste seul au monde s'il n'a
quelques amis parmi ces étrangers.

Dans ses *Voyages dans les États scandinaves*, M. de Saint-Blaize sur-
prit une nuit, à l'improviste, un camp de Lapons. Autour des feux
se pressaient des centaines de rennes, dont les cornes immenses,
se touchant les unes les autres, produisaient l'effet d'une petite
forêt. Deux jeunes Lapons et des chiens faisaient bonne garde
autour des rennes. Non loin de là était dressée la tente. Un vieux
Lapon et sa femme offrirent au voyageur du lait de renne très-
gras, qui rappelait le lait de chèvre.

Fig. 107. Berceau lapon.

Ce même voyageur nous apprend que lorsqu'une Laponne, en
voyage, donne le jour à un enfant, elle le place dans un morceau
de bois creux, où l'on a ménagé un trou grillé de fils de fer, pour

y loger la tête du nouveau-né (fig. 107). La mère place sur son dos cette bûche et son précieux contenu et poursuit sa course. Quand elle s'arrête, elle suspend à un arbre cette espèce de chrysalide de bois, que le grillage protége contre la dent des bêtes féroces.

FAMILLE SAMOYÈDE.

Les *Samoyèdes* sont une race errante, particulièrement répan-

Fig. 108. Samoyèdes.

due des deux côtés du grand promontoire sibérien que termine le cap Nord. On rencontre aussi quelques-unes de leurs tribus assez loin à l'ouest, à l'est et au sud de cette même région. Ils vivent principalement de leur pêche et de leur chasse, sur les bords de la mer glaciale. Ils ont beaucoup de ressemblance avec les Tongouses, dont nous parlerons plus loin. Leur visage est plat, rond et large, leurs lèvres épaisses et retroussées, leur nez large et ouvert. Ils ont peu de barbe, les cheveux noirs et rudes. La plupart sont plutôt petits que de taille moyenne, bien proportionnés, et un peu trapus (fig. 108). Ils sont sauvages et d'un caractère remuant.

FAMILLE DE SKAMTCHADALES.

Nous ne mentionnons ici que pour mémoire les *Kamtchadales*, connus depuis longtemps des navigateurs de la mer glaciale. Ils habitent la partie méridionale de la péninsule qui porte leur nom. Ce sont des hommes de petite taille, ayant le teint basané, les cheveux noirs, peu de barbe, la figure large, le nez court et plat, les yeux petits et enfoncés, les sourcils minces, le ventre gros et les jambes grêles.

Plus au sud, dans les îles Kouriles et sur le continent voisin, nous devons signaler une autre nation très-différente des précédentes. C'est le peuple des *Aïnos*, ou habitants des îles Kouriles. Leur taille est petite, mais leur visage offre des traits assez réguliers. Le plus remarquable de leurs caractères physiques consiste dans l'extrême développement que prend chez eux le système pileux. Ce sont les plus velus de tous les hommes; c'est pour cela que nous les signalons en passant. Leur barbe tombe sur leur poitrine, et ils ont les bras, le cou, le dos couverts de poils. Ce caractère est exceptionnel, surtout chez les peuples de type mongol.

La langue des Aïnos a des rapports frappants avec celle des Samoyèdes et avec celle de quelques peuplades du Caucase. Leur taille est bien prise, leur caractère doux et hospitalier. Ils vivent du produit de leur chasse et de leur pêche.

FAMILLE DES ESQUIMAUX.

Le Groënland et la plus grande partie des îles qui avoisinent cette partie du continent américain sont habités par des peuples qui ont reçu le nom commun d'Esquimaux, et qui composent une famille très-nombreuse.

Les principales et les plus nombreuses tribus de la famille des Esquimaux appartiennent au continent américain. Mais comme elles sont fort distinctes des autres peuples de ce continent, et qu'elles ressemblent beaucoup aux peuples de l'Asie septentrionale et aux Mongols, c'est ici que nous devons en faire mention.

Chez les Esquimaux, la tête osseuse prend une forme pyramidale plus prononcée que chez les Mongols de la haute Asie, ce qui dépend du rétrécissement latéral du crâne. Un tel signe de dégradation décèle tout de suite l'infériorité morale et sociale de ces pauvres gens. Leurs yeux sont noirs, petits et sauvages, mais sans

Fig. 109. Esquimaux (campement d'été).

aucune vivacité. Chez les Esquimaux du Groënland, le nez est peu saillant, la bouche petite, avec la lèvre inférieure plus épaisse que la supérieure. Cependant on a signalé chez quelques-uns une barbe forte et abondante. Les cheveux sont ordinairement noirs, mais quelquefois blonds et toujours longs, grossiers, en désordre. Leur teint est clair. Leur taille ne s'élève pas au-dessus de cinq pieds. Ils sont trapus, et ont une certaine disposition à l'obésité.

Dans un voyage que fit le docteur Kane, de New-York, au
82ᵉ degré de latitude nord, cet explorateur hardi passa plus d'une
année chez les Esquimaux qui vivent à Étah, l'habitation humaine
la plus rapprochée du pôle. Hommes, femmes, enfants, n'ayant
pour se couvrir que leur saleté, étaient entassés dans une hutte
et confondus dans une sorte de panier. Une lampe, servant à
chauffer et à éclairer la cabane, brûlait de l'huile de phoque,

Fig. 110. Esquimaux (habitation d'hiver).

avec une flamme de seize pouces de longueur. Des morceaux de
phoque gisaient sur le plancher de ce repaire, d'où s'exhalait
une insupportable odeur ammoniacale.

Nous représentons (fig. 109) le campement d'été d'une tribu
d'Esquimaux et (fig. 110) leur habitation d'hiver. Dans la figure 111,
on voit un village, c'est-à-dire l'assemblage de huttes, construites
avec des blocs de neige, qui abritent pendant la saison des froids
excessifs ces déshérités de la nature.

· Le phoque fournit la nourriture aux Esquimaux de la baie de Reusselaer pendant la plus grande partie de l'année. Au sud, jusqu'à Murchison-Channel, le narval et la baleine franche viennent dans les saisons qui leur sont propres. Vers le mois où reparaît le soleil, la famine d'hiver cesse. Janvier et février sont les mois de privation ; mais pendant la dernière partie de mars la pêche de printemps commence, et avec elle renaissent le mouvement et la vie. Les pauvres et misérables tanières couvertes de neige sont alors le théâtre d'une grande activité. Des masses

Fig. 111. Village esquimau composé, de huttes en neige durcie.

de provisions accumulées en sont retirées et empilées sur le sol glacé ; les femmes préparent les peaux pour en faire des chaussures, et les hommes taillent une réserve de harpons pour l'hiver.

Les Esquimaux ne sont pas paresseux. Ils chassent avec courage, et sont forcés souvent de cacher le produit de leur chasse dans des excavations inaccessibles aux bêtes. Leur consommation d'aliments est excessive. Ils mangent beaucoup, non par gloutonnerie, mais par nécessité, en raison du froid extrême de ces hautes latitudes.

La figure 112 représente, d'après le docteur Kane, le chef d'une tribu d'Esquimaux.

Fig. 112. Chef d'une tribu d'Esquimaux.

Le docteur Hayes, dans son *Voyage à la mer libre du pôle arctique*, publié en 1866, a décrit des types d'Esquimaux. La figure large, de lourdes mâchoires, des pommettes saillantes, un front étroit, des

yeux petits et très-noirs, des lèvres minces et longues, avec deux
rangées étroites de dents solides, quoique usées par de pénibles
services, une chevelure d'un noir de jais, de la barbe sur la lèvre
supérieure et au bas du menton, une stature petite, mais bien
charpentée, une constitution robuste et rudement trempée, tels
sont les caractères distinctifs de ces peuples de l'extrême Nord.

La toilette des Esquimaux parut au savant voyageur à peu près
la même pour les deux sexes : une paire de bottes, des bas, des
mitaines, des pantalons, une veste et un surtout. Le beau-père

Fig. 113 Jeune Esquimau.

d'un de ses compagnons de voyage portait des bottes de peau
d'ours s'arrêtant au-dessus du genou, tandis que celles de sa
femme montaient beaucoup plus haut et étaient faites de cuir de
phoque. Leurs pantalons étaient de peau d'ours, les bas de peau de
chien, les mitaines de peau de phoque, la veste de peau d'oiseaux,
avec les plumes en dessous.

Le surtout, en peau de renard bleu, ne s'ouvre pas sur le devant,
mais se passe comme une chemise; il se termine par un capuchon qui couvre la tête comme la cagoule d'un moine. Les fem

mes taillent leur surtout en pointe, pour renfermer leurs cheveux, qu'elles réunissent sur le sommet de la tête et nouent en touffe serrée et dure comme une corne, au moyen d'une courroie de peau de phoque non tannée : c'est ce que l'on voit sur la figure 109 (page 234).

Fig. 114. Chasse aux oiseaux de mer chez les Esquimaux.

La chasse au phoque est la grande occupation des Esquimaux. Le phoque est l'animal providentiel pour les rudes habitants des rivages de l'océan Glacial de l'Amérique, comme le renne est la ressource providentielle des Lapons, ou habitants des rives de la même mer, au nord de l'Europe.

La chasse aux œufs des oiseaux de mer, surtout des pingouins, est la seconde source d'alimentation qui s'offre à ces peuples. Les Esquimaux bravent toutes sortes de dangers pour aller recueillir les œufs de ces oiseaux sur les cimes escarpées et branlantes où ces volatiles posent leurs nids (fig. 114).

Les Esquimaux ne comptent que jusqu'à dix, nombre de nos doigts. Ils n'ont aucun système de notation, ne peuvent assigner une date quelconque aux événements passés. Ils n'ont d'annales d'aucune sorte, et ne savent pas leur âge !

FAMILLE DES IÉNISSÉIENS.

C'est une peuplade connue plus généralement sous le nom d'*Ostiakes du Iénisséi*. Elle parle une langue fort différente de celle des Ostiakes de l'Obi, que nous avons mentionnée (page 140) comme appartenant à la race blanche.

FAMILLES IUKAGHIRE ET KORIAKE.

Ce sont des peuplades errantes, qui se fondent de plus en plus avec les populations russes. Elles vivent aux bords de la mer de Behring ou dans l'intérieur des terres, fort semblables aux Samoyèdes par leurs habitudes et leur langage.

P. Sellier, p.^t   Imp. Dupuy, 22, R des Petits Hôtels   J. Regamey, lith.

MONGOL.   ESQUIMAU.

RACE JAUNE.

CHAPITRE II.

RAMEAU MONGOLIQUE.

Les peuples qui appartiennent à ce rameau ethnologique sont ceux qui présentent les caractères de la race jaune de la manière la plus saillante. Ils aiment la vie nomade et ont fait de grandes conquêtes à diverses époques ; mais ils se sont, en général, fondus dans les peuples qu'ils ont soumis. Les Mongols sont pourtant encore les maîtres de l'empire chinois. La religion qu'ils pratiquent est celle de Bouddha ou celle de Mahomet.

Trois grandes familles, déterminées par l'analogie du langage, se distinguent dans ce rameau : celle des *Mongols*, celle des *Tongouses*, et celle des *Turcs*. Nous y ajouterons, comme quatrième famille, les *Yakoutes*, parce qu'ils ont les caractères physiques de la race jaune, et parlent un dialecte turc.

FAMILLE MONGOLE.

C'est surtout dans la *famille mongole* que se manifestent nettement les traits de la race jaune. La tête est plus grosse, le visage plus plat, le nez plus écrasé, les yeux moins ouverts, que dans les autres familles. La poitrine est large, le cou très-court, les épaules voûtées, les membres forts et trapus, les jambes courtes et arquées en dehors, le teint d'un jaune brunâtre. Les peuples de la famille mongole qui sont essentiellement nomades, sont soumis aux empires russe et chinois.

On distingue dans cette famille trois peuples principaux : les *Kalmouks*, les *Mongols proprement dits* et les *Bouriates*.

Kalmouks. — Dans son *Voyage dans les provinces du Caucase*, M. Vereschaguine a décrit les Kalmouks nomades, qu'il rencontra sur la ligne qui sépare le Caucase et le pays des Cosaques du Don. Dans ces steppes désolées et monotones sont des villages ambulants. Les maisons qui composent ces villages sont formées de tentes déchirées (fig. 115). Elles contiennent, dans un désordre incroyable, des valises, des coffres, des lazzos, des selles, des haillons entassés. L'âtre atteste seul qu'il y a là un foyer. Beaucoup d'enfants, garçons et fillettes jusqu'à l'âge de dix ans, vont à peu près tout nus pendant les chaleurs de l'été. En hiver, par des froids de trente degrés et par de terribles chasse-neige, ils demeurent des jours entiers blottis dans leurs tentes, sous des monceaux de nippes.

Fig. 115. Maison kalmouke.

Le costume d'un Kalmouk se compose d'une chemise, d'un *bech-mete*, d'un large pantalon, de bottes en maroquin rouge, et d'un bonnet carré, en drap, orné d'une large bordure fourrée en peau de mouton, le plus souvent avec un immense gland au sommet. Le riche met, en outre, une vaste robe de chambre, très-large et très-longue. La femme ne porte point, comme l'homme, de ceinture sur sa chemise : ses cheveux s'échappent de dessous son bonnet en plusieurs tresses, entrelacées de rubans de différentes couleurs.

On retrouvera dans les figures 116 et 117 les traits des Kalmoucks.

Chez ces tribus nomades, l'adresse, la ruse, la friponnerie et le vol sont le fond de l'industrie. La femme nourrit l'enfant sans que le père s'en occupe jamais; et il croît et grandit, pour ainsi dire, à l'abandon.

La nourriture des Kalmouks est des plus simples. Une bouillie de farine délayée dans l'eau et cuite avec des morceaux de

Fig. 116. Kalmouk.

cheval forme le fond de la cuisine. Ils aiment le thé et en consomment de grandes quantités; mais ils l'assaisonnent de manière à en pervertir l'arome. Ils sont d'ailleurs des ivrognes fieffés, et sous ce rapport les femmes et les enfants ne le cèdent point aux hommes. Ils passent des journées entières à jouer avec des cartes crasseuses et dépareillées (fig. 118).

Les Kalmouks sont excellents cavaliers. Ils élèvent et montent des chameaux, qu'ils vendent au marché de Tiflis.

Fig. 117. Kalmouk.

Mongols proprement dits. — Les Mongols proprement dits, ou Mongols orientaux, errent dans les steppes de la Mongolie. Ils se divisent en un grand nombre de tribus, dont les plus importantes ont reçu le nom de *Khalkhas.*

La Mongolie peut se diviser en deux zones, que séparent autant les destinées politiques que la nature et les productions du sol.

La zone du sud, contrée aride, n'est habitée que sur la frontière de Chine par de nombreuses peuplades d'origine mongole, directement tributaires de l'empire chinois. La zone du nord, entièrement habitée par les tribus khalkhas, est fertile.

Les Khalkhas sont divisés en deux castes : les prêtres bouddhistes et les hommes noirs, qui laissent croître leurs cheveux. Parmi ces derniers, il y a une aristocratie dont les membres vivent en pasteurs comme les autres, mais parmi lesquels on choisit les chefs des tribus, qui sont nommés à l'élection.

Les Khalkhas pourraient armer au moins cinquante mille cavaliers; mais leurs armes sont détestables : ce sont de mauvais sabres chinois à deux tranchants, en scie ou en spirale. Des piques courtes, des flèches, des fusils à mèche, à culasses de formes bizarres, des boucliers garnis de lames de cuir, et des cottes de mailles en fil de fer sont leurs armes défensives.

La vie d'un nomade khalkha est pleine de quiétude. Monté sur un cheval toujours sellé, qui passe la nuit attaché à un poteau à l'entrée de sa tente, il commence par faire la revue de ses troupeaux, et court à la piste des bêtes qui se sont écartées; ensuite il se rend dans quelque campement, pour aller s'entretenir avec les pasteurs qui le composent. Au retour, il s'accroupit dans sa

Fig. 118. Kalmouks jouant sous leur tente.

tente pour le reste de la journée, dormant, buvant du thé au lait ou au beurre, fumant sa pipe; tandis que ses femmes puisent de l'eau, traient les vaches, vont ramasser de quoi se chauffer, préparent le fromage, la laine et les peaux d'animaux pour les vêtements et les chaussures.

Hospitaliers et sobres, les Khalkhas ont les vertus primitives de la race jaune; mais ils n'ont ni commerce, ni industrie. Ils produisent seulement des étoffes de feutre, quelques ouvrages de broderie, des peaux et des cuirs mal tannés. Ils échangent des matières premières avec les marchands russes et chinois, qui les volent le plus qu'ils peuvent. Leurs payements s'effectuent au moyen de thé en briques, dont cinq briques équivalent à une once d'argent de Chine. Ce thé est préparé avec les feuilles les plus grossières et les petites branches de la plante.

L'existence calme et contemplative des Khalkhas n'est interrompue que par de rares événements : un pèlerinage, des funérailles suivies de longs festins, la réception de quelques voyageurs, un mariage, qui n'est, comme chez les anciens patriarches, qu'un marché où la fille est vendue par son père au plus offrant, et qui donne lieu à des réjouissances de huit jours, accompagnées de débauches de viande, de tabac et d'eau-de-vie de riz.

Bouriates. — Mlle Lise Christiani, dans son voyage dans la Sibérie orientale, reçut les chefs de quelques tribus bouriates, qui lui témoignèrent le désir de recevoir sa visite. Elle rencontra le lendemain, sur les bords de la Selinga, une escorte d'honneur que lui envoyaient les Bouriates, et qui se composait de trois cents cavaliers, ayant de belles robes de satin de différentes couleurs, des bonnets pointus garnis de fourrures, des arcs et des flèches en bandoulière, montés sur des chevaux richement caparaçonnés (fig. 119). C'est ainsi que la voyageuse fit connaissance avec cette tribu.

Lorsque Mlle Christiani leur fit visite, on célébrait chez les Bouriates les obsèques d'un de leurs principaux chefs. Les voyageurs assistèrent au service et aux cérémonies funèbres dans un temple mongol, ensuite aux jeux, qui eurent lieu suivant l'antique coutume : tir de l'arc, lutte, courses à pied et à cheval. Après quoi vint un festin où l'on servit du mouton rôti, du fromage, des gâteaux, et même d'excellent vin de Champagne.

Les Bouriates sont à peu près au nombre de trente-cinq mille hommes dans les monts situés au nord de Baïkal. Leurs troupeaux font leur richesse. Leur religion est le *chamanisme*, espèce d'idolâtrie très-répandue parmi les peuples de la Sibérie. Leur dieu suprême habite le soleil ; il a sous ses ordres une foule de divinités inférieures. Chez ces peuples barbares, la femme, passe pour un être immonde et privé d'âme.

Fig. 119. Bouriates escortant Mlle Christiani.

FAMILLE TONGOUSE.

La *famille tongouse* se compose de deux peuples : les Tongouses au nord et les Mandchoux au sud-est.

Fig. 12'. Mandchoux.

Tongouses. — Les Tongouses, qui s'étendent en Sibérie depuis la mer d'Okhotsk jusqu'à l'Iénisséi et l'océan Arctique, sont nomades et vivent de leur chasse et de leur pêche. Leur patrie est la Daourie, au nord de la Chine. Ceux qui vivent sous la domination de la Russie sont divisés, d'après les animaux domestiques qui font leur principale ressource, en *Tongouses à chiens*, *Tongouses à chevaux* et *Tongouses à rennes*.

Les Tongouses nomades de la Daourie ont été décrits, à la fin du siècle dernier, par le naturaliste russe Pallas, qui trouva sur les bords de la Léna cet animal antédiluvien, ce corps de mammouth recouvert de ses chairs et de ses poils, dont la découverte fit tant de bruit en Europe.

Mandchoux. — En ce qui concerne ce peuple, nous nous contenterons de représenter son type (figure 120).

FAMILLE YAKOUTE.

Le visage des Yakoutes est encore plus plat et plus large que celui des Mongols. Ils ont peu de barbe ; leur chevelure, noire et longue, pend naturellement autour de la tête ; une houppe plus allongée la surmonte ; ils en forment une tresse, pour y attacher leur arc et le tenir à sec lorsqu'ils sont obligés, dans leurs voyages ou à la chasse, de traverser à la nage une rivière profonde.

Nous emprunterons quelques renseignements sur le pays des Yakoutes et sur ses habitants au curieux voyage d'Ouvarouski, reproduit dans *le Tour du Monde.*

Le pays des Yakoutes présente deux aspects différents. A l'est et au sud de Yakoutsk, il est couvert de hautes montagnes rocheuses ; à l'ouest et au nord, c'est une plaine où croissent des arbres épais et touffus. On y rencontre une innombrable quantité de cours d'eau, dont l'étendue et la profondeur sont considérables. Cependant les habitants ne construisent que des barques faites de planches, ou des canaux de bois ou d'écorce qui ne peuvent tenir que deux ou trois personnes.

Le renne est l'animal qui sert essentiellement aux transports chez les Yakoutes.

L'intensité du froid est très-grande dans ce pays ; plus grande peut-être que dans toute autre contrée de la Sibérie.

La population yakoute ne s'élève qu'à deux cent mille âmes.

Les Yakoutes (fig. 121 et 122) sont de moyenne stature, mais robustes. Leur visage est un peu plat, leur nez de grosseur proportionnée ; les yeux sont bruns ou noirs ; leurs cheveux noirs, lisses et épais. Ils n'ont jamais de barbe. Leur teint n'est ni blanc ni noir, et change trois ou quatre fois par an : au printemps, par l'effet de l'air ; en été, par celui du soleil ; en hiver, par l'action du froid et de la flamme du feu. Ne faisant jamais la guerre, par suite de leur caractère pacifique, ils seraient de mauvais soldats ; mais ils sont agiles, vifs, intelligents et affables. Sous leur tente, ils offrent tout ce qu'il y a de provisions au voyageur qui demande l'hospitalité. Qu'il y reste une semaine ou un mois, ils le rassasient toujours lui et son cheval. Ils aiment beaucoup le vin et le tabac. Ils supportent la faim et la soif avec une singulière patience. Ce

Fig. 121. Yakoutes.

n'est rien pour un Yakoute que de travailler trois ou quatre jours sans manger.

Mais laissons parler Ouvarouski, l'auteur de la description des mœurs des Yakoutes.

« Le pays des Yakoutes, dit ce voyageur, est tellement étendu, que la température est loin d'être la même partout ; à Olekminsk, par exemple, le blé réussit très-bien, parce que la gelée blanche y arrive plus tard ; à Djigansk, au contraire, la terre ne dégèle qu'à deux empans de profondeur ; la neige y tombe dès le mois d'août.

« Les Yakoutes sont tous baptisés selon le rite russe, à l'exception de
deux ou trois cents peut-être; ils pratiquent les commandements de l'Église;
ils se confessent annuellement, mais peu d'entre eux reçoivent la commu-
nion, parce qu'ils n'ont pas coutume de jeûner. Ils ne sortent pas le matin
avant d'avoir prié Dieu, et ne se couchent pas le soir sans avoir fait leurs
dévotions. Lorsque la fortune leur est favorable, ils louent le Seigneur;
quand il leur arrive du malheur, ils pensent que c'est une punition que
Dieu leur inflige en punition de leurs péchés, et sans se laisser abattre, ils
attendent patiemment un meilleur sort. Malgré ces louables sentiments, ils
conservent encore quelques croyances superstitieuses, et notamment la coutume de se prosterner devant le diable; lorsque surviennent les longues
maladies et les épizooties, ils font faire des conjurations par leurs chamans
et offrent en sacrifice une pièce de bétail d'un pelage particulier.

« Les Yakoutes sont très-intelligents. Il leur suffit de s'entretenir une
heure ou deux avec quelqu'un pour connaître ses sentiments, son caractère,
son esprit. Ils comprennent sans difficulté le sens d'un discours élevé, et
devinent, dès le commencement, ce qui va suivre. Il y a peu de Russes,
même des plus artificieux, qui soient capables de tromper un Yakoute des
bois.

« Ils honorent leurs vieillards, suivent leurs conseils et professent que
c'est une injustice ou un péché de les offenser et de les irriter. Quand un
père a plusieurs enfants, il les marie successivement, leur bâtit une maison
à côté de la sienne et partage avec eux ce qu'il possède en bétail et en
biens. Même séparés de leurs parents, les enfants ne leur désobéissent en
rien. Quand un père n'a qu'un fils, il le garde avec lui et ne s'en sépare que
dans le cas où il perd sa femme et se remarie avec une autre qui lui donne
des enfants.

« Le Yakoute estime sa richesse en proportion du bétail qu'il possède;
l'amélioration de ses troupeaux est sa première pensée, son premier désir;
ce n'est qu'après y avoir réussi qu'il songe à amasser de l'argent et d'autres
biens.

« Tous les peuples sont sujets à la colère; elle n'est pas étrangère aux
Yakoutes, mais ils oublient facilement les griefs qu'ils ont contre quelqu'un,
pourvu que celui-ci reconnaisse ses torts et s'avoue coupable.

« Les Yakoutes ont d'autres défauts, qu'il ne faut pas attribuer à des
dispositions innées; quelques-uns d'entre eux vivent de bétail volé; il est
vrai que ce ne sont que des malheureux; quand ils ont pris, sur la chair
d'une bête volée, de quoi manger deux ou trois fois, ils abandonnent le
reste : cela montre que leur seul mobile est la faim, dont ils ont souffert
pendant des mois et des années. De plus, quand on découvre le voleur, les
princes (*kinæs*, du russe *kniaz*) le font frapper de verges, selon l'ancienne
coutume, au milieu de l'assemblée. Celui qui a subi une telle punition en
conserve la flétrissure jusqu'à sa mort; il ne peut plus être témoin, et ses
paroles ne sont d'aucune valeur dans les réunions où délibère le peuple; on
ne le choisit ni pour prince, ni pour *starsyna* (du russe *starchina*, ancien).
Ces usages prouvent que le vol n'est pas devenu une profession chez les
Yakoutes; le voleur est non-seulement puni, mais il ne recouvre jamais le
nom d'honnête homme.

« Il suffit qu'un Yakoute veuille devenir maître dans quelque art pour qu'il y parvienne; il est tout à la fois orfévre, chaudronnier, maréchal, charpentier; il sait démonter un fusil, sculpter des os, et avec un peu

Fig. 122. Femme yakoute .

d'exercice il est capable d'imiter tout objet d'art qu'il a examiné. Il est à regretter qu'ils n'aient pas de maîtres pour les initier à des arts plus éle- vés, car ils seraient en état d'exécuter des travaux extraordinaires.

« Ils excellent à manier le fusil. Ni le froid, ni la pluie, ni la faim, ni la fatigue ne les arrêtent dans la poursuite d'un oiseau ou d'un quadrupède.

Fig. 123. Yakoutes et leur village.

Ils chasseront un renard ou un lièvre deux jours entiers, sans avoir égard à la fatigue ou à l'épuisement de leur cheval.

« Ils ont beaucoup de goût et d'aptitude pour le commerce, et savent si bien faire valoir la forme et la couleur de la moindre peau de renard ou de zibeline, qu'ils en tirent un prix élevé.

« Les crosses de fusil qu'ils fabriquent, les peignes qu'ils taillent et ornent, sont des ouvrages achevés. On doit aussi remarquer que leurs

Fig. 124. Chamans, ou prêtres yakoutes.

outres de peau de bœuf ne se corrompraient jamais, quand elles resteraient dix ans pleines d'aliments liquides.

« Parmi les femmes yakoutes, il y en a beaucoup qui ont de jolis visages ; elles sont plus propres que les hommes ; comme tout leur sexe, elles aiment les parures et les beaux atours. La nature ne les a pas dépourvues de charmes. On ne doit pas les compter au nombre des femmes mauvaises, immorales et légères. Elles honorent à l'égal de Dieu le père, la mère et les parents âgés de leur mari. Elles ne se laissent jamais voir tête et pieds nus. Elles ne passent pas devant le côté droit de la cheminée et n'appellent jamais par leurs noms yakoutes les parents de leur mari. La femme qui ne répond pas à ce portrait est regardée comme une bête sauvage, et son mari passe pour fort mal loti. »

La figure 123 représente un village de Yakoutes.

Les Yakoutes professent le *chamanisme*, religion idolâtre professée par les Finnois, les Samoyèdes, les Ostiakes, les Bouriates, les Téléoutes, les Tongouses et les insulaires de l'océan Pacifique. Les chamanistes adorent un être suprême, créateur du monde, mais indifférent aux actions humaines. Au-dessous de lui sont des dieux mâles et femelles : les uns bons et qui président au gouvernement du monde et au sort du genre humain ; les autres mauvais, et dont le plus grand (*Chaïtan* ou Satan) est réputé presque aussi puissant que l'Être suprême. On rend également des hommages religieux aux ancêtres, aux héros et aux prêtres, appelés *chamans*, qui emploient dans leur culte une foule de sortilèges.

La figure 124 représente des *chamans* ou prêtres yakoutes,

FAMILLE TURQUE.

Les peuples appartenant à la famille turque, ou tartare, comme on l'appelle quelquefois, réussirent à fonder, dès les temps les plus anciens, un vaste empire, qui embrassait une partie de l'Asie centrale, depuis la Chine jusqu'à la mer Caspienne. Mais, attaqués et vaincus par les Mongols, les Turcs furent soumis, entraînés ou refoulés vers le sud-ouest, c'est-à-dire au midi de l'Europe. Là ils devinrent conquérants à leur tour, et parvinrent à soumettre, après l'avoir dévastée, une partie de l'Europe méridionale.

Les peuples turcs avaient originairement des cheveux roux, les yeux d'un gris verdâtre et le type de la figure mongolique. Mais ces caractères ont disparu. Les Turcs qui habitent aujourd'hui au nord-est du Caucase participent seuls des caractères des Mongols. Ceux qui sont établis au sud-ouest présentent les formes propres à la race blanche, avec des cheveux et des yeux noirs. Le mélange avec les Mongols pour les premiers, avec les Perses et les Araméens pour les seconds, explique ces modifications. C'est parmi les Turcs que se trouvent les peuples qui ont le plus de ferveur pour l'islamisme, et qui manifestent la plus grande intolérance à l'égard des autres cultes.

La famille turque comprend un assez grand nombre de peuples. Nous considérerons seulement ici les *Turcomans*, les *Kirghis*, les *Nogaïs* et les *Osmanlis*.

Turcomans. — Les Turcomans errent dans les steppes du Turkestan, de la Perse et de l'Afghanistan. Ils vont jusque dans l'Anatolie à l'ouest. Celles de ces peuplades qui errent dans cette dernière contrée ont les formes et les caractères physiques de la race blanche; celles du Turkestan annoncent, par leur physionomie, un mélange de sang mongol.

Le Turcoman est d'une taille au-dessus de la moyenne. Sans avoir les muscles bien développés, il a de la force et jouit généralement d'une constitution robuste. Il a la peau blanche. Sa physionomie est ronde; les pommettes sont saillantes; le front est large, la boîte osseuse développée forme à son sommet comme une crête. Son œil bridé, fendu en amande, et pour ainsi dire sans paupières, est petit, vif et intelligent. Le nez est généralement petit et retroussé. Le bas de la figure est un peu fuyant et les lèvres grosses. La moustache est peu fournie et la barbe clair-semée. Les oreilles sont très-détachées et grandes.

Le costume de Turcoman (fig. 125) se compose d'un large pantalon tombant sur le pied et serrant aux hanches, d'une chemise sans col et ouverte sur le côté droit jusqu'à la ceinture. Elle tombe par-dessus le pantalon jusqu'à moitié cuisse. Par-dessus, une grande robe ouverte par devant et croisant légèrement sur la poitrine est serrée à la taille par une ceinture de coton ou de laine. Les manches sont très-longues et très-larges. Sur la tête, une petite calotte remplace les cheveux et est recouverte d'une sorte de coiffure appelée *talbac*, ayant la forme d'un cône dont on enfoncerait un peu le sommet, et faite en peau de mouton. La chaussure est une sorte de babouche ou simplement une semelle de cuir de chameau ou de cheval fixée sous le pied au moyen d'une corde en laine.

Chez les femmes turcomanes (fig. 126), le type est plus marqué

Fig. 125. Turcoman.

que chez les hommes. Leurs pommettes sont plus saillantes, leur teint est très-blanc. Leurs cheveux sont généralement épais, mais très-courts ; aussi sont-elles obligées d'allonger leurs tresses

Fig. 126. Jeune fille turcomane.

au moyen de ganses en poil de chèvre et de cordons, auxquels sont attachées des verroteries et des perles d'argent.

Nous ne décrirons pas leur costume, dont on aura une idée
d'après les figures 126 et 127. Remarquons seulement que la
tête est coiffée d'une toque ronde, par-dessus laquelle on met un

Fig. 127. Femme turcomane.

voile de soie ou de cotonnade tombant par derrière. Le tout est
maintenu par une sorte de turban, de la largeur de trois doigts,
sur lequel sont cousues de petites plaques en argent. Un des coins
du voile est ramené sous le menton de droite à gauche, et vient

se fixer au moyen d'une chaînette d'argent, terminée par un cro-
chet sur le côté gauche de la tête.

Les bijoux, colliers, bracelets, plaques, chaînettes sont si multipliés dans la toilette des femmes turcomanes, que quand une

Fig. 128. Musiciens turcomans.

douzaine d'entre elles vont ensemble chercher de l'eau, elles font
un cliquetis assez semblable à un bruit de sonnettes.

Les hommes ne portent aucun ornement.

La figure 128 représente des musiciens turcomans.

La figure 129 représente un campement de Turcomans nomades.

M. de Blocqueville, qui a publié, en 1866, dans le *Tour du Monde,* la relation curieuse intitulée *Quatorze mois de captivité chez les Turcomans*, décrit ainsi les mœurs de ces peuples :

« Les Turcomans ont près de leur tente un mouton ou une chèvre qu'ils engraissent et qu'ils tuent dans les grandes circonstances. La viande est désossée, coupée par morceaux et salée; une partie est desséchée et prend un goût faisandé dont les Turcomans sont très-friands; l'autre portion, coupée en morceaux plus petits et placée dans la panse de l'animal, est destinée de temps à autre à faire le bouillon. On réunit tous les os et débris et on les fait cuire dans une ou plusieurs marmites, de façon à pouvoir donner, le jour d'un grand repas, du bouillon à tous les voisins et amis. Les intestins sont le partage des enfants, qui les font griller sur les charbons et passent des journées entières à traîner et à sucer ces boyaux à peine lavés.

« .... Les femmes sont traitées avec plus d'égards par les Turcomans que par les autres musulmans. Toutefois elles travaillent beaucoup; chaque jour elles ont à moudre le blé destiné à nourrir la famille. De plus, elles filent la soie, la laine, le coton; elles tissent, cousent, foulent les feutres, montent et démontent la tente, vont chercher l'eau, lavent quelquefois, teignent les laines ou la soie et font les tapis. Elles installent dehors, dans la belle saison, un métier très-primitif composé de quatre piquets solidement fixés dans le sol, et, au moyen de deux grosses traverses sur lesquelles elles disposent la trame, elles commencent le tissage qui est serré avec un instrument en fer formé de cinq ou six lames disposées en peigne. Ces tapis, généralement de trois mètres de long sur un mètre et demi de large, sont bien faits et solides. Chaque tribu ou famille a son dessin particulier qui se transmet de mère en fille et ainsi de suite. Il faut vraiment que ces Turcomanes soient constituées vigoureusement pour résister à tout ce travail, pendant lequel parfois elles allaitent leurs enfants et ne mangent que du pain sec ou une sorte de bouillie peu substantielle. C'est surtout le travail de la meule qui les fatigue et leur affaiblit la poitrine.

« Dans leurs rares moments de loisir, elles ont toujours un paquet de laine, de poil de chameau ou de bourre de soie qu'elles filent en causant ou en se promenant chez les voisines; mais elles ne restent jamais sans rien faire, comme les femmes de certains pays musulmans.

« L'homme a aussi son genre de travail déterminé : il s'occupe du labourage, de la culture, rentre la moisson, soigne les animaux domestiques, va de temps en temps à la maraude pour rapporter du butin. Il fait la corde en laine à la main, taille et coud tout ce qui se rapporte au harnachement et à la couverture des chevaux ou chameaux, essaye d'un peu de commerce, et, dans ses moments de loisir, se fabrique une coiffure ou des chaussures, joue de la doutare (deux cordes), chante, boit du thé et fume.

« On remarque chez ces peuplades une grande envie de s'instruire et de lire les quelques livres que le hasard fait tomber entre leurs mains.

« Généralement les enfants ne travaillent guère avant leur dixième ou douzième année. Jusqu'à cet âge, leurs parents les forcent à apprendre à lire et à écrire; ceux qui ont besoin de se faire aider par leurs enfants pendant les travaux de l'été, ont grand soin de leur faire regagner le temps perdu pendant l'hiver.

« Le maître d'école, mollah (prêtre ou lettré), se contente de quelques cadeaux, soit en nature, blé, fruits ou oignons; soit en espèces, selon la position des parents. Chaque enfant a une planchette sur laquelle le mollah

Fig. 129. Campement turcoman.

écrit l'alphabet ou la leçon, et à mesure que l'enfant a appris sa leçon on lave la planchette.

« Les parents s'assurent si les enfants savent leurs leçons avant qu'ils se rendent à l'école; les femmes surtout tirent une certaine vanité de ce qu'elles savent lire. Les hommes passent quelquefois des journées entières à essayer de comprendre les livres de poésie venant de Khiva ou de Bou-khara, dont le dialecte diffère un peu du leur.

« Les mollahs turcomans vont passer quelques années dans ces villes afin d'étudier dans les meilleures écoles.

« Toutes ces peuplades sont musulmanes et de la secte sunnite. Comme on le sait, la différence extérieure entre eux et les Persans de la secte schiite, qui reconnaissent Ali pour seul successeur de Mahomet, consiste dans la manière de prier et de faire les ablutions.

« Pendant la prière, ils tiennent les deux bras croisés devant eux à partir du poignet seulement, au lieu de les tenir sur le côté comme les Persans.

« Quoiqu'ils observent assez régulièrement les préceptes de leur religion, il y a chez eux moins de fanatisme ou d'ostentation dévote que dans les autres contrées d'Orient que j'ai été à même de visiter. Par exemple, ils ne dédaignent pas de fumer et de manger avec les Juifs.

« .... Chacun d'eux aime sa tribu et se dévoue au besoin pour la communauté. Leurs manières décentes et empreintes d'une certaine gravité ne peuvent être comparées à celles des peuples voisins, même des Boukhariens et des Khivaïens, chez lesquels la corruption des mœurs est arrivée à un triste degré.

« J'ai rarement vu de querelles et de scandales chez les Turcomans. Quelquefois j'ai assisté à des discussions très-vives et très-animées, mais jamais je n'ai entendu d'injures grossières ni de mauvais mots comme dans les autres pays. Ils sont aussi moins durs vis-à-vis de leurs femmes que les Persans et ont plus de considération et de respect pour elles.

« Lorsqu'il y a des étrangers dans la tente, les femmes passent seulement un coin de leur voile sur le bas de leur menton et parlent en baissant la voix, mais cela n'empêche pas qu'elles ne soient saluées et respectées par les visiteurs, avec lesquels elles causent sans qu'on y trouve aucun mal.

« Une femme peut aller d'une tribu dans une autre, parcourir un chemin long et isolé, sans jamais avoir à craindre la moindre insulte de qui que ce soit.

« Le Turcoman en visite a une manière de se présenter qui ne varie jamais. Il lève la portière de la tente et se baisse en entrant, s'arrête et se redresse de toute sa hauteur; après une pause de quelques secondes pendant laquelle il tient ses regards fixés sur la voûte de la tente, probablement pour donner aux femmes le temps de se cacher le menton, il prononce le salut sans faire aucun geste. Les échanges de civilités et les informations réciproques de la santé des parents, des amis et de la tribu terminés, le maître de la tente prie le visiteur de venir prendre place sur le tapis et à côté de lui. Aussitôt la femme présente la serviette, du pain, puis le pain et l'eau, ou du lait aigre, ou des fruits. L'étranger, par discrétion, ne prend que quelques bouchées de ce qu'on lui offre. »

Kirghis. — Les Kirghis (fig. 130) sont un peuple nomade. Ils habitent les pays situés sur les limites des empires russe et chinois. Ils errent dans de vastes plaines, depuis le lac Baïkal jusqu'aux confins des steppes de la Sibérie.

Ils voyagent armés et toujours prêts à la guerre ou à la chasse.

Fig. 130. Funérailles chez les Kirghis.

Comme les animaux féroces peuvent attaquer les hommes isolés, ils voyagent presque toujours à cheval et par troupes.

Du reste le Kirghis ne quitte guère son cheval. C'est à cheval que l'on traite toutes les affaires et que l'on échange les marchandises. Il y a dans une ville où résident les Kirghis fixes, à Shouraïahan, un marché où acheteurs et marchands trafiquent sans quitter leurs montures (fig. 131).

Fig. 131. Marché à cheval chez les Kirghis.

La taille des Kirghis est fort au-dessous de la moyenne. Ils sont laids de visage. La partie supérieure du nez étant très-affaissée, l'espace compris entre les deux yeux est tout plat et parfaitement de niveau avec le reste de la face. Les yeux sont allongés, très-couverts, le front est très-saillant à sa partie inférieure et fuyant vers la partie supérieure. Leurs joues, larges et bouffies, ressemblent à deux morceaux de chair crue qu'on leur aurait collés sur les côtés du visage. Leur barbe est rare, leur corps est peu musculeux et leur teint bruni.

. Les Kirghis ressemblent aux Uzbecks, peuple que nous passons ici sous silence; mais ces derniers, vivant dans un climat tempéré, sont grands et bien faits, tandis que les Kirghis, sous l'influence d'un climat rigoureux, sont petits et rabougris.

Un certain degré de civilisation existe chez ces peuplades, malgré leurs habitudes nomades. Dans les contrées qu'ils fréquentent, ils ont établi des relais de chevaux, ressource indispensable à leur genre de vie.

Nogaïs. — Les Nogaïs, qui composaient autrefois une nation puissante, au bord de la mer Noire, sont maintenant disséminés au milieu d'autres peuples. Un grand nombre forment encore des hordes nomades, qui errent dans les steppes, entre les rives du Volga et les montagnes du Caucase. D'autres, devenus sédentaires, sont cultivateurs ou artisans. Tels sont ceux de la Crimée et ceux d'Astrakan.

M. Vereschaguine rencontra des Nogaïs dans les steppes du Caucase. C'est, dit le voyageur russe, une peuplade pacifique, assez laborieuse, et s'attachant au sol plus facilement que les Kalmouks, avec lesquels elle a beaucoup de ressemblance pour la manière de vivre, les mœurs et les coutumes. L'auteur n'eut pas le loisir de visiter leurs colonies ou leurs camps nomades, mais il prit des croquis d'individus, dont nous mettons quelques spécimens sous les yeux du lecteur (fig. 132, 133, 134).

Osmanlis. — Le peuple le plus important de la famille turque est actuellement celui des Osmanlis.

Les Osmanlis ont été les fondateurs de l'empire turc et les conquérants de Constantinople.

La tendance à la vie nomade est très-prononcée chez ce peuple. Il a dégénéré dès qu'il a adopté une résidence fixe, et c'est peut-être à cette cause qu'il faut attribuer la décadence de la race turque qui habite aujourd'hui l'Europe et l'Asie Mineure.

La résidence des *Turcs Osmanlis*, ainsi que leur civilisation, datent de l'époque de l'hégire de Mahomet, au septième siècle après Jésus-Christ.

Ces peuples ont, sous le rapport physique, des formes qui les rapprochent de la race caucasique. C'est pour cela qu'on les a

Fig. 132. Nogaï.

longtemps rangés dans la race blanche ou caucasique ; mais la plupart des anthropologistes modernes les placent dans la race jaune.

La tête a chez les Turcs Osmanlis à peu près la forme sphéri-
que. Le front est élevé et élargi; le nez est droit, sans dépression
à sa racine, sans épatement à son extrémité.

Les têtes des Turcs ne ressemblent pas aux têtes européennes.
Elles s'en distinguent surtout par le relèvement assez brusque de

Fig. 133. Jeune Nogaï.

la région occipitale. Toutes les parties ont néanmoins de belles
proportions. L'influence mongole s'y fait sentir, mais d'une manière peu sensible, si l'on s'en rapporte à la seule expression des
traits du visage.

Les Turcs sont, en général, des hommes grands, bien faits, robustes, d'une physionomie rude, mais souvent noble, au teint lé-

gèrement basané, aux cheveux bruns ou noirs. Leur maintien est grave, et leur gravité naturelle est encore augmentée par l'ampleur des habits, par la barbe, les moustaches et l'imposante coiffure du turban. Étant de tous les peuples venus de l'Asie centrale les plus récemment entrés en Europe, ils conservent encore,

Fig. 134. Costume nogaï.

surtout dans les provinces asiatiques, les mœurs, les usages et les croyances qui les distinguaient il y a trois siècles.

Comme il y a trois siècles, les Turcs, ainsi que les Orientaux en général, ont une nourriture frugale et surtout végétale. Ils se privent de vin. Les exercices corporels, tels que l'équitation et le maniement des armes, entretiennent leur vigueur. Leur hospitalité est grave et cérémonieuse. Ils parlent peu, donnent beaucoup à la dévotion, du moins à ses signes extérieurs; ils vivent dans des maisons tranquilles et simples, entourées de jardins. Le Turc ne connaît pas la vie fiévreuse de nos citées européennes. Mollement couché sur des coussins, il fume son tabac de Syrie, boit, à petites gorgées, son café d'Arabie, et demande à la fumée de quelques grains d'opium de le transporter dans le pays des rêves.

Telle est la vie du Turc des hautes classes. Le peuple et l'ouvrier n'ont point de ces raffinements de l'existence. Cependant les hommes des classes inférieures sont moins malheureux en Turquie et chez les Orientaux, en général, que chez les nations européennes. L'hospitalité orientale n'est pas un vain mot. Jamais un riche musulman ne chasse de son logis un malheureux qui l'implore. D'ailleurs il faut si peu de chose pour la nourriture de ces hommes sobres et robustes, la terre fournit si aisément en Orient des productions végétales alimentaires, que les pauvres gens ne sont jamais embarrassés du vivre ni du couvert. Les *caravansérails* sont des auberges publiques où on loge gratis les voyageurs et les artisans; et chez les propriétaires des campagnes, l'hospitalité pour le passant malheureux est vraiment patriarcale.

La polygamie est moins répandue en Turquie et en Orient qu'on ne se l'imagine. La femme turque étant un objet de grand luxe, c'est-à-dire ayant le droit de ne rien faire et de beaucoup dépenser, les musulmans très-riches peuvent seuls se permettre l'entretien de plus d'une épouse. Quelquefois même les parents stipulent, dans le contrat de mariage, la renonciation formelle de l'époux au droit qu'ont les mahométans de posséder quatre femmes.

Outre leur épouse légitime, les riches et les grands réunissent des esclaves géorgiennes et circassiennes dans ces appartements isolés, interdits à toute curiosité par la jalousie orientale, et qui s'appellent *harems* et non *sérails*. Ce n'est que dans l'intérieur de ces appartements isolés que les musulmanes, soit épouses, soit concubines, laissent voir leur visage et leurs bras. Au dehors, elles sont toujours enveloppées de triples voiles, qui dérobent leurs traits aux yeux les plus pénétrants.

Mahomet a permis aux femmes de ne pas se rendre aux prières publiques dans les mosquées. Ce n'est donc que dans l'intérieur de leur harem que les femmes musulmanes se réunissent entre elles et se donnent des fêtes ou des divertissements.

On se fait dans toute l'Europe une fausse idée de la condition
des femmes turques. Beaucoup de femmes européennes seraient
heureuses d'échanger leur sort et leur liberté contre le prétendu

Fig. 135. Un harem

esclavage de la femme turque. Bien entendu qu'il ne s'agit ici
que de la condition matérielle, et non de la situation morale.

La dame turque est vouée à un désœuvrement général et absolu. Une jeune fille qui, à l'âge de quatorze ans, joint à quelque aptitude pour les travaux d'aiguille le privilége de la lecture, passe pour une personne instruite. Si elle sait écrire, et si elle connaît les deux premières règles de l'arithmétique, c'est une savante. La femme des classes moyennes ne se livre pas au commerce; elle est toujours oisive. La femme pauvre elle-même ne travaille que rarement et à ses heures.

A quelque classe qu'elle appartienne, la femme turque est donc vouée au *far niente*. Pour combattre l'ennui, la femme riche fait, refait des visites, ou se rend à des invitations. Dans les harems opulents, chaque dame turque reçoit dans son appartement. On cause, on chante, on se distrait par des récits (fig 135). On fait venir des musiciens, on assiste à des pantomimes, à des danses, on fait des promenades dans les jardins. Des bains en commun, des balancements de hamac, des fumeries au narguilhé, de petits repas fins, charment agréablement les heures.

Une soirée dans un harem (*la Kalva*) est un événement assez rare, car les réunions de nuit ne sont pas dans les habitudes musulmanes. Aucun homme n'assiste à ces réunions. A mesure que les invitées arrivent, la maîtresse du logis les engage à s'asseoir, les fait placer successivement et côte à côte, sur un divan, les jambes croisées (fig. 136) ou un genou levé. On apporte le café et le *tchibouc* au bouquin d'ambre. On sert, sur un plat d'argent, ciselé, des gelées de fruits divisées par petites portions. Chacune des invitées, après quelques cérémonies, porte à sa bouche l'unique cuiller qui est dans le plat, et qui sert à tout le monde. Chacune colle ses lèvres au grand verre d'eau, qui suit le plat de confitures.

La soirée continue par une conversation générale et joyeuse. Les filles de la maîtresse de la maison, ou ses suivantes, s'asseyent bien en vue de l'assistance, et chantent, en s'accompagnant du sautour, de la mandoline, de petites timbales et de tambours de basque. Bientôt d'autres jeunes filles se livrent à une sorte de pantomime dansée. Après la musique et les danses on fait des parties de cartes ou de jacquet, et enfin la soirée se termine par un souper (fig. 136).

Les plaisirs du dehors ont d'autres attraits. Les dames turques de la classe moyenne courent les bazars ou échangent entre elles des visites.

Les visites sont de trois sortes : les visites demandées ou an-

noncées, les visites par surprise, les visites par *aventure*. Ces dernières sont les plus curieuses. Plusieurs dames se réunissent en
groupes, et s'en vont, par les quartiers et les faubourgs de la ville,
rendre et demander visite à des personnes qu'elles n'ont jamais
vues (fig. 137).

Fig. 136. Le tandour (souper du harem)

Les promenades, à Constantinople, sont de véritables parties de
campagne. Les dimanches et les vendredis on sort de la ville avec
toutes sortes de provisions de bouche. Sur quelques-unes des
promenades publiques, les sultans ont fait élever pour l'usage
des dames, des terrasses superposées en gradins, qui dominent

des pièces d'eau, formant un espace aplani. Les acrobates et les prestidigitateurs, les musiciens et les danseurs ambulants viennent donner des représentations sur ces terrasses. On voit là d'admirables groupes de femmes aux blancs *yaschmacs*, qui encadrent en haut et en bas la figure et ne laissent à découvert que le nez. De longs et amples pardessus, de mille nuances, enveloppent le reste du corps.

Si le Turc est indolent, il est loin d'être farouche, et beaucoup de traits de son caractère indiquent un grand fonds de douceur. Comme les Indiens, comme les anciens Égyptiens, les Turcs et les Orientaux en général répugnent à tuer les animaux. Chiens et chats abondent, grouillent dans les rues des grandes villes, sans que jamais aucune mesure soit prise pour s'opposer à la multiplication et au vagabondage de ces animaux. A Constantinople, des groupes de pigeons voltigent dans l'air, et prélèvent sur les barques chargées de froment un tribut qu'on ne leur dispute pas. Les bords du canal de Constantinople sont peuplés d'animaux aquatiques, et leurs nids sont respectés même par les enfants, qui dans nos contrées sont de si cruels destructeurs de couvées.

Cette bienveillance s'étend même aux arbres. S'il est vrai qu'en Chine une loi ordonne à tout propriétaire qui arrache un arbre d'en planter un autre à sa place, dans un autre lieu, il est vrai également qu'en Turquie la coutume interdit à un propriétaire cupide de priver la ville ou la campagne d'ombrages utiles et salutaires. Les riches se font un honneur d'embellir les promenades publiques de fontaines et de lieux de repos, indispensables en raison de la fréquence d'ablutions et de prières qu'exige la religion mahométane.

Ceux qui ne voient dans la nation turque que grossièreté, ignorance ou férocité, ont été trompés par l'orgueil qui est propre au musulman, et qui est rendu plus choquant encore par ses habitudes de silence et quelquefois de rudesse; mais au fond le caractère musulman n'a rien d'offensif. Les Turcs ne sont que ce qu'ils peuvent être avec leurs institutions déplorables et leur vicieuse loi.

Cette loi, on le sait, c'est le despotisme, qui s'exerce depuis le sultan jusqu'au dernier fonctionnaire, sans qu'aucune garantie d'équité, de propriété soit laissée à l'individu. Le sultan (*padischah*, c'est-à-dire grand seigneur) nomme et révoque à son gré tous les dignitaires et fonctionnaires; il est maître de leur fortune ...

Fig. 137. Visites des dames turques.

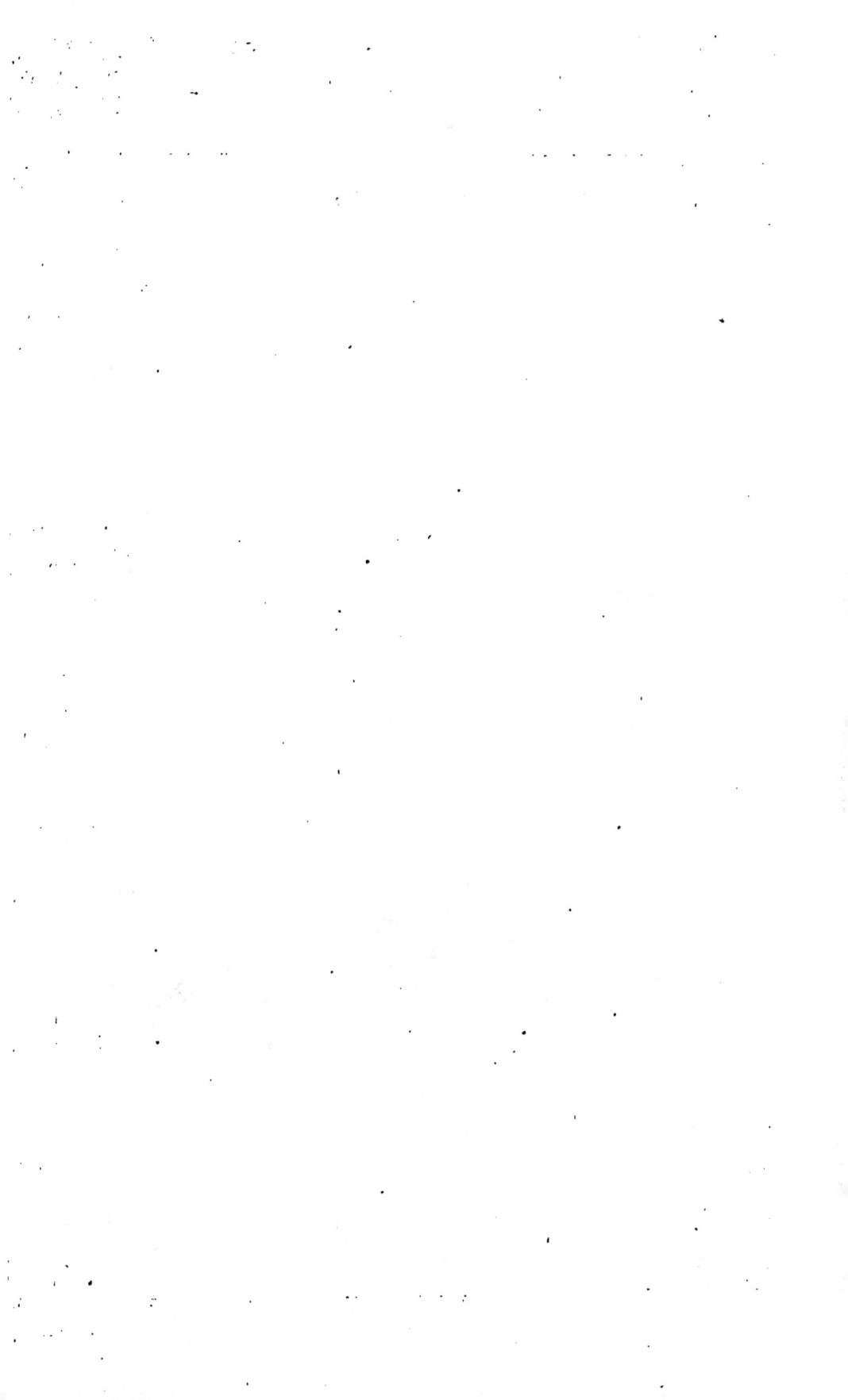

et de leur vie. Mais l'anarchie règne dans les pouvoirs, de sorte que l'autorité du sultan n'est pas toujours obéie. Un pacha attaque et détruit l'armée que l'on envoie pour le chasser de son gouvernement; un autre expédie à Constantinople la tête du général qui est venu pour le combattre et le chasser.

Les pachas sont les chefs de province. On les distingue par le nombre de drapeaux ou de queues. Ils réunissent le pouvoir mi-

Fig. 138. Entrée d'un bey dans une ville.

litaire et le pouvoir administratif, et par un abus encore plus grand, ils sont chargés de recouvrer l'impôt. Ils seraient de véritables sultans dans leur province, si la loi ne laissait aux *kadis* et aux *naïbs* le pouvoir judiciaire.

Le pacha à trois queues a, comme le sultan, le droit de punir de mort tous les agents qu'il emploie, et même tous les individus qui menaceraient la sûreté publique. Il entretient des troupes, et marche à leur tête lorsqu'il est requis par le sultan.

Un pacha a sous ses ordres plusieurs *beys*, ou sous-gouverneurs. Nous reprèsentons ici (fig. 138) l'entrée d'un bey dans une des villes de sa province.

On peut dire. que l'organisation intérieure de la Turquie est une tyrannie militaire. La nation turque continue d'administrer sa conquête comme un pays pris d'assaut; elle vit à la façon d'une armée qui camperait au milieu d'un État vaincu. Toutes les personnes et les choses sont la propriété du sultan. Des chrétiens, des juifs, des Arméniens ne sont que les esclaves du vainqueur ottoman. Le sultan leur permet de vivre, mais ils doivent acheter cette permission en payant un tribut, dont la quittance porte ces mots : *Rachat de la tête.*

Ce même principe s'applique aux terres. Les Turcs n'ont aucun droit de propriété; ils ne sont que les usufruitiers de leurs biens. Quand ils meurent sans enfant mâle, le sultan est leur héritier. Les fils ne peuvent réclamer qu'un dixième de la succession paternelle; encore des employés du fisc sont-ils chargés d'évaluer arbitrairement ce dixième. Les fonctionnaires de l'État ne jouissent pas même de ce droit incomplet : à leur mort, tout ce qu'ils possèdent est censé appartenir au sultan.

Il ne faut plus s'étonner si, avec de pareilles lois, personne n'ose entreprendre des constructions dispendieuses et solides. Au lieu de bâtir, on ramasse des bijoux et des richesses qu'il soit facile d'emporter ou de cacher.

Le sultan, comme embarrassé d'un si extravagant pouvoir, se décharge des soins du gouvernement sur le grand vizir.

Le grand vizir est le lieutenant du sultan. Il commande en personne les armées, dispose des finances et nomme à tous les emplois civils et militaires.

Mais si la puissance du grand vizir est sans bornes, sa responsabilité et les dangers qu'il court sont aussi grands. C'est à lui qu'on s'en prend des malheurs de l'État et des calamités publiques. Le glaive est toujours suspendu sur sa tête. Entouré de piéges, exposé à tous les traits de la haine et de l'envie, il paye de sa vie le malheur d'avoir déplu, soit au peuple, soit aux fonctionnaires d'un rang élevé.

Le grand vizir s'entoure, pour gouverner, d'un conseil d'État (*divan*) qui se compose de la réunion des principaux ministres. Le *reiss-effendi* est le grand chancelier de l'empire, et le chef de la corporation des *kodja*, ou gens de plume. Cette corporation, qui a

su s'acquérir une grande influence politique, renferme aujour-
d'hui les hommes les plus instruits de la nation.

Le soin de veiller au maintien des lois fondamentales de l'em-

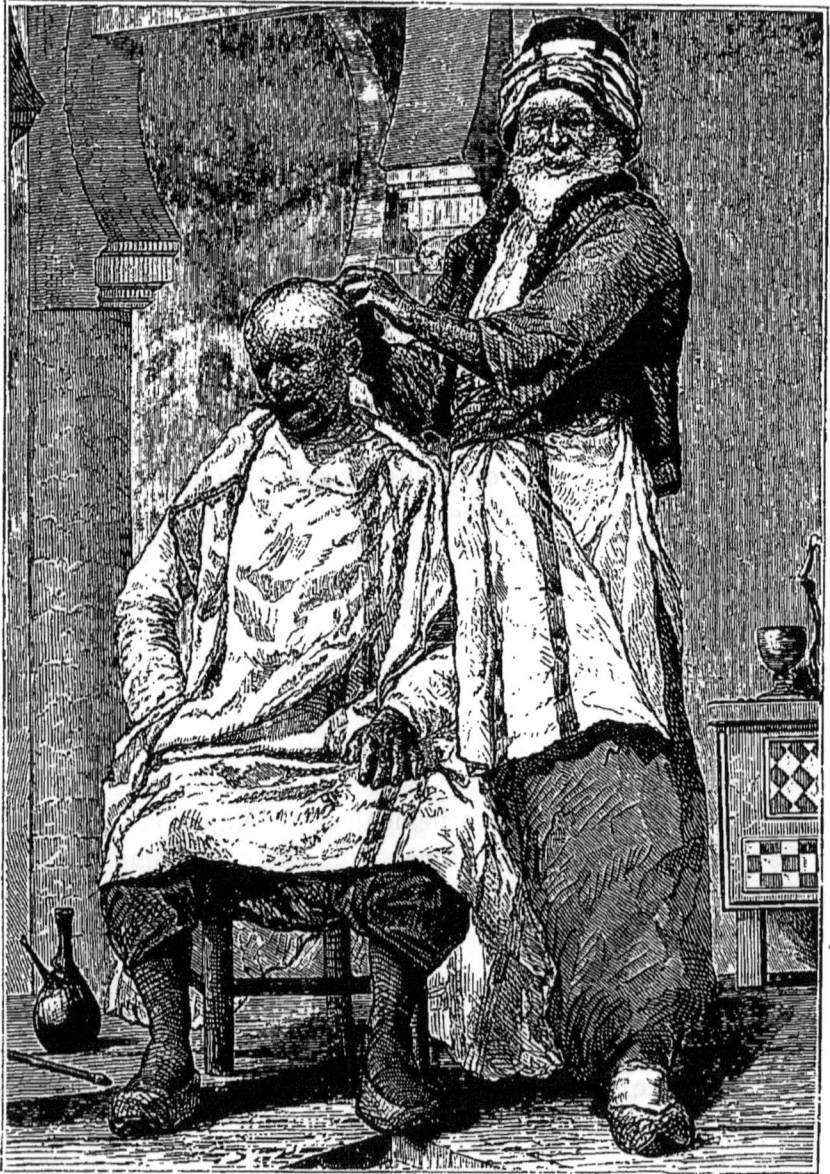

Fig. 139. Barbier turc.

pire est confié à l'*uléma*, ou corps des docteurs en théologie et
en jurisprudence.

Ces lois sont d'ailleurs fort courtes; elles se réduisent au Coran et aux commentaires du Coran, faits par d'anciens docteurs. Les membres de ce corps portent le titre d'*ulémas* ou d'*effendis*. Ils réunissent le pouvoir judiciaire au pouvoir religieux; ils sont à la fois les interprètes de la religion et les juges de toutes les affaires civiles et criminelles.

Le *mufti* est le chef suprême de l'*uléma*. Il est chef de l'Église. Il représente le vicaire du sultan, comme calife ou successeur de Mahomet. Le sultan ne peut émettre aucune loi, faire aucune déclaration de guerre, établir aucun impôt, sans avoir obtenu un *fetfa*, ou décision conforme du mufti.

Le mufti présente tous les ans au sultan les candidats pour les hautes magistratures judiciaires : ces candidats sont pris dans le corps des ulémas. La place de mufti serait un excellent contre-poids à l'autorité du sultan si ce dernier n'avait la faculté de déposer le mufti, de l'exiler, et même d'ordonner sa mort.

Cette organisation politique et judiciaire paraît assez logique, et il semble qu'elle devrait assurer quelque garantie aux sujets du Grand Seigneur. Malheureusement, le défaut de probité empêche la marche régulière de ces institutions administratives. La vénalité des fonctionnaires, leur avidité et leur corruption sont telles que toutes les places, et même le moindre service, ne s'obtiennent qu'avec des présents. Les emplois s'achètent; on achète les sentences des juges, ainsi que les dépositions des témoins. Le faux témoignage ne fleurit dans aucun pays d'une manière aussi déhontée que dans l'empire turc, et il est ici d'autant plus terrible dans ses conséquences, que le jugement du kadi est sans appel.

La justice se rend en Turquie comme elle se rendait, il y a trois siècles, dans la tribu nomade des Osmanlis. Après quelques dépositions contradictoires et quelques serments prêtés de part et d'autre, sans aucune formalité préalable d'instruction, sans avocat, le *kadi*, ou le simple *naïb*, prononce sa sentence, appuyée sur quelques versets du Coran. La pénalité de ce juge ignorant et expéditif se réduit à faire payer au riche une amende, à infliger la bastonnade aux gens du commun, ou à faire pendre, sur l'heure, un criminel.

Il y a cependant en Turquie une sorte de représentation populaire. Les habitants de Constantinople nomment des *ayams*, véritables délégués du peuple, dont l'emploi est de veiller à la sûreté et à la fortune des particuliers, au bon ordre de la ville, de s'opposer aux exactions des pachas, aux excès des gens de guerre, ou à l'injuste répartition de l'impôt. Cette fonction est exercée gratuitement par les hommes les plus estimés du peuple. Les ayams

Fig 140. Portefaix turc.

se chargent de rédiger les réclamations au pacha, quand il y a des motifs de plainte, et si le pacha les mécontente, ils apportent leurs réclamations jusqu'au sultan.

Il y a dans tous les arts et métiers de la Turquie des espèces de maîtrises, ou corporations, qui se chargent de veiller aux droits de la communauté et de l'individu. La corporation défend les intérêts de tous ses membres, et le dernier des artisans est protégé par elle en justice. Il va sans dire que c'est avec de l'argent que la corporation fait valoir ses droits auprès des juges.

On se tromperait beaucoup en s'imaginant que la religion musulmane domine en Turquie. Dans la Turquie d'Europe il y a à peine un quart de la population qui suive la loi de Mahomet. Le reste se compose de nations chrétiennes, subdivisées dans leurs principaux rites. Les Grecs, les Serbes, les Valaques, les Monténégrins suivent le rite grec oriental. Les Arméniens forment une Église nombreuse, et d'autant plus puissante qu'elle est environnée d'une réputation d'austérité et de probité. D'autres sociétés religieuses, telles que les jacobites, nommés *coptes* en Égypte, les nestoriens, les maronites, tirent quelque force de l'union qui règne dans le sein de chacune d'elles : les Druses, par exemple, bravent de front le mahométisme. Les juifs sont plus nombreux dans la Turquie d'Europe que dans aucun autre pays.

Toutes ces associations, à l'exception des Maronites et des Druses, étaient autrefois privées de l'exercice libre de leur culte, soumises à des marques d'ignominie, livrées sans défense à l'injustice. Mais, au commencement de notre siècle, un édit du sultan a déclaré tous ses sujets, quelle que fût leur religion, égaux devant la loi.

La religion de Mahomet, qui règne en Turquie et dans la plus grande partie de l'Orient, date de l'an 610 de notre ère. Ses principaux préceptes sont la *purification*, la *prière* et le *jeûne*. Le jeûne a lieu dans le mois de *Ramazan*, mois qui est le carême des musulmans et pendant lequel on doit s'abstenir, durant le jour, de tout aliment. Il est suivi de la fête de *Beyram*, pendant laquelle il est permis aux fidèles de se dédommager des abstinences précédentes. Une *aumône légale* est instituée par la religion. Elle consiste à donner tous les ans aux pauvres le quarantième de ses biens mobiliers. Une autre règle religieuse, c'est le pèlerinage de la Mecque, que tout musulman est obligé de faire au moins une fois en sa vie.

La prière a lieu cinq fois par jour. Le vendredi est le jour de fête des mahométans, comme le dimanche est celui des chrétiens et le samedi celui des juifs.

Le mahométisme a conservé des anciens Arabes la pratique de la circoncision. Il interdit toute boisson enivrante, mais il permet d'épouser quatre femmes, et autorise le musulman à faire de ses

Fig. 141. Mosquée de Salonique.

femmes esclaves autant de concubines. L'islamisme enlève d'ailleurs à l'homme presque toute liberté, en lui persuadant que tout ce qui lui arrive, le bien comme le mal, est déterminé d'avance.

C'est la doctrine du fatalisme qui enchaîne l'initiative individuelle et interdit tout progrès.

La religion musulmane n'a pas été exempte, plus que les autres,
des schismes qui ont amené des guerres de religion, terribles dans
leurs effets.

Les préceptes de l'islamisme, qui ont leur bon côté au point de
vue religieux, ont de fâcheuses conséquences au point de vue de
la constitution physique de l'homme. C'est ainsi que l'interdiction
de boire du vin a donné naissance à l'usage secret des boissons
alcooliques et à l'usage public de l'opium.

Bien que la civilisation littéraire des Turcs soit encore dans
son enfance, il y a cependant chez eux une instruction publique.
Des collèges sont attachés aux mosquées de Constantinople, de
Brousse, d'Andrinople. De toutes les parties de l'empire musulman, on envoie, dans ces collèges, des jeunes gens qui y reçoivent
un certain degré d'instruction. Après leurs études, dans lesquelles les commentaires du Coran jouent le plus grand rôle, et
après divers examens qui ont établi leur capacité, on donne aux
élèves le titre de *mudir* ou professeurs. C'est à cette classe de
lettrés que reviennent plus tard tous les emplois administratifs
et judiciaires.

Seulement, en Turquie, les lumières restent concentrées sur
un certain nombre d'individus; aucune voie n'existe pour la libre
communication des idées ou des connaissances. Les musulmans
doivent à la vérité aux *kodjas*, ou gens de plume, un très-grand
nombre d'ouvrages très-estimés par eux, relatifs aux langues
arabe et persane, à la philosophie, à la morale, à l'histoire mahométane, à la géographie de leurs provinces; mais si ces ouvrages ont quelque valeur, ils ne se répandent jamais dans la
masse de la nation. Les imprimeries sont très-rares en Turquie;
l'art du copiste y fleurit encore, tel qu'il existait en Europe au
moyen âge. L'état des lettres en Turquie nous montre ce que
serait devenue la civilisation moderne en Europe sans le secours de l'imprimerie.

Avec ce défaut général de connaissances littéraires et scientifiques, on doit s'attendre à trouver la Turquie bien arriérée sous
le rapport des arts, de l'industrie et de l'agriculture. En effet,
l'agriculture est très-languissante dans toute l'étendue de l'empire ottoman. L'industrie manufacturière existe dans quelques villes, telles que Constantinople, Salonique, Andrinople et Rous-

tchouck. Les principaux produits des fabriques sont des tapis, des maroquins, quelques soieries, du fil, des armes blanches. Le commerce s'alimente principalement par l'exportation des matières brutes, telles que laines, soies, cotons, cuirs, tabacs, quelques métaux, surtout le cuivre. Les vins, les huiles, les fruits secs fournissent également de grands articles d'exportation.

Les musulmans sont habiles comme fabricants de draps, comme armuriers et comme tanneurs. Leurs ouvrages en acier et en cuivre, ainsi que leurs teintures, égalent les meilleurs produits de l'industrie européenne.

Les Grecs, qui sont en grand nombre en Turquie, exercent tous les arts et tous les métiers. C'est parmi les Grecs que se trouvent les meilleurs marins de l'empire ottoman. Les Arméniens sont les meilleurs commerçants de l'empire turc. Ils voyagent dans l'intérieur de l'Asie et dans l'Inde; ils ont partout des magasins et des correspondants. La plupart, tout en exerçant des arts mécaniques, sont en même temps banquiers, fournisseurs et hommes d'affaires des pachas et autres grands personnages. Les juifs se présentent en Turquie sous des couleurs bien plus défavorables qu'en Europe; tout commerce est bon pour eux, s'il donne un bénéfice.

CHAPITRE III.

RAMEAU SINIQUE.

Les peuples qui composent le rameau sinique (du latin *Sinæ* ou *Sinenses*, chinois) n'ont pas les traits de la race jaune aussi prononcés que ceux du rameau mongolique. Leur nez est moins aplati, leur corps est mieux fait, leur taille plus élevée. Ce peuple acquit de bonne heure un assez haut degré de civilisation, mais il est demeuré stationnaire depuis ce moment, et sa civilisation, autrefois l'une des plus avancées du monde, est aujourd'hui médiocre, eu égard aux progrès qu'ont faits dans la même voie les peuples de l'Europe et de l'Amérique. Certains arts chimiques et mécaniques ont été de bonne heure mis en pratique et poussés très-loin chez les peuples du rameau sinique. Gouvernés despotiquement et serviles devant le pouvoir, ces peuples ont un goût particulier pour le cérémonial et l'étiquette. Leurs langues sont monosyllabiques, leurs écritures hiéroglyphiques, et c'est là peut-être la cause du peu de progrès qu'a faits leur civilisation dans les temps modernes.

Le *rameau sinique* comprend les familles chinoise, japonaise et indo-chinoise.

FAMILLE CHINOISE.

Les Chinois, peuple de la race jaune chez lequel la civilisation s'est développée la première, présentent les traits caractéristiques suivants : la largeur et l'aplatissement de la région sous-orbitaire de la face, les os zygomatiques proéminents et les yeux disposés obliquement. L'ensemble de leurs traits porte, en général, le caractère de la race mongolique, c'est-à-dire : largeur et rudesse de la figure, proéminence des pommettes, développement des mâchoires, forme écrasée de la racine nasale et ailes du nez élargies, obliquité des yeux, chevelure raide et abondante, d'un

Fig. 142. Jeune Chinois.

noir brunâtre tirant sur le roux, sourcils épais, barbe rare, teint couleur de froment, rouge jaunâtre (fig. 142 et 143).

Ces peuples forment la population principale de l'immense

19

empire de la Chine et s'étendent encore au delà. Beaucoup sont établis dans l'Indo-Chine, dans les îles de la Sonde, dans les îles Philippines.

La Chine, depuis quatre mille ans, a été gouvernée par vingt-huit dynasties. L'empereur, dans le mécanisme gouvernemental de la Chine, n'est qu'un rouage apparent. Les conseillers gouvernent souverainement. Il y a là une organisation administrative et une centralisation puissantes. L'autorité de l'empereur est assise sur un respect séculaire et patriarcal, qui sont d'un prestige sans bornes.

La vénération pour la vieillesse est une loi de l'État. On rencontre souvent dans les rues de Pékin des vieillards impotents trop pauvres pour louer des chaises à porteurs, et qui, assis dans des charrettes à bras, sont traînés par leurs petits-enfants. Ils reçoivent sur leur passage les hommages de tous les jeunes gens qui, à leur aspect, cessent respectueusement leurs jeux ou leurs travaux. Le gouvernement encourage ces sentiments en donnant des robes jaunes aux vieillards d'un âge très-avancé. C'est là la plus grande distinction qu'un particulier puisse obtenir, car la couleur jaune est réservée aux membres de la famille impériale.

Le respect des ancêtres est également poussé très-loin chez les Chinois. Il y a une sorte de culte domestique pour les arrière-parents.

Plusieurs religions sont professées en Chine. La religion de Bouddha, si répandue en Asie, est la plus commune; mais les classes supérieures suivent la religion de Confucius. Du reste, une tolérance excessive règne dans le Céleste-Empire, sous le rapport de la religion. Les hommes des classes élevées affectent un dédain véritable pour les formes extérieures du culte, et le peuple n'y ajoute pas grande importance. Aussi voit-on plusieurs religions fort différentes être pratiquées côte à côte, dans tout l'empire.

Les bonzes sont les prêtres bouddhistes.

En Chine, la condition de la femme est servile. On considère la femme comme inférieure à l'homme. Sa naissance est souvent regardée comme un malheur. La jeune fille vit comme une recluse dans la maison paternelle; elle mange à l'écart; on la regarde comme une servante, et elle en remplit les fonctions. Manier les aiguilles et préparer des aliments, voilà toute sa science. La femme est la propriété de son père, de son frère, de son mari. On marie une jeune fille sans la consulter, sans lui faire connaître son futur époux, et même sans lui en dire le nom.

Chez les riches Chinois, les femmes mariées sont confinées dans
le *gynécée*. Quand le maître les autorise à se visiter entre elles,
ou à aller voir leurs parents, elles sortent dans des chaises her-

Fig. 143. Marchand chinois.

métiquement closes. Elles sont reléguées dans un corps de bâtiment réservé, où nul ne peut les voir.

Il en est autrement dans les classes pauvres. Les femmes sortent à visage découvert ; mais elles payent cher cette liberté ; car les femmes sont à peu près les bêtes de somme de leurs maris. Elles vieillissent très-vite.

Fig. 144. Marchande de légumes

La polygamie existe en Chine, mais elle n'est que tolérée. Un grand personnage peut avoir plusieurs femmes, mais il n'a qu'une épouse légitime, la première. Les veuves ne peuvent pas se re-marier. Les fiançailles sont souvent conclues avant même l'adolescence des futurs époux. Une fiancée qui perd son fiancé ne peut se remarier.

La cérémonie du mariage se fait à Pékin d'après le programme

Fig. 145. Dame de Pékin.

suivant. La mariée se rend en pompe au domicile de l'époux, qui la reçoit à la porte de sa maison. Elle est parée de vêtements bro-dés d'or et d'argent. Ses longues nattes noires sont couvertes de pierreries et de fleurs artificielles. Sa figure est fardée, ses lèvres rouges, l'arc de ses sourcils est noirci, ses vêtements sont inondés de musc.

Beaucoup de Chinoises ont le teint et tous les attraits des créoles, une main petite et bien faite, de jolies dents, des cheveux noirs superbes, une taille longue, mince et souple, des yeux relevés vers les tempes et dont l'expression est une grâce piquante (fig. 145 et 146). Ce qui leur nuit, c'est l'abus du fard et la mode des petits pieds.

Les dames tartares et chinoises qui composent la cour des impératrices, ainsi que les femmes des fonctionnaires qui résident

Fig. 146. Portrait, d'après nature, d'une Chinoise.

dans la capitale, ont leurs pieds naturels, et seulement chaussés du brodequin de théâtre, avec lequel il est très-difficile de marcher. Mais une Chinoise de bonne famille bourgeoise se croirait déshonorée et se marierait difficilement si elle n'avait le pied déformé. Voici comment on s'y prend pour la mettre en état de plaire. A six ans on comprime les pieds des petites filles avec des bandelettes huilées; le pouce est replié sous les quatre autres doigts, qui sont rabattus eux-mêmes sous la plante du pied. Tous les mois on serre de plus en plus ces ligatures. Quand la jeune fille est adulte, son pied présente à peu près la forme du poing fermé (fig. 147). Aussi les femmes ainsi mutilées et chaussées ont-elles grand'peine à marcher. Elles s'avancent en sautillant et étendant les bras en guise de balanciers.

Avoir les ongles des mains très-longs est un autre caractère conventionnel de beauté. De crainte de les casser, on y adapte des étuis en argent qui servent en même temps de cure-oreilles.

De nombreux accessoires de toilette donnent un aspect particulier au costume des habitants du Céleste-Empire : éventails, parasols, pipes, tabatières, blagues à tabac, étuis à lunettes, bourses, tout cela est suspendu à la ceinture par des cordons de soie. L'usage de l'éventail est général dans les deux sexes et dans toutes les conditions.

Fig. 147. Pieds mutilés.

Dans chaque pièce d'une maison chinoise on retrouve le *kang*, qui sert à la fois de lit, de canapé et de siége, des nattes étendues sur le parquet, et quelques chaises, ou tabourets, sur lesquels on pose des coussins. L'intérieur des maisons est le refuge impénétrable de la paresse. Le Chinois, accroupi sur ses nattes, l'éventail déployé et la pipe allumée, se moque de l'Européen qui se donne la peine de se servir de ses jambes.

Pour connaître plus exactement la vie intérieure des Chinois, nous ferons quelques emprunts à l'intéressant voyage de M. de Bourboulon, consul français en Chine, voyage qui a été rédigé par M. Poussielgue et qui a paru dans *le Tour du monde* en 1864.

« Un palais chinois, dit M. Poussielgue, est ainsi distribué : plus de la moitié du terrain est occupée par des allées, des cours, des jardins ; on y voit des rocailles, des ponts rustiques, des viviers avec des gouramis et des poissons rouges, des volières peuplées de paons, de faisans dorés et de perdrix du Pe-tche-li, et surtout de nombreuses jarres de porcelaine ou de terre cuite peinte et vernie contenant des arbres en miniature, des vignes, des jasmins, des plantes grimpantes et des fleurs de toute espèce. La chambre principale du rez-de-chaussée est ouverte du côté du jardin ; une cloison en treillis à jour forme la séparation du salon et de la chambre à coucher. Le rez-de-chaussée comprend la salle à manger, la cuisine et quelquefois une salle de bain. Quand il y a un étage supérieur, appelé *leou*, il contient des chambres et des magasins ; la salle d'entrée est invariablement consacrée aux ancêtres et aux génies de la famille. Dans chaque pièce on retrouve le *kang*, qui sert à la fois de lit, de canapé et de siéges dans tout le nord, et des nattes épaisses qui garnissent le plancher. Les meubles proprement dits sont en petit nombre : quelques chaises ou tabourets en bois dur sur lesquels on pose des coussins, une petite table en laque rouge, un brûle-parfum et des chandeliers en bronze doré et émaillé, des jardinières et des corbeilles contenant des fleurs, des tableaux sur papier de riz, et enfin la tablette inévitable contenant quelque sentence morale ou une invocation aux ancêtres. Il n'y a point de fenêtres proprement dites : des ouvertures carrées, percées sur le côté quand la pièce donne sur la cour ou sur les jardins, ménagées entre les doubles poutres qui soutiennent le toit lorsqu'on pourrait être vu de la rue ou des maisons voisines, laissent pénétrer un faible jour à travers les interstices d'un grillage composé de minces lames de bois entre-croisées qui forment une jalousie fixe (fig. 148 et 149).

« C'est dans ces mystérieux appartements que les gens riches passent la moitié de leur existence, s'adonnant à une voluptueuse paresse ; il est presque impossible à un Européen d'y pénétrer : et autant les Chinois sont disposés à être communicatifs dans les affaires, dans les fêtes, dans les réceptions, autant ils sont réservés dans tout ce qui touche à leur vie intime.

« La paresse physique est poussée à un haut point en Chine ; il est considéré comme malséant de marcher, de se promener, de se servir de ses membres. Rien n'étonne plus les indigènes que le besoin de locomotion qui nous caractérise. Ils s'accroupissent sur leurs mollets, allument leur pipe, déploient leur éventail, et contemplent d'un œil goguenard les promeneurs européens qui vont et viennent d'un bout à l'autre de la rue, en marquant le pas avec une précision mathématique. Quand on fait à pied des visites officielles, il faut s'excuser de n'être venu ni à cheval ni en palanquin, car c'est marquer peu de considération pour le personnage qu'on va voir ainsi.

« Le palanquin surtout est d'un usage incessant. A Pékin, il y a de grands établissements pour la location des palanquins, où l'on en trouve de disponibles à toute heure. On paye environ une piastre par jour pour ceux qui sont portés par six hommes ; pour quatre hommes, c'est une demi-piastre ; deux hommes, cent sapèques. La légation de France a pour son service vingt-quatre porteurs revêtus de tuniques bleues avec collets et bordures aux trois couleurs. Les palanquins sont généralement ouverts par devant et par derrière; il y a une fenêtre ou plutôt un carreau fixe sur le côté, et une banquette transversale sur laquelle on s'assoit.

« La passion du jeu est l'un des fléaux de la Chine; fléau qui en a engendré mille autres dans tous les rangs, tous les âges de la société. Dans les rues de Pékin on rencontre une foule de petits tripots ambulants : tantôt un jeu de dés placé dans un gobelet de cuivre sur un escabeau,

Fig. 148. Boudoir chinois.

tantôt une loterie composée de bâtonnets contenant des numéros que le croupier fait sauter dans un tube en fer-blanc. La foule se presse autour de ces industriels, et l'ouvrier qui passe, cédant à une tentation irrésistible, vient y perdre en quelques heures les pénibles épargnes de son travail. Les coulies attachés à l'armée française perdaient leurs appointements du mois dès le lendemain de la paye; quelques-uns, ayant engagé leurs habits aux croupiers, qui sont en même temps prêteurs sur gages, s'échappaient au milieu des huées de la populace, et revenaient au camp à peine couverts d'un caleçon.

« Les combats de coqs et de cailles ont encore le privilége d'exciter les passions aléatoires des Chinois, qui y risquent des enjeux considérables. Les gens riches, les marchands sont aussi joueurs que la plèbe; ils se réunissent dans des maisons de thé, où ils passent jour et nuit à jouer aux cartes, aux dés, aux dominos et aux dames. Les cartes, longues de quinze centimètres environ, sont très-étroites; elles sont assez semblables aux nôtres, avec des figures et des points marqués de différentes couleurs. Le jeu le plus usuel paraît être une sorte de besigue. Les dames sont carrées

Fig. 149. Salon chinois.

et les cases rondes; les dominos plats, avec des marques rouges et bleues. On joue aussi aux dames avec des dés : ce qui compose une manière de trictrac. Les dés sont préférés par les joueurs de profession, comme étant le jeu de hasard par excellence. Après y avoir perdu leur argent, ils jouent leurs champs, leur maison, leurs enfants, leurs femmes, et jusqu'à eux-mêmes, quand ils n'ont plus rien et que leur adversaire consent à accepter ce suprême enjeu. Un marchand de Tien-tsin, qui avait à la main gauche deux doigts de moins, les avait perdus aux dés. Les femmes et les enfants jouent au volant; c'est un de leurs exercices favoris, et ils y sont d'une adresse peu commune. Le volant se compose d'un morceau de cuir roulé en boule surmonté de rondelles de métal pour le rendre plus lourd; trois longues plumes sont implantées dans des trous percés dans les rondelles. C'est avec la semelle du brodequin qu'on renvoie le volant; il est très-rare que les joueurs manquent leur coup.

« Le jeu, qui paralyse le travail, est une des causes permanentes du paupérisme; il en est une autre plus désastreuse encore : la débauche. Le vernis de décence et de retenue dont s'enveloppe la société chinoise cache la corruption la plus profonde. La moralité publique n'est qu'un masque jeté sur une perversité de mœurs qui dépasse tout ce qu'on a pu lire sur les anciens, tout ce qu'on sait des mœurs actuelles des Persans et des Indous.

« L'ivrognerie, telle qu'on l'entend en Europe, est le moindre de leurs vices. Le vin de raisin a été défendu, il y a des siècles, par des empereurs qui firent arracher les plants de vigne. Cette interdiction ayant cessé avec la dynastie mandchoue, on cultive le raisin pour la table, mais on ne fait usage que du vin de riz ou *samchow*. On en extrait, ainsi que du gros millet ou sorgho, une eau-de-vie aussi forte que la nôtre et qui produit une ivresse terrible. L'abus qu'en firent nos soldats dans la campagne de Chine amena beaucoup de dyssenteries mortelles dans l'armée.

« Les maisons de thé vendent des liqueurs alcooliques, mais ce sont surtout les restaurants et les auberges qui en font un grand débit.

« Nous ne parlerons pas de la production du thé, ni de la vaste industrie qu'il alimente : c'est un sujet qui appartient en propre à la Chine méridionale; disons seulement que l'usage du thé n'est pas moins répandu dans le nord que dans le sud. Entrez-vous dans une maison, aussitôt on vous offre le thé : c'est le signe de l'hospitalité. On vous en sert à profusion; dès que votre tasse est vide, un serviteur muet la remplit, et ce n'est qu'après en avoir avalé une certaine quantité qu'il vous sera permis par votre hôte d'exposer l'objet qui vous amène. Les maisons de thé sont aussi multipliées que les cafés et les cabarets en France; l'élégance de l'ameublement et du service ainsi que l'élévation des prix les distinguent entre elles; le riche marchand et le désœuvré élégant, évitant de s'y rencontrer avec l'ouvrier aux mains noires et le rude campagnard, ne se réunissent que dans les maisons consacrées par le bon ton. Les maisons de thé se reconnaissent au laboratoire qui occupe le fond des salles et qui est garni de vastes bouilloires, de théières massives, de tours et d'étuves alimentant d'eau bouillante des chaudrons monstrueux aussi hauts qu'un homme. Une horloge singulière est placée au-dessus du laboratoire; elle se compose d'un gros bâton d'encens moulé portant des marques à égale distance, afin que le progrès de la combustion de la mèche donne la mesure des heures. C'est ainsi que les Chinois peuvent se servir littéralement de l'expression : *consumer le temps.* Le matin et le soir, les salles sont pleines d'habitués qui, moyennant deux sapèques, prix d'entrée, viennent y parler d'affaires, y jouer, y fumer, y entendre de la musique, et assister aux farces des saltimbanques et aux tours de force des jongleurs et des athlètes. Ces deux sapèques donnent encore droit à une consommation de dix tasses de thé (tasses minuscules, il est vrai), que de nombreux garçons portent, en courant dans toutes les directions, sur des plateaux garnis de gâteaux et de fruits secs.

« Un jour, nous écrit M. X., officier au 101e de ligne, nous avons voulu dîner à la chinoise dans un restaurant chinois; le prix convenu d'avance par l'entremise de nos coulies était de deux piastres par tête : ce qui constitue une somme considérable, eu égard au bon marché des denrées alimentaires. Comme préparation au dîner, il nous a fallu franchir un dédale de ruelles peuplées de bouges où croupissent, en empoisonnant l'air de leurs exhalaisons, des milliers de mendiants en guenilles. A l'entrée du carrefour où s'élève le restaurant, il y a des tas d'immondices composés de vieilles bottes de légumes, de charcuterie pourrie, de chiens et de chats morts, et dans tous les coins des ordures aussi désagréables à l'odorat qu'à la vue. Il faut avoir l'estomac solide pour avoir encore faim après avoir traversé cet étalage peu appétissant. A la porte de l'établissement sont assis des buveurs de thé et des joueurs qui paraissent fort peu se soucier de ce voisinage pestilentiel. Nous avons le courage d'en faire autant, après avoir admiré les deux lanternes monstrueuses qui décorent l'entrée et l'enseigne qui porte en grosses lettres : *Aux trois vertus par excellence.* Espérons que la probité sera une de ces trois vertus, et que le restaurateur nous en aura donné pour notre argent.

« Notre entrée dans la salle principale excite une certaine émotion; quelque habitués que les Chinois soient à nous voir, notre vue excite encore chez eux une curiosité mêlée d'effroi, surtout dans ce quartier où les Européens s'aventurent rarement. On nous a préparé deux tables carrées entourées de bancs en bois, sur lesquels on a placé, par une gracieuse exception, des coussins rembourrés. Des garçons s'empressent autour de nous avec des théières en grès rouge et des tasses en métal blanc; il n'y a pas de cuillers, on jette de l'eau chaude sur une pincée de feuilles de thé placée dans chaque tasse, et nous sommes forcés d'aspirer l'infusion par un petit trou ménagé dans le couvercle de nos tasses. Après nous être acquittés de ces fonctions en vrais Chinois, nous demandons le premier service, qui se compose d'une foule de petits gâteaux à la graisse, sucrés, mais très-mauvais, de fruits secs, et, comme hors-d'œuvre, d'une sorte de caviar ou de salaison où entrent des intestins, des foies, des rates de poisson : le tout confit au vinaigre; puis des crevettes de terre cuites à l'eau salée : ce sont tout bonnement de grosses sauterelles; ce mets, en usage dans tous les pays chauds, n'est réellement pas mauvais. Nous ne faisons pas grand honneur au premier service que remplace immédiatement le second. Les garçons placent sur la table des assiettes ou plutôt des soucoupes, car elles en ont la forme et la dimension, et des plats ou plutôt des bols contenant du riz accommodé de différentes manières avec de la viande découpée en petits morceaux et dressée en pyramides. Des bâtonnets accompagnent ces plats succulents. Comment allons-nous faire ? Il faut être tout ce qu'il y a de plus Chinois pour pouvoir manger avec ces deux petits morceaux de bois, dont l'un, fixe, se tient entre le pouce et l'annulaire, tandis que l'autre, mobile, se manie avec l'index et le doigt du milieu. Les indigènes portent la soucoupe à leurs lèvres et avalent leur riz en le poussant avec les bâtonnets : c'est ce que nous essayons en vain de faire, d'autant plus que nous rions tellement qu'il nous est impossible de nous livrer à une expérimentation sérieuse. Nous ne pouvons cependant compromettre notre dignité de civilisés en mangeant avec nos mains comme des sauvages ! Heureusement l'un de nous, plus avisé, a apporté un nécessaire de campagne

Fig. 150. Fumeurs d'opium en Chine.

contenant une cuiller, une fourchette et un couteau. Chacun plonge successivement la cuiller dans le bol qui est devant lui, mais avec une certaine défiance qui paralyse la dégustation de ces mets de haute saveur. Enfin apparaissent des plats moins mystérieux et en quantité suffisante pour rassasier cinquante personnes : des poulets, des canards, du mouton, du porc, du lièvre rôti, des poissons et des légumes bouillis. On nous sert en même temps du vin blanc de raisin et du vin de riz dans des tasses microscopiques en porcelaine peinte; aucune de ces boissons, même le thé, n'est sucrée; en revanche elles sont bouillantes! Le repas se termine par un potage, qui n'est autre chose qu'un gros ragoût nageant dans une sauce abondante.

« Plus rassasiés que satisfaits, nous aurions voulu quelques mets plus chinois : des nids d'hirondelles ou une fricassée de racines de ging-seng ; mais il paraît qu'il faut commander ces mets recherchés plusieurs jours à l'avance et qu'ils se payent au poids de l'or. Nous allumons nos cigares en dégustant du tafia qui commence à être très-répandu dans les restaurants chinois, et nous regardons autour de nous. La fin de la journée s'avance; les salles, d'abord à peu près vides, se garnissent de nombreux consommateurs, qui, après nous avoir épiés à la dérobée, se livrent sans contrainte à leurs occupations habituelles. Les garçons chantent à haute voix le nom et le prix des consommations que répète à l'unisson un huissier placé près du comptoir où siége le maître de l'établissement. Des marchands jouent à pigeon-vole : l'un annonce les chiffres de un à dix avec ses doigts; les autres doivent deviner dans ses yeux et lever en même temps que lui le même nombre de doigts; le perdant boit une tasse de vin de riz.

« Cependant la salle se remplit d'odeurs nauséabondes, où domine la fumée de l'opium. C'est l'heure des fatales ivresses! Les fumeurs au teint jaune, aux yeux caves, se retirent mystérieusement dans les cabinets placés au fond de la salle. On les voit s'étendre sur des lits garnis de nattes et d'un oreiller en crin dur. »

La figure 149 représente un des petits cabinets qui donnent asile aux fumeurs d'opium. Sur une table sont placés les ustensiles et engins servant à préparer les pipes d'opium et à allumer la substance narcotique.

L'agriculture est arrivée, en Chine, à un degré remarquable de perfection. Elle est la grande source de la richesse du pays; c'est son état avancé qui permet au Céleste-Empire de nourrir sur un espace relativement limité une population prodigieusement nombreuse. Aussi la profession d'agriculteur est-elle la plus honorée. Écoutons à ce sujet M. Poussielgue :

« On a vu, dit cet écrivain, le prince Kong, régent de l'empire, se rendre en grande pompe, vers la fin de mars 1861, au temple de l'Agriculture, situé à l'extrémité de la ville chinoise à Pékin, et là, après avoir offert un sacrifice au dieu protecteur des hommes, qui les encourage au travail en leur donnant tous les biens de la terre, diriger lui-même la charrue et tracer plusieurs sillons; une foule de grands personnages, les ministres, les maîtres de cérémonie, les grands officiers de la couronne, et enfin trois princes de la famille impériale, ainsi qu'une députation de laboureurs, accompagnaient le représentant de l'empereur. Aussitôt que le

Fig. 151. L'agriculture.

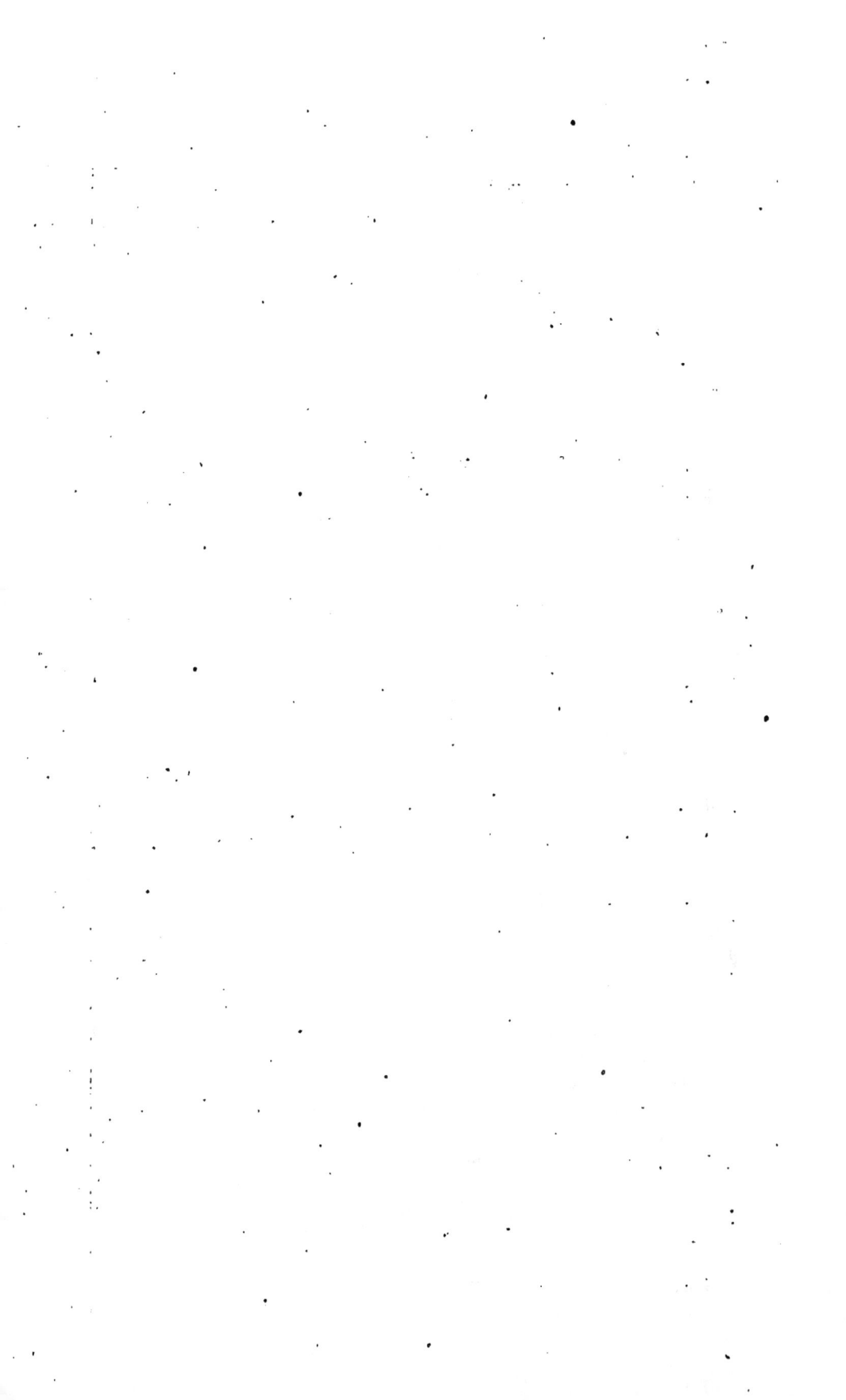

prince Kong eut terminé le labourage de la parcelle réservée qui était désignée par une étiquette jaune, et qu'on eut replacé dans leur fourreau les outils destinés au chef de l'État, les trois princes de la famille impériale, puis les neuf premiers dignitaires de l'empire, conduisirent successivement la charrue jusqu'à ce que le champ fût labouré en son entier; derrière eux des mandarins inférieurs ensemencèrent les sillons ouverts, tandis que les laboureurs recouvraient avec des râteaux et des rouleaux les germes sacrés confiés à la terre. Pendant toute la cérémonie, des chœurs de musique et de symphonie ne cessèrent de se faire entendre.

« Cette intelligente protection, cet ennoblissement de l'agriculture ont eu d'immenses résultats. Aucun pays du monde n'est cultivé avec tant de soin et peut-être avec plus de perfection que la Chine. Il n'y a pas un pouce de terrain perdu.

« Dans le Pe-tche-li, la propriété territoriale étant très-divisée, les exploitations agricoles se font sur une petite échelle; mais l'intelligence avec laquelle elles sont dirigées remédie aux graves inconvénients du morcellement. On rencontre peu de villages; en revanche un grand nombre de petites fermes et de métairies s'élèvent çà et là ombragées par quelques grands arbres. Les bâtiments tiennent peu de place, et les paysans sont si économes du sol, qu'ils établissent leurs meules et leurs gerbes sur les toits de leurs maisons disposés en plate-forme (fig. 151).

« S'ils ménagent le terrain, ils ne se ménagent pas la peine; grâce à l'abondance des bras et au bon marché de la main-d'œuvre, ils ont pu adopter le mode de culture par rangées alternatives, qui leur permet de ne jamais laisser reposer la terre, et d'avoir des récoltes pendant tout l'été. Ainsi, entre les rangées de sorgho (*Holcus sorghum*) qui s'élève jusqu'à dix et douze pieds de haut, ils sèment une céréale d'une taille plus faible, le petit millet (*Panicum Italicum*), qui s'accommode de croître à l'ombre de son gigantesque voisin. Quand le sorgho est moissonné, le millet exposé au soleil mûrit à son tour; des fèves (*Dolichos sinensis*) sont plantées en rangées au milieu des champs de maïs, et elles ont donné leur récolte avant que celui-ci, qui est tardif, soit assez monté pour les étouffer; la terre retirée des fossés d'écoulement ou d'irrigation est plantée de ricins ou de cotonniers dont les larges panaches verts encadrent en guise de haies les champs de céréales; enfin, quand le sol est trop aride ou qu'ils n'ont pu en enlever les pierres, ils y sèment du pin à résine ou du *cathsé*, plante oléagineuse qui s'accommode des plus mauvais terrains.

« Rien de plus animé que le tableau que présentent les vastes plaines du Pe-tche-li à l'époque des moissons. Les efforts du laboureur ont produit leurs fruits; les récoltes de toute sorte viennent gonfler ses greniers; les batteurs, les vanneurs, les moissonneurs, accompagnés de troupes de femmes et d'enfants qui glanent, font retentir l'air de leurs chants joyeux, et, à demi nus sous un soleil ardent, la queue enroulée autour du crâne, ils travaillent avec ardeur depuis le point du jour jusqu'à la tombée de la nuit, ne s'interrompant quelques minutes que pour manger des oignons et une poignée de riz, pour tirer quelques bouffées de leurs pipes, et pour s'éventer avec ardeur quand le soleil devient trop chaud, et que la sueur inonde leurs membres robustes.

« Les eaux de cette province ne sont guère moins exploitées que le sol.

« La pisciculture est pratiquée sur une grande échelle et de la manière la plus intelligente. Au commencement du printemps, un grand nombre de marchands de frai de poisson parcourent les campagnes pour vendre cette précieuse semence aux propriétaires d'étangs. Les œufs fécondés par la laitance sont transportés dans des tonnelets garnis de mousse humide. Il y a aussi des marchands d'alevin, habiles plongeurs qui vont prendre dans les trous des fleuves avec une poche à mailles très-serrées des petits poissons nouvellement nés; on élève cet alevin dans des étangs particuliers, d'où il est répandu, quand il est plus fort, dans les lacs et les grandes réserves. Les Chinois sont parvenus à conserver dans des bassins artificiels et à nourrir en domesticité les espèces les plus intéressantes et les plus productives de leurs fleuves. Dans les vastes étangs situés près du temple du Ciel à Pékin, on élève des dorades, une sorte de brème qui pèse jusqu'à vingt-cinq livres, des carpes et le fameux gourami ou kia-yu, poisson domestique; matin et soir les gardiens apportent des herbes et du grain aux poissons qui s'en nourrissent avec avidité, et qui atteignent en peu de temps des proportions considérables grâce à cet engraissage forcé. Dans ces conditions, un étang rapporte plus à son propriétaire que les meilleures terres de labour.

« Les côtes de la mer à l'embouchure du Peï-ho sont garnies sur toute leur étendue de parcs pour prendre le poisson à marée basse. Ce sont des madragues consistant en plusieurs carrés de cotonnade bleue tendus en travers sur des bouts de rotin qui sont fixés eux-mêmes à de petits piquets se déployant comme les feuillets d'un paravent; on se sert aussi de la seine et d'un chalut qui se traîne à fond. On prend dans le golfe de Pe-tche-li des plies, des soles, des flétans, des crapauds et des brèmes de mer, des dorades, des merlans, des germons, des morues et une foule d'autres poissons. On y rencontre des cétacés, cachalots et dauphins, plusieurs espèces de squales, parmi lesquelles le requin-tigre (*Squalus tigrinus*), dont la peau rayée et tachetée sert à divers usages industriels, et d'énormes tortues de mer.

« La pêche des rivières, qui nous est mieux connue, se fait de différentes manières fort ingénieuses : il y a la pêche avec des cormorans privés, la pêche au feu, au trident, à la nasse et à l'échiquier; on tend aussi des tramails pour barrer le cours d'eau à l'époque des migrations des poissons voyageurs. Le Peï-ho, peuplé de nombreux pêcheurs, présente l'aspect le plus animé : de grandes barques contiennent des familles entières; les femmes sont occupées à raccommoder les filets, à fabriquer des nasses en osier, à vider et à saler les produits de la pêche, à transporter dans les étuis les poissons qu'on veut conserver vivants; les petits enfants, le corps entouré d'une ceinture natatoire en vessies de porc, courent sur les bordages et grimpent comme des chats aux mâts et le long des cordages; des hommes laissent tomber à l'eau perpendiculairement leurs vastes échiquiers qu'ils relèvent sans peine par un mécanisme ingénieux en pesant de tout le poids de leur corps sur un montant en bois qui forme balance (fig. 152); d'autres visitent les filets dormants qui occupent tout le fond du fleuve et qui sont reconnaissables aux morceaux de bois flottant çà et là; enfin quelques-uns descendent le courant en harponnant les gros poissons avec un trident attaché à leur poignet par une forte corde. Pour ne pas effaroucher leur proie, ils ont imaginé de construire une sorte de radeau composé de deux poutres reliées entre elles par des barres de bois c'est absolument la forme d'une échelle; l'avant est taillé en pointe: à l'arrière, qui est carré, est placée une pagaie avec laquelle ils peuvent godiller. Par un miracle d'équilibre ils parviennent à se tenir debout, un pied sur chacun des montants

Fig. 152. La pêche dans une rivière en Chine.

le bras levé et armé du trident, et le cou tendu pour apercevoir le poisson qui dort au soleil à la surface de l'eau. C'est un spectacle émouvant que de voir cinq ou six pêcheurs descendant le courant du fleuve en ligne sur ces frêles esquifs; ils ont pour coiffure un grand chapeau de paille, et pour vêtement une casaque en jonc tressé imperméable et une culotte formée de petites tiges de roseaux non aplaties et cousues ensemble ; leurs jambes et leurs bras nus sont nerveux et bronzés, leur figure est énergique et son expression calme annonce l'habitude du danger. Cependant, quoiqu'il arrive souvent que la proie harponnée plus vigoureuse que le harponneur lui fasse perdre l'équilibre et le précipite dans l'eau où il n'a d'autre ressource, s'il ne veut être entraîné dans ses profondeurs, que de couper la corde attachée à son poignet, on entend rarement parler d'accidents, car tous sont excellents nageurs. La nuit, il se fait un bruit étrange sur les eaux qui sont illuminées par des torches de résine ; les pêcheurs parcourent en tout sens le fleuve en exécutant des roulements précipités sur des tambours de bois **afin** de chasser le poisson vers les endroits où sont tendus leurs filets. »

On vit en Chine avec une grande économie, par suite de l'habileté des agriculteurs et des artisans ou ouvriers des manufactures. Avec un ou deux kilogrammes d'herbe desséchée, qui coûte à peine vingt centimes le kilogramme, on peut faire cuire le repas d'une famille.

On fait peu usage de cheminées, sinon dans les provinces du nord ; mais on s'habille chaudement quand la température l'exige. Les maisons sont basses, de sorte qu'avec la houille qui existe dans le sol de plusieurs provinces, avec les élagages des arbres et les racines des arbrisseaux des montagnes, on a à bas prix tout le combustible nécessaire pour se chauffer [1].

Les bois manquent presque entièrement en Chine, le pays ayant été entièrement défriché pour nourrir sa surabondante population. Les prairies sont également rares : ce qui revient à dire que les animaux de boucherie, la viande de bœuf et de mouton sont rares. On s'en passe, grâce aux innombrables cours d'eau, fleuves, rivières, lacs et canaux qui sillonnent la Chine, et qui fourmillent de poissons.

Ce n'est pas seulement dans les cours d'eau que l'on pêche. On prend du poisson dans les rizières, et même dans les flaques d'eau formées par les orages, tant la multiplication du poisson est rapide.

Il existe en Chine des espèces de poissons qui se multiplient d'une façon si prodigieuse, qu'elles produisent jusqu'à deux pontes en un mois. Aussi les poissons ne coûtent-ils pas plus de vingt centimes le kilogramme, et les plus chers, un franc. On pêche avec des filets de toutes dimensions, à la ligne de fond, à la loutre, au cormoran. C'est ainsi que l'on pourvoit à la nourriture animale habituelle de quatre cents millions d'habitants.

Le porc, le canard et la poule sont aussi une grande ressource. Le porc est si bien entré dans l'alimentation générale qu'il coûte plus cher que le bœuf, bien que celui-ci soit plus rare.

---

1. Simon, *Bulletin de la Société d'acclimatation*, mars 1869.

C'est par troupeaux de trois ou quatre milliers qu'on rencontre les canards nageant sur les eaux. Ils sont gardés par des enfants montés sur des sortes de petites pirogues. Quelquefois ce sont des coqs qui les conduisent jusqu'à l'eau, et qui, de la rive, les surveillent et les rappellent, quand il le faut, d'un cri aigu, que les jeunes canetons comprennent fort bien.

Le canard est l'objet d'un très-grand commerce. On le sèche en le comprimant entre deux planches, comme une plante dans un herbier; et sous cette forme, on l'envoie jusqu'aux parties les plus reculées de l'empire. On prépare aussi, de la même façon, mais pour les classes les plus pauvres, les chiens d'une race particulière que l'on élève pour la boucherie dans les provinces du sud.

Les chèvres et les moutons entrent également pour une bonne part dans l'alimentation, mais ils ne viennent qu'après le porc, le canard et la poule.

Les Chinois ont donc appris à suppléer à l'insuffisance des grands animaux de boucherie.

Toutefois les végétaux forment la base de leur nourriture. C'est ce qui explique que quatre cents millions d'hommes puissent vivre sur une surface qui ne dépasse pas, en tout, quatre à cinq fois celle de la France. Il y a dans l'horticulture chinoise soixante-dix à quatre-vingts espèces de légumes, et de ces quatre-vingts espèces, vingt-cinq au moins sont destinées à la nourriture directe de l'homme. Mais la plus précieuse entre toutes, c'est le riz. Aussi rien ne coûte aux Chinois pour perfectionner la culture du riz. Pour cette culture, non-seulement on a renoncé aux forêts, mais on a créé, creusé des lacs immenses, on a percé des montagnes énormes. Pour elle, on retient l'eau des fleuves et des ruisseaux, du pied des montagnes on la ramène à la surface du sol à irriguer. Il n'existe peut-être pas dans le monde d'œuvre plus belle et plus grandiose que le vaste système hydraulique qui, dans toute la Chine, de l'ouest à la mer, conduit les eaux et les met sous la main du cultivateur.

Il y a quatre mille ans que ce grand travail a été exécuté, mais la reconnaissance publique n'a pas oublié celui qui l'a entrepris. On montre encore, non loin de Ning-Po, le champ où labourait le petit paysan qui, plus tard, après l'accomplissement de son œuvre, devint le grand empereur Yu. Tous les habitants du canton où il est né, considérés comme ses descendants ou ceux de sa

famille, sont exemptés d'impôts; et, dans un temple spécial, on
célèbre chaque année l'anniversaire de sa naissance avec la même
ferveur que si le bienfait datait d'hier.

Ce n'est pas seulement au riz que le Chinois rend justice, mais
à toutes les récoltes, et, pour mieux dire, à la terre elle-même, à
la terre qui les produit. Pour le Chinois, l'agriculture est vraiment plus qu'une profession, c'est presque un sacerdoce. Le Chinois se dit ces paroles de l'ancienne loi de la Perse : « Fais justice
à la plante, au taureau, au cheval; ne sois pas ingrat pour le
chien. La terre a droit à la semence : négligée, elle maudit; fé-
condée, elle remercie. A l'homme qui l'aura remuée de gauche à
droite et de droite à gauche, elle dira : Que tes champs portent
tout ce qui est bon à manger, que tes villages nombreux soient
abondants en tous biens. » Il se dit encore : « Laboure et sème ;
celui qui sème avec pureté accomplit toute la loi. »

Aussi lorsque la terre ne lui fournit pas d'abondantes récoltes,
le Chinois s'accuse-t-il lui-même. Il se purifie et fait abstinence.
Confucius, d'ailleurs, a dit : « Voulez-vous de bonne agriculture,
ayez des mœurs[1]. »

La terre rend en Chine jusqu'à douze mille kilogrammes de
riz par hectare. Un tel résultat indique de bonnes mœurs. On
n'a pas le temps de mal faire ou de mal penser quand on fait
produire autant à la terre. Un moraliste a dit : « Point de culture sans l'ordre. La justice est née du sillon. Cérès, qui à Thèbes
et à Athènes a rapproché les hommes et fait les lois, est la pensée sérieuse des peuples agricoles[2]. » Comment l'agriculture chinoise, qui pour la culture du riz emprunte à l'eau, si facile à détourner, le principal élément de sa fécondité, serait-elle possible
sans la justice? La régularité de la distribution des eaux, au milieu de l'immense population agricole du Céleste-Empire, est une
preuve de grande loyauté chez ce peuple.

Ainsi la patience, la douceur, la justice la bonté, sont nécessairement les qualités dominantes des mœurs chinoises.

On a souvent reproché aux Chinois d'être athées ; mais la *prière
du travail*, les purifications, les expiations auxquelles ils se soumettent aux moindres avertissements du ciel, les justifient de ce
reproche.

1. Simon, *Bulletin de la Société d'acclimatation*, mars 1869.
2. *Ibidem.*

153. Douane à Shang-Haï.

Les bonzes, c'est-à-dire les prêtres du culte de Bouddha, sont environnés, chez les Chinois, d'un grand respect. Si ce peuple n'est pas très-religieux au fond, il a du moins de la vénération et de la déférence pour les ministres du culte.

Nous représentons ici (fig. 154) le costume des bonzes.

Fig. 154. Bonze.

L'instruction est très-répandue en Chine : les écoles y abondent. La littérature chinoise, sans avoir laissé de nombreux monuments, est cependant riche en productions estimables.

Le théâtre est un plaisir recherché du peuple et des gens lettrés. Nous ferons appel, sur ces derniers points, au récit du voyage de M. de Bourboulon, rédigé par M. Poussielgue, et que nous avons déjà cité :

« Le livre des rites, dit M. Poussielgue, veut que l'éducation d'un enfant riche commence à l'instant même de sa naissance, et ne tolère les nourrices qu'en imposant aux mères de grandes précautions pour les choisir. On sèvre un enfant aussitôt qu'il peut porter la main à sa bouche. A six ans on lui enseigne les éléments de l'arithmétique et de la géographie; à sept ans on le sépare de sa mère et de ses sœurs, et l'on ne permet plus qu'il mange avec elles; à huit ans on le forme aux règles de la politesse; l'année suivante on lui apprend le calendrier astrologique; on l'envoie à dix ans aux écoles publiques, où le maître lui enseigne à lire, à écrire et à compter; depuis treize ans jusqu'à quinze, il reçoit des leçons de musique, en chantant des versets moraux qui remplacent son cantique; à quinze ans viennent les exercices du corps, l'usage des armes et l'équitation; enfin à vingt ans, s'il en est jugé digne, il reçoit le bonnet viril et change ses habits de coton pour des vêtements de soie et les fourrures : c'est aussi l'âge du mariage.

« Les maîtres d'école chinois (fig. 155) sont des lettrés déclassés qui n'ont pu parvenir aux grades des fonctions civiles. Ils font chanter à leurs écoliers leurs leçons à haute voix et paraissent avoir compris depuis longtemps l'importance de l'enseignement mutuel. C'est avec leurs queues et des martinets qu'ils châtient les récalcitrants, en leur frappant de grands coups sur les mains ou sur le dos. Les peines morales sont également appliquées; un écriteau attaché sur le dos dénonce l'écolier paresseux au mépris public. Les enfants les plus pauvres sont reçus gratis dans les écoles.

« L'importance que les Chinois attachent à l'écriture, à la lecture, à la grammaire, à la connaissance approfondie de la langue, tient à la difficulté même de cette langue.

« L'écriture ancienne des Chinois était *idéographique*, c'est-à-dire qu'elle représentait les objets par des caractères dessinés comme les hiéroglyphes égyptiens, au lieu d'être *phonétique*, c'est-à-dire composée de signes correspondants aux sons de la langue parlée. Les caractères primitifs, au nombre de deux cent quatorze, étaient des figures grossières qui représentaient imparfaitement des objets matériels. L'écriture idéographique, dont l'emploi par des peuples à demi sauvages s'explique aisément, doit être d'un usage fort difficile quand elle s'applique à des civilisés ayant à exprimer des idées abstraites. Les Chinois ont su modifier ingénieusement leurs caractères, de manière à les rendre susceptibles de satisfaire aux besoins de leur civilisation croissante : la *colère* était désignée par un cœur surmonté d'un lien, signe d'esclavage, l'*amitié* par deux perles exactement pareilles, l'*histoire* par une main tenant le symbole de l'équité. Ces ingénieuses figures ne suffisant bientôt plus, on les combina à l'infini, on les altéra en les multipliant, et il faut toute la science d'un vieux lettré pour reconnaître les dessins de l'écriture primitive dans les caractères actuels, qui sont au nombre de plus de quarante mille. Ainsi s'est formée l'écriture moderne, écriture figurée qui ne correspond pas à la langue parlée, exception unique parmi les peuples civilisés.

« On comprendra donc facilement que savoir lire et écrire la langue chinoise soit une science qui demande de longues études aussi bien aux gens du pays qu'aux étrangers ; d'ailleurs elle varie jusque dans ses formes grammaticales ; on y distingue trois sortes de styles : le style antique ou sublime employé dans les anciens livres canoniques, le style académique

Fig. 155. Maître d'école chinois.

qui est adopté pour les documents officiels et littéraires, et le style vulgaire.

« Les Chinois attachent un grand prix à une belle écriture ; un calligraphe ou, selon leur expression, un pinceau élégant est digne d'admiration. Le capitaine Bouvier et un des interprètes de la légation de France rendaient un jour visite à Tchong-louen, un des hauts fonctionnaires de

Pékin; son fils, mandarin à bouton bleu, jeune homme de vingt-deux ans, déjà père d'un enfant, c'est-à-dire d'un fils, car les filles ne comptent pas, était présent dans le salon de réception; Tch'ong-louen, voulant donner une idée de son précoce mérite à ses visiteurs, envoya chercher une grande pancarte de carton sur laquelle le jeune homme avait tracé en contours superbes le mot *longévité*, et la leur fit voir avec la même fierté que s'il se fût agi de l'attestation d'une action d'éclat ou d'un ouvrage littéraire. Il y a des pancartes semblables, des modèles d'écriture pendus dans les chambres des maisons, comme on le fait en Europe pour les dessins d'académie.

« L'aspect de l'écriture chinoise est étrange : les caractères sont placés les uns au-dessous des autres en lignes verticales, et vont de droite à gauche ; en un mot, sur ce point comme sur tant d'autres, les Chinois procèdent d'une manière absolument inverse de la nôtre. La position dans laquelle sont placés les caractères est d'ailleurs fort importante; par exemple, le nom de l'empereur doit s'écrire avec deux lettres plus hautes que les autres; y manquer serait se rendre coupable de lèse-majesté. Tout le monde connaît l'encre de Chine : c'est avec cette substance délayée dans l'eau et un pinceau que les Chinois tracent les caractères de leur écriture, en tenant leur main perpendiculaire au lieu de la placer horizontalement sur le papier.

« La langue parlée est beaucoup moins difficile; elle se compose de monosyllabes dont la réunion variée à l'infini exprime toutes les idées. Il faut y ajouter les accents qui donnent une tonalité et une expression différente aux racines monosyllabiques. La langue du midi diffère assez de celle du nord pour que les indigènes ne puissent se comprendre sans le secours du pinceau. En outre chaque province a son patois particulier.

« Malgré les difficultés que présentent l'écriture et la lecture des caractères chinois, la Chine est assurément le pays du monde où l'instruction primaire est le plus répandue. On trouve des écoles jusque dans les plus petits hameaux dont les agriculteurs s'imposent volontairement pour entretenir les maîtres. Il est très-rare de rencontrer un Chinois complétement illettré. Les ouvriers, les paysans sont capables de faire eux-mêmes leur correspondance, de déchiffrer les affiches et proclamations gouvernementales, de tenir note de leurs affaires journalières. L'enseignement des écoles primaires a pour base le *San-tse-King*, livre sacré attribué à un disciple de Confucius qui résume en cent soixante-dix-huit vers toutes les sciences et toutes les connaissances acquises. Cette petite encyclopédie, convenablement expliquée et développée par le professeur, suffit pour donner aux enfants chinois le goût des choses positives, et les mettre à même de travailler à acquérir une instruction plus sérieuse. Il existe aussi dans les grandes villes des colléges où les enfants des lettrés et des mandarins reçoivent une éducation complète. Tel est entre autres le collége impérial à Pékin.

« Les citoyens du Céleste-Empire jouissent de la liberté de la presse la plus complète, mais à leurs risques et périls : l'autorité, qui n'a droit d'empêcher aucune publication, se venge après coup par le bâton des pamphlets ou des satires virulentes qu'on publie chaque jour sur son compte. Un grand nombre de petites presses mobiles existent chez les particuliers, qui en usent et en abusent. Il n'y a pas un pays au monde où les murailles soient placardées d'autant d'affiches.

Fig. 156. Brouette à voile, en Chine.

« L'art typographique a été pratiqué de temps immémorial chez les Chinois; mais comme leur alphabet se compose de plus de 40 000 lettres, ils ne pouvaient se servir de types mobiles; ils se sont donc bornés à tailler en relief sur une planche de bois dur les caractères dont ils ont besoin, à enduire ces caractères avec leur encre, et à en tirer un nombre déterminé d'empreintes, en y appliquant successivement différentes feuilles de papier. Les relieurs, à l'inverse des nôtres, réunissent ces feuilles en volumes en les attachant par les bords; une note de la préface indique ordinairement

Fig. 157. Jonque chinoise.

l'endroit où ont été déposées les planches qui ont servi à la première édition de l'ouvrage.

« Il y a à Pékin plusieurs journaux quotidiens, entre autres la *Gazette officielle*, journal du gouvernement, à laquelle on s'abonne moyennant une piastre par trimestre. Cette feuille, imprimée en forme de brochure, est un carré long qui a une douzaine de pages et dont là couverture porte l'image du philosophe Meng-tseu. On y trouve un aperçu de toutes les affaires publiques et des principaux événements, les placets et les mémoires adressés à l'empereur, ses décrets, les édits des vice-rois de provinces, les fastes judiciaires et les lettres de grâce, des tarifs de douane, un courrier de la cour, les nouvelles diverses, incendies, crimes, etc., enfin les événements heureux ou malheureux de la guerre contre les rebelles *Tai-ping*. On y convient même d'avoir été battu, franchise qu'il est bon de signaler aux journaux officiels de l'Europe et de l'Amérique.

« Les Chinois attachent un respect traditionnel et quasi religieux à la conservation des papiers imprimés et écrits; on les recueille soigneusement et on les brûle quand on les a lus, afin de les dérober à toute profanation. On prétend même que des sociétés se sont formées qui payent des porteurs chargés d'aller de rue en rue avec d'énormes corbeilles pour en ramasser tous les fragments. Ces chiffonniers d'un nouveau genre reçoivent une prime pour le sauvetage des épaves de la pensée humaine.

« Les arts, comme la littérature, ont été poussés assez loin dans le sens utilitaire et industriel. L'art plastique, le beau absolu sont des idées incomprises.

« Si l'on a pu reconnaître la supériorité avec laquelle les Chinois ont traité l'économie sociale, la philosophie, l'histoire, toutes les sciences morales et politiques basées sur l'expérience et le raisonnement, il faut bien avouer aussi la rareté des œuvres purement littéraires. Il ne faut point en conclure qu'il n'y ait pas en Chine comme en tout pays civilisé abondance de poëtes, de romanciers et d'auteurs dramatiques, mais leurs productions peu estimées et peu rétribuées sont éphémères; on fabrique une ode, une pièce de circonstance; on la récite, on la joue au milieu des applaudissements; le lendemain il n'en reste plus rien.

« Ce n'est pas que le goût des représentations théâtrales ne soit très-vif dans la nation, mais on rougirait d'attacher une trop grande importance à un divertissement futile. Les directeurs des troupes sont le plus souvent les fabricants des pièces qu'ils font représenter, ou du moins ils les modifient suivant les exigences des acteurs et la convenance des costumes. Il n'existe pas de théâtres permanents ni autorisés à Pékin : le gouvernement en tolère la construction provisoire sur les places de la ville pour un temps limité à l'époque des fêtes publiques, mais il y en a dans beaucoup de maisons de thé analogues à nos cafés chantants, et chez tous les gens riches qui, chaque fois qu'ils ont loué une troupe d'acteurs pour se réjouir ou pour célébrer un anniversaire de famille, ont soin dans un but de popularité de laisser entrer librement la foule dans la partie de leur maison réservée au théâtre (fig. 158).

« Je viens d'assister, dit M. Trèves, à une représentation théâtrale donnée par le secrétaire d'État Tchong-louen dans le jardin de son palais de la ville tartare en l'honneur de la nouvelle année. Le théâtre ressemble à ceux que l'on élève à Paris sur l'esplanade des Invalides lors de la fête de l'empereur : c'est un grand quadrilatère de la forme d'un temple grec soutenu de chaque côté par quatre colonnes rubannées de bleu de ciel, de jaune d'or et d'écarlate, et dont le fronton est surchargé de sculptures et d'ornements. La scène, beaucoup plus large que profonde, est une plateforme parquetée et surélevée de deux mètres environ. Un vaste paravent la sépare des coulisses situées à l'arrière où les acteurs s'habillent et se fardent. Les décors n'existent pas ; il y a seulement deux ou trois chaises et un tapis. La salle circulaire, et très-vaste en proportion de la scène, est dallée sur le devant en pierre de marbre ; elle est à ciel ouvert, et les spectateurs n'ont d'autre abri que les grands arbres qui l'ombragent (fig. 158).

Fig. 158. Le théâtre en Chine.

« Nous prenons place sur une estrade réservée, élevée exprès pour nous en face de la scène ; des deux côtés sont des loges grillées avec des jalousies en bambou d'où les femmes de notre hôte et celles de ses invités assistent au spectacle : de peur qu'on ne les entrevoie, elles se sont voilé la figure avec un filet de soie à réseau. Les visiteurs d'un rang moins élevé sont assis au premier rang sur des chaises disposées autour de petites tables pouvant contenir quatre ou cinq personnes. Derrière eux on voit onduler comme une fourmilière de têtes humaines : c'est la foule des spectateurs populaires qui se pressent et s'entassent pour jouir du spectacle qu'ils doivent à la munificence de l'illustre Tchong-louen. A Pékin comme à Paris, les gens du peuple affrontent volontiers pour leur plaisir la fatigue de se tenir debout et sans point d'appui pendant des heures entières. Quelques bons pères de famille ont deux ou trois enfants juchés sur leur dos et sur leurs épaules, mais je n'aperçois aucune femme.

« Cependant, sur un signe parti de notre tribune, l'orchestre placé sur un des côtés de la scène et composé de deux flûtes, d'un tambour et d'une harpe, attaque un charivari qui tient lieu d'ouverture; puis le paravent s'écarte, les acteurs paraissent tous ensemble en costume de ville, et, après s'être inclinés si profondément que leur front touche la terre, ils détachent près de la rampe le chef de la troupe qui vient nous réciter le répertoire pompeux des œuvres dramatiques qu'ils vont représenter. »

Ici l'auteur donne une idée des pièces représentées sur le théâtre, et qui sont des espèces d'allégories et de spectacles historiques.

Outre les théâtres véritables, il existe à Pékin beaucoup de troupes d'acrobates, des danseurs et danseuses de corde, et enfin des hippodromes ambulants.

On voit en Chine des marionnettes, qui sont absolument semblables à celles d'Europe. Lequel des deux peuples est l'inventeur des marionnettes? Le mot d'*ombres chinoises* dont nous nous servons en France de temps immémorial semblerait prouver que les Chinois ont la priorité.

L'homme qui met les poupées en mouvement, monté sur un tabouret, est enveloppé dans de larges draperies de cotonnade bleue. Une boîte représentant un petit théâtre est appuyée sur ses épaules et s'élève au-dessus de sa tête; ses mains agissent sans qu'on devine le moyen mécanique qu'il emploie pour imprimer les allures de comédiens à ses très-petits automates (fig. 159).

Terminons par un coup d'œil jeté sur l'administration de la justice et les formes judiciaires. C'est au récit de M. Poussielgue que nous aurons encore recours :

« Il y a en Chine un rapport immédiat entre l'application pénale de la justice et l'organisation de la famille. Si l'empereur est le père et la mère de ses sujets, les magistrats qui le représentent à tous les degrés sont aussi le père et la mère de leurs administrés. Tout attentat contre l'autorité est un attentat contre la famille. L'impiété, un des plus grands crimes prévus et réprimés par la loi, n'est autre chose que le manque de respect aux parents. Voici comment le Code pénal a défini l'impiété : *Est impie qui insulte ses*

Fig. 159. Ombres chinoises.

proches parents, qui leur intente un procès, qui ne porte pas leur deuil, qui ne respecte pas leur mémoire, qui manque aux soins dus à ceux à qui il doit l'existence, de qui il tient l'éducation ou par qui il a été protégé et secouru. Les peines encourues pour le crime d'impiété sont terribles; nous en parlerons plus tard.

« En transportant ainsi le sentiment de la famille dans le domaine politique, les législateurs chinois ont créé une machine gouvernementale d'une force prodigieuse, qui dure depuis trente siècles et que n'ont pu détruire ni même ébranler sérieusement les nombreuses révolutions et changements de dynastie, les oppositions de race entre le nord et le sud, l'immensité territoriale de l'empire, l'incrédulité religieuse, et enfin le culte égoïste des intérêts matériels développés à l'excès par une civilisation caduque et immobile.

« Parmi les cours suprêmes siégeant à Pékin, se trouve la cour d'appel ou de cassation (*Ta-'i-sse*). Après elle viennent les prétoires de justice qui siègent dans les chef-lieux de chaque province, et qui sont présidés par un magistrat spécial portant le titre de commissaire de la cour des délits; un autre magistrat de grade inférieur y remplit les fonctions d'accusateur public. On trouve ensuite dans les villes de deuxième et de troisième ordre des tribunaux inférieurs qui n'ont qu'un seul juge, le mandarin ou le sous-préfet du département. Les peines appliquées par ce dernier sont limitées: quand le crime a mérité un châtiment plus grand, l'accusé est renvoyé devant le prétoire siégeant au chef-lieu de la province; si ce tribunal déclare qu'il a encouru la mort, la procédure doit être expédiée à la cour d'appel de Pékin; celle-ci juge en dernier ressort aux assises d'automne. Aucun tribunal de province n'a donc le droit de prononcer la peine de mort; toutefois en certains cas, lorsqu'il y a révolte à main armée, un gouverneur peut être investi de pouvoirs judiciaires analogues à ceux que confère en Europe l'état de siége. Enfin, il y a dans toutes les localités une salle des-instructions où le sous-préfet qui fait sa tournée trimestrielle doit s'informer de tout ce qui se passe, juger les différends, et faire un cours de morale au peuple; mais cette excellente institution, qui a une certaine analogie avec nos justices de paix, est tombée en désuétude par suite du relâchement des liens gouvernementaux et de l'incurie des mandarins.

« Il résulte de cette organisation judiciaire que le sous-préfet est investi de tous les pouvoirs correctionnels dans le ressort de sa juridiction administrative, état de choses très-vicieux et qui a enfanté d'énormes abus.

« Il n'y a pas d'avocats en Chine, et, comme on le voit, très-peu de juges: aussi la manière de rendre la justice est-elle extrêmement sommaire, et les garanties qu'elle offre à l'accusé à peu près nulles. Les amis ou parents peuvent, il est vrai, plaider sa cause, mais il faut que cela convienne au mandarin chef du tribunal. Quant aux témoins, ils sont exposés à recevoir des coups de rotin, suivant que leur déposition plaît ou ne plaît pas; en général les dépositions les plus longues sont celles qui plaisent le moins au mandarin; car il a une foule d'affaires à expédier, et son temps ne suffirait pas à les examiner toutes dans leurs plus petits détails. Aussi la condamnation ou l'acquittement dépendent-ils des officiers de justice subalternes qui ont préparé la procédure d'une manière favorable ou contraire à l'accusé suivant qu'ils en ont reçu plus ou moins d'argent.

« S'il y a des choses dignes d'approbation dans la jurisprudence chinoise, en revanche l'application de la pénalité est effroyable. L'homme est consi-

déré comme un être sensible seulement à la douleur physique et à la mort;
les législateurs n'ont pas cherché à frapper le coupable dans son honneur,
dans son amour-propre, ni même dans son intérêt. L'échelle pénale se compose surtout de la bastonnade appliquée avec un épais bambou du gros ou
du petit bout et depuis dix jusqu'à deux cents coups, suivant que le délit
est plus grave ou que l'objet volé a plus d'importance. La bastonnade se

Fig. 160. Un tribunal chinois.

donne de suite et devant le tribunal. Les peines les plus ordinaires sont ensuite la cangue, le carcan, la prison et le bannissement perpétuel en Tar-
tarie pour les mandarins qui ont commis des fautes politiques. Nous avons
dit que la haute cour d'appel décidait seule de la peine de mort; mais les
souffrances infligées par l'ordre des tribunaux inférieurs sont si affreuses,
les bourreaux sont si ingénieux à varier les tortures sans amener la mort,

le régime des prisons est si odieux, enfin un homme condamné à la cangue, au carcan ou à la cage est exposé à des angoisses si terribles, que, lorsque l'ordre de mort arrive de Pékin, tous ces malheureux marchent gaiement au supplice, comme si leur dernier jour était celui de leur délivrance.

« Les exécutions à mort, horriblement variées dans les âges passés, se réduisent maintenant à trois : la strangulation, la décapitation et la mort lente ou le supplice des couteaux.

« La strangulation s'opère au moyen d'un lacet de soie que deux bourreaux tirent de chaque côté, ou d'un collier de fer qui se serre par derrière avec une vis; ce dernier moyen a une grande analogie avec le supplice du *garote* encore usité de nos jours en Espagne. La strangulation par le lacet de soie est réservée aux princes de la famille impériale; le collier de fer sert à faire disparaître à l'ombre des prisons ceux dont on a intérêt à cacher la mort.

« Sur la place publique il n'y a pas d'autre supplice que la décapitation, appliquée à tous les crimes vulgaires. Les apprêts en sont très-simples et les péripéties très-rapides, vu la trempe et la lourdeur des sabres et l'habileté des bourreaux. Jamais la guillotine n'atteignit à la dextérité foudroyante des satellites du terrible Yek, ce vice-roi dont les Anglo-Français délivrèrent la province de Canton; il ne leur fallait que quelques minutes pour faire tomber une centaine de têtes. Il est vrai que leur maître se vantait de leur avoir dressé la main aux dépens de plus de cent mille victimes en moins de deux ans.

« La mort lente ou le supplice des couteaux est infligée pour le crime de lèse-majesté, pour le parricide et l'inceste. Les apprêts de ce supplice doivent redoubler encore les angoisses du condamné : attaché solidement à un poteau, les mains et les pieds serrés par des cordes, il a le cou pris dans un carcan; puis le magistrat chargé de veiller à l'exécution tire d'un panier couvert un couteau sur le manche duquel est désignée la partie du corps qui doit être frappée par le bourreau. Cette affreuse torture se continue ainsi jusqu'à ce que le hasard ait désigné le cœur ou tout autre organe vital. Disons vite que le plus souvent la famille du condamné achète à prix d'argent l'indulgence du juge, qui s'arrange pour tirer de suite du panier le couteau qui doit donner le coup mortel.

« Devant de telles pénalités, devant les hideux et fréquents spectacles qu'elles donnent, comment s'étonner que les Chinois soient familiarisés de bonne heure avec la mort, et que les femmes et les enfants mêmes possèdent au plus haut degré le courage passif qui la fait affronter avec calme? Pour beaucoup de ces pauvres gens, ce n'est que la fin d'une misérable et douloureuse existence.

« J'ai eu la curiosité d'assister à une des dernières séances de justice, et, sur ma demande, une place m'a été réservée d'où je pouvais voir sans être vu.

« Le prétoire (fig. 160) n'a rien de remarquable au point de vue architectural. Il est défendu par un grand mur de clôture presque aussi élevé que l'édifice principal. La première cour d'entrée est entourée de bâtiments qui servent de prisons; on y remarque des loges basses, grillées avec d'énormes barreaux en bambou, où on renferme les prisonniers pendant la nuit.

« Dans cette cour gisaient accroupis en plein soleil une foule de malheureux aux membres décharnés, à la face livide, et recouverts à peine de quelques sordides haillons. Les uns étaient attachés par le pied à une chaîne de fer rivée à un cône en fonte d'un poids tel qu'ils ne pouvaient le changer de place, et ils tournaient autour comme des bêtes fauves, dans un rayon de quelques pieds ; d'autres avaient les jambes et les bras entravés, et ne pouvaient marcher qu'en faisant des petits sauts saccadés et très-doulou-reux, à en juger par la contraction de leurs muscles.

« Un de ces condamnés avait la main et le pied droits retenus par une planche en bois haute à peine de quelques décimètres ; un soldat de police le tirait en avant par une chaîne de fer attachée à un lourd collier qui em-

Fig. 161. Un condamné.

prisonnait son cou, tandis qu'un autre bourreau le fustigeait par derrière pour le faire avancer. Le malheureux se traînait avec peine sur sa jambe restée libre, le corps courbé en deux, dans la position la plus pénible (fig. 161).

« Dans un coin de la cour, d'autres prisonniers subissaient leur condam-nation à la cangue. J'y remarquai une scène touchante : un voleur était enterré tout vivant dans une cage de bois.

« Qu'on se figure un lourd cuvier renversé sous lequel on fait accroupir un être humain, après avoir fait passer sa tête et ses mains dans des trous ronds tellement étroits qu'il ne peut ni les remuer ni les retirer. La cage de bois pèse sur ses épaules ; quelque mouvement qu'il fasse, il faut qu'il la traîne avec lui. Quand il veut se reposer, il doit s'accroupir sur les ge-

noux dans la posture la plus fatigante; quand il veut faire de l'exercice, il
peut à peine soulever cette lourde machine (fig. 162). On recule d'effroi en
songeant à ce que doit être l'existence d'un homme condamné à un mois
d'un pareil supplice. Cet infortuné ne pouvant ni manger ni boire, sa
femme s'était chargée de ce soin : elle était debout près de la cage; et tirait
d'un panier qu'elle avait apporté quelques grains de riz et de petits morceaux de porc qu'elle lui faisait avaler avec des bâtonnets : elle essuyait de
temps en temps avec un vieux morceau d'étoffe la figure livide de son mari
qui ruisselait de sueur, tandis que son petit enfant, qu'elle portait attaché
par une courroie sur son dos, souriait dans son ignorance de la douleur, et

Fig. 162. La cangue, supplice chinois.

jouait avec les boucles de la chevelure flottante de sa mère. Ce spectacle
m'a vivement ému, et j'ai pressé le pas pour ne pas céder à la tentation de
me révolter contre ces atrocités.

« L'entrée du prétoire est décorée d'un portail extérieur où sont peintes
en couleurs éclatantes des scènes mythologiques.

« Mais voici que les portes à deux battants s'ouvrent avec fracas devant
la foule qui se presse dans la première cour. Au fond de la grande salle; sur
une estrade élevée, j'aperçois Tchong-heou dans son costume d'apparat,
entouré de ses conseillers et des officiers de justice subalternes. Devant lui,
sur une table recouverte d'un tapis rouge, sont les cahiers des procédures
criminelles, les pinceaux et la palette pour l'encre de Chine, un casier recouvert d'étoffe où sont les codes et les livres de jurisprudence qu'il doit

consulter, enfin un vaste étui qui contient des morceaux de bois peints et chiffrés. Derrière le mandarin est son porte-éventail et deux enfants richement vêtus de soie, qui élèvent au-dessus de sa tête les insignes de sa dignité. Sur les douze marches de pierre qui mènent à l'estrade sont échelonnés d'abord le bourreau, reconnaissable à son chapeau en fil de fer et à sa robe rouge ; il appuie sa main droite sur un énorme rotin, tandis que la

Fig. 163. Soldats chinois.

gauche est armée d'un sabre recourbé ; puis ses aides et les greffiers de justice qui agitent tous, avec un cliquetis épouvantable, différents instruments de torture, et qui poussent à l'unisson des cris affreux pour jeter l'effroi dans le cœur des coupables. Tout autour sont groupés des soldats de police, coiffés du bonnet mandchoux à gland rouge, et armés d'une pique courte et de deux sabres contenus dans le même fourreau: L'intérieur du tribunal est orné de draperies rouges, sur lesquelles sont inscrites des sentences, et de lanternes représentant des monstres; enfin, tout a été fait pour frapper par le spectacle imposant de l'appareil judiciaire la foule avide et curieuse qui se répand sous les portiques des galeries latérales.

« J'assistai, d'un cabinet réservé situé derrière l'estrade de justice, à la condamnation d'une dizaine de voleurs. Je ne m'étendrai pas sur les scènes

Fig. 164. Cavalier chinois.

de torture qu'amenèrent leurs négations répétées. L'accusé persistait à nier, le juge jetait devant le bourreau un de ses bâtons peints ou jetons placés sur sa table dans un étui et qui contenait la désignation du nombre de coups de rotin ou le genre de torture qui devait être infligé. L'exécution se faisait immédiatement, sous les yeux du juge et des greffiers, qui enregistraient soigneusement les demi-aveux que laissait échapper la victime au milieu de ses cris de douleur. »

La question militaire a peu d'importance en Chine. Ce peuple sceptique et timoré ne croit guère à la gloire ni à la puissance des armes. On a vu, par notre campagne de Chine, quel fonds peuvent faire les Chinois sur une armée. Une nuée de combattants fut taillée en pièces par le général Cousin Montauban, depuis comte de Palikao, après quelques engagements dans lesquels on voyait les Chinois fuir à toutes jambes dès qu'ils apercevaient seulement un uniforme. Une nation de quatre cents millions d'hommes fut vaincue par six mille Français. L'insigne lâcheté du Chinois explique que ce peuple soit à la merci de tous les conquérants.

Fig. 165. Grande muraille de la Chine, près de Pékin.

Nous nous bornerons, en ce qui concerne l'art de la guerre chez les Chinois, à donner leurs costumes militaires. On voit (fig. 163) le costume des fantassins et (fig. 164) celui du cavalier.

Le soin avec lequel le peuple chinois se tient à l'écart de l'étranger, et emploie tous les moyens pour lui interdire l'accès de l'empire, est sa véritable armée. Retiré derrière sa muraille, il est heureux à sa manière et se passe de soldats. Le système est bon, puisqu'il est suivi depuis tant de siècles.

La muraille de la Chine qui ferme scrupuleusement cet empire aux étrangers n'est pas une simple métaphore. C'est une solide

réalité. Nous représentons ici (fig. 165) une vue de la grande muraille prise près de Pékin.

M. le marquis de Moges, qui fut attaché à l'ambassade de
M. Gros en Chine, a résumé avec esprit, dans le récit de son
voyage, les deux contrastes qui existent entre la civilisation chinoise et celle de l'Occident. En Chine, nous dit-il, l'aiguille
aimantée marque le sud ; — il y a cinq points cardinaux ; — la
gauche est la place d'honneur ; — la politesse exige que l'on reste
la tête couverte devant un supérieur ou devant une personne que
l'on veut honorer ; — on lit un livre en commençant par la droite ;
— on mange des fruits au début du dîner et la soupe à la fin ; —
dans les écoles les enfants apprennent tout haut leur leçon et
doivent la réciter tous à la fois ; — on y punit le silence comme une
preuve de paresse ; — enfin la noblesse conférée à un homme
pour un service éclatant rendu à l'État ne s'étend point à ses
descendants, mais remonte à ses ancêtres pour les anoblir.

FAMILLE JAPONAISE.

Le Japon, composé d'une île considérable, l'île de Nipon, et
d'une petite bande du continent de l'est de l'Asie, est habité par
un peuple industrieux et intelligent. Si le Japonais ressemble aux
Chinois par beaucoup de côtés, il s'en éloigne par d'autres,
et est bien supérieur, au point de vue moral, aux habitants du
Céleste-Empire.

Les caractères de l'écriture sont les mêmes au Japon et en
Chine, et la littérature japonaise n'est pas nationale, mais toute
chinoise. Au Japon règnent, comme en Chine, les deux cultes de
Bouddha et de Confucius. Les pagodes dans lesquelles ces cultes
se pratiquent sont les mêmes, et elles sont desservies par les
mêmes bonzes, à la tête rasée et à la longue robe grise. Les bâtiments et jonques sont les mêmes dans les deux pays. La nourriture est la même, c'est-à-dire composée de végétaux, parmi lesquels domine le riz, et de poissons, avec accompagnement de
force thé et eau-de-vie. Les *coolies*, ou serviteurs indiens, portent leurs fardeaux, au Japon comme en Chine, à Nangasaki comme
à Pékin, en faisant retentir les rues des mêmes cris aigus et caden-
cés. Les Japonaises se coiffent comme les anciennes Chinoises avant
l'adoption de la queue, et les habitants des villes, à Yedo comme

à Nankin, se renferment dans leurs maisons barricadées contre le froid et la chaleur.

Mais là s'arrêtent les ressemblances. La race japonaise, nation toute militaire et féodale, s'indignerait d'être confondue avec la race humble et rusée du Céleste-Empire, qui dédaigne la guerre

Fig. 166. Bourgeois japonais.

et ne vit que pour le commerce. Le Chinois se met à rire quand on lui reproche d'avoir fui devant l'ennemi, ou quand on lui prouve qu'il a menti : ce sont là pour lui choses indifférentes. Le Japonais entend autrement la vie et l'honneur : il est guerrier et il est fier. Un soldat japonais tient bon contre l'ennemi. Lui enlever son sabre, c'est le déshonorer, et il ne le reprendra que teint du sang du vainqueur. Le duel, inconnu en Chine, est terrible dans son exécution chez les Japonais. L'habitant du Nipon s'ouvre le ventre d'un coup de sabre, et défie son adversaire d'en faire autant, en lui donnant le signal de cet acte mortel. La race chinoise vit dans une dégoûtante et perpétuelle saleté; au contraire, tous les Japonais, sans distinction de classe ni de fortune, prennent tous les deux jours un bain chaud. Le Japonais, d'un caractère enjoué et ouvert, d'une intelligence remarquable, est avide de connaître ce qui se passe au dehors, est désireux d'apprendre; le Chinois, au contraire, se renferme avec rigueur derrière sa classique muraille, et repousse tout ce qui est étranger. Tout cela dénote chez les Japonais une race bien supérieure à la race chinoise.

Sous le rapport du type physique, les Japonais diffèrent des Chinois par quelques particularités, qui se font remarquer surtout chez les habitants des rivages maritimes, chez les pêcheurs et les marins des côtes. Ces derniers sont des hommes petits, vigoureux, agiles, aux mâchoires saillantes, aux grosses lèvres, avec un nez petit, déprimé à sa racine, mais à profil arqué. Leur chevelure a quelques dispositions à devenir crépue.

Les Japonais, en général, sont de moyenne stature. Ils ont la tête grosse, un peu enfoncée dans les épaules, la poitrine large, le buste long, les hanches charnues, les jambes grêles et courtes, les pieds petits et les mains fines. Chez les personnes qui ont le front très-fuyant et les pommettes des joues particulièrement larges et proéminentes, la tête, vue de face, présente plutôt la forme géométrique du trapèze que celle de l'ovale. Les yeux sont plus saillants que chez les Européens, et même quelque peu bridés. L'effet général n'est pas celui du type chinois ou mongol. La tête du Japonais est plus grosse; la figure plus allongée et, à tout prendre, plus régulière. Le nez est plus saillant, mieux dessiné.

Toute la population a la chevelure lisse, épaisse et d'un noir d'ébène. La barbe est assez forte. La couleur de la peau varie selon les classes de la société, depuis le blanc mat ou bruni par le soleil des habitants de l'Europe méridionale, jusqu'au teint cendré et basané de l'habitant de Java. La nuance dominante est le brun olivâtre; jamais elle ne rappelle la teinte jaune des Chinois. Les femmes ont le teint plus clair que les hommes. Dans la haute société et jusque dans la classe bourgeoise, il est des femmes qui ont le teint tout à fait blanc.

Deux traits indélébiles séparent les Japonais du type européen :
les yeux bridés, et une disgracieuse dépression de la poitrine, que
l'on distingue chez les personnes à la fleur de l'âge, même chez
les plus belles.

Hommes et femmes ont les yeux noirs, les dents blanches et

Fig. 167. Bourgeoises japonaises.

saines. Leur physionomie est mobile et présente une grande variété d'expression. L'usage veut que les femmes mariées noircis-
sent leurs dents.

Le vêtement national des Japonais est une sorte de robe de
chambre ouverte (fig. 166), que l'on fait un peu plus large, un peu
plus étoffée pour les femmes (fig. 167) que pour les hommes. On la

croise sur la taille au moyen d'une ceinture, qui chez les hommes
est une étroite écharpe de soie, et chez les femmes une large pièce
d'étoffe bizarrement nouée derrière le dos.

Les Japonais ne portent pas de linge, mais ils se baignent, comme
nous l'avons dit, tous les deux jours. Les femmes ont une chemise de crêpe de soie rouge.

En été, les paysans, les pêcheurs, les artisans, les coolies indiens vaquent à leurs travaux dans un état de nudité presque
complète, et les femmes ne gardent qu'une jupe autour de la

Fig. 168. Le Japonais en amille.

ceinture. En temps de pluie ils se couvrent de manteaux de paille
ou de papier huilé et de chapeaux d'écorce de bambou en forme
de bouclier (fig. 169). En hiver les hommes du peuple portent sous
le *kirimon*, ou la robe de chambre, un justaucorps et un pantalon collant en cotonnade bleue, et les femmes un ou plusieurs
manteaux ouatés. Les gens de la classe bourgeoise ne sortent
jamais sans justaucorps ni pantalon.

La figure 170 représente le citadin japonais en costume d'hiver.

Ordinairement le costume ne diffère que par la nature des

étoffes. Les nobles seuls ont le droit de se vêtir de soie. Ils ne s'habillent richement que pour aller à la cour, ou faire de ces visites de cérémonies. Tout le monde porte des chaussettes en toile et des sandales en paille tressée, ou des socques en bois

Fig. 169. Paysan japonais en costume d'été.

retenus par un cordon, dans lequel on engage l'orteil. Chacun, en rentrant chez soi, ou en se présentant dans une maison étrangère, ôte ses chaussures, et les laisse sur le seuil.

Les planchers des habitations japonaises sont recouverts de

nattes, qui dispensent de tout autre mobilier. La natte est à elle seule le mobilier presque tout entier.

Le Japonais est mari d'une seule femme.

Ce peuple a du goût pour les sciences et les arts ; il aime la

Fig. 110. Habitant de ville en costume d'hiver.

musique et les spectacles. L'industrie est très-avancée chez lui. Il fabrique de belles étoffes, travaille le fer et le cuivre avec habileté, il forge d'admirables sabres ; ses ouvrages en bois, ses vernis, ses porcelaines ont une grande célébrité.

Sous le rapport politique, le pouvoir se partage entre un chef héréditaire et despotique, le *Taïkoun*, et un chef spirituel, le *Mikado*.

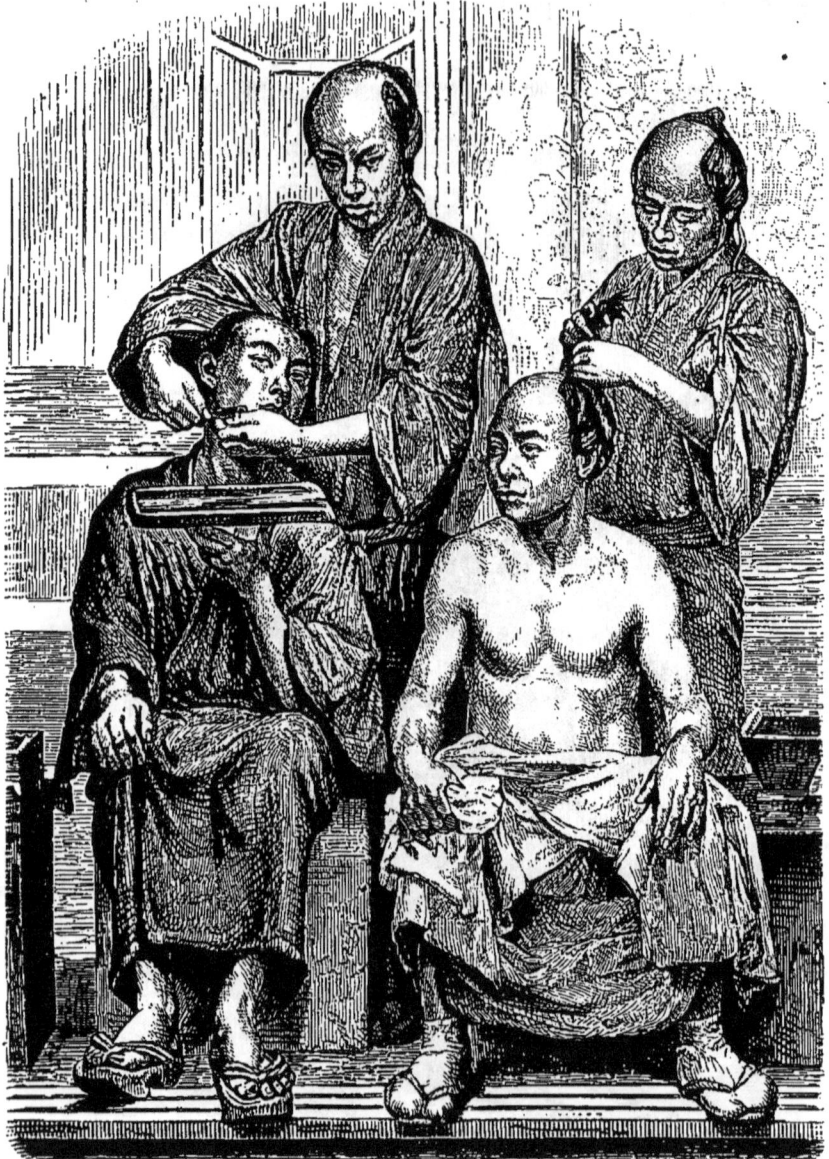

Fig. 171. Barbier japonais.

Deux religions, le bouddhisme et le culte des *Kamis*, se partagent le Japon; la doctrine de Confucius y est également répandue.

Pour faire connaître avec plus de détails l'intéressante population du Japon, nous emprunterons quelques pages au récit d'un séjour au Japon fait par M. Humbert, ministre plénipotentiaire de la Suisse, qui a été publié en 1870 sous ce titre : le Japon[1].

M. Humbert assiste aux cérémonies auxquelles donne lieu une visite officielle faite au Mikado par le Taïkoun, et il en donne le récit suivant :

« Pendant mon séjour au Japon, il arriva que le taïkoun fît une visite de courtoisie au mikado.

« C'était un événement extraordinaire. Il causa une grande sensation, inspira le pinceau des artistes indigènes, et fournit aux résidents étrangers l'occasion de voir un peu plus clair que de coutume dans les rapports réciproques des deux Majestés de l'empire. Leur position respective présente réellement un singulier intérêt.

« D'abord, le mikado a sur son rival temporel l'avantage de la naissance et le prestige de son caractère sacré. Petit-fils du Soleil, il continue la tradition des dieux, des demi-dieux, des héros, des souverains héréditaires qui ont régné sur le Japon, par voie de succession non interrompue, depuis la création de l'empire des huit grandes îles. Chef suprême de la religion, quelles que soient les formes qu'elle revêt parmi le peuple, il officie comme souverain pontife de l'ancien culte national des Kamis. Au solstice d'été, il sacrifie à la terre; au solstice d'hiver, il sacrifie au ciel. Un dieu est expressément préposé à la garde de sa précieuse destinée : du sein du temple qu'il habite au sommet du mont Kamo, dans le voisinage de la résidence, il veille nuit et jour sur le daïri. Enfin, à la mort des mikados, leurs noms devant être inscrits dans les temples de leurs ancêtres, sont gravés à la fois à Kioto, dans le temple d'Hatchiman, et à Isyé, dans le temple même du Soleil.

« Empereur théocratique et souverain héréditaire, c'est incontestablement du ciel que le mikado tient le pouvoir qui lui est dévolu sur son peuple. Seulement, il faut convenir que, de nos jours, il ne sait plus à quoi l'employer. De temps à autre cependant il lui semble bon de décerner des titres pompeux, purement honorifiques, à quelques vieux seigneurs féodaux ayant bien mérité de l'autel. Parfois aussi il s'accorde la satisfaction de protester hautement contre les actes du pouvoir temporel, qui lui semblent heurter ses prérogatives ; c'est ce qu'il a fait tout spécialement à propos des traités conclus entre le taïkoun et diverses nations de l'Occident; il est vrai que, par la suite, il les a sanctionnés, mais c'est parce qu'on lui a forcé la main.

« De son côté, le taïkoun est, au su de tout le monde, l'heureux héritier de vulgaires usurpateurs. Les fondateurs de sa dynastie, anciens serviteurs du mikado, ont, en effet, dépouillé leur seigneur et maître de son armée, de sa marine, de ses terres et de ses trésors, comme s'ils eussent eu vocation de la débarrasser de tout sujet de préoccupation terrestre.

« Peut-être aussi le mikado s'est-il prêté trop complaisamment à toutes leurs manières d'agir. Parce qu'on lui offrait un chariot à deux roues, attelé d'un bœuf, pour sa promenade journalière dans les parcs du castel, ce privilége considérable sans doute dans un pays où personne ne va en voi-

---

1. Deux magnifiques volumes in-4°. Hachette et Cie.

ture, n'aurait pas dû lui faire sacrifier les mâles exercices du tir à l'arc, de la chasse au faucon, des brillantes cavalcades à la poursuite du cerf et du sanglier. De même on eût pu, sans le rendre invisible, lui épargner la

Fig. 172. Écrivain japonais.

fatigue de ces solennités où, parfaitement immobile sur une estrade, on l'offrait à la muette adoration de la cour prosternée. Maintenant, dit-on, le mikado ne communique plus avec le monde extérieur que par l'intermédiaire des femmes chargées du soin de sa personne. Ce sont elles qui l'habillent et le nourrissent, lui adaptant chaque jour un costume neuf, et le servant dans de la vaisselle sortie le jour même de la fabrique qui, depuis des siècles, a le monopole de cette fourniture. Jamais les pieds du sacré personnage ne touchent le sol; jamais sa tête n'est exposée au grand air, au plein jour, aux regards profanes; jamais, en un mot, le mikado ne doit subir le contact ou l'atteinte ni des éléments, ni du soleil, ni de la lune, ni de la terre, ni des hommes, ni de lui-même.

« Il fallait que l'entrevue eût lieu à Kioto, la ville sainte, qu'il n'est pas permis au mikado d'abandonner. Il n'y possède en propre que son palais et d'anciens temples de sa famille; la ville elle-même est sous la domination de l'empereur temporel; mais celui-ci en consacre les revenus aux dépenses

Fig. 173. Porteurs de chaise.

du souverain spirituel, et daigne y entretenir une garnison permanente pour la protection du trône pontifical.

« Tous les préliminaires étant accomplis de part et d'autre, une proclamation annonça le jour où le taïkoun sortirait de sa capitale, l'immense et populeuse Yédo, ville toute moderne, centre de l'administration politique et civile de l'empire, siége de l'école de la marine, de l'école militaire, du collège des interprètes et de l'Académie de médecine et de philosophie.

« Il se fit précéder d'un corps d'armée équipé à l'européenne; et tandis que cette troupe d'élite, infanterie, cavalerie et artillerie, s'acheminait sur Kioto par la voie de terre, en suivant la grande route impériale du Tokaïdo, il donna l'ordre à sa flotte de guerre d'appareiller pour la mer intérieure. Lui-même, le souverain temporel, monta sur le magnifique steamer le

Lyeemoon, qu'il avait acheté de la maison Dènt et Cⁱᵉ, pour la somme de cinq cent mille dollars. Six autres navires à vapeur lui faisaient escorte :

Fig. 174. Cuisinier japonais.

c'étaient le *Kandimarrah*, célèbre par sa traversée de Yédo à San-Francisco, au service de la mission japonaise envoyée aux États-Unis; la corvette *le*

Soembing, don du roi des Pays-Bas; le yacht *l'Emperor,* hommage de la reine Victoria, et des frégates construites en Amérique ou en Hollande, sur des commandes faites par les ambassades de 1859 et de 1862. Gouvernée par des équipages exclusivement japonais, cette escadre sortit de la baie de Yédo, doubla le cap Sagami et le promontoire d'Idsou, franchit les passes du détroit de Linschoten, et longeant les côtes orientales de l'île d'Awadsi,

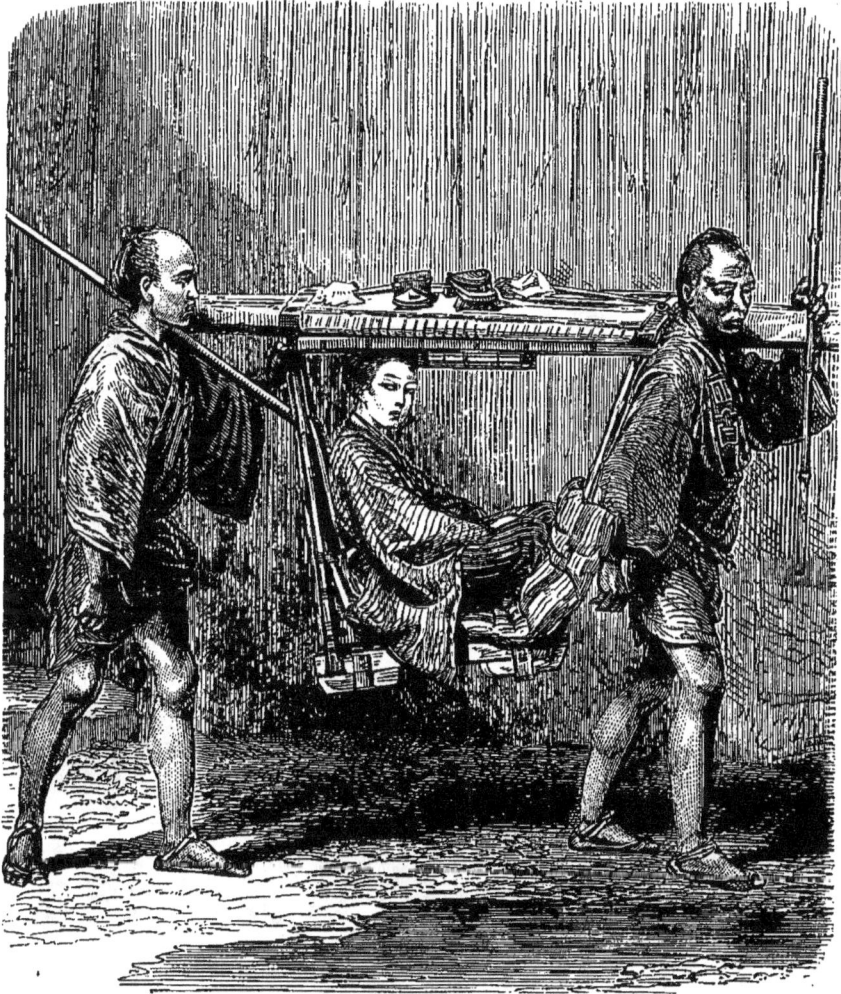

Fig. 175. Palanquin.

alla jeter l'ancre dans la rade de Hiogo, où le taïkoun se fit descendre à terre au bruit des salves de bâbord et de tribord.

« Son entrée solennelle à Kioto eut lieu quelques jours plus tard, sans autre démonstration militaire que l'appareil de sa propre armée, pour la raison que le mikado n'a ni troupes ni canons à sa disposition, mais simplement une garde d'archers de parade, recrutés parmi les familles de sa parenté ou de la noblesse féodale. Même dans ces modestes conditions il subvient avec peine à l'entretien de sa cour : les contributions de la résidence n'y suffisant pas, il doit accepter d'une main le montant d'une

Fig. 176. Le Mikado, ou souverain spirituel du Japon.

rente que le taïkoun veut bien lui payer sur sa cassette, et, de l'autre, le produit d'une collecte que les frères quêteurs de certains ordres monastiques vont faire annuellement pour lui, de village en village, jusque dans les provinces les plus reculées de l'empire. Si quelque chose lui permet encore de soutenir son rang, c'est l'héroïque désintéressement d'un grand nombre de ses hauts dignitaires. Il en est qui le servent sans autre rémunération que la jouissance gratuite des riches costumes réglementaires de la vieille garde-robe impériale. Quand ils rentrent au logis après avoir déposé leur livrée de cour, ces fiers gentilshommes ne dédaignent pas de s'asseoir à un métier de tisserand, ou devant un tambour de brodeuse. Plus d'une pièce de ces riches soieries de Kioto, dont on admire la main-d'œuvre, sort de maisons princières qui ont leurs noms inscrits au calendrier des Kamis.

« Ces circonstances n'empêchèrent pas le mikado d'inaugurer la journée de l'entrevue en étalant, aux regards de son royal visiteur, le spectacle de la grande procession du daïri. Accompagné de ses archers, de sa maison, de sa cour, et de toute sa suite pontificale, il sortit du palais par le portique du sud, qui, vers la fin du neuvième siècle, fut décoré des compositions historiques du célèbre peintre et poëte Kosé Kanaoka. Il descendit, le long des boulevards, jusqu'aux faubourgs que baigne l'Yodogawa, et remonta vers le castel en parcourant toutes les rues principales de la cité.

« Il faisait porter avec pompe, en tête du cortége, les antiques insignes de son pouvoir suprême : le miroir d'Izanami, son aïeule, la charmante déesse qui donna le jour au Soleil dans l'île d'Awadsi ; les glorieuses enseignes dont les longues banderoles de papier avaient flotté sur les troupes du conquérant Zinmou ; le glaive flamboyant du héros de Yamato, qui dompta l'hydre à huit têtes à laquelle on sacrifiait des vierges de sang princier ; le sceau qui fut apposé aux lois primitives de l'empire ; l'éventail en bois de cèdre, ayant la forme d'une latte et remplissant l'usage d'un sceptre qui, depuis plus de deux mille ans, passe des mains du mikado défunt à celles de son successeur.

« Je ne m'arrêterai pas à une autre exhibition, destinée sans doute à compléter et à rehausser l'effet de la première, savoir celle des bannières armoriées de toutes les anciennes familles seigneuriales de l'empire. Peut-être devaient-elles rappeler au taïkoun qu'il n'était qu'un parvenu aux yeux de la vieille noblesse territoriale ; mais ce parvenu pouvait sourire complaisamment à la pensée que tous les seigneurs japonais, les grands comme les petits daïmios, n'en sont pas moins obligés de passer six mois de l'année à sa cour de Yédo et de lui présenter leurs hommages au milieu des nobles de sa propre création.

« La colonne la plus nombreuse et la plus pittoresque de la procession fut celle des représentants de toutes les sectes qui reconnaissent la suprématie spirituelle du mikado. Les dignitaires de l'ancien culte des Kamis se distinguent à peine, quant à leur costume, de grands officiers du palais. J'ai déjà eu l'occasion de le décrire : il nous rappelle que les Japonais eurent dans l'origine une religion sans sacerdoce. Le bouddhisme, au contraire, qui est venu de la Chine et s'est rapidement propagé dans tout l'empire, présente une infinie variété de sectes, de rites, d'ordres et de confréries. Les bonzes et les moines appartenant à cette religion formaient dans le cortége des files interminables de graves personnages à têtes tonsurées ou complétement rasées, tantôt nues, tantôt couvertes de toques

bizarres, de mitres, de chapeaux à larges bords. Les uns portaient une
crosse à la main droite, d'autres un rosaire, d'autres encore un chasse-
mouches, une conque marine, un goupillon à bandes de papier. Des souta-

Fig. 177. Officier du taïkoun.

nes, des surplis, des manteaux de toute façon et de toutes couleurs composaient leur accoutrement.

« A leur suite venaient les gens de la maison du mikado. Dans leur tenue de cérémonie, les gardes du corps pontificaux visent par-dessus tout
à l'élégance. Laissant les hauberts et les cottes de mailles aux hommes

d'armes du taïkoun (fig. 178), ils se coiffent d'une petite calotte laquée, ornée sur les deux tempes de rosaces ayant la forme d'un éventail ouvert, et ils se serrent la taille d'un riche pourpoint de soie bordé de festons dentelés sur toutes les coutures. Leurs pieds disparaissent sous l'ampleur de leur pantalon. Un grand sabre recourbé, un arc, un carquois garni de flèches constituent leur équipement.

« Quelques-uns d'entre eux, à cheval, maniaient une longue houssine, retenue au poignet par un cordon de soie à gros flocons.

« Sous ces dehors pleins de noblesse se cache trop souvent une grande brutalité de caractère. La turbulence et le débordement de mœurs des jeunes cavaliers de la cour sacerdotale du Japon ont fourni à l'histoire des pages qui rappellent les plus mauvais jours de la Rome papale, les temps de César Borgia. Le Hollandais Conrad Kramer, envoyé de la Compagnie des Indes néerlandaises à la cour de Kioto, eut la faveur d'assister, en 1626, à une fête donnée en l'honneur de la visite de l'empereur temporel à son souverain spirituel. Il raconte que le lendemain de cette solennité, l'on releva dans les rues de la capitale des cadavres de femmes, de jeunes filles et d'enfants, victimes de violences nocturnes. Un nombre plus considérable encore de femmes mariées et de jeunes filles d'Osaka, de Sakkaï, et d'autres villes du voisinage, que la curiosité avait attirées à Kioto avec leurs époux ou leurs parents, disparurent dans le tumulte des rues envahies par la foule, et ne se retrouvèrent que huit à quinze jours plus tard, sans que leurs familles aient jamais pu se faire rendre justice de leurs ravisseurs.

« La polygamie n'existant au Japon que pour le mikado, ou plutôt revêtant pour lui seul le caractère d'une institution légale, il était naturel qu'il fît quelque étalage de cette prérogative. Elle lui coûte assez cher! C'est le gouffre, bordé de fleurs, que les premiers usurpateurs du pouvoir impérial ont creusé sous les pas des successeurs de Zinmou. Quel perfide sourire devait contracter les lèvres du taïkoun, lorsqu'il vit s'approcher, à la file, les carrosses du daïri!

« Ces lourdes voitures, construites en bois précieux et vernies de diverses couleurs, étaient attelées, chacune, de deux buffles noirs, conduits par des pages en sarraux blancs. Elles renfermaient, assises derrière des portières à claire-voie, l'impératrice et les douze autres femmes légitimes du mikado : celui-ci n'avait pu, convenablement, leur refuser de partager avec lui le privilége de ce genre de véhicule. Ses concubines favorites et les cinquante dames d'honneur de l'impératrice suivaient, portées en norimons ou palanquins couverts.

« Quant au mikado lui-même, lorsqu'il sort du castel, c'est toujours dans son norimon pontifical. Ce palanquin, fixé sur de longs brancards et confié aux soins de cinquante porteurs, en livrée blanche, domine de loin la foule. Il est construit sur la forme des mikosis, ces châsses dans lesquelles on expose les saintes reliques des Kamis. Nous pouvons le comparer à un pavillon de jardin ayant pour toiture une coupole évasée à la base et ornée d'appendices à clochettes. La coupole est couronnée d'une boule, et la boule surmontée d'une sorte de coq dressé sur ses ergots, les ailes étendues et la queue renflée : c'est la représentation de cet oiseau mythologique connu en Chine et au Japon sous le nom de Foô.

« Ce pavillon portatif, tout éclatant de dorures, est fermé si hermétique-
ment, que l'on a peine à croire que personne y puisse être installé. Ce qui

Fig. 178. Gardes du taïkoun.

prouverait néanmoins qu'il remplit bien réellement la haute destination
qui lui est attribuée, c'est que l'on voit cheminer, à côté des deux portiè-

res, les femmes attachées au service domestique du mikado. Elles seules ont le privilége d'entourer sa personne. Pour sa cour même, aussi bien que pour le peuple, le mikado n'existe que comme une sorte de divinité.

Fig. 179. Officier en tenue de cour.

invisible, muette, inabordable. On sut lui maintenir ce caractère jusque dans la scène de son entrevue avec le taïkoun.

« Parmi les bâtiments du castel qui donne à Kioto son cachet de résidence, il en est un que l'on pourrait appeler le temple des audiences

pontificales, car il est construit dans le style d'architecture sacrée propre
aux édifices du culte des Kamis, et il porte, comme eux, le nom de Mia.
Adossé au corps de logis habité par le mikado, il s'élève au fond d'une
vaste cour dallée et plantée d'arbres, où viennent s'échelonner les cortéges
d'honneur dans les jours de grandes solennités.

« Cet espace réservé reçoit successivement un détachement d'officiers

Fig. 180. Costume de cour.

d'ordonnance et de gardes du corps du taïkoun (fig. 178), qui y prennent
position, puis divers groupes de dignitaires de la suite du mikado (fig. 179,
180, 181).

« Les femmes se sont retirées dans leurs appartements.

« Les députations des bonzes et des ordres monastiques occupent les
halles, le long des murs d'enceinte. De distance en distance, des soldats
de la garnison taïkounale de Kioto forment la haie, des deux côtés de l'ave-

nue qui aboutit aux larges degrés de la façade du bâtiment. C'est par là
que les courtisans du mikado, revêtus de manteaux à queue traînante,
défilent à pas comptés, gravissent majestueusement les degrés, et vont
prendre place à droite et à gauche, sur la vérandah, la face tournée du

Fig. 181. Interprète en costume de cour.

côté des portes, encore fermées, de la grande salle du trône. Avant de
s'accroupir à leur poste, ils ont soin de relever la queue de leur manteau
et d'en rejeter les pans inférieurs sur la balustrade de la vérandah, de
manière à étaler aux regards de la foule les armes qui sont brodées sur

cette partie du vêtement. Bientôt toute la galerie est tapissée de cette
brillante décoration.

« Cependant, vers l'aile gauche de l'édifice, les sons des flûtes, des con-
ques marines et des gongs de la chapelle pontificale annoncent que le mikado
fait son entrée dans le sanctuaire. Le plus profond silence règne parmi la
foule. Une heure s'écoule dans une religieuse attente, jusqu'à ce que les
préparatifs de la réception soient terminés. Tout à coup une fanfare martiale

Fig. 18... Dame de la cour.

signale l'arrivée du taïkoun. Il s'avance dans l'avenue, à pied et sans escorte;
son premier ministre, les commandants de la flotte et de l'armée, et quelques
membres des conseils de la cour de Yédo, marchent derrière lui, à une respectueuse distance. Il s'arrête un instant au pied du grand escalier, et aussitôt les portes du temple s'entr'ouvrent peu à peu, en glissant de droite et
de gauche dans leurs coulisses. Il gravit enfin les degrés, et alors se dévoile
le spectacle qui tient en suspens l'attention de la multitude.

« Un grand store d'écorce de bambou, peint en vert, suspendu au plafond de la salle, est abaissé jusqu'à deux ou trois pieds au-dessus du seuil. A travers cet étroit interstice, on distingue un lit de nattes et de tapis, sur lequel s'étalent les larges plis d'une ample robe blanche. C'est en cela que consiste toute l'apparition du mikado sur son trône.

« Le store, tressé à claire-voie, lui permet de tout observer sans être vu. Aussi loin que s'étendent ses regards, il ne rencontre que des têtes prosternées devant son invisible majesté. Une seule se dresse encore au-dessus de l'escalier du temple, mais celle-là est couronnée de la haute toque d'or, royal insigne du chef temporel de l'empire. Et cependant, lui aussi, le puissant souverain dont le pouvoir ne connaît plus de résistance, lorsqu'il a franchi le dernier degré, il s'incline, s'affaisse lentement sur lui-même, tombe à genoux, étend les bras en avant vers le seuil de la salle du trône et courbe son front jusqu'à terre.

« Dès ce moment, la cérémonie de l'entrevue est accomplie, le but de la solennité est atteint : le taïkoun s'est prosterné ostensiblement aux pieds du mikado.

« L'entrevue de Kioto eut pour conséquence de constater deux faits : par le premier, l'acte de génuflexion, le souverain temporel témoignait qu'il continuait d'être, par tradition, le fils soumis du grand pontife de la religion nationale; mais par le second, c'est-à-dire l'acceptation de cet hommage, l'empereur théocratique reconnaissait formellement le représentant d'une dynastie qui venait de se fonder à côté de l'unique souche légitime. »

L'art de la guerre jouant un certain rôle au Japon, nous donnerons, d'après M. Humbert, quelques renseignements sur l'armement et les costumes des soldats de Taïkoun.

« Les simples soldats sont, nous dit M. Humbert, des habitants des montagnes d'Akoui, qui rentrent dans leurs foyers après un service de deux ou trois années. Leur uniforme, en cotonnade bleue, rayée de bandes blanches sur les épaules, se compose d'un pantalon collant et d'une chemise semblable à celle des volontaires garibaldiens. Ils portent des chaussettes de coton, des semelles de cuir attachées par des sandales, et un ceinturon dans lequel est passé un grand sabre au fourreau laqué. Leur giberne, accompagnée de la baïonnette, est suspendue au côté droit par un baudrier. Un chapeau pointu en carton laqué, rabattu sur les tempes, complète leur accoutrement; mais ils ne le mettent que pour monter la garde ou se rendre à l'exercice.

« Quant aux fusils de l'armée japonaise, bien qu'ils soient tous à percussion, ils varient de calibre et de construction, selon leur provenance. J'en ai vu de quatre sortes différentes aux râteliers d'une caserne de Benten, où un yakounine me fit la faveur de m'introduire. Il me montra d'abord un modèle hollandais, puis une arme de qualité inférieure, sortie d'ateliers que l'on avait établis à Yédo, pour travailler d'après ce modèle; ensuite un fusil américain, et enfin le fusil Minié, dont un jeune officier enseigne le maniement à un peloton de soldats dans la cour de la caserne. »

Le costume des gens de guerre japonais est curieux en ce sens qu'il reproduit et conserve tout l'attirail militaire de la féodalité européenne. Le casque, la cotte de mailles, la hallebarde, le sabre à deux mains, tel est l'habillement de parade des guerriers d'un rang supérieur (fig. 184 et 185).

L'escrime est un art très-répandu dans l'armée japonaise. Les

F.g. 183. Suivantes.

hommes se montrent très-adroits dans cet exercice, qui entretient leur vigueur et leur adresse. Les femmes mêmes s'y adonnent. L'arme des femmes japonaises est une lance terminée par un fer recourbé. Les dames la manient avec des poses et des attitudes réglementées. Les amazones japonaises lancent également avec adresse une sorte de serpette retenue à leur poignet par un long cordon de soie. Cette arme, destinée à être projetée contre la tête

Fig. 184. Lancier japonais.

de l'ennemi, est ensuite immédiatement retirée à l'aide du cordon de soie auquel elle est attachée.

Les hommes jettent de même le couteau, mais sans l'attacher, et comme on lance le couteau en Espagne.

Les nobles japonais apportent beaucoup de luxe à leurs armes.

Fig. 185. Archer japonais.

Leurs sabres, dont la trempe est sans rivale, sont enrichis, à la poignée et sur le fourreau, d'ornements en métal finement gravés et ciselés. Mais ce qui fait principalement la valeur de ces sabres, c'est leur ancienneté et leur célébrité. Dans les vieilles familles, chaque sabre a sa tradition, son histoire, dont l'éclat se mesure au sang qu'il a versé. Un sabre neuf ne doit pas rester vierge entre les mains de celui qui l'achète. En attendant que l'occasion se présente de le plonger dans le sang humain, celui qui en est devenu possesseur l'essaye sur des animaux vivants, et mieux encore, sur des cadavres de suppliciés. Moyennant autorisation supérieure, le bourreau lui livre deux ou trois cadavres. Alors notre Japonais les attache en croix ou sur des chevalets, dans une cour de son habitation, et il s'exerce à trancher, taillader et pourfendre ces corps, jusqu'à ce qu'il ait acquis assez de force et d'adresse pour couper à la fois, par le milieu du torse, deux cadavres liés l'un contre l'autre.

Le sabre est au Japon l'arme classique, l'arme nationale. Cependant, avec le progrès et le temps, il faudra bien qu'il cède la place aux armes à feu perfectionnées. Malgré le prestige traditionnel dont les nobles japonais s'efforcent encore d'entourer cette arme vénérable, malgré le mépris qu'ils affectent pour les innovations militaires, l'arme démocratique par excellence, le fusil, s'introduit de plus en plus au Japon. Avec cette arme s'introduira aussi toute une révolution sociale qui mettra fin au régime de la féodalité. Le fusil donnera au Japon son 1789 oriental.

Deux religions, avons-nous dit, sont pratiquées au Japon, le culte des Kamis et celui de Bouddha. Le culte traditionnel des Kamis, avec ses anciens rites, a été remplacé dans presque tout le Japon par le bouddhisme.

Écoutons sur ce dernier culte les réflexions de M. Humbert.

« L'imagination se représente difficilement, dit ce voyageur, que près d'un tiers de l'espèce humaine n'ait pas d'autre croyance religieuse que le bouddhisme, ce culte sans dieu, cette religion du néant, inventée par le désespoir.

« On voudrait se persuader que les multitudes rangées sous sa domination ne comprennent pas la doctrine qu'elles professent ou se refusent à en admettre les conséquences. Les pratiques idolâtres qui se sont implantées sur le tronc du livre de la loi sembleraient en effet témoigner que celui-ci n'a pu ni satisfaire ni étouffer le sentiment religieux inné dans l'homme et constamment vivace au sein des peuples.

« D'un autre côté, l'on ne saurait méconnaître l'influence de la philosophie de l'anéantissement final dans un grand nombre de traits de mœurs de la vie japonaise. On a vu que l'Irowa enseigne aux enfants des écoles que la vie s'enfuit comme un songe et qu'il n'en reste pas de trace. C'est avec la plus dédaigneuse indifférence que, parvenu à l'âge mûr, le Japonais sacrifiera sa vie ou celle de son prochain pour la satisfaction de son orgueil ou de quelque futile ressentiment. Les meurtres et les suicides sont si fréquents au Japon, qu'il est peu de gentilshommes qui ne possèdent dans leur famille et ne se fassent un point d'honneur de pouvoir exhiber au moins un sabre ayant été trempé dans le sang.

« Le bouddhisme cependant l'emporte, à quelques égards, sur les religions qu'il a détrônées. Cette supériorité relative, il la doit à la justesse de son point de départ, qui est l'aveu d'un besoin de délivrance, basé sur le double fait de l'existence du mal dans l'homme, ainsi que d'un état universel de misère et de souffrance dans le monde.

« Les promesses du culte des Kamis se rapportaient à la vie présente. Les règles de la purification devaient préserver le fidèle des cinq grands maux, qui sont le feu du ciel, la maladie, la pauvreté, l'exil et une mort précoce. Les pompes des fêtes religieuses avaient pour but la glorification des héros de l'empire. Mais dût le patriotisme être idéalisé jusqu'à la puissance d'un culte national, il n'en est pas moins vrai que ce sentiment naturel, si précieux et si respectable, ne suffit pas pour remplir l'âme et assouvir tous ses besoins. L'âme humaine est plus grande que le monde. Il lui faut une religion qui la détache de la terre. Le bouddhisme, en un certain sens, répondait à des aspirations de ce genre, jusqu'alors méconnues. Cette circonstance, à elle seule, expliquerait le succès avec lequel il s'est propagé au Japon et ailleurs, par les seules armes de la persuasion. Toutefois l'on peut bien croire que ce n'est pas sous sa forme abstraite et philosophique qu'il est devenu si populaire, et rien ne le démontre mieux que son état actuel.

« Les bonzes Sinran, Nitziten et une trentaine d'autres se sont fait un nom comme fondateurs de sectes, dont chacune se distingue par quelque particularité plus ou moins digne de rivaliser avec l'ingénieuse invention de Foudaïsi.

« C'est ainsi que certaine confrérie a le monopole de l'exploitation du grand chapelet de famille. Il faut savoir que le chapelet bouddhiste ne peut déployer sa vertu que si on le défile correctement; or rien ne garantit que, dans une famille nombreuse, il ne se commette des erreurs dans l'usage du rosaire : de là l'inefficacité qu'on lui reproche quelquefois. Au lieu de récriminer en cas pareil, le parti le plus sage consiste à faire venir à domicile un bonze du grand chapelet pour remettre les choses en bon point.

« Il s'empresse d'accourir avec son instrument, qui offre à peu près les dimensions d'un honnête serpent boa; il le dépose entre les mains de la famille agenouillée et rangée en cercle, tandis que lui, placé devant l'autel de l'idole domestique, dirige l'opération au moyen d'un timbre et d'un petit marteau. Au signal donné, le père, la mère, les enfants entonnent de tous leurs poumons les prières convenues. Les petits grains, les gros grains, les coups de marteau se succèdent avec une régularité cadencée, entraînante. La ronde du chapelet s'anime, les cris deviennent passionnés, les bras et les mains obéissent avec la précision d'une machine, la sueur ruisselle, les corps s'engourdissent de fatigue. Enfin la cérémonie terminée laisse tout le monde haletant, épuisé, mais rayonnant de bonheur, car les dieux intercesseurs doivent être satisfaits!

« Le bouddhisme est une religion flexible, conciliante, insinuante, s'accommodant au génie et aux usages des peuples les plus divers. Dès leur début au Japon, les bonzes surent se faire confier des châsses et même de

Fig 186. Bonze supérieur.

petites chapelles de Kamis pour les garder dans l'enceinte de leurs sanctuaires. Ils s'empressèrent d'ajouter à leurs cérémonies des symboles em-

pruntés à l'ancien culte national ; enfin, pour mieux confondre les deux
religions, ils introduisirent dans leurs temples à la fois des Kamis revêtus

Fig. 187. Bonze quêteur.

de titres et d'attributs de divinités indoues, et des divinités indoues transformées en Kamis japonais. Il n'y avait rien d'inadmissible dans de pareils

échanges, qui s'expliquaient tout naturellement par le dogme de la transmigration. Grâce à cette combinaison des deux cultes, à laquelle on a donné le nom de Rioobou-Sintoo, le bouddhisme est devenu la religion dominante du Japon.

« .... A l'intérieur de leurs temples, les bonzes officient à l'autel, sous les yeux du peuple, dans le sanctuaire qu'un jubé sépare de la foule. Ils ne

Fig. 188. Temple kami, au Japon.

s'adressent à celle-ci que par la voie de la prédication, et aux seuls jours de fête spécialement consacrés à cet exercice.

« Il ne leur est permis de faire des processions qu'à certaines époques de l'année, et avec le concours des officiers du gouvernement préposés aux pompes publiques.

« Quant à leur rôle pastoral, il a été resserré dans de telles limites, que

je ne trouve vraiment qu'un mot pour le caractériser, et c'est, dans toute
sa trivialité, celui de croque-mort. Les bonzes, en effet, sont chargés d'ac-
complir les cérémonies sacramentelles dont les Japonais de n'importe

Fig. 189. Pagode japonaise.

quelle secte ont coutume d'accompagner les derniers instants des mori-
bonds. Ce sont eux qui conduisent les cortéges funèbres et qui pour-
voient, selon le vœu des parents du défunt, à l'inhumation ou à la com-

bustion de son cadavre, ainsi qu'à la consécration et à l'entretien de son tombeau. »

FAMILLE INDO-CHINOISE.

Les peuples de l'*Indo-Chine*, que nous considérons comme appartenant à la race jaune, ont le teint plus foncé que les Chinois

Fig. 190. Nobles birmans.

et les Japonais. Leur taille est plus petite et leur civilisation moins avancée. Ils sont, en général, indolents.

A ce groupe appartiennent les *Birmans*, les *Annamites* et les *Siamois*.

Birmans et Annamites. — Les Birmans forment un peuple assez avancé dans la civilisation. Les Annamites ne leur cèdent point sous ce rapport. Les caractères physiques, moraux et politiques de ces deux peuples n'ont aucun caractère particulier d'intérêt qui puisse nous arrêter. Nous nous contenterons de mettre sous les yeux du lecteur (fig. 190 et 191) les types et les costumes des habitants de l'empire birman.

Siamois. — La population du royaume de Siam, qui s'élève à

Fig. 191. Jeune dame birmane.

environ cinq millions d'habitants, comprend à peine deux millions de Siamois.

Les Siamois, d'après les notes de voyage de M. Henri Mouhot, naturaliste français, se reconnaissent sans peine à leurs allures molles et paresseuses, à leur physionomie servile. Ils ont presque tous le nez un peu camard, les pommettes des joues saillantes, l'œil terne et sans intelligence, les narines élargies, la bouche trop fendue, les lèvres ensanglantées par l'usage du bétel et les dents noires comme de l'ébène. Ils ont tous aussi la tête complétement rasée, à l'exception du sommet où ils laissent croître une espèce de toupet. Leurs cheveux sont noirs et rudes; les femmes portent le même toupet, mais leurs cheveux sont fins et tenus soigneusement. Le costume des hommes et des femmes est peu compliqué.

Les figures 192, 193 et 194 donnent une idée exacte des types et costumes des habitants du royaume de Siam. Une pièce d'étoffe qu'ils relèvent par derrière et dont ils attachent les deux bouts à leur ceinture est leur unique vêtement : c'est le pagne. Les femmes portent en outre une écharpe d'une épaule à l'autre. La finesse des traits à part, la Siamoise de douze à vingt ans a peu à envier aux modèles convenus de notre statuaire.

Les Siamois adorent les bijoux; pourvu qu'ils brillent, qu'ils soient vrais ou faux, peu leur importe. Ils couvrent leurs femmes et leurs enfants d'anneaux, de bracelets, d'amulettes et de plaques d'or ou d'argent. Il y en a aux bras, aux jambes, au cou, aux oreilles, sur le torse, sur les épaules, partout où il en peut tenir. Le fils du roi (fig. 195) en est si chargé que le poids de ses vêtements alourdis de bijoux l'emporte sur celui de son corps.

La plus grande union semble régner dans la maison conjugale siamoise. La femme n'est pas reléguée à l'intérieur comme en Chine; elle se montre partout. Comme ombre au tableau, il faut ajouter que la famille peut vendre ses enfants comme esclaves.

Les Siamois ont conservé intactes toutes les superstitions des Hindous et des Chinois. Ils croient aux démons, aux ogres, aux sirènes, etc. Ils croient aux amulettes, aux philtres, aux devins; ils entretiennent un roi, une cour et un sérail, avec ses innombrables rejetons. Un second roi a également son palais, son armée, ses mandarins. Entre ces deux rois et le peuple s'étagent douze ordres différents de princes, plusieurs classes de ministres, cinq ou six de mandarins, une série sans fin de gouverneurs et de sous-gouverneurs, tous également incapables et rapaces.

Comme tous les peuples avilis, épuisés ou serviles, le peuple de Siam consacre une bonne part de son existence aux divertissements et aux jeux.

M. Mouhot a visité Udeng, la capitale actuelle du Cambodge. Les maisons de cette ville sont construites en bambou, quelques-unes en planches. La plus longue rue a près d'un kilomètre de

Fig. 192. Siamoises (femmes de Bankok).

longueur: Dans les environs de la ville habitent les cultivateurs

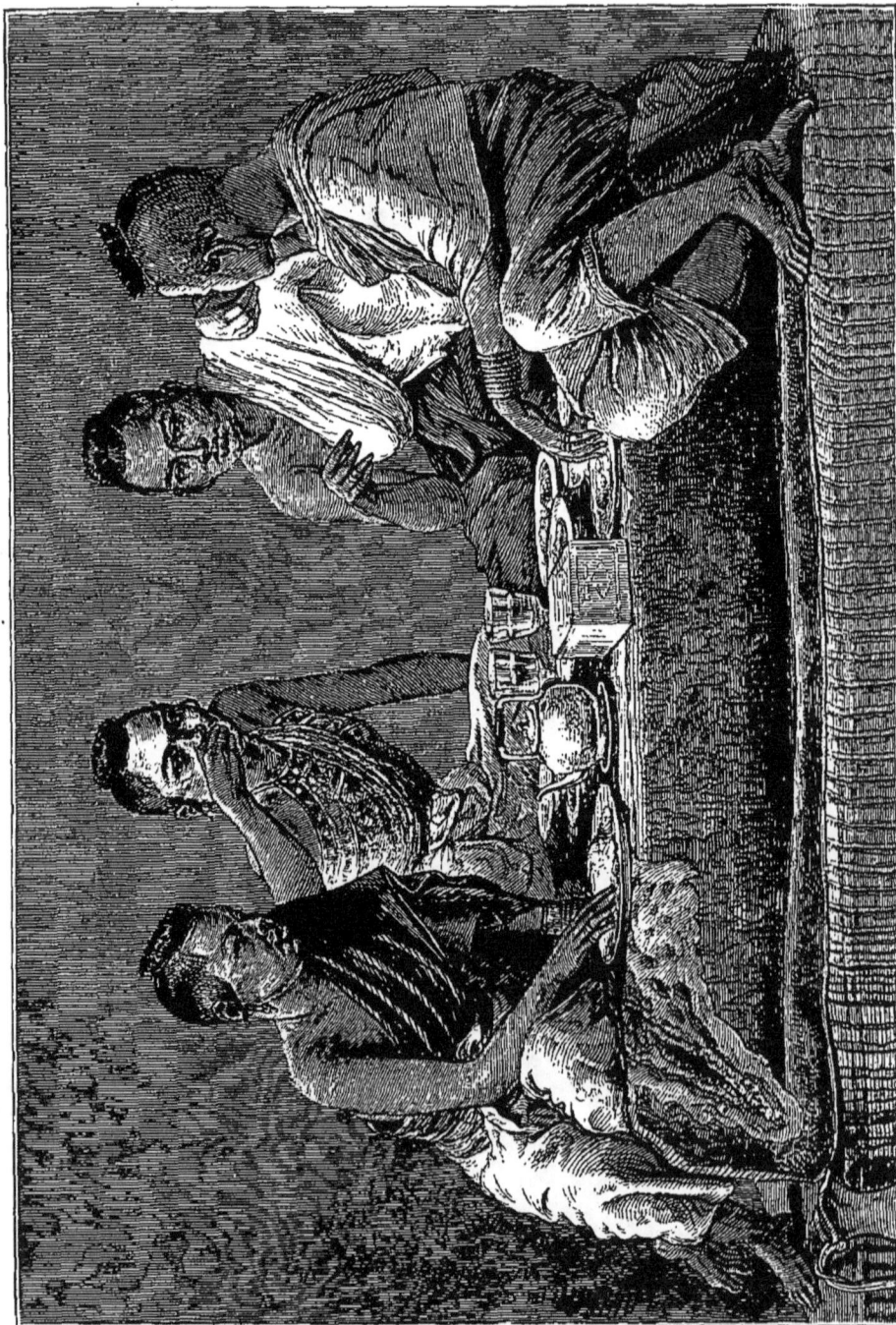

Fig. 193. Dîner de dames siamoises.

et les gens de corvée, ainsi que les mandarins et autres employés du gouvernement. Notre voyageur rencontrait à chaque instant des mandarins en litière ou en filet, suivis d'une foule d'esclaves portant chacun quelque chose, les uns un parasol écarlate ou jaune, dont la grandeur indique le rang ou la qualité du personnage, d'autres la boîte d'arec et de bétel. Dans ces escortes figuraient souvent des cavaliers montés sur de petits chevaux vifs et légers, richement caparaçonnés, couverts de grelots, qu'un troupeau d'esclaves couverts de sueur et de poussière s'efforçaient

Fig. 194. Domestique siamois.

de suivre comme une meute. M. Mouhot a également remarqué de légères carrioles traînées chacune par deux petits bœufs rapides et bruyants. Des éléphants s'avançaient majestueusement, les oreilles et la trompe en mouvement, et s'arrêtaient devant de nombreuses processions se rendant aux pagodes au son d'une musique bruyante.

La ville de Bankok, capitale de ce pays, s'appelait autrefois Siam, d'où le nom donné à cet État.

Un souverain absolu, considéré comme une incarnation de
Bouddha, gouverne le royaume de Siam, qui est divisé en quatre

Fig. 195. Jeune prince royal.

provinces : le *Siam*, le *Laos siamois*, le *Cambodge siamois* et le *Malacca siamois*.

Un moment tributaire de l'empire birman, le royaume de Siam recouvra son indépendance en 1759, et en 1768 il agrandit même ses possessions par des conquêtes.

L'industrie est presque nulle dans le royaume de Siam ; mais le commerce y est encore florissant, quoique déchu de l'importance qu'il avait autrefois. Les Siamois échangent avec les Chinois, les Annamites, les Birmans, et surtout avec les possessions anglaises et hollandaises, leurs produits agricoles, c'est-à-dire du bois, des pelleteries, du coton, du riz, des poissons conservés. Les dents d'éléphant sont l'objet d'un assez grand commerce. Aussi la chasse de l'éléphant occupe-t-elle beaucoup d'indigènes.

Le pays est assez fertile. Il forme une vaste plaine, accidentée vers le nord et traversée par un fleuve, le Meinam, le long duquel sont échelonnées les principales villes. Bankok est assis sur une rive du Meinam, à peu de distance de son embouchure dans le golfe de Siam, ce qui en fait le port principal de tout le royaume, l'entrepôt de tout le commerce.

Les débordements réguliers du Meinam entretiennent la fertilité dans les plaines riveraines.

Les arts et les sciences ne sont pas entièrement délaissés dans le royaume de Siam. C'est une des rares contrées de l'Asie où il existe une littérature et quelques productions artistiques.

Quoique la religion de Bouddha domine dans le royaume de Siam et que le culte de Bouddha soit la religion de l'État, cependant on tolère différentes sectes, et le christianisme compte 2500 prosélytes.

Les sauvages stiengs dépendent du royaume de Siam (fig. 196). Leur taille est un peu au-dessus de la moyenne. Ils sont forts, leurs traits sont réguliers, leur front bien développé annonce l'intelligence ; ils n'ont pour tout vêtement qu'une longue écharpe. Ils sont si attachés à leurs montagnes et à leurs forêts, qu'ils sont pris à l'étranger d'une nostalgie dangereuse.

Ces Siamois rebelles à la civilisation travaillent le fer et l'ivoire ; ils fabriquent des haches et des sabres qui sont recherchés par les amateurs. Leurs femmes tissent et teignent les écharpes dont ils se couvrent. Ils cultivent le riz, le maïs, le tabac, des légumes, des arbres fruitiers ; ils n'ont ni prêtres ni temples, mais ils reconnaissent l'existence d'un être suprême. Tout le temps qu'ils ne donnent pas aux champs, ils le passent à chasser et à pêcher. Infatigables à la course, ils glissent avec une rapidité singu-

lière dans les fourrés les plus impénétrables. Les femmes paraissent aussi agiles et aussi infatigables que les hommes. Ceux-ci
se servent, pour chasser l'éléphant, le rhinocéros et le tigre, de
puissantes arbalètes aux flèches empoisonnées. Ils aiment à se

Fig. 190. Sauvage stieng.

parer de fausses perles de couleur brillante dont ils font des bracelets. Les individus des deux sexes ont les oreilles percées d'un
trou qu'ils agrandissent chaque année en y introduisant des morceaux d'os ou d'ivoire.

RACE BRUNE

RACE BRUNE.

Nous rangeons dans la *race brune*, avec M. d'Omalius d'Halloy, un grand nombre de peuples qui n'ont de commun qu'un teint généralement plus foncé que celui des races blanche et jaune, et dans lesquels on est porté à voir les résultats du mélange de ces deux races avec la race noire. C'est pour cela qu'une partie des peuples que nous plaçons dans la race brune présente des formes voisines de celles des blancs, tandis que dans l'autre partie on retrouve davantage les caractères de la race jaune.

Les peuples appartenant à la race brune forment trois rameaux ou groupes géographiques, savoir :

1º Le rameau hindou ;

2º Le rameau éthiopien ;

3º Le rameau malais.

Étudions les différentes races et les peuples principaux qui appartiennent à ces trois rameaux.

CHAPITRE PREMIER.

RAMEAU HINDOU.

On a souvent rangé dans la race blanche les peuples qui composent le rameau hindou. Ils présentent, en effet, des rapports de formes, de langage et d'institutions avec les Européens et les Perses, mais leur teint plus coloré, et quelquefois même noir, les distingue des Européens.

Dès les temps historiques les plus reculés, la civilisation des Hindous était très-avancée; mais depuis plusieurs siècles elle est demeurée stationnaire et a plutôt décru que progressé.

La plupart des Hindous pratiquent la religion de Brahma, religion née sur leur territoire. Quelques-uns ont embrassé l'islamisme, d'autres professent la religion de Bouddha.

Le caractère le plus tranché que présente la société hindoue, c'est la division de la population en castes. Ces castes, dont l'institution remonte à la plus haute antiquité, ont toujours été la cause principale du défaut de développement de la civilisation. Comment demander de l'initiative, des talents, des œuvres remarquables, à des hommes auxquels la société interdit de sortir jamais de la condition dans laquelle le hasard les a fait naître?

Les castes indiennes sont au nombre de quatre : 1° la caste des *Brahmines*, dont les membres se livrent au culte religieux, à l'étude des lois et à l'enseignement; 2° celle des *Radjipartes, Tchétris* ou *Kchatrios*, qui sont guerriers; 3° celle des *Banians*, qui sont agriculteurs, éleveurs de bestiaux, commerçants; 4° celle des *Sondras* ou *Chuders*, qui exercent différents arts ou métiers, et se subdivisent en un grand nombre de sous-castes correspondant à autant de métiers différents.

Chaque caste a ses pratiques religieuses. Elle ne peut s'allier avec des membres d'une autre caste, et elle doit toujours exercer la profession dans laquelle la destinée l'a fait naître.

Fig. 197. Types indiens (indigènes d'Haïdérabad, ville du Scinde).

Les descendants de ceux qui, par des mésalliances ou autrement, ont perdu leur caste, forment des sortes de castes inférieures désignées par le nom de *Varna-san-Kara*. Enfin, au-dessous de ces dernières divisions mêmes se trouvent les *Parias*, êtres maudits du destin, qui vivent dans le plus triste état d'abjection morale.

Fig. 198. Indigène de Madras.

Les Hindous sont bien faits, mais leurs membres sont peu ro-bustes. Leurs mains et leurs pieds sont petits; leur front est

élevé, leurs yeux sont noirs, leurs sourcils bien arqués, leurs
cheveux fins et d'un noir très-vif; leur peau est plus ou moins:

Fig. 199. Dame de Bombay et sa fille.

brune et quelquefois noire, surtout dans le midi de l'Inde et dans
les classes inférieures de la population.

Sous le rapport ethnologique, on doit distinguer dans le rameau hindou deux familles : les familles *hindoue* et *malabare*.

La *famille hindoue* forme la majeure partie de la population de l'Hindoustan septentrional. Les dialectes parlés dans ce pays ont généralement des rapports avec la langue sanscrite.

Dans les castes supérieures le teint de la peau des Indiens est assez clair. Il se rembrunit chez les gens des castes inférieures.

Parmi les peuples de la famille hindoue nous citerons les *Leiks*, peuples belliqueux, remarquables par la beauté de leur visage allongé; les *Djats*, les *Radjepoutes* et les *Mahrattes;* les *Bengaliens*, peuple doux et commerçant; enfin les *Cinghaliens*, ou habitants de l'île de Ceylan.

Un de nos plus savants voyageurs, M. Alfred Grandidier, a publié dans *le Tour du monde*, en 1869, le récit d'un *Voyage dans l'Inde*. Nous emprunterons à cette relation les traits généraux qui résument parfaitement l'état social de l'Inde actuelle, considérée surtout dans la partie centrale de la presqu'île. En effet, il serait difficile de ramener à une unité de mœurs et de caractères l'Inde tout entière, dont la population est de cent quatre-vingts millions d'âmes, et dont la superficie égale celle de toute l'Europe continentale, si on en retranche la Russie.

L'Inde, en effet, se divise en trois bassins bien distincts : le bassin de l'Indus, celui du Gange et le plateau de Deccan, qui constitue l'Inde centrale. Le Deccan est l'Inde classique, c'est-à-dire la seule qui soit bien connue des Européens. C'est cette partie de la presqu'île indienne que M. Grandidier a visitée, et sur laquelle il nous fournit les observations générales qui vont suivre :

« Les Hindous du Deccan, dit M. Alfred Grandidier, se rapprochent de la race aryenne (caucasique) par l'ovale de la tête, la configuration du crâne et l'angle facial. Ils semblent s'en éloigner par leur couleur. Leur corps est peu robuste; l'homme des basses castes est maigre et grêle; il supplée à la force par la légèreté et l'agilité. La couleur de sa peau varie du brun cuivré au brun foncé; sa chevelure est lisse et d'un beau noir, et sa barbe est assez abondante.

« Timide et doux, l'Hindou manque de persévérance, de fermeté; doué d'une compréhension facile, il est incapable d'un travail soutenu; deux jougs pesant sur lui de date immémoriale, celui de la caste et celui de la domination étrangère, en ont fait une créature flexible, ayant plus de prudence et de finesse que d'énergie et de droiture, plus d'astuce dans l'esprit que de noblesse dans les sentiments.

« Une imagination vive que n'a jamais réglée une éducation rationnelle l'a conduit aux superstitions grossières que sanctionne la religion hindoue avec tout son cortége de divinités impures. Si la timidité de son caractère l'a préservé d'un fanatisme aussi brutal que celui des musulmans, sa religion n'en est pas moins chère à son cœur, et ses croyances, au moins parmi le peuple, sont sincères.

Fig. 200. Enfants indiens (Bombay).

« Le çivaïsme, auquel appartiennent la plupart des Deccanis, a tant de prix à leurs yeux qu'ils y sont plus attachés qu'à la vie. Les doctrines les plus absurdes rencontrent en eux une foi vive et ardente. Cette religion plaît à leur imagination par ses rêves fantastiques et par sa poésie grossière, et les cérémonies sacrées les amusent, tout en flattant leurs passions.

« L'absence de besoins contribue à les rendre imprévoyants, et leur imagination vive et enfantine, trouvant un aliment dans les moindres faits, qu'ils poétisent à leur manière, les pousse vers la vie contemplative et indolente.

« Leur religion avec ses doctrines de métempsycose accroît encore cette tendance naturelle de leur esprit ; il en résulte cette force d'inertie incroyable contre laquelle tout vient se briser. Ce qui touche à leur foi a seul le pouvoir d'ébranler les masses.

« Le costume des Hindous est le dhoti, longue bande d'étoffe roulée autour de la taille, puis passée entre les jambes et attachée derrière le dos. Ce vêtement laisse à nu le haut du corps et les jambes. Les classes aisées

Fig. 201. Un palanquin indien.

portent une courte chemise (angarkah) et une longue robe blanche (jamah). La tête est toujours couverte d'un turban de couleur et de dimension différente selon les castes et les sectes. Peu d'Hindous ont des souliers ; les sandales sont d'un usage presque universel. Les femmes portent le choli, petite jaquette à manches courtes qui ne descend pas plus bas que la poitrine, qu'elle comprime en la soutenant, et le sary, grande pièce de toile qu'elles enroulent autour de la taille et rejettent coquettement sur l'épaule ou sur la tête. Ce costume gracieux rappelle la chlamyde dont est revêtue la Diane de Gabies.

« En somme, on peut dire que le costume des Hindous est, en général, élégant et approprié au climat et à leur genre de vie. Bien que chaque

caste, chaque secte ait son mode particulier de le porter, il n'en reste pas
moins, sur toute la superficie de l'Inde, le trait le plus uniforme, le plus
caractéristique de la population.

« Les deux sexes aiment passionnément les bijoux : les femmes de la
condition la plus infime portent souvent au nez un anneau d'or enrichi de

Fig. 202. Jeune Hindoue.

perlés. Leurs bras sont entourés de bracelets d'argent, de cuivre ou de
verre. Leurs orteils sont ornés de bagues et leurs jambes de cercles de métal
fort pesants. Quant à leurs oreilles, elles ploient littéralement sous le poids
des bouclés d'or dont elles sont surchargées; et les lobules sont percés
d'énormes trous (souvent de deux à trois centimètres de diamètre) où s'in-

troduisent des ornements d'or, en forme de petites roues, que remplacent dans les jours de travail de simples morceaux de feuilles roulées : usage qui s'est propagé jusqu'en Polynésie.

« Les Indiens convertissent toute leur petite fortune en bijoux. Cet usage provient autant de la vanité que de la superstition qui leur fait envisager tout bijou comme doué du pouvoir de détourner les sorts et les maléfices.

« C'était aussi, sous l'ancienne monarchie mogole, un moyen de soustraire leurs biens à l'avidité du tyran musulman à qui sa religion défendait de s'approprier les effets des femmes.

« Les Hindous tiennent beaucoup à leurs prérogatives, et souvent des luttes terribles ont ensanglanté le continent indien, occasionnées par une caste qui ne voulait pas se conformer aux usages reçus. On a vu des batailles sanglantes livrées sans autres motifs que des pantoufles d'une certaine forme que voulaient porter des castes inférieures, ou bien à cause d'instruments de musique dont un clergé de bas étage voulait se servir et qui avaient toujours été exclusivement réservés au culte des dieux d'un ordre supérieur, etc., etc.

« Il existe chez les Hindous une politesse raffinée et des manières élégantes; mais la moindre concession du respect auquel le rang social donne droit, le moindre relâchement dans l'étiquette prescrite, sont considérés comme une marque de faiblesse et un aveu d'infériorité.

« Les formules employées dans la conversation avec un indigène varient suivant la position qu'il occupe. Rien n'est plus facile que d'exciter leur susceptibilité. — Ne parlez jamais à un Oriental de sa femme et de ses filles : ce serait contraire aux coutumes. Si vous l'entretenez soit des malheurs ou des maladies qui ont pu l'affliger, soit des succès qu'il a obtenus, appliquez tous vos soins à ne pas éveiller en lui des idées superstitieuses sur les sorts dont il pourrait se croire menacé. Se servir de la main gauche en saluant, en mangeant, en prenant le café, est une insulte; la main droite seule est destinée aux usages nobles, et la main gauche, la main impure, est réservée aux ablutions.

« En Europe, on se découvre la tête en signe de respect; ôter leur turban est pour les Orientaux un acte irrespectueux; mais s'ils gardent leur turban, ils enlèvent leurs chaussures à l'entrée des habitations. Cet usage est des plus rationnels, et je ne saurais trop l'approuver. Sur le parquet des appartements est étendue une toile blanche où l'on s'assoit les jambes croisées, accoudé sur des coussins. Les souliers n'ont-ils pas été faits pour protéger les pieds contre les aspérités du sol, contre la boue et la poussière des chemins? Et ne deviennent-ils point nuisibles, et tout au moins inutiles dans l'intérieur des maisons?

« Dans une visite, il faut avant de se retirer attendre qu'on soit congédié. On pense avec raison qu'un visiteur ne saurait être pressé de quitter l'ami qu'il est venu voir. L'hôte, au contraire, peut avoir des occupations urgentes qui réclament sa présence en toute hâte. Les formules de congé varient; ce sont les simples mots : « Venez me voir souvent, » ou bien : « Rappelez-vous que vous serez toujours le bienvenu parmi nous. » Des cadeaux de fleurs, de fruits, terminent en général les visites, et on offre toujours le bétel.

« La nourriture ordinaire des Hindous est fort simple, et leurs repas sont
de courte durée. Du riz bouilli dans l'eau et du cari (mélange de végétaux,
de ghy ou beurre clarifié, d'épices et de safran), rarement des œufs ou du
lait, peu de poisson, parfois des galettes grossières de farine, des bananes,
des fruits de l'arbre à pain ou du jaquier : voilà ce qui compose matin et
soir le repas du riche comme du pauvre. Les feuilles du bananier tiennent

Fig. 203. Brahmane indien.

lieu de plats et d'assiettes. Même pour manger les légumes et le riz, les
mains remplacent les cuillers et les fourchettes; et pour déchirer les viandes, c'est aux dents seules à faire l'office du couteau absent. Les sauces
qui découlent du menton et des doigts des convives donnent aux repas
hindous un aspect qui inspire à l'Européen un certain dégoût. On ne boit
que de l'eau et on fait peu usage de l'arrak (esprit extrait du vin de
palmier).

« Très-fidèles observateurs des injonctions religieuses qui prescrivent l'abstention de toute nourriture animale, sous peine d'être exclu de la société et rejetés du sein de la famille, les gens de caste ne mangent jamais de viande; quant aux parias, ils dévorent toutes sortes d'animaux, et sont très-adonnés à l'arrak.

« On fait dans toute l'Inde un emploi incessant du bétel. Dans les pays chauds où l'on mène une vie sédentaire, les estomacs sont paresseux et ne peuvent ni prendre la nourriture ni absorber les mêmes quantités d'aliments que dans les pays du nord. Les substances végétales qui forment le menu ordinaire des Hindous ne sont pas du reste très-riches en matières azotées, et leur présence dans leurs estomacs détermine la formation de gaz sans le stimulant alcalin employé chez tous les peuples de l'Inde qui en prévient le développement, je veux parler de la noix astringente d'arèque qu'ils mâchent avec un peu de chaux étendue sur une feuille de poivre bétel.

« Ce mélange teint les lèvres et la langue en rouge; malgré l'effet pernicieux qu'il exerce sur les dents, son action est certainement utile aux fonctions digestives.

« Le tabac roulé dans une feuille verte est fumé universellement par les hommes sous forme de cigarette.

« On parle dans l'Inde un grand nombre de langues différentes; les philologues n'en ont pas dénombré moins de cinquante-huit; mais il n'y en a que dix qui aient un alphabet particulier et une littérature : cinq au nord, connues sous le nom des cinq Gaurs, et cinq dans le Deccan, qu'on appelle les cinq Dravirs. Le sanscrit, langue morte, ainsi que ses deux dérivés le pali et le pracrit, est plus ou moins mêlé à tous les idiomes de l'Inde; mais tandis que dans le nord il en forme la base incontestable, dans le sud il n'est que greffé sur des langues préexistantes, et l'on n'en retrouve souvent que de faibles traces. Tous les alphabets semblent avoir été inventés séparément, mais ils ont été améliorés par l'arrangement régulier et philosophique du devanagari; c'est le nom donné à l'alphabet sanscrit, le plus parfait de tous. Les langues vivantes, du reste, ont une structure grammaticale très-simple.

« L'hindoustani, qui est parlé dans la province d'Agra, est de toutes les langues de l'Inde la plus cultivée et la plus généralement usitée. Elle a reçu un grand mélange de persan depuis la conquête musulmane. Outre le langage local propre à chaque district, l'hindoustani est employé par toutes les personnes instruites, ainsi que par ceux qui professent la foi musulmane.

« L'esprit de caste remplace chez les Indiens l'esprit de famille; ils aiment leurs femmes et leurs enfants, mais cette affection est subordonnée à certains principes que nous allons développer. L'expulsion de la famille tient à des causes multiples, principalement à la violation des règlements prescrits par la religion ou au commerce illicite de femmes de haute caste avec des hommes de condition inférieure. Les brahmanes et les çoudras, ainsi que les parias eux-mêmes, sont divisés en une multitude de sous-castes dont un membre ne peut ni manger, ni boire, ni se marier avec aucun membre d'une autre sous-caste. Si un Indien vient à être dégradé, *s'il perd sa caste*, il est repoussé par ses parents; sa femme est considérée comme veuve, ses enfants comme orphelins ; il n'a aucun secours, aucune pitié à attendre de ceux qui l'avaient jusqu'alors entouré des soins les plus empressés.

Fig. 204. Fakir indien.

« Les Européens sont mis au rang des parias à cause de l'usage qu'ils font chaque jour à leurs repas de la viande de bœuf. Les brahmanes consentent bien à donner la main aux Européens, mais, en rentrant dans leur demeure, ils ont soin de quitter leurs vêtements et de faire des ablutions afin de se purifier de la souillure que leur a imprimée un contact aussi impur; ils prétendent même que le regard d'un pariá suffit pour souiller les objets.

« Chaque village deccani se compose toujours de deux parties séparées par une distance de quelques mètres Ce sont deux quartiers bien distincts,

Fig. 205. Pagode à Sirrhingham.

l'un réservé aux gens de caste, l'autre entouré de haies et destiné aux parias; il n'est pas permis à ces malheureux êtres d'entrer dans les rues du village sans le consentement des habitants, et il leur est défendu de puiser de l'eau ailleurs que dans les puits affectés à leur usage. Là où les parias ne possèdent pas de puits, ils vont déposer leurs jarres auprès des puits des gens de caste, et attendent humblement et patiemment l'aumône de quelques verres d'eau. Ce sont toujours les femmes qui sont chargées de ce soin de ménage.

Fig. 206. Mendiant religieux.

« Les castes supérieures donnent souvent aux parias des présents qu'elles déposent invariablement sur le sol, dans la crainte de contracter par le simple contact cette lèpre morale dont les parias sont entachés à leurs yeux. Jamais un homme de caste n'accepte un don de la main d'un paria.

« Si sous le rapport physique et intellectuel les gens de caste l'emportent de beaucoup sur les parias ; ces derniers sont plus laborieux, plus dociles, plus accessibles au souffle de l'Europe. Dans la présidence de Madras,

Fig. 207. Marchands de coton à Bombay.

ils forment le fond le plus discipliné et le plus solide des recrues indigènes de l'armée anglaise.

« Ces quelques faits ont été cités au hasard entre mille autres. Si l'on voulait énumérer toutes les subdivisions de castes basées sur la conduite, les emplois et les occupations de chacun, si l'on décrivait en détail les vêtements et les ornements qui varient à l'infini suivant la caste, si l'on ra-

contait les préjugés concernant la nourriture et les rapports quotidiens de
la vie, il faudrait écrire plusieurs in-folios. On rencontre partout les mêmes
tendances, le désir de briller, et l'ambition de commander sans faire aucun
des efforts nécessaires pour s'en rendre digne. Dans les détails les plus
frivoles et les plus absurdes, on retrouve les mêmes mobiles. L'existence
de ces castes a toujours empêché la formation d'un peuple homogène. De là
ces rivalités si vivaces, ces inimitiés sans fin qui ont de tout temps porté

Fig. 208. Cinghalais (habitants de l'île de Ceylan).

atteinte à l'indépendance nationale, en facilitant les envahissements des
étrangers.

« En dehors des conséquences sociales dont nous venons de parler, les
Hindous croient encore à des conséquences religieuses. Les diverses castes
ne sont point aptes, en effet, à recevoir la même instruction, ni à être ini-
tiées aux mêmes mystères, et cette inaptitude se continue même dans les
autres existences, d'après le dogme des çavaïtes. »

Ce qui précède se rapporte aux Indiens du Deccan. Il serait trop long et sans intérêt de parcourir les autres populations de la presqu'île indienne, les habitants du Bengale, les *Radjepoutes*, les *Mahrattes*, etc. Nous dirons seulement quelques mots des Cinghalais, ou habitants de l'île de Ceylan.

Les Cinghalais (fig. 208 à 214) sont tout à fait Indiens par la figure, le langage, les mœurs, les coutumes, la religion et le gouvernement. Ce ne sont pas leurs traits qui les éloignent des Euro-

Fig. 209. Cinghalaises.

péens, mais leur couleur, leur taille, les proportions du corps. La couleur de la peau varie du brun clair au noir; les cheveux et les yeux noirs sont les plus communs. Leur taille est inférieure à celle des Européens. Ils sont bien faits; leurs muscles sont bien dessinés. Leur poitrine et leurs épaules sont larges; leurs pieds et leurs mains petits. Leurs cheveux sont abondants et ils les laissent croître dans toute leur longueur, leur barbe est peu fournie. Les femmes sont, en général, bien faites.

Une beauté accomplie doit réunir les traits suivants si l'on en croit un dandy kandien (Kandy est la ville principale de l'île de Ceylan) : une chevelure fournie comme la queue d'un paon, assez longue pour atteindre jusqu'aux genoux et terminée en boucles gracieuses ; des sourcils ayant la forme de l'arc-en-ciel ; des yeux bleus de saphir ; un nez droit comme le bec d'un faucon ; des lèvres

Fig. 210. Noble cinghâlais.

rouges et brillantes comme le corail, enfin des dents petites, régulières, serrées, semblables aux boutons du jasmin.

Personne n'ignore que l'île de Ceylan doit à ses plantations de café une grande prospérité. Les Anglais font un grand commerce avec les habitants de cette île, agriculteurs émérites pour la culture du caféier.

« Les Kandiens, dit M. Alfred Grandidier, ont une constitution plus ro-

buste, les membres moins délicats, les traits moins efféminés que leurs
compatriotes du littoral; leurs épaules vigoureuses, leur poitrine large,
leurs jambes courtes, mais musculeuses, sont une preuve de l'effet que peut
produire le climat sur le développement du corps.

« Les mœurs de ces montagnards n'ont point été altérées par les influences étrangères qui ont imprimé un caractère complexe à celles des
habitants des côtes; on retrouve chez eux ces usages primitifs qui puisent
leur origine dans les nécessités impérieuses de la vie. Ils n'ont point la

Fig. 211. Bourgeois cinghalais.

timidité et la servilité que nous avons constatée chez les individus des
districts maritimes. L'état féodal dans lequel ils ont vécu longtemps a en-
tretenu en eux une énergie et une indépendance rares chez les peuples de
l'Inde. Là configuration du sol leur a en effet permis plus aisément qu'à
leurs frères des plaines du nord de conserver leur liberté, que l'agression
vînt de leur propre souverain ou d'usurpateurs étrangers. Il règne encore
chez eux cependant cette indolence naturelle à tout peuple qui n'a à lutter
contre aucun obstacle matériel pour se procurer les nécessités de la vie. Il

est triste de dire que la tyrannie de leurs maîtres, chefs ou rois, les a fa-
çonnés à l'hypocrisie et les a rendus vindicatifs.

« Tandis que les Cinghalais de la côte se sont adonnés au commerce et à
l'industrie, ceux des hautes régions ont toujours montré de la répulsion
pour ce genre d'occupation. Ils ont de tout temps évité tout rapport avec
l'étranger, et aujourd'hui encore, pour se soustraire, autant que possible,
à des relations avec les colons anglais, ils cachent leurs villages au milieu
de la jongle, à quelques centaines de mètres des sentiers même les moins.

Fig. 212. Prêtre cingualais.

fréquentés. La présence d'une rizière au milieu des forêts, l'aspect de cimes
de cocotiers dénotent seuls l'existence d'êtres humains dans les lieux qu'autrement on croirait inhabités. Dans ces contrées où la nature a rassemblé
tant de richesses, les rapports d'homme à homme qui seraient assurément
utiles au bonheur de tous, ne sont point cependant indispensables, et les
indigènes aiment leur solitude où ils jouissent à profusion de toutes sortes
de biens.

« Les Cinghalais des montagnes ont pour leurs chefs un respect traditionnel, et sont très-attachés à leurs anciens usages. Leur costume diffère de celui des Cinghalais des plaines, en ce qu'ils ne portent point habituellement de veste ; ce vêtement est en effet exclusivement réservé aux nobles, qui s'en parent dans les cérémonies ; ils laissent à leur chevelure toute sa longueur, sans la retenir par un peigne. Des lois somptuaires et des injonctions religieuses déterminent au reste le vêtement particulier à chaque classe ; la plupart sont encore en usage de nos jours chez les Kandiens, malgré l'abolition des castes prononcée par le gouvernement anglais.

Fig. 213. Marins cinghalais.

« La longueur des jupons en forme de fourreau qu'hommes et femmes portent indistinctement dans les montagnes comme dans la plaine et qui semble la partie du costume national à laquelle ils attachent la plus grande importance, était jadis proportionnelle à la position sociale de l'individu.

« Pour les parias, ce fourreau ne pouvait dépasser le genou. Les hommes et les femmes de caste inférieure avaient la poitrine nue. Entre les chefs eux-mêmes il y avait, et il y a encore, une différence dans la manière de porter le comboye ; après l'avoir roulé deux ou trois fois autour des hanches et des jambes, ils forment autour des reins une ceinture plus ou moins volumineuse, dont la dimension dépend du rang. Les nobles se distinguent, en outre, du peuple par leur coiffure extraordinaire. C'est une sorte de béret en toile blanche. Les classes inférieures s'entourent simplement la tête d'un foulard, en ne laissant à nù que le sommet. Le roi avait seul le privilége de porter des sandales. Les prohibitions, telles que celle de

Fig. 214. Chef d'un village cinghalais.

porter des chaînes et ornements en or et en argent, sont encore scrupuleusement observées par les Kandiens, qui s'opposent de tout leur pouvoir aux empiétements des castes inférieures. »

M. Guillaume Lejean a publié d'intéressantes *Notes de voyage dans le Pandjab et le Cachemyr*. Nous n'avons pas l'intention de suivre le savant voyageur dans ses rapides excursions à travers l'Hindoustan. Nous voulons seulement faire connaître une opi-

Fig. 215. Habitant du Scinde.

nion nouvelle émise par l'auteur concernant l'ethnologie des populations indiennes.

M. Guillaume Lejean croit avoir retrouvé dans l'Hindoustan les *Aryas*, c'est-à-dire le peuple primitif d'où descend la race aryenne

Fig. 216. Habitant du Scinde.

ou caucasique. Les traits de ces peuples, nos véritables ancêtres, sont réguliers et ont le caractère européen. Le teint n'est pas plus brun que celui des Provençaux, des Siciliens ou des habitants du midi de l'Espagne. Nous ne parlons pas ici des castes inférieures, dont le teint descend jusqu'au noir fuligineux des Nubiens. Les

Fig. 217. Femme du Scinde.

paysans ont de longues chevelures légèrement ondées, d'un noir plus pur et plus brillant que le jais. La race n'a pas l'aspect efféminé, mais la vigueur musculaire manque, ce que le voyageur attribue à l'influence torride du climat. Les femmes sont généralement de moyenne stature. Leurs physionomies sont agréables, mais peu expressives et peu originales. Leurs yeux sont grands, noirs, doux et soumis, les mains fines et charmantes.

Les figures 215, 216 et 217 représentent, d'après M. Lejean, les types des habitants du Scinde. Ces têtes fines et délicates, ces mains petites et très-bien prises, ces traits réguliers, rappellent complétement, selon M. Guillaume Lejean, la race blanche européenne, et permettent d'identifier les habitants de cette partie de l'Inde avec les anciens *Aryas*, ou *Ariens*, qui furent les colons de l'Europe primitive, et qui, partis, dit-on, des contrées persiques, allèrent se répandre en Europe et dans une partie de l'Asie.

C'est sans doute le cas de citer ici un peuple qui paraît descendre d'Hindous des classes inférieures, lesquels auraient quitté leur patrie. Ce peuple compose ces groupes isolés qui parcourent toute la terre sans jamais se fixer nulle part, et sans perdre leurs caractères particuliers. Nous voulons parler de ces tribus errantes qu'on nomme vulgairement les *Bohémiens*, *Égyptiens*, *Gitanos*, *Zingaris*, etc., qui parcourent les pays soit en mendiant, soit en exerçant quelque branche de basse industrie. Ces Bohémiens, ces Gitanos que l'on voit surtout dans le midi de la France, grands tondeurs de mules, grands rétameurs de casseroles, voleurs parfois, vagabonds toujours, paraissent descendre des Hindous des castes inférieures. Ce sont des *parias* voyageurs. Telle est du moins l'opinion de quelques ethnologistes modernes.

FAMILLE MALABARE.

La *famille malabare*, qui habite le Deccan, se distingue par plusieurs traits de la famille hindoue. Les peuples dont il s'agit ont le teint très-foncé et quelquefois noir. On distingue dans la famille malabare trois divisions principales : les *Malabares* proprement dits dans la contrée de ce nom ; les *Tamouls* qui dominent dans le Karnatic, les *Telingas* qui se trouvent au nord-est.

Ni le langage, ni les mœurs, dans les peuples appartenant à cette famille, n'offrent des particularités assez importantes pour que nous nous arrétions à les décrire.

CHAPITRE II.

RAMEAU ÉTHIOPIEN.

Les populations africaines que nous rangeons dans la race brune ressemblent, par les formes du corps, aux populations de la race blanche, mais leur peau est d'une couleur plus foncée, intermédiaire entre celle du nègre et celle du blanc. Les peuples composant ce rameau n'ont jamais atteint un degré appréciable de civilisation. On manque d'ailleurs complétement de notions positives sur l'origine ou les migrations de ces peuples. Les diverses langues qu'ils parlent nous sont même en partie inconnues.

Nous distinguerons dans le rameau éthiopien deux grandes familles : les familles *abyssinienne* et *fellane*.

FAMILLE ABYSSINIENNE.

La partie de l'Afrique orientale qui porte le nom d'Abyssinie réunit plusieurs peuplades qui parlent différentes langues. Ces peuplades sont rangées par beaucoup d'ethnologistes dans la race blanche; cependant leur teint, toujours plus foncé que celui des blancs, est plus clair que celui des nègres. Leurs cheveux, ordinairement crépus, leurs lèvres généralement épaisses, leur nez moins aplati que celui des nègres, sont autant de caractères qui leur assignent une place intermédiaire entre les deux races blanche et noire. Ces peuples résultent sans doute d'un mélange d'habitants noirs, originaires du pays, avec des Orientaux qui les avaient conquis.

Nous citerons parmi les principaux peuples appartenant à cette famille : les *Abyssiniens*, les *Barabras*, les *Tibbous* et les *Gallas*.

A l'exception des Abyssiniens, ces peuples sont encore peu connus.

P. Sellier, pⁱˣ · · · Imp. Dupuy 22, R. des Petits Palais · · · G. Regamey, lith.

ABYSSIN. · · · INDOU.

RACE BRUNE

Abyssiniens. — Les Abyssiniens sont rangés par la plupart des auteurs dans la race blanche et dans la famille sémitique. Il y a

Fig. 218. Tirailleur abyssin.

lieu de croire, en effet, que l'Abyssinie fut plusieurs fois conquise, et peut être civilisée, par les peuples de l'Asie occidentale. Mais la couleur de leur peau, beaucoup plus foncée que celle des

Araméens, prouve que les conquérants se sont mêlés avec les vaincus, et que de ce mélange est sortie la race abyssinienne actuelle.

D'après le docteur Rüppel, il y aurait deux types principaux chez les Abyssiniens. Le type le plus répandu se rapprocherait de celui des Arabes, le second offrirait plus de rapport avec les Nègres.

Les Abyssiniens qui appartiennent au premier groupe ont de belles formes. Par les traits, comme par l'expression de la physionomie, ils ressemblent aux Arabes Bédouins. Un visage ovale, un nez effilé, d'un contour pur, une bouche bien proportionnée, avec des lèvres peu épaisses; des yeux vifs, des dents bien rangées, des cheveux un peu frisés ou lisses et une taille moyenne, tels sont les caractères distinctifs de ce groupe, auquel appartiennent la plupart des habitants des hautes montagnes de Samen et des plaines qui entourent le lac Tzana. Les *Falashas* ou Juifs, les *Garnants*, peuple idolâtre, et les *Agows* appartiennent à ce même groupe.

Le deuxième type se distingue principalement par un nez qui est moins effilé et même un peu aplati dans toute sa longueur, par des lèvres épaisses, des yeux longs et peu animés, des cheveux très-crépus, presque laineux et tellement épais qu'ils se tiennent droits sur la tête. Une partie des habitants de la côte d'Abyssinie, de la province d'Hamasen et d'autres cantons voisins de la frontière nord de l'Abyssinie, appartient à ce deuxième type.

Le baron Larrey, comparant l'Abyssinien au nègre, a trouvé que le premier a les yeux plus grands, d'un regard plus agréable et dont l'angle interne est un peu plus incliné. Chez l'Abyssinien les pommettes et les arcades zygomatiques sont plus saillantes que chez le Nègre; les joues forment avec les angles de la mâchoire et de la bouche un triangle plus régulier; les lèvres sont épaisses, sans être renversées comme chez les Nègres; les dents sont belles, bien plantées et moins avancées, les arcades alvéolaires sont moins étendues. Le teint des Abyssins n'est pas aussi noir que celui des Nègres de l'intérieur de l'Afrique. Le baron Larrey ajoute que les derniers traits qu'il a décrits se rencontrent, avec quelques nuances presque insensibles, chez les vrais Égyptiens d'autrefois, et qu'on les retrouve dans les têtes des statues d'Égypte et surtout dans celle des sphinx.

Dans son *Voyage en Abyssinie* fait en 1863 et publié en 1865, M. Guillaume Lejean a donné divers renseignements sur cette partie de l'Afrique et sur ses habitants. L'expédition glorieuse que l'Angleterre a dirigée en 1866, contre le roi d'Abyssinie, a permis de vérifier l'exactitude de ces renseignements du voyageur français.

Fig. 219. Fusilier abyssin.

L'armée du potentat abyssin, le négus Théodoros, était composée, au moment de l'expédition dirigée contre lui par les An-

glais, d'environ 40 000 hommes. L'infanterie est armée d'une
lance, d'un bouclier et d'un sabre long et recourbé. Elle attaque
à l'arme blanche avec impétuosité. La cavalerie légère est excellente. Dans la charge, les cavaliers laissent flotter la bride, com-
battent des deux mains et font exécuter à leurs chevaux des tours
de force prodigieux, avec le seul secours des jambes et des genoux.

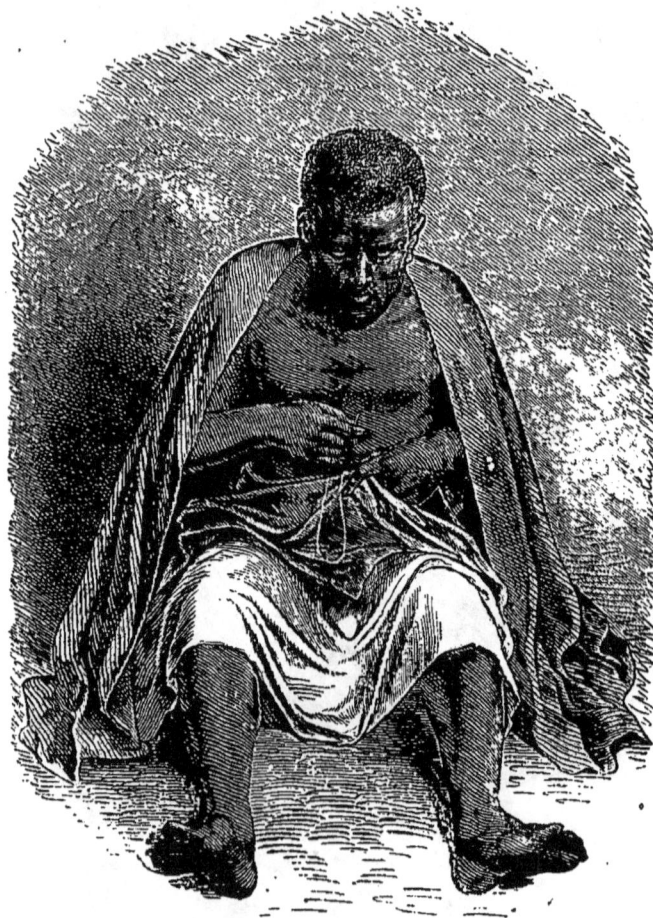

Fig. 220. Ouvrier abyssin (tailleur).

Ils ont chacun un sabre et deux lances. A quinze mètres ces lances
atteignent toujours le but, et leurs coups sont mortels. Ils s'en
servent comme d'un javelot, et le javelot a deux mètres de long.
Chaque cavalier a un serviteur qui doit s'élancer le sabre à la
main, au milieu des ennemis, pour y reprendre l'arme de son
maître, et la lui rapporter. Cette cavalerie attaque un carré avec

furie; elle fait bondir les chevaux par-dessus les fantassins, et

Fig. 211. Prêtre et moine d'Abyssinie.

les fait marcher à reculons, pour enfoncer les lignes enne-
mies.

Les tirailleurs sont des montagnards du Tigre. Ils ont une bravoure froide et impassible ; leur tir est très-juste.

Les figures 218 et 219 représentent des soldats abyssins tirailleurs et fusiliers.

Théodoros habitait rarement son palais. Sa vraie capitale était son camp, qu'il transportait sans cesse d'un bout à l'autre de l'empire. Il maintenait une discipline sévère dans sa maison et son état-major. Il y faisait souvent pleuvoir des bastonnades.

En Abyssinie, les deux cinquièmes de la population sont aux gages de la classe aisée. Il n'y a peut-être pas de pays au monde où la domesticité soit plus répandue. Un propriétaire abyssin ayant un revenu équivalent à 4.000 francs de rente n'a pas moins de huit serviteurs. M. Guillaume Lejean, dans son voyage, avait dix-sept domestiques, et son compagnon de voyage, un Anglais, en avait soixante-dix. Nous représentons (fig. 220) le costume d'un ouvrier abyssin.

Exception rare en Afrique, les Abyssiniens sont chrétiens. L'Église d'Abyssinie a pour chef l'*Abouna*, dont le pouvoir théocratique est presque sans bornes. Le roi d'Abyssinie et le pontife se haïssent, se craignent et s'observent. L'avantage est à celui des deux qui a le plus de courage et de forces.

Les moines et les prêtres sont communs en Abyssinie. La figure 221 représente le costume de ces religieux.

Les Abyssins prennent tous les mois une décoction de *kousso* comme médecine curative contre le ténia (ver solitaire). En effet, par suite des circonstances locales, les viandes dont on fait usage dans ce pays sont infestées de cysticerques qui, ingérés dans l'estomac avec ces viandes, provoquent la naissance, au sein des organes, de cet hôte incommode dont il faut se débarrasser de temps en temps. Ce remède contre le ténia a été récemment importé en Europe.

Barabras. — Les Barabras sont les peuples de la Nubie. Ils habitent la partie de la vallée comprise entre la frontière sud de l'Égypte et le Sennaar, c'est-à-dire la Nubie. Ils se rendent souvent en Égypte. Ils y arrivent de la vallée du Nil pour chercher du travail.

Ce peuple est bien distinct des Arabes et de toutes les nations voisines. Il habite sur les bords du Nil, et partout où il trouve un sol propice, il plante des dattiers, établit des puits pour les irrigations, et sème diverses plantes légumineuses.

Blumenbach fut vivement frappé de la ressemblance des Barabras avec les images et peintures que l'on trouve sur les divers monuments de l'ancienne Égypte. Les Barabras ont, comme les

Fig. 221. Nubien.

Égyptiens, la peau d'un noir rougeâtre, mais d'une teinte beaucoup plus foncée. Un visage ovale un peu allongé, un nez aquilin et d'une très-belle forme, légèrement arrondi vers le bout, des lèvres grosses sans être proéminentes, un menton fuyant, une barbe clair-semée, des yeux animés, des cheveux très-frisés sans être jamais crépus, un corps parfaitement proportionné, et en général de taille moyenne, une peau de la couleur du bronze, tels sont les traits caractéristiques des Barabras purs.

On partage les Barabras en trois groupes, parlant chacun un dialecte particulier : les *Noubas*, ou *Nubiens*, les *Kenous* et les *Dongoulahs*, qui tous habitent la vallée du Nil.

Les *Noubas*, ou Nubiens, d'après Burckhardt, se distinguent des Nègres par plusieurs points, en particulier par la douceur de leur peau, qui est très-unie, très-souple, tandis que chez le véritable Nègre la paume de la main est rude et aussi dure que du bois. Leur nez est moins aplati, leurs lèvres moins épaisses, leurs pommettes moins saillantes que chez les Nègres. D'après Pritchard, les Barabras paraîtraient être sortis du Kordofan.

La figure 222 représente un Nubien.

MM. Henri Cammar et André Lefèvre, dans leur *Voyage en Égypte*, décrivent aussi les Nubiens, dont ils traversèrent le pays en 1860.

« Nous sommes en Nubie : on ne parle plus arabe. Les Nubiens, généralement inoffensifs, ont cependant une allure guerrière : le poignard qu'une courroie attache à leur bras, leur arc en bois de fer et un bouclier en peau de crocodile sont les marques et les gardiens de leur liberté; le gouvernement n'a rien d'eux que par la force.

« Vigoureux cultivateurs, ils disputent au fleuve, à mesure qu'il décroît, le limon fertile qui suffit à quatre moissons.

« Ne croyez pas qu'on laboure; on se contente de semer le grain par pincées dans des trous peu profonds, et la nature fait le reste.

On conçoit qu'un climat si favorisé n'impose pas aux Nubiens la gêne des vêtements. La plupart n'ont sur eux que leurs armes et leur peau noire. Les femmes ont des costumes d'une coupe assez bizarre; elles se teignent les lèvres et tressent leurs cheveux en mille petites nattes qu'elles ne refont pas tous les jours. Des Égyptiennes les trouveraient indécentes de laisser voir le bas de leur figure. Bien plus, les filles, jusqu'au mariage, ne portent pour tout voile qu'une étroite ceinture. Les villages, assez rapprochés, ne se composent guère que de quinze ou vingt huttes en terre, couvertes d'un toit plat en branches de palmier; devant les cabanes, à Dolcé par exemple, sont rangées de grandes amphores où se garde le blé.

« On trouve en Nubie des ruines de tous les temps et tous les dieux antiques[1]. »

Les habitants de la Nubie orientale ne sont que des peuplades errantes qui voyagent dans le pays compris entre le Nil et la mer

---

1. *Le Tour du monde*, 1863, 1er semestre, p. 209.

Rouge. Les habitants de la portion septentrionale de ce pays portent le nom d'*Ababdehs*.

Les *Bicharyehs* s'étendent jusqu'aux frontières de l'Abyssinie; les *Hadharebs* sont encore plus au sud et vont jusqu'à Souakin, sur la mer Rouge. Les *Souakins* appartiennent à cette même race.

Les *Bicharyehs* sont sauvages et inhospitaliers. On prétend qu'ils boivent le sang encore chaud d'animaux vivants. Ils sont, pour la plupart, nomades, et se nourrissent de la chair ou du lait de leurs troupeaux. Tous les voyageurs s'accordent à les représenter comme de beaux hommes, ayant des traits réguliers, des yeux grands et expressifs et une taille svelte et élégante. Leur teint est de couleur chocolat foncé. Leur coiffure est très-curieuse. Ceux qui ont les cheveux assez longs pour les faire descendre plus bas que l'oreille, les laissent pendre en mèches droites, terminées chacune par une boucle. Cette chevelure est imprégnée de graisse, et si bien embrouillée qu'il serait difficile d'y faire pénétrer un peigne. Ils se garderaient d'ailleurs d'y toucher, et pour ne pas déranger leur coiffure, ils sont toujours munis d'un morceau de bois pointu, de la forme d'une grosse aiguille; ils se servent de cette aiguille de bois pour se gratter la tête.

La coiffure des Souakins est tout aussi étrange. L'aiguille qui sert à se gratter la tête est l'accessoire obligé de la toilette du Souakin.

Les *'Ababdehs* ont les cheveux crépus, longs de sept ou huit centimètres, les lèvres peu épaisses, le nez un peu gros et le teint presque noir. Ils sont nomades et vivent à la manière des Bédouins.

Tibbous. — Les Tibbous, qui errent dans la partie orientale du Sahara, ont été considérés comme appartenant à la famille des peuples berbères; mais ils ont le teint plus foncé et ne parlent pas la langue arabe. Leur nez est aquilin, leurs lèvres peu épaisses, leur figure intelligente et leur taille svelte. Ils sont extrêmement agiles et se livrent au pillage des caravanes.

Gallas. — Les Gallas sont des hommes étrangers à la civilisation, qui mènent pour la plupart une vie pastorale et nomade, et sont répandus dans les plaines qui s'étendent au sud de l'Abyssinie. Ils sont divisés en un grand nombre de tribus indépendantes, unies par l'origine et par le langage. Ils ont le teint très-beau, des cheveux ordinairement crépus ou laineux, des traits épais et courts, de

Fig. 223. Habitant de Ségou (Nigritie).

grosses lèvres. Ils sont belliqueux, cruels et pillards. Quelques tribus ont embrassé l'islamisme, mais la plupart sont restées attachées à l'ancien paganisme africain.

FAMILLE FELLANE.

Les *Fellans*, nommés aussi *Fellatas*, *Foulis*, *Pouls* ou *Peuhls*, n'ont

السيخ حمر

Fig. 124. Amadou, roi de Ségou (Nigritie).

été connus pendant longtemps que par quelques peuplades qui

habitent la Sénégambie et descendaient jusqu'au Soudan. Ils ont
le teint fortement basané, tirant tantôt sur le rougeâtre, tantôt
sur la couleur de bronze, mais jamais véritablement noir. Leurs
cheveux sont assez longs, lisses et soyeux; leur nez n'est pas
épaté; le tour de leur figure est ovale; leur taille élevée et svelte;
les extrémités des membres fines et petites; la démarche légère
et noble. Ils professent généralement le culte de Mahomet.

Nous rangeons dans la famille fellane les peuples qui habitent

Fig. 225. Jeune fille fellane (environs de Ségou).

la partie occidentale de l'Afrique, tels que les habitants de la Nigritie et du Bambara.

La capitale de la Nigritie, Ségo ou Ségou, est une ville assez
importante située sur le Niger. M. Mage, dans son *Voyage au Soudan*, a donné le dessin de plusieurs types authentiques d'habitants
de Ségou, que nous reproduisons ici.

La figure 223 (page 414) représente un habitant de Ségou. La

figure 224 (page 415) le portrait du roi de Ségou. Les figures 225
226 (pages 416 et 417) offrent le type de jeunes filles fellanes
des environs de Ségou.

Il est probable que beaucoup d'autres peuples de l'Afrique oc-

Fig. 226. Jeune fille fellane (environs de Ségou).

cidentale devront être rangés à côté des Fellans. C'est ainsi que
l'on doit en rapprocher le peuple de Madagascar, les *Owas*.

Tous ces peuples diffèrent des Nègres, bien qu'ils habitent sur
les confins du pays propre à cette race. Quelques auteurs les confondent à tort avec les Nègres, dont ils diffèrent par des caractères physiques bien tranchés.

CHAPITRE III.

RAMEAU MALAIS.

Ce rameau est très-voisin des Indo-Chinois. Les peuples qui le composent sont d'une taille moyenne. Leurs formes sont régulières, leurs membres bien proportionnés ; leur teint varie du jaune olivâtre au brun ; leurs cheveux sont lisses, de couleur noire, quelquefois bruns. Ils paraissent susceptibles de civilisation, et sont souvent réunis en corps de nation.

Dumont d'Urville a distingué parmi ces peuples trois groupes, qu'il a désignés par les épithètes de *Malais, Polynésiens* et *Micronésiens*. Nous considérons ces groupes comme autant de familles.

FAMILLE MALAISE.

La famille malaise, qui habite la Malaisie et la presqu'île de Malacca, se compose d'un grand nombre de peuples, dont les caractères très-variés participent plus ou moins de ceux des Indo-Chinois, des Hindous et même des Nègres. Nous signalerons dans cette famille les Malais, les Javanais, les Batas, les Bugs, les Macassars, les Dayaks, les Tagales, etc.

Malais. — Les Malais forment le peuple le plus nombreux et le plus remarquable de cette famille. Ils sont répandus dans la presqu'île de Malacca, dans les îles de la Sonde, dans l'archipel des Moluques, les îles Célèbes, Bornéo, Sumatra, etc. On appelait autrefois ce groupe d'îles *Archipel d'Asie*. La dénomination de *Malaisie* a été proposée par le naturaliste Lesson.

P. Sellier, p.^t   Imp.Dupuy, 22,R.des Petits Hotels   G.Regamey, lith.

POLYNÉSIEN   MALAIS.

RACE BRUNE

Un corps agile et souple, une taille moyenne, un teint brun, des yeux un peu bridés, des pommettes saillantes, un nez épaté, des cheveux plats et lisses, une barbe rare ; tels sont les principaux caractères des Malais. Leurs membres sont élégants de forme, leurs cheveux sont noirs et bouclés. La forme de leur nez, épaté et large tient à une cause artificielle. Immédiatement après la naissance d'un enfant, on lui comprime le nez jusqu'à ce que le cartilage soit brisé. On regarde comme une beauté d'avoir le visage plat et large ; un nez proéminent passerait pour un museau. Les lèvres, déformées par l'abus du bétel, finissent par présenter un aspect repoussant, à cause de leur rougeur exagérée et de leur tissu injecté de sang. La couleur jaune de la peau est encore exagérée par des moyens artificiels, car elle passe pour une beauté : c'est la couleur aristocratique. Au moyen de frictions quotidiennes, faites avec le *henné* ou le Curcuma, on la rend safranée. La couleur naturelle des femmes est une teinte blafarde. Parmi les hommes, c'est le brun qui domine. Les princes et les dignitaires se teignent en jaune foncé toutes les parties du corps exposées à la vue.

L'habillement du Malais est très-léger. Celui des hommes et des femmes se compose de deux grandes pièces d'étoffes drapées avec art et retenues à la taille par une écharpe. Les princes et les personnes riches ont seuls une sorte de caleçon.

On voit le type et le costume malais dans la planche coloriée placée en tête de ce chapitre.

Les Malais sont extrêmement paresseux. Les esclaves seuls s'adonnent au travail. C'est un peuple absolument corrompu. Le meurtre, le vol, le rapt lui sont familiers. Il n'a ni honneur, ni reconnaissance, ni fidélité à la parole donnée. Les Malais jouent avec passion, avec fureur. Ils jouent leurs biens, leurs femmes, leurs enfants, et jusqu'à leur propre personne. Ils sont la proie de l'opium et du bétel. Cependant des lois existent chez eux. Le meurtre et le vol y sont punis d'amendes et de châtiments corporels.

Les Malais qui habitent la presqu'île de Malacca ne sont pas, comme les insulaires de l'archipel Malaisique, violents, passionnés, paresseux. Ils sont actifs, attentifs, prévoyants, commerçants, industrieux, mais tout aussi âpres au gain et aussi rusés que les premiers. Cependant ils ont, comme les habitants de la Malaisie, le sentiment de la vengeance. Sous l'influence de l'opium ce sentiment s'exalte et se change en une sorte de fureur, qui s'attaque à la fois à la personne de l'offenseur et à celle des passants inoffensifs. Le Malais, en proie à cette double rage de l'opium et de la fureur, s'arme d'un sabre affilé, s'élance en criant « tue ! tue ! » et frappe tout ce qui se présente à ses yeux.

La police du pays dispose d'un certain nombre d'hommes très-forts et très-agiles, qui ont la mission spéciale d'arrêter ces fous furieux. Ils les poursuivent dans les rues, leur saisissent le cou entre les branches d'une sorte de fourche, et les renversent, en les fixant au sol avec cet engin. D'autres auxiliaires venant à la

Fig. 227. Malais ivre d'opium.

rescousse les garrottent, et on les livre au tribunal, qui prononce presque toujours la peine de mort (fig. 227.)

Javanais. — Les Javanais, ou habitants de l'île de Java, ont le teint assez clair, et ressemblent beaucoup aux Indo-Chinois. Ils ont acquis une certaine civilisation, ont une littérature et professent l'islamisme. Nous emprunterons les renseignements qui vont suivre sur la population de l'étrange et splendide contrée de Java, à M. de Molins, qui y fit un séjour de deux ans, et dont les notes de voyage ont été mises en ordre et publiées dans *le Tour du monde* par M: F. Coppée, l'auteur du *Passant*, dialogue en vers applaudi en 1869 au théâtre de l'Odéon.

Le voyageur qui parcourt Batavia, ville principale de l'île de Java, ne peut regarder sans intérêt, dit M. Coppée, la foule bigarrée qui se renouvelle sous ses yeux. Parmi tant d'hommes à moitié vêtus, il ne voit que robustes épaules, torses fins et musculeux. Il admire le teint mat et bistré de l'Indien, dont la coloration semble varier avec le milieu où il se trouve. Sa couleur paraît rouge brique sur le bleu de la mer; elle se revêt de tons

Coiffure javanaise.   Fig. 228, 229.   Coiffure malaise.

violacés et d'un rose tendre près des masses de végétation; elle semble presque noire sur un chemin poudreux. Les enfants qui, complétement nus, s'ébattent en plein soleil, semblent de beaux bronzes antiques, tant leurs formes sont pures et leurs poses gracieuses. Le Malais en turban, en veste verte collante, en jupe grise zébrée d'arabesques, a une tête vraiment belle. Son visage est ovale; ses yeux sont fendus en amande; son nez est fin et droit; sa bouche est ombragée d'une moustache mince, lisse et noire; son front haut et large est admirablement modelé. Tous ne sont pas aussi beaux, mais tous ont de belles formes, de beaux cheveux noirs, soyeux et lustrés.

Les coiffures des Javanais sont des chapeaux de bambou parfaitement tressés, ronds, pointus, grands, petits, en façon de bouclier, d'éteignoir, de cuvette. Le costume varie : ceux-ci portent des vestes arabes et de larges pantalons ; ceux-là sont nus, sauf une espèce de caleçon ; d'autres drapent leurs reins dans un morceau d'indienne qui dessine le corps ; quelques-uns portent une jupe très-étroite, d'un effet très-pittoresque. Les Indiens trouvent tout cela dans une large pièce d'une étoffe fabriquée dans le pays, dont les dessins et les couleurs sont d'une variété extraordinaire et d'un goût étrange.

La coiffure des femmes se compose d'un mouchoir noué avec plus ou moins d'art autour de la tête (fig. 228).

A Soerabaya, le voyageur se mêle à la foule, composée d'un mélange de Chinois, de Malais. d'habitants de Madura, mais où domine l'élément javanais. Le *sahrong* aux longs plis, la veste très-collante, et sur la tête une sorte d'abat-jour, recouvert de drap bleu passementé d'or et d'argent, et doublé de rouge, tel est le type du costume javanais. Ici les couleurs des étoffes sont peu voyantes. Les prêtres se distinguent immédiatement à leur ample turban et à leur veste de mousseline blanche. Des palanquins circulent dans la foule. Ceux des Javanais se composent d'un hamac suspendu à une traverse de bambou et abrité des rayons du soleil par un petit toit en natte de palmier ou de bambou. Sur la rivière passent et repassent de longs bateaux de charge à la proue gracieusement recourbée.

Les danses des bayadères javanaises (fig. 230) réunissent les jours de fête toute cette foule bigarrée.

En visitant le cimetière javanais, M. de Molins y vit le prince indigène de Soerabaya, qui venait de prier sur le tombeau de ses pères. Son costume, fort simple, ne se distinguait du costume ordinaire des Javanais que par un nœud de diamants fixé au très-petit turban qui lui serrait la tête, et par une belle boucle en orfévrerie qui retenait la ceinture de son sahrong.

Notre voyageur vit dans le *Kampong* javanais des objets en cuivre (boîtes à bétel, sébiles, vases pour l'eau) ornés, avec un goût bizarre, et charmant, d'arabesques gravées représentant des fleurs, des fruits. des animaux du pays. Il admira aussi comment les orfévres font de si merveilleux bijoux avec un outillage des plus primitifs. Il visita l'un des grands ateliers où l'on fabrique les sahrongs si recherchés des indigènes, dont les tons luttent d'éclat,

Fig. 230. Danses des bayadières javanaises.

d'harmonie et de richesse avec ceux des plus précieux cache-mires. La fabrication de ces étoffes est lente et difficile. Un beau sahrong vaut plus de 100 francs, et n'a pourtant que 2 mètres 50 centimètres de longueur sur 1 mètre de largeur.

Dans une de ses promenades, M. de Molins rencontra un mariage javanais. Les deux époux appartenaient à deux familles également riches. Ils étaient dans un charmant palanquin, sur-

Fig. 231. Noce javanaise.

monté d'un dais orné de feuilles de palmier, et décoré de treillages de bambou et de rotin. Les vêtements des nouveaux époux étaient de soie rouge, rehaussés de broderies d'or; des bijoux couvraient leur tête, leur cou, leurs bras et leurs mains. Des enfants couraient et criaient et faisaient retentir l'air du bruit du gong, du tam-tam et des cymbales (fig. 231). Quatre hommes à culotte jaune, à ceinture

bleue et blanche, les hanches ornées de grandes pointes de soie
bleue et jaune, la tête couverte d'un turban collant de même

Fig. 732. La princesse Saripa.

couleur, portaient au bout d'un long bambou des bouquets brillants et flexibles faits de petites lames de rotin garnies de pom-

pons de papier bleu; jaune et blanc. A la suite du palanquin ve-

Fig. 232. L'empereur de Java.

naient les parents, les amis et tous ceux qui comptaient pouvoir prendre part à un repas généreusement offert.

Cette procession solennelle est précédée de diverses cérémonies.

Depuis plusieurs jours, les fiancés étaient soumis à une exhibition et à un tapage publics et condamnés à une immobilité ainsi qu'à une diète presque complètes, de peur d'endommager leurs vêtements.

C'est dans ces repas de noces que les Javanais déploient toutes les ressources de leur art culinaire. On sert des fruits au commencement du repas. Le riz bouilli à la vapeur et fort peu cuit sert de plat de résistance.

Le régal serait maigre, si le repas n'était accompagné de condiments, poissons salés et séchés vivants au soleil, œufs couvés et salés, hachis de viandes parfumés à la rose, au jasmin, au melatte, graines de diverses plantes, tranches de coco sautées au piment. La première fois que ces plats sont goûtés par un Européen, il éprouve une sensation épouvantable de brûlure qui passe de la bouche à l'estomac et semble toujours augmenter. Mais il paraît que l'on s'habitue assez vite à tolérer ces ragoûts d'épices, et M. de Molins dit que cette cuisine, très-propre à exciter l'appétit, ne tarde pas à devenir indispensable.

Ce fut pendant le séjour du voyageur à Soerabaya que le gouverneur général à Java pour le roi de Hollande fit dans l'île sa tournée d'inspection quinquennale. Une grande fête avait été ordonnée pour la réception de ce haut personnage. M. de Molins nous dépeint les princes qui assistaient à un grand carrousel. Plusieurs d'entre eux ont la peau bleue. Leurs traits, d'une finesse et d'une régulaité parfaites, portent l'empreinte mélancolique des Orientaux. Leurs mouvements sont pleins de grâce et de souplesse. Leur sahrong, fait en soie des plus belles nuances et attaché à la taille par une ceinture flottante qui descend sur un pantalon fort juste, étincelle de broderies d'or et laisse à nu la poitrine, les épaules et les bras frottés pour la circonstance de poudre de riz colorée avec du safran. La coiffure est faite d'un cône tronqué bleu, rouge ou noir, orné de galons d'or ou d'argent; les oreilles sont garnies d'une sorte d'aile en orfévrerie, d'un travail exquis de finesse et de légèreté. Les princes sont accompagnés des officiers de leur suite, parmi lesquels se distingue le porte-ombrelle. Ces énormes parasols, qui tiennent à la fois du bouclier et de la lance, sont à la fois militaires et coquets, or, rouges, verts, bleus, argent, noirs, et produisent le plus étrange effet.

La figure 233 représente l'empereur de Java; la figure 232, une princesse du sang royal, la princesse Saripa.

Battas. — Les Battas, qui habitent l'île de Sumatra, offrent dans leurs mœurs le plus singulier mélange. A des idées d'ordre et de civilisation, ils joignent des pratiques aussi féroces que celles des peuples les plus sauvages.

Bugis et *Macassars.* — Les Bugis et les Mankasses (Mangkassars, dont les Européens ont fait *Macasars*) sont des habitants des îles Célèbes. Ces hommes sont renommés pour leur courage.

Les Bugis passent pour le peuple le plus ancien et le plus éclairé des îles Célèbes. Ils ont non-seulement une langue secrète et sacrée, mais un second idiome familier à toutes les classes, et de plus une langue écrite. Ils ont un système d'écriture et même une littérature. Ces hommes sont probes, fidèles à leur parole et très-loyaux dans leurs relations diplomatiques et commerciales. Leur simple parole vaut mieux que les serments les plus solennels des habitants de Java, de Sumatra et de Bornéo.

Tagales. — Les Tagales et les Bissayes qui habitent l'archipel des îles Philippines (les premiers dans l'île de Luçon, les seconds dans les îles du milieu) parlent des dialectes très-différents de ceux des Malais proprement dits. L'auteur anonyme du *Récit du voyage de circumnavigation de la frégate autrichienne la Novara* va nous fournir quelques renseignements sur l'aspect varié et amusant de la population de Manille, ville principale de l'île de Luçon.

Les *padres* en longues soutanes noires, coiffés de feutres en forme de gouttière, circulent, nous dit l'auteur, à l'ombre des palmiers. Des frères ignorantins coudoient des congrégations de la Vierge et les Pères de la Conception et de la Nativité. Place aux frocs gris, jaunes, bruns, aux disciplines et aux fouets de corde ! Des galériens enchaînés deux à deux portent çà et là et tranquillement des seaux d'eau. De charmantes senoritas, métisses espagnoles pour la plupart, avec leur mantille descendant en cascade de dentelles noires le long de leurs cheveux noirs et brillants, où s'entremêlent des feuilles vertes et des fleurs rouges, font admirer leur démarche indolente, leurs sourcils bien arqués au-dessus de leurs yeux en amande ! Après les métisses viennent les Tagales indigènes, de sang pur, de sang mêlé, les Chinoises, les négrillonnes qui vendent des fruits, des bouquets ou se promènent en fumant des cigarettes.

Les Tagales que M. de Molins vit à Manille étaient petits et faibles de corps. Leur figure n'était nullement désagréable; leur

couleur un peu plus claire que celle des autres Malais; leurs
cheveux étaient noirs sans être laineux. Les combinaisons de la
race tagale avec les nègres et les Chinois lui parurent des plus
intéressantes.

Divers voyageurs ont laissé des descriptions des indigènes des
îles Philippines. Ces hommes sont bien faits, d'une taille élégante
et dégagée, de moyenne grandeur. Leurs pieds et leurs mains
sont petits et mignons, et les attaches d'une finesse extrême. Leur
visage est ovale, leur nez petit, mais régulier, leurs lèvres colorées, leurs dents longues et blanches, tant que l'usage du bétel
ne les a point gâtées. Leurs cheveux noirs sont soyeux et bouclés
chez les hommes, doux, fins et lisses chez les femmes.

La coloration brune du teint varie beaucoup chez les insulaires
des îles Philippines depuis la nuance sombre propre à ceux qui
vivent au grand air, comme les pêcheurs, les chasseurs, ceux
qui travaillent la terre, jusqu'au teint clair des classes élevées et
sédentaires. La partie du peuple qui n'a pas subi d'influence
étrangère est adroite, industrieuse, active. La population mâle
est belliqueuse. Elle fournit d'excellents constructeurs de vaisseaux. Les jonques de bambou tressé, montées par deux cents
combattants et rameurs, ont une voilure si puissante et une telle
vélocité qu'elles font l'envie des constructeurs espagnols.

Dayaks. — On désigne ordinairement sous le nom d'*Alfousous*
des peuples qui habitent dans le voisinage de ceux dont nous
venons de parler, et surtout dans l'intérieur des terres dont les
Malais occupent les côtes. On les a souvent considérés comme
appartenant à une souche particulière ; on les a même rapprochés
de la race noire. Mais la majeure partie de ces peuples doit être
considérée comme appartenant à la famille malaise. Tels sont les
Dayaks, peuple nombreux qui habite l'intérieur de l'île de Bornéo, et les *Turajas,* qui vivent dans les îles Célèbes.

Les Dayaks (fig. 234) ont le corps bien fait. L'expression du
visage est douce et agréable chez les femmes, mais elle est peu
attrayante chez les hommes. C'est peut-être parce qu'ils sont toujours en guerre avec les Malais de la côte, que leurs traits finissent par s'altérer sous l'influence de la crainte, de la fureur et de
la vengeance.

On peut distinguer les Dayaks de la plaine et les Dayaks rive-
rains. Les deux groupes ont la même stature, les mêmes traits,
les mêmes cheveux lisses et noirs, largement bouclés, mais qui

ne sont ni laineux ni crépus. Ceux qui habitent les forêts touffues
des bords des fleuves ont le teint plus clair. Les Dayaks de la
plaine et ceux des fleuves et des rivières se sont voué une haine

Fig. 234. Dayaks.

réciproque. Ils se livrent de fréquents combats et se ménagent de
terribles surprises, dans lesquels beaucoup de têtes sont coupées.
Un Dayak n'oserait pas se montrer à une jeune fille sans avoir à
lui montrer la tête d'un ennemi vaincu et immolé par lui. La

gloire d'un guerrier est proportionnelle au nombre de têtes qu'il a conquises. Des crânes séchés au feu sont les ornements et les trophées de leurs cases. ·

Ces coupeurs de têtes sont très-propres et se baignent régulièrement deux fois par jour. Ils ont des lois très-sévères, qui punissent de la même façon la mort, le meurtre, l'injure et le vol. Ils professent une grande vénération pour les vieillards et pour les morts. Leur système chronologique a pour base les *yongas* ou les âges, comme chez les Hindous. Ils croient que l'âge actuel est celui du malheur. Ils pensent qu'un jour, pendant une éclipse de soleil ou de lune, un dragon dévorera les astres. Aussi à chaque éclipse font-ils un vacarme épouvantable pour effrayer le dragon. Et ils y ont toujours réussi!

Dans son *Voyage le long des fleuves Lappas et Kapouas* (partie occidentale de Bornéo), Mme Ida Pfeiffer visita une tribu de Dayaks indépendants, ceux que les Anglais et les Hollandais appellent *coupeurs de têtes*. Elle vit une immense cabane, longue d'environ soixante mètres. Des étoffes de coton ou d'écorce tressée, des nattes superbes, de beaux paniers de toutes formes, de toutes grandeurs et d'un beau travail étaient étalés avec profusion dans la vérandah. Des tambours et des gongs étaient suspendus aux murs. De grands tas de bambous, des sacs de riz, des porcs préparés montraient que les Dayaks avaient exposé là toutes leurs richesses.

Ils ne s'étaient point oubliés eux-mêmes. Ils avaient le cou chargé, jusqu'à la poitrine, de perles de verre, de dents d'ours et de coquillages. Des cercles de laiton ornaient leurs pieds jusqu'à mi-jambe et leurs bras jusqu'aux épaules. Ils en avaient aussi aux oreilles. Quelques-uns portaient sur la tête une espèce de bonnet en étoffe rouge, garni de perles, de coquillages, de petites plaques de laiton. D'autres avaient roulé autour un morceau d'écorce en forme de guirlande dont les bouts largement frangés ressemblaient à des plumes retroussées. Un homme paré de la sorte, couvert d'ornements en haut et en bas, a un air assez comique.

Les femmes portaient moins d'objets de parure; elles n'avaient pas de pendants d'oreilles, pas de colliers de dents d'ours et rarement des perles de verre, et portaient seulement une quantité innombrable d'anneaux de laiton ou de plomb.

Mme Pfeiffer assista chez les Dayaks à la *danse des glaives*, qu'ils exécutent de la manière la plus adroite et la plus élégante.

Notre voyageuse visita une autre tribu placée plus haut sur la rivière, et elle y vit les mêmes choses, plus deux têtes d'hommes nouvellement coupées. En prenant les têtes pour les montrer à Mme Pfeiffer, les Dayaks leur crachèrent à la figure. Les enfants leur donnèrent des coups et crachèrent par terre.

Fig. 235. Intérieur d'une case de Dayaks.

La triste coutume de la décollation a pris son origine dans la superstition. Si quelque rajah tombe malade, ou entreprend un voyage dans une autre tribu; lui et sa tribu s'engagent à faire le sacrifice d'une tête d'homme, en cas de guérison ou d'heureux retour. Si le rajah meurt, on sacrifie une tête ou deux. La tête pour laquelle on a fait un vœu doit être coupée à tout prix. Les Dayaks se mettent en embuscade dans l'herbe des jungles, derrière des branches coupées, sous des feuilles sèches, et attendent des journées entières. Si un homme, une femme, un enfant se présente, ils lui décochent une flèche empoisonnée, et se précipitent sur lui, comme le tigre sur sa proie. D'un coup la tête est détachée du tronc et placée dans un petit panier destiné à cet usage et orné de cheveux d'homme.

Ces assassinats deviennent souvent l'occasion de guerres sanglantes. En effet, la tribu dont un membre a été ainsi sacrifié par la loi du hasard prend les armes, et ne les dépose que quand elle a exercé de terribles représailles. Des têtes coupées sont rapportées en triomphe et suspendues solennellement à la place d'honneur. Ces vengeances sont célébrées par des fêtes qui durent un mois.

Mme Pfeiffer, reçue avec beaucoup d'égards dans une tribu, trouva suspendues au-dessus de son lit, à la place d'honneur, une tête fraîchement coupée et d'autres déjà desséchées. Elle ne dormit guère. Elle avait une véritable fièvre à se sentir entourée d'hommes surexcités; elle était presque suffoquée par l'odeur de ces débris humains et bercée par le bruit sinistre des crânes qui s'entre-choquaient par le vent.

Malgré les têtes coupées et les guirlandes de crânes humains, Mme Pfeiffer estime que les Dayaks sont généralement honnêtes, bons et réservés. Elle les met au-dessus de tous les peuples dont elle eut l'occasion de faire la connaissance. Elle cite avec complaisance leur vie domestique, vraiment patriarcale, leur moralité, l'amour qu'ils portent à leurs enfants et le respect que les enfants témoignent à leurs parents.

Les Dayaks libres sont plus riches que ceux qui vivent sous le joug des Malais Ils cultivent du riz, du maïs, du tabac et quelquefois la canne à sucre. Ils trouvent dans les bois la résine de Dammana, qui sert à les éclairer, et récoltent beaucoup de sagou, de rotang et de noix de coco. Ils font un commerce d'échange de certains de ces produits pour des perles de verre, du laiton, du sel, ou du drap.

Les maisons, ou cases, habitées par les Dayaks (fig. 235) sont propres et bien tenues.

Les Dayaks peuvent prendre autant de femmes qu'il leur plaît, mais ils se contentent généralement d'une seule. Ils les traitent bien et ne les chargent pas d'ouvrage. Leurs mœurs sont plus pures et meilleures que celles des Malais. Ils n'ont pas d'écriture. Mme Pfeiffer ne vit chez les Dayaks ni temples, ni idoles, ni prêtres, ni sacrifices religieux.

FAMILLE POLYNÉSIENNE.

Les peuples que Dumont d'Urville a nommés *Polynésiens* habitent toute la partie orientale de l'Océanie, c'est-à-dire les îles Sandwich, les archipels des Marquises, de Pomotou, de Bougainville, de la Société, de la Nouvelle-Zélande, des Amis, etc

Tous ces peuples ont les plus grands rapports entre eux. Leur teint est olivâtre, tirant sur le brun, mais non cuivré. Leur taille est élevée, leurs membres nerveux, leur front haut, leurs yeux noirs, vifs et expressifs, leur nez peu aplati. Les lèvres sont généralement plus grosses que chez les blancs; cependant leur bouche est belle, leurs dents superbes. Leurs cheveux sont noirs et frisés. Sur toute la vaste étendue qu'ils occupent ils parlent la même langue.

La plupart des peuples appartenant à la famille polynésienne sont de véritables sauvages. Mais leur race diminue de jour en jour, et les civilisations voisines finiront par remplacer l'élément indigène par des races d'Europe. En attendant, les usages les plus cruels subsistent chez eux. L'anthropophagie même est pratiquée par certains d'entre eux.

Chez tous les peuples des îles de l'Océanie le *tabou* joue un grand rôle. Expliquons ce qu'il faut entendre par *tabou*.

Ce mot exprime un état d'interdiction pendant lequel l'objet qui en est frappé se trouve sous l'empire immédiat de la divinité. L'homme ne peut l'enfreindre sans s'exposer aux conséquences les plus funestes, à moins qu'il n'en ait détruit l'action par certaines formalités.

Ainsi le terrain consacré à un dieu, ou devenu la sépulture d'un grand chef, est *tabou*. On impose le *tabou* sur une pirogue que l'on veut rendre plus sûre pour de longs voyages. Il est défendu de combattre en un lieu sujet au *tabou*. Pour empêcher certaines productions de devenir rares, le *tabou* leur est imposé. L'homme coupable d'un vol ou de tout autre crime manque au *tabou*; celui qui touche le corps d'un chef mort ou quelque chose à son usage habituel, devient *tabou*, et le temps seul peut le relever, etc.

Nous parlerons surtout des habitants de la Nouvelle-Zélande, et donnerons quelques détails sur les habitants des îles Tongas (îles des Amis) et sur ceux des îles Sandwich.

Néo-Zélandais. — Les habitants de la Nouvelle-Zélande, que l'on désigne quelquefois sous le nom de *Maoris*, sont grands, robustes et de formes athlétiques. Leur taille est communément de cinq pieds sept à huit pouces, rarement au-dessous. La couleur de leur peau ne diffère point de celle des hommes du midi de l'Europe. Leur physionomie respire presque toujours une sombre férocité. Le visage est ovale, le front rétréci, l'œil gros, noir et plein de feu. Le nez est parfois aquilin et plus souvent épaté. La bouche est grande et les lèvres grosses. Sous ces lèvres, des dents petites et du plus bel émail sont rangées avec régularité.

Les Zélandais portent leur chevelure longue et par mèches éparses qui retombent sur la figure; les chefs seuls ont le soin de la relever sur la tête en une seule touffe. Ces cheveux sont rudes, noirs, et paraissent parfois rougeâtres, parce que certains individus se saupoudrent la tête avec de la poussière d'ocre.

Les femmes, qui ne sont pas esclaves, ont la taille forte et robuste, rarement au-dessous de cinq pieds et quelques pouces. Les jeunes filles ont un visage large, des traits masculins, de grosses lèvres, souvent teintes en noir par le tatouage, une grande bouche, un nez épaté, une chevelure mal peignée et flottant en désordre. Leur corps, d'une malpropreté révoltante, est imprégné d'une odeur de poisson ou de phoque qui soulève le cœur.

Quelques avantages corrigent les traits repoussants de ce tableau. Les dents des Zélandaises sont d'une excessive blancheur et leurs yeux noirs sont pleins d'expression et de feu. Mais les travaux du ménage et les enfantements font bientôt disparaître ces avantages. D'ailleurs les Zélandaises ont des habitudes enracinées de malpropreté. Une couche épaisse de boue recouvre leur corps, presque toujours enduit d'huile de phoque ou de marsouin. Hommes et femmes sont d'excellents nageurs.

Le costume varie peu dans les deux sexes. Les Zélandais savent se tisser, avec les fibres du *Phormium tenax*, de très-élégants tissus. Une bande de ce tissu flotte négligemment sur les épaules et sur le corps; une autre est roulée autour du tronc et descend jusqu'aux genoux. Pendant l'hiver, ils ajoutent sur la natte supérieure un tissu grossier et pesant, formé de masses de filaments d'une sorte de jonc. Ce vêtement est remplacé chez les chefs par un manteau de peaux de chien cousues ensemble.

Fig. 236. Chef zélandais des environs d'Auckland.

Du reste ces tissus varient. Les uns sont lisses et sans dessins, les autres sont couverts d'ornements très-délicats. Les jeunes filles esclaves ont des brins de *Phormium tenax* non battus et implantés dans leur pagne, ce qui donne à leur corps une ampleur démesurée.

Le rang et la valeur des guerriers sont indiqués par un grand nombre de petites baguettes d'os et de jade, que l'on attache sur la poitrine au bord de la natte. L'usage primitif de ces baguettes était de se gratter les cheveux et d'y tuer les insectes.

Les Zélandais ont, comme tous les autres peuples, le goût de la parure. Ils aiment à placer des plumes dans leurs cheveux. Une touffe de plumes blanches et soyeuses est insérée dans le trou des oreilles. Leurs cheveux en désordre ne sont ordinairement recouverts par aucune coiffure; cependant le naturaliste Lesson, à qui nous empruntons ces détails, a vu quelques jeunes filles chez lesquelles le sentiment de la coquetterie était plus développé : leur tête était ornée d'une gracieuse guirlande de mousse verte.

Les femmes portent, comme parure, des colliers de coquillages, auxquels sont parfois suspendus de petits hippocampes desséchés. Elles ont un grand goût pour les grains de verre bleu de fabrique européenne. Mais le bijou le plus précieux pour les Zélandais, et que portent seuls les hommes, est un fétiche de jade vert, représentant une figure hideuse, qui pend sur la poitrine, suspendu à quelque portion d'os humain. Des idées religieuses sont attachées à cette amulette.

Par superstition les Zélandais suspendent à une de leurs oreilles une dent acérée de squale. Les femmes se déchirent la poitrine et la figure avec cette pointe quand elles viennent à perdre un chef ou un de leurs parents. Le plus grand prix est attaché à ces objets lorsque, transmis par les ancêtres, ils sont *taboués*, c'est-à-dire sacrés. Le bonheur de toute leur vie paraît lié à leur possession. Toutefois ils n'attachent aucun prix à cette amulette lorsqu'elle provient des ennemis qu'ils ont massacrés.

Le tatouage joue un grand rôle chez les Néo-Zélandais. Ils se soumettent chaque année à l'opération douloureuse qu'il exige. Ce tatouage couvre ordinairement la figure, et comme il est très-fréquemment renouvelé, il en résulte de profonds sillons, disposés par cercles réguliers, et qui donnent à la physionomie l'expression la plus étrange. Ils se tracent ainsi, au bas des reins, des cercles enroulés les uns dans les autres. Des losanges, formant une large bande, sont imprimés sur les reins des femmes. Leurs lèvres sont sillonnées de raies d'un noir profond. et des espèces

Fig. 237. Chef zélandais du lac Campo et sa femme.

de fers de lance sont gravés aux angles de la bouche et au milieu
du menton. Les jeunes gens se dessinent sur le nez de larges

mouches de couleur noire, et les jeunes filles des mouches bleues. Il n'y a que les esclaves et les hommes de dernière classe qui ne soient point tatoués. C'est une véritable honte que d'avoir la peau dans son état naturel.

Dans un pays exposé aux terribles tempêtes de l'hémisphère austral, les habitations devaient être, et elles sont en effet, petites et basses. Les villages ne sont jamais en plaine, parce qu'ils pourraient être saccagés par surprise ; ils sont toujours placés dans des lieux escarpés et d'un accès difficile. On ne peut entrer dans les cabanes qu'en se traînant sur les genoux et sur les mains. Les familles qu'elles abritent dorment pêle-mêle sur la paille et dans un espace étroit. A l'intérieur, il n'y a pas de meubles, si l'on en excepte quelques coffrets sculptés et quelques vases en bois rouge chargés de dessins.

La plus remarquable industrie de ces insulaires est celle de la fabrication des étoffes.

Nous avons déjà signalé les beaux tissus que les femmes et les jeunes filles fabriquent avec les fibres du *Phormium tenax*.

Le sol ne fournit pas dans la Nouvelle-Zélande, comme dans les îles de l'Asie équatoriale, une grande variété de substances alimentaires. La base de la nourriture des Zélandais se trouve être le rhizome d'une fougère qui couvre toutes les plaines, et qui ressemble à notre *Pteris*. Ils prennent une grande quantité de poissons dans les baies du rivage et en sèchent ou en fument la majeure partie pour se préserver de la famine en temps de guerre, et pour se nourrir lorsqu'il n'est plus possible, en raison de la fureur des vents, de mettre des embarcations à la mer. Les Européens ont introduit chez eux plusieurs plantes potagères, qui croissent aisément dans un sol meuble fécond.

Leur cuisine est aussi simple que leurs aliments. Ils ne boivent que de l'eau pure et haïssent les liqueurs fortes. Leurs aliments sont placés à terre, et chacun mange avec ses doigts. Cependant les guerriers se servent parfois d'instruments faits avec des os humains. Lesson acheta à l'un d'eux une fourchette à quatre dents, faite avec l'os radius d'un bras droit humain, sculptée avec soin et ornée de divers reliefs en nacre.

Leurs pirogues sont remarquables par les sculptures qui les décorent. La plupart de ces embarcations sont creusées dans un seul tronc d'arbre, et ont communément jusqu'à quarante pieds de longueur. Lesson en mesura une qui, formée d'un seul morceau, avait soixante pieds de longueur et trois de profondeur sur quatre de large. Elles sont peintes en rouge et ornées de plumes d'oiseaux disposées en festons sur les bords. L'arrière s'élève jusqu'à près de quatre pieds, et se compose de sculptures allégoriques. L'avant est occupé par une tête hideuse à yeux de nacre et dont la langue sort démesurément de la bouche pour faire nargue aux ennemis. Ces pirogues peuvent contenir quarante guerriers. Les rames, terminées en pointes acérées, peuvent servir, à l'occasion, d'armes contre une attaque imprévue. Les voiles sont des nattes de jonc grossièrement tissées et triangulaires.

Bien qu'ils soient éminemment guerriers, les Néo-Zélandais n'ont pas une grande variété de moyens de destruction. Ils ne se servent point de flèches. Un *paton-paton* fait en jade vert, et qu'ils fixent au poignet par une lanière de peau, est l'arme par excellence avec laquelle ils brisent ou scalpent le crâne d'un ennemi. Ils l'attaquent corps à corps et triomphent par la puissance de la force. Les prêtres ont pour marque de leur fonction un assommoir en os de baleine couvert de reliefs. Leurs *tokis* sont des haches de jade dont les manches, travaillés avec soin, sont ornés de touffes de poils de chien d'un blanc pur. Un grand nombre de leurs casse-tête sont en bois rouge poli et très-dur.

De nos jours, les nombreuses tribus qui habitent les îles fréquentées par les baleiniers anglais et américains reçoivent des fusils en échange des vivres frais qu'elles fournissent aux vaisseaux européens.

Le chant des Zélandais est grave et monotone. Il se compose de notes gutturales lentes et entrecoupées. Il est toujours accompagné de mouvements d'yeux et de gestes mesurés très-significatifs. La plupart de ces chants roulent sur des sujets licencieux

Leur danse est une pantomime dans laquelle les acteurs changent rarement de place, et qui se compose de gestes et de mouvements des membres exécutés avec la plus grande précision. Chaque danse a un sens allégorique, et s'applique aux déclarations de guerre, à un sacrifice humain, à des funérailles, etc. La danse de guerre (fig. 238) se fait avec des fusils tenus en diverses positions.

Le seul instrument de musique que Lesson ait vu entre les mains des Zélandais est une flûte en bois travaillée avec goût. Le langage de ces peuplades est dur. Des poésies d'une haute antiquité se sont transmises par la tradition orale. Les Zélandais ont une religion, un culte, des prêtres, des cérémonies. Les mariages se font par achat. Un chef qui fut en rapport avec l'équipage dont Lesson faisait partie avait acheté sa femme deux mousquets et un esclave mâle.

L'amitié que se portent les naturels d'une même tribu est très-vive, et Lesson nous a dépeint la manière dont ils se la témoignent. Lorsqu'un d'eux venait à bord, et qu'il y rencontrait un ami qu'il n'avait pas vu depuis quelque temps, il s'approchait de lui, dans un morne silence, appliquait le bout de son nez contre le sien, et restait ainsi pendant une demi-heure, en marmottant d'un son lugubre des paroles confuses. Ils se séparaient ensuite, et agissaient le reste du temps comme deux hommes complétement étrangers l'un à l'autre. Les femmes observaient entre elles le même cérémonial.

Nul peuple plus que celui dont nous esquissons l'histoire ne conserve plus longtemps le désir de venger une insulte. Aussi des haines éternelles et des guerres fréquentes désolent-elles ces îles.

La perte des parents ou des chefs est vivement sentie par toute une tribu. Les funérailles durent plusieurs jours. Quand le défunt appartient à un rang élevé, on sacrifie des captifs, qui devront le servir dans l'autre monde. Les femmes, les filles, les esclaves femelles se déchirent le sein, les bras et la figure avec une dent tranchante de squale.

Chaque tribu forme une sorte de république. Les districts sont régis par un chef, qui a un tatouage particulier. C'est celui dont la bravoure, l'intrépidité et la prudence sont le plus généralement reconnues.

Lesson déclare que les Néo-Zélandais sont ouvertement et cyniquement anthropophages; qu'ils savourent avec une extrême satisfaction la chair palpitante des ennemis tombés sous leurs coups, et regardent comme un jour de fête celui où ils peuvent se rassasier de chair humaine. Un chef exprimait à Lesson la satisfaction qu'il éprouvait à manger la chair humaine; il indiquait le cerveau comme le morceau le plus délicat et la fesse comme le plus substantiel.

Après une victoire, les corps dés chefs tués dans le combat sont préparés pour servir à cet horrible festin. La tête appartient au vainqueur. Les chairs sont mangées par les hommes

Fig. 238. Danse de guerre des Maoris (habitants de la Nouvelle-Zélande).

de la tribu, et les os leur sont distribués pour en faire des instruments. Les guerriers vulgaires sont scalpés, coupés en morceaux, rôtis et dévorés. Leurs têtes, lorsqu'elles ont quelque réputation, sont vendues aux Européens en échange d'un peu de poudre.

Les têtes des chefs sont conservées. Si le clan vainqueur veut faire la paix, il envoie cette tête à la tribu qu'il a soumise. Si celle-ci pousse de grands cris, il y aura accommodement; si elle garde un morne silence, c'est qu'elle se prépare à venger la mort de son chef, et les hostilités recommencent. Quand une tribu a reconquis la tête de son chef, elle la conserve religieusement et la vénère; ou bien, sachant qu'elle serait d'un bon débit, elle la vend aux Européens.

Dans un voyage récent, M. Hochstetter a visité ces mêmes insulaires. Un chef d'Ohinemuta, nommé *Pini-te-Kore-Kore*, vint voir M. Hochstetter. Il était vêtu à l'européenne, enveloppé d'un manteau, coiffé d'un chapeau de paille et tenait une bannière blanche portant cette inscription en lettres bleues : *Sancta Maria, ora pro nobis*. C'était un chef christianisé et modifié dans son aspect extérieur. Élevé dans l'école des missions, il était âgé d'environ trente ans, et tatoué seulement dans le bas du visage. Dans son extérieur aussi bien que dans ses manières il avait beaucoup gardé de ses maîtres français. Extrêmement communicatif, il donna de curieux renseignements au voyageur sur les horribles guerres auxquelles se livraient ses ancêtres.

Depuis trente ans les combats ne se font plus comme autrefois, c'est-à-dire ne consistent plus en des espèces de duels : on se fusille de loin et par corps de troupes, à la manière européenne.

Le voyageur eut occasion de rendre visite au roi maori, *Potateau-te-Whero-Whero*. Devant la porte de sa demeure était une sentinelle, revêtue d'une capote d'uniforme bleue, aux parements rouges et aux boutons de laiton. C'était toute la garde du palais. Vingt personnes environ se trouvaient réunies dans une hutte. Le roi, aveugle et la tête courbée, était assis sur une natte de paille. Sa figure, surchargée de tatouages, était belle et régulière; sur le front une cicatrice profonde indiquait qu'ancien guerrier, il avait pris part à de sanglants combats. Il était enveloppé dans une couverture de laine d'un brun foncé.

Les filles de ce chef suprême d'une race guerrière et indomptée étaient occupées à laver, comme la Nausicaa d'Homère.

Son fils, placé près de lui (fig. 239), était un jeune homme aux yeux noirs et brillants.

Les tribus maories s'étaient soulevées quelques années auparavant, et avaient voulu fonder un gouvernement national, après avoir reconquis leur indépendance. Mais les indigènes furent

Fig. 239. Chef maori (Nouvelle-Zélande).

vaincus après beaucoup de sang versé, et retombèrent sous le joug de leur ancien chef.

Tongas. — Les habitants des îles Tongas (îles des Amis) ressemblent aux Européens; mais leur physionomie offre des expressions si variées, qu'il est difficile de les ramener à un type caractéristique. Au premier aspect l'épatement du nez semble une particularité de la race. Cependant, à mesure qu'on examine un plus grand nombre d'individus, on voit se multiplier les formes ordinaires de cet organe. Il en est de même des lèvres, qui sont tantôt charnues, tantôt minces. Les cheveux sont noirs ; on en rencontre aussi de bruns et de châtain clair. La couleur varie également. Les femmes et les filles de condition qui évitent les ardeurs du soleil sont peu colorées ; les autres sont plus ou moins foncées.

La population de ces îles a été soigneusement décrite par Dumont d'Urville, dans le récit du voyage qu'il fit comme commandant de l'*Astrolabe*, pendant les années 1826, 1827, 1828 et 1829.

« Les habitants des îles Tongas, dit Dumont d'Urville dans sa relation du *Voyage de l'Astrolabe*, sont, en général, grands, bien faits et bien proportionnés. Leurs physionomies sont agréables et présentent une variété de traits comparable à ce que nous observons en Europe. Plusieurs ont le nez aquilin et les lèvres assez minces, presque tous ont les cheveux lisses. Enfin la couleur de leur peau est peu foncée, surtout parmi les chefs. Il est des femmes qui, à la taille la plus avantageuse, à la démarche la plus noble, aux formes les plus parfaites, unissent les traits les plus délicats, un teint presque blanc ou seulement basané. »

Cook et Forster avaient déjà assuré que les femmes de l'île Tonga pourraient servir de modèle aux artistes.

Dans leurs premiers rapports avec les Européens, les habitants des îles Tongas s'étaient montrés sous le jour le plus favorable. Tasman, Cook, Maurelle et Wilson reconnaissaient leur douceur, leur politesse, leurs mœurs hospitalières. Aussi Cook avait-il donné à leurs terres le nom d'*îles des Amis*. L'équipage de *l'Astrolabe* fut d'abord séduit par ces apparences ; mais à maintes reprises les indigènes donnèrent des preuves qu'au moment même où ils accablaient les navigateurs de caresses et d'amitiés, ils songeaient à les assaillir et à les dépouiller.

Ces hommes sont susceptibles d'ailleurs d'une force de caractère et d'une énergie peu communes. Leur bravoure va souvent jusqu'à la témérité la plus audacieuse, et ils ne reculent point devant le plus grand danger. Ils ont néanmoins un ton général de politesse et de courtoisie, une aisance naturelle dans les manières, qu'on ne s'attendrait guère à rencontrer chez un peuple si voisin de l'état sauvage. Leur intelligence est plus développée que celle des Taïtiens. Ils traitent les femmes avec égard ; ils aiment beaucoup leurs enfants, et professent un grand respect pour la vieillesse.

Ils font des pirogues qui sont remarquables par leurs proportions, l'élégance et le fini de la main-d'œuvre. Ils taillent les

dents de baleine pour en faire des colliers, et incrustent leurs
divers instruments avec la même matière. Ils savent construire
des maisons, des voûtes en pierre pour la sépulture des chefs.
Avec un clou aiguisé et fixé dans un manche, ils font aux casse-
tête de délicates ciselures. L'art culinaire est porté chez eux à un
plus haut degré que chez les autres insulaires de la Polynésie.
Ils préparent jusqu'à trente ou quarante mets différents, consistant en porc, tortue, oiseaux, poissons, ignames, fruits à pain,
bananes, noix de coco, etc., mélangés suivant certains procédés
et apprêtés de différentes manières. Les paysans cultivent la terre
avec des pieux aplatis et tranchants à l'extrémité, munis, à peu
de distance du bout, d'un étrier, pour appuyer le pied.

La fabrication des étoffes, des nattes et des corbeilles est du
ressort particulier des femmes. Pour fabriquer l'étoffe dont ils se
servent le plus ordinairement, ils prennent une certaine quantité
d'écorce de mûrier à papier, convenablement préparée, la battent,
la teignent avec diverses couleurs végétales et impriment des dessins de plusieurs genres. Les nattes de la plus belle qualité se
font avec les feuilles du Pandanus; d'autres, plus fortes, sont fabriquées avec l'écorce d'une espèce de bananier. Les nattes qui
ressemblent à du crin sont portées par les gens du peuple dans
les pirogues pour se garantir de l'humidité. D'autres sortes de
nattes, ornées de divers dessins, et faites avec les jeunes feuilles
du cocotier, servent à protéger les parois des édifices contre les
intempéries de l'air.

Les femmes d'un certain rang s'amusent à fabriquer des peignes, dont les dents sont des côtes de feuilles de cocotier. La
fabrication du fil appartient aux femmes des basses classes. La
matière du fil s'extrait de l'écorce d'un bananier.

Ces insulaires se tatouent diverses parties du corps, surtout le
bas du ventre et les cuisses. Les dessins ont une véritable élégance et présentent une grande variété de figures; mais ils
laissent la peau dans son état naturel. Leur tatouage n'offre jamais
a incisions profondes et ne paraît pas être un signe de distinction ou de valeur guerrière. Les femmes ne se tatouent guère
que la paume des mains.

Les maisons sont proprement et solidement construites. Le
maître et la maîtresse couchent dans un espace à part; les autres
membres de la famille dorment sur le plancher, sans avoir de
place fixe. Des nattes servent de lits et les vêtements de couverture.

L'habillement des hommes, comme celui des femmes, se compose d'une pièce d'étoffe ou d'une natte de six pieds carrés, qui enveloppe le corps, de manière à faire un tour et demi sur les reins, où il est arrêté par une ceinture. Le bas peuple se contente souvent de porter un pagne en feuillage, ou un morceau d'étoffe étroit, semblable à une ceinture.

Les naturels des îles Tongas se baignent chaque jour. Leur peau est, en outre, constamment imprégnée d'huile de coco parfumée. Lorsqu'ils se préparent à une fête religieuse, à une danse générale, à une visite chez quelque personnage de haut rang, ils se couvrent d'huile avec une telle profusion qu'elle dégoutte de leurs cheveux.

Les ornements des deux sexes sont des colliers composés de fruits rouges de Pandanus ou de fleurs odorantes. Quelques-uns suspendent à leur cou de petites coquilles, des ossements d'oiseau, des dents de requin, des os de baleine travaillés et polis ou des morceaux de nacre. Ils portent au haut du bras des bracelets en coquilles ou en nacre de perle. Ils ont des bagues de même matière ou en écaille de tortue. Ils sont très-avides de verroterie et surtout de grains bleus. Le lobe de leurs oreilles est percé de larges trous, pour recevoir de petits cylindres en bois d'environ trois pouces de longueur, ou de petits roseaux remplis d'une poudre jaune qui sert de fard aux femmes.

Ils ont des flûtes et des tam-tam pour battre la mesure. La flûte la plus ordinaire est un morceau de bambou fermé aux deux bouts et percé de six trous, dans lequel ils soufflent de la narine droite pendant qu'ils se bouchent la narine gauche avec le pouce.

Leurs chants sont des espèces de récitatifs, qui ont trait à quelque événement plus ou moins remarquable; ou bien ce sont des paroles destinées à accompagner divers genres de danses ou de cérémonies.

Les habitants des îles Tongas reconnaissent une foule de divinités qui ont entre elles divers degrés de prééminence. Parmi ces dieux, ceux d'un rang supérieur peuvent distribuer le bien et le mal suivant leur pouvoir respectif. Selon eux l'origine de ces divinités échappe à l'intelligence de l'homme, et leur existence est éternelle.

Dans ces îles, comme à la Nouvelle-Zélande, le *tabou* règne tyranniquement.

Une cérémonie barbare est celle dans laquelle on étrangle un enfant, pour l'offrir aux dieux, et en obtenir la guérison d'un parent malade. La même cérémonie a lieu quand un chef a commis par mégarde un sacrilége qui pourrait attirer la colère des dieux sur toute la nation.

Dans d'autres circonstances, pour obtenir le rétablissement d'un parent malade, on se coupe une phalange du petit doigt. Aussi voit-on une foule de personnes qui ont perdu successivement les deux phalanges du petit doigt de chaque main et même la première phalange du doigt suivant.

Les charmes et les présages jouent un grand rôle dans la religion de ce peuple. Les songes sont les avertissements de la Divinité. Les éclairs et le tonnerre sont des indices de guerre et de quelque grande catastrophe. L'action d'éternuer est du plus mauvais présage. Un chef faillit assommer un voyageur parce que celui-ci avait éternué en sa présence au moment où l'indigène allait remplir ses devoirs sur la tombe de son père.

Taïtiens. — L'île de *Taïti* et tout le groupe des *îles de la Société* sont habités presque exclusivement par le même rameau de la race malaiso-polynésienne. Les naturels de ces îles sont devenus célèbres en France par les récits pleins de charme et de naïveté que Bougainville a publiés sur leurs mœurs et sur leurs habitudes. Nous emprunterons les renseignements qui vont suivre au naturaliste Lesson, qui fit un assez long séjour dans cette île.

Tous les habitants de Taïti, sans presque aucune exception, sont de très-beaux hommes. Leurs membres sont à la fois robustes et gracieux ; partout les saillies musculaires sont enveloppées par un tissu cellulaire épais, qui arrondit ce que les formes ont de trop saillant. Leur physionomie est empreinte d'une grande douceur et d'une apparence de bonhomie. Leur tête serait du type européen sans l'épatement des narines et la grosseur trop forte des lèvres. Leurs cheveux sont noirs et rudes. La peau est d'une couleur de cuivre clair et varie beaucoup d'intensité. Elle est lisse et douce au toucher, mais répand une odeur forte et tenace, due en grande partie aux frictions d'huile de coco dont elle est sans cesse lubrifiée. Leur démarche est mal assurée. Ils se fatiguent facilement. Sur un sol où les produits alimentaires semés en abondance se récoltent sans travail ni effort, les Taïtiens ont gardé des mœurs molles et efféminées et une certaine enfance dans les idées.

Les attraits séducteurs des femmes de Taïti ont été peints avec beaucoup de charme par Bougainville, Wallis et Cook. Mais Lesson, tout au contraire, nous assure que ces femmes sont très-laides, et que dans toute l'île on trouverait à peine une trentaine de figures passables d'après nos idées sur la beauté. Il ajoute que toutes les femmes, après la première jeunesse, sont dégoûtantes par une flaccidité générale, qui est d'autant plus grande qu'elle succède ordinairement à un embonpoint considérable. Il

Fig. 240. Otoo, roi de Taïti, d'après Pritchard.

est à croire que la beauté du sang s'est altérée par l'effet de maladies contagieuses depuis que les premiers navigateurs européens ont abordé dans cette île, fort belle d'ailleurs par l'éclat de sa végétation et la douceur de sa température.

Avant le mariage, les Taïtiennes ont la jambe forte, les mains petites, la bouche grande, les ailes du nez aplaties, les pommettes saillantes et les lèvres grosses; leurs dents sont du plus bel émail, leurs yeux bien fendus placés à fleur de tête, recouverts par de longs cils effilés, abrités par un large sourcil noir, plein de vivacité et de feu. Mais la précocité du mariage et l'allaitement ont bientôt détruit ce qu'elles peuvent avoir de charmes. La couleur de leur peau est ordinairement d'un cuivre clair. Quelques-unes cependant sont remarquables par leur blancheur, et particulièrement les épouses des chefs.

Les liens de famille ont beaucoup de force chez les Taïtiens. Ils aiment beaucoup leurs enfants, leur parlent avec douceur, ne les frappent jamais, et ne goûtent à rien d'agréable sans leur en offrir.

Les femmes fabriquent des étoffes, tissent des nattes et des chapeaux de paille et gardent les maisons. Les hommes élèvent les cabanes, creusent les pirogues, plantent les arbres, cueillent les fruits et cuisent les provisions dans des fours souterrains. Paresseux par essence, les Taïtiens se couchent généralement avec le crépuscule.

Tous les membres de la famille vivent pêle-mêle dans une même pièce, sur des nattes posées à terre. Les chefs seuls couchent sur des nattes tendues sur des châssis. Ils ont aussi l'usage de la sieste, et dorment habituellement depuis midi jusqu'à trois heures.

Des viandes, des fruits, des racines sont leurs aliments usuels. Mais la base de leur alimentation est le fruit de l'arbre à pain. Ils vénèrent le cocotier.

Leur boisson ordinaire est l'eau pure. Leur goût pour les vêtements d'Europe est effréné. Ils cherchent, par tous les moyens imaginables, à se procurer des habits, des chapeaux, des cravates de soie et particulièrement des chemises. Mais comme ils n'ont pas assez de nos tissus pour se vêtir complétement à l'européenne, ils ont souvent une sorte d'ajustement mixte.

Dans leur intérieur les femmes sont à demi nues. Des pièces d'étoffe, drapées avec art et voilant à demi les seins, leur font une sorte de tunique. Elles vont nu-pieds. Elles ont un grand goût pour les guirlandes de fleurs. Elles parent leur front des éclatantes corolles de l'*hibiscus rose de Chine*. Elles traversent le lobe de leurs oreilles avec le long tube des corolles blanches et parfumées du *gardenia*. Elles se garantissent la figure des rayons ardents du soleil avec des folioles de cocotier.

L'occupation principale des Taïtiens est la fabrication des étoffes. Avec des moyens très-simples, ils fabriquent, avec diverses écorces, des tissus, à l'aide desquels ils se vêtent d'une manière aussi ingénieuse que commode. Le *mûrier à papier*, l'*arbre à pain*, l'*hibiscus liliaceus*, etc., sont les plantes dont ils utilisent le plus communément la partie libérienne. Ils teignent ces étoffes avec le suc rouge extrait du fruit d'une espèce de figuier ou en jaune serin.

Ce ne sont pas seulement leurs habits que les Taïtiens ornent de couleurs brillantes et de dessins variés. Ils aiment avec passion le tatouage. Cependant ils n'ont aucun trait sur la figure. C'est sur les jambes, les bras, les cuisses, la poitrine qu'ils tracent des traits indélébiles. Tout porte à croire que le tatouage,

Fig. 241. Indigènes de Taïti.

que les missionnaires défendent sous les peines les plus sévères, était et est sans doute encore le symbole des fonctions de chaque individu et l'armorial nobiliaire des familles, car les dessins en sont toujours variés.

Les anciens Taïtiens construisaient des pirogues, ornées de sculptures emblématiques très-soignées. Depuis qu'à leurs instruments informes ils ont fait succéder des outils de fer, ils n'ornent plus leurs ouvrages avec autant de soin. Les anciens instruments de guerre sont également très-négligés depuis qu'ils ont des armes à feu. Ils avaient autrefois de longues lances à pointe effilée, des frondes faites avec le brou de la noix de coco, des

haches de basalte parfaitement taillées, et des limes empruntées
à la peau raboteuse d'une raie.

Les Taïtiens aiment passionnément la danse. Ils se servent,
pour marquer la mesure, d'un tambour, dont le cylindre est un
tronc d'arbre creusé et aminci. Les peaux de chien qui forment la
membrane de ce tambour sont tendues par des rubans d'écorce.
Ils soufflent avec le nez dans une flûte formée d'un morceau de
roseau ayant trois trous à son extrémité ouverte et un seul à
celle qui est munie d'un diaphragme, et en tirent des sons monotones et graves.

Les Taïtiens sont hospitaliers et d'une grande complaisance
pour guider les voyageurs au milieu des bois et dans leurs montagnes. Le christianisme a un peu modifié leurs habitudes. Ils fréquentent les temples protestants, parce qu'ils y sont obligés, mais
ils sont peu religieux. Entre eux la propriété est sacrée; mais
celle des étrangers est l'objet de leur convoitise.

Nous ne saurions nous arrêter ici sur les sanglants sacrifices
humains que les prêtres commandaient autrefois aux naturels de
l'île Taïti, ni sur leur mythologie grossière. Les missionnaires
anglais de l'Église réformée ont depuis longtemps fait disparaître
ces coutumes inhumaines.

Pomotouens. — Les Pomotouens, qui habitent les îles basses et
plates connues des géographes et des navigateurs sous le nom
d'*Archipel dangereux de la mer Mauvaise*, sont constitués, au point
de vue physique, comme les Taïtiens, auxquels ils ressemblent
beaucoup; mais ils n'en ont point le caractère bienveillant ni les
manières affectueuses. Leur aspect est rude, le jeu de leur physionomie sauvage. Leur corps et leur figure sont couverts de
tatouage composé de losanges et de cercles nombreux. Leur nudité disparaît sous la masse de ces dessins. Comme ils habitent
des îles pauvres en productions alimentaires, ils ne pensent qu'à
repousser par la force les navigateurs qui essayent de commu-
niquer avec eux. Tirant de la mer leur nourriture de chaque
jour, ils sont marins audacieux et habiles pêcheurs. Ils façonnent
avec un bois très-dur des javelines, quelquefois longues de quinze
pieds et ornées de sculptures travaillées avec beaucoup de goût.
Leurs pagaies sont également ornées de dessins très-gracieux,
comme leurs haches, qui sont taillées avec le corail. Les femmes
portent au cou des morceaux de nacre taillés en rond et dentelés

sur leurs bords, qui forment des colliers brillants et élégants. Ils recherchent avec fureur nos liqueurs spiritueuses.

Marquesans. — Les naturels des *îles Marquises* sont alliés de très-près à ceux des îles de la Société. Leurs traits sont semblables et leur couleur offre les mêmes variétés. Cook assure que par la noblesse et l'élégance de leurs formes, ainsi que par la régularité de leurs traits, ils l'emportent peut-être sur toutes les autres nations. Les hommes, tatoués depuis la tête jusqu'aux pieds, paraissent très-bruns; mais les femmes, qui sont très-légèrement ponctuées, les jeunes enfants et les jeunes gens, qui ne le sont pas du tout, sont aussi blancs que beaucoup d'Européens. Les hommes, généralement grands, portent la barbe longue et arrangée de différentes manières. Leurs vêtements sont semblables à ceux des Taïtiens et faits de tissus des mêmes matières.

Sandwichiens. — La couleur des Sandwichiens est terre de Sienne mêlée à un peu de jaune. Leur chevelure serait magnifique s'ils la laissaient croître; car elle est noire et luisante comme du jais. Leurs manières sont élégantes. En général ils se rasent les côtés de la tête et laissent croître au sommet une touffe, qui se prolonge jusqu'à la nuque, en façon de crinière. Quelques-uns cependant conservent tous leurs cheveux et les laissent flotter en les nouant avec beaucoup de grâce. Leurs yeux sont vifs et ont beaucoup d'expression. Leur nez est un peu aplati et souvent aquilin. Leur bouche et leurs lèvres sont médiocrement grandes, leurs dents magnifiques. Aussi est-ce grand dommage lorsqu'ils s'en arrachent quelques-unes, à la mort d'un ami ou d'un bienfaiteur. Ils ont la poitrine large, les bras peu nerveux, les cuisses et les jambes assez fournies, les pieds et les mains excessivement petits. Tous se font tatouer le corps ou quelque membre. Les dessins représentent des oiseaux, des éventails, des damiers, des ronds de plusieurs diamètres. La même superstition qui les prive de leurs dents à la mort d'un parent ou d'un ami leur fait aussi une loi de se brûler toutes les parties du corps avec un fer rouge.

Les femmes ne sont pas aussi bien faites que les hommes, et leur taille est plutôt petite que grande; mais leurs larges épaules, la petitesse de leurs pieds et de leurs mains sont généralement goûtées. Elles ont un grand amour pour les couronnes de verdure. Les princesses et les dames de haut rang se sont réservé le droit exclusif de se parer de fleurs de *vacci* enfilées dans un jonc. Elles ne portent presque toutes qu'une boucle d'oreille ; mais elles ont une passion pour les colliers ; elles s'en font avec des fleurs et avec des fruits.

Ces renseignements sont empruntés à Jacques Arago, qui publia sous le titre de *Voyage autour du monde* la belle et longue promenade qu'il fit en 1817, 1818, 1819 et 1820, sur les corvettes du roi *l'Uranie* et *la Physicienne*, commandées par Freycinet.

Dans une autre lettre, datée, comme la précédente, d'Owhyhée, le même voyageur nous peint comme il suit le *palais* du souverain des îles Sandwich ainsi que les habitants de ce palais.

C'était une misérable cabane en chaume, large de douze à quinze pieds, longue de vingt-cinq à trente, dans laquelle on n'entrait que par une porte basse et étroite. A l'intérieur étaient étendues quelques nattes, sur lesquelles des colosses à demi nus — généraux et ministres — étaient couchés. On voyait deux chaises destinées, pour les jours de cérémonie, à un homme gros, gras, sale, lourd et fier : le roi. La reine, à moitié déshabillée, était en proie à la gale et à d'autres maladies dégoûtantes. Ce galant et solennel intérieur était protégé par des murs de feuilles de cocotier et un toit de goëmon, faible obstacle contre les vents et la pluie.

Dans la *Relation du voyage de la Bonite* (1836 et 1837), M. de la Salle constate que les naturels des îles Sandwich sont généralement d'une bonne constitution ; que leur taille, svelte et bien prise, est généralement au-dessus de la moyenne, mais qu'elle est loin d'égaler celle des chefs et de leurs femmes qui, par leur haute stature et leur excessif embonpoint, semblent avoir une autre origine que le bas peuple. Ces chefs paraissent en effet descendre d'une race de conquérants qui, après avoir subjugué le pays, y ont établi le régime féodal sous lequel il est encore opprimé. L'auteur ajoute que les Sandwichiens sont d'un naturel doux et patient, adroits, intelligents et supportant aisément la fatigue.

Les basses classes sont dans un état de misère tel, qu'à peine ces malheureux ont de quoi ne pas mourir de faim. Cette misère n'est pas seulement le résultat de la paresse. Les exigences toujours croissantes des chefs gênent et découragent le travailleur.

Les voyageurs de *la Bonite* ne rêvaient, en abordant aux îles Sandwich, qu'aux tableaux qne nous en a laissés le capitaine Cook, à ces hommes sauvages, énergiques, bons, naïfs, à ces guerriers aux manteaux de plume, à ces femmes pleines de grâce et de volupté, dont le navigateur anglais nous a laissé les plus engageantes descriptions. Ils furent d'abord séduits par les formes nettes et élégantes des pirogues et par l'adresse des

Fig. 242. Naturel des îles Sandwich.

nageurs. Ils virent les insulaires nus comme au temps de Cook, sans autre ajustement que le *maro* traditionnel. Mais ces hommes ne venaient plus, en manière de salut, écraser leur nez sur le nez des voyageurs. Ils prodiguaient à la ronde les poignées de main, selon la mode anglaise, et affectaient des airs de gentleman. Ils avaient apporté des bananes, des patates et autres rafraîchissements. Mais lorsqu'on leur offrit, comme on le faisait jadis, des colliers, des bracelets, des boucles d'oreilles, les sauvages n'eurent plus l'admiration naïve et l'ardente convoitise auxquelles on s'attendait. Après un regard dédaigneux jeté sur les verroteries, ils demandèrent des vêtements et du fer. Ce n'étaient plus les naïfs insulaires du temps du capitaine Cook !

M. Vaillant, un des officiers de *la Bonite*, fut invité à descendre à terre par un chef de district, nommé *Kapis-Lani*, qui était une femme. Sa toilette ne ressemblait en rien à celle des sauvages : elle se composait d'une robe de mousseline blanche, serrée à la ceinture par un long ruban bleu, d'un fichu de soie enroulé autour du cou, et d'une coiffure en cheveux fixée par deux peignes de corne.

Les anciennes coutumes des habitants des îles Sandwich ont été complétement modifiées, sous tous les points de vue, par les missionnaires anglais. Pour arriver à leur but, les missionnaires se sont servis de cette arme si puissante autrefois entre les mains des prêtres et des rois, le *tabou*.

Autréfois, quand un navire arrivait, une multitude de femmes venaient l'assaillir, soit en pirogue, soit à la nage, pour se disputer, *per fas et nefas*, les libéralités des étrangers : les missionnaires déclarèrent que la mer était *tabou* pour les femmes.

Pour corriger le désordre dans les mœurs, les femmes furent déclarées *tabou* pour tout autre que leur mari, et les filles *tabou* pour tous. Il fallait proscrire la passion des liqueurs fortes : l'eau-de-vie, le vin et autres liqueurs furent frappés du *tabou*.

Il est bon d'ajouter que l'on ne se borna pas à l'autorité morale du *tabou*. Celle-ci fut appuyée par la bastonnade et les pénibles travaux des routes.

Avec ces moyens on est parvenu à modifier la conduite extérieure et publique des habitants des îles Sandwich, mais non à déraciner chez eux le vice.

Nous emprunterons quelques traits au tableau tracé par M. Vaillant, de sa promenade dans un village de l'île d'Havaï.

A peine arrivé, ce voyageur s'entendit appeler à l'intérieur d'une grande case, où se trouvaient réunies une trentaine de personnes, hommes et femmes, qui l'invitaient à entrer.

La case était construite en paille. Le long de ses parois on voyait appendus, sans ordre, des calebasses, des cocos et quelques ustensiles de pêche.

Une seule pièce suffit ordinairement à tous les usages, mais elle se divise en deux parties. Des nattes étendues sur le sol d'un seul côté indiquent la place où se couchent les habitants ; de l'autre côté, le sol est nu, et c'est là que se trouve le foyer.

L'officier s'assit sur les nattes, à la manière de ses hôtes, qui l'entouraient et l'accablaient de questions. D'ailleurs, hommes et femmes, sans se préoccuper des règles de la bienséance et de la civilisation importée par les missionnaires anglais, s'étaient mis parfaitement à l'aise, et se contentaient du très-simple ajustement de leurs pères : le *maro* faisait tous les frais de leur toilette.

Le résultat plus évident des efforts des missionnaires consiste en ce que les naturels des îles Sandwich savent pour la plupart lire et écrire. Ces sauvages tout nus tenaient un livre de prières, un traité d'arithmétique et une bible.

Les femmes acceptaient avec reconnaissance les petits présents qu'on voulait bien leur offrir. Après quelques avances de coquetterie, elles articulaient, si on les pressait, le mot *tabou*.

Lorsqu'elles étaient hors de chez elles, leur costume consistait en une pièce d'étoffe, qu'elles drapaient autour d'elles, non sans grâce. Mais elles ne parurent pas très-jolies aux voyageurs de *la Bonite*.

Kona-Kéni, gouverneur d'Havaï, était un homme de bonne mine et d'une physionomie avenante, d'une taille presque gigantesque, d'une corpulence énorme, pouvant à peine se tenir sur ses jambes. Sa femme reçut M. Vaillant. Elle était couchée sur un amas de nattes formant un lit élevé d'un pied au-dessus du sol. Une blouse en étoffe de soie bleue brochée la couvrait des pieds à la tête. Ses proportions étaient gigantesques. Son énorme masse, étalée pesamment sur des nattes amoncelées, rappelait les phoques qui viennent bayer au soleil. Autour du lit de la suzeraine se tenaient, accroupies sur des nattes, les nombreuses femmes formant la cour de Keona, et qui étaient vêtues d'une blouse en tissu de coton à fleurs peintes. Elles étaient coiffées en cheveux, à l'américaine. Deux d'entre elles, armées de chasse-mouches, les agitaient sans cesse autour de Keona. Le gouverneur avait un chapeau de paille, une veste et une chemise en coton peint, le cou nu et un pantalon gris.

FAMILLE MICRONÉSIENNE.

La *famille micronésienne* habite les petites îles du nord-ouest de l'Océanie, c'est-à-dire les archipels des Mariannes, des Carolines,

des Mulgraves, etc. D'après Dumont d'Urville, ces peuples se distinguent de ceux qui habitent à l'est par un teint plus foncé, un
visage plus effilé, des yeux moins fendus, des formes plus sveltes,
et des langues tout à fait différentes, qui varient d'un archipel à
l'autre. Dumont d'Urville ajoute qu'ils ne sont pas soumis au
tabou. Leurs mœurs sont douces.

Cette famille comprend les Mariannais, les Caroliniens et les
Mulgraviens.

Nous emprunterons à Lesson des détails intéressants sur le
groupe qu'il appelle les *Carolins*. Voyons d'abord ce qu'il nous dit
des naturels de l'archipel Gilbert.

Une seule pirogue contenant trois hommes osa s'approcher
de sa corvette. Ce ne fut pas sans de longues irrésolutions que
ces trois hommes se décidèrent à monter sur le navire. Leurs
membres étaient grêles et maigres, leur teint foncé, leurs traits
élargis et grossiers, leurs cheveux coupés court à l'aide d'une
coquille. Ils n'avaient ni barbe ni moustache. Leurs seuls vêtements consistaient en un petit bonnet rond tissé avec des folioles
sèches de cocotier et en une natte grossièrement faite et percée
au milieu pour garantir les épaules et la poitrine. Ils avaient le
ventre serré par des tours d'une corde faite avec le brou de coco.

Lesson et ses compagnons furent les premiers Européens qui
virent les habitants de l'île d'Oualan. Ils faisaient cercle autour
des voyageurs, les touchaient et les accablaient de questions. Ces
insulaires sont généralement de petite taille. Les hommes ont le
front découvert et étroit, les sourcils épais, les yeux petits et
obliques, le nez épaté, la bouche grande, les dents blanches, les
gencives vermeilles. Leur chevelure, noire et non frisée, est longue, leur barbe peu abondante. Leurs membres sont arrondis et
bien faits, leur peau dure et de couleur de bronze clair. Ils sont
mous et efféminés.

Les femmes et les jeunes filles ont une physionomie agréable.
Leurs yeux noirs sont beaux et pleins de feu, leur bouche est
meublée de dents superbes; mais leur taille est mal prise et
leurs hanches sont d'une grosseur démesurée. Elles vont dans
une nudité presque complète. Les deux sexes ont l'habitude de
se faire un large trou dans l'oreille droite, pour y placer tout ce
qu'on leur donne, et parfois des objets peu faits pour y être
accrochés, tels que des bouteilles. Ordinairement les filles y

mettent des bouquets de pancratium, plante de la famille des amaryllidées. Souvent elles détachaient quelques-unes de ces fleurs odorantes et cherchaient à les placer dans les oreilles des voyageurs en souriant gracieusement. Les hommes se couvrent aussi la tête avec des fleurs rutilantes ou des spadices d'arum.

Ces naturels ne se servent d'aucune espèce de vêtements pour se garantir des pluies fréquentes de leur climat. Pour s'abriter du soleil, ils se couvrent d'une large feuille d'arum.

Les chefs, qui paraissaient tenir à ne point s'exposer autant aux influences de la chaleur, sont plus blancs et mieux faits que les autres insulaires. Les dessins de leur tatouage sont leur seule marque distinctive ; cependant ils placent des plumes dans le nœud qui retient leur chevelure, et lorsqu'on leur donne des clous, ils les enfoncent autour de leur front en les rangeant régulièrement, comme un diadème. Les femmes parurent chastes. Les hommes s'empressèrent du reste de les soustraire à la vue des voyageurs, sentiment d'autant plus remarquable qu'il est opposé aux mœurs générales des insulaires de la mer du Sud.

Oualan était alors régie par un seul chef, que le peuple entourait d'un respect extraordinaire. On ne prononçait son nom qu'avec vénération.

Le pouvoir des chefs paraît reposer sur des idées religieuses. Ces chefs diffèrent, en général, du peuple par une taille bien prise, un air plus imposant, plus grave, un tatouage plus soigné, indice de leur rang. Un grand nombre de chefs commandent dans les districts de l'île et paraissent avoir un droit absolu sur les propriétés et peut-être sur les personnes.

L'industrie des insulaires d'Oualan n'est remarquable que par les étoffes et les pirogues. Ils retirent des feuilles ou des tiges du bananier sauvage (*Musa textilis*) des fils, qu'ils savent teindre en rouge, en jaune et en noir, et avec lesquels ils font des étoffes qui ne sont pas très-inférieures aux tissus européens.

Ils construisent leurs pirogues avec des haches en pierre ou en coquille. Avec ces instruments, pourtant si imparfaits, ils donnent un fini précieux à leurs travaux. La coque de la pirogue est creusée dans un seul arbre, quelquefois très-gros. Le bois est poli avec du trachyte ou au moyen de grosses râpes faites avec une peau de diable de mer. Ces pirogues marchent à la rame sans voile et sans mâts.

A l'occasion des naturels des îles Mac-Askill, qui ont, par leurs caractères physiques et par l'état de leur industrie, la plus grande analogie avec les habitants des îles d'Oualan, Lesson remarque le goût que des sauvages manifestent pour les fleurs comme ornement de leur personne. De jeunes insulaires s'étaient couvert la tête de couronnes d'ixera, dont les corolles sont d'un rouge ponceau très-vif. Quelques-uns avaient passé dans les trous de leurs oreilles des feuilles florales qui exhalaient une odeur suave de violette; d'autres avaient leur chevelure entremêlée de fleurs blanches. Ces parures avaient, ajoute le savant voyageur, un charme qu'il est plus facile de ressentir que d'exprimer.

RACE ROUGE

RACE ROUGE

Cette race est quelquefois désignée sous le nom d'*américaine*, parce qu'au quinzième siècle elle formait à elle seule presque toute la population des deux Amériques. Mais les Européens, et surtout les Anglais des États-Unis, forment actuellement la plus grande partie de cette population. Ils ont, en quelque sorte, accaparé le nom d'*Américains*, de sorte que l'on désigne généralement les peuples de la race rouge par le nom d'*Indiens*, que leur donnèrent les Espagnols au temps de Christophe Colomb, par suite de cette erreur singulière du grand navigateur génois qui découvrit le Nouveau-Monde sans le savoir, c'est-à-dire en s'imaginant avoir simplement trouvé un nouveau passage pour se rendre aux grandes Indes, en Asie.

La dénomination de *race rouge* est d'ailleurs défectueuse, en ce sens que plusieurs peuples que l'on range dans ce groupe n'ont rien de rouge dans leur couleur. Cette division est donc, en définitive, assez imparfaite au point de vue ethnographique ; seulement elle a l'avantage de fixer géographiquement l'*habitat* des nations qu'elle renferme.

Les *Indiens d'Amérique* se rapprochent de la race jaune propre à l'Asie par leurs cheveux, généralement noirs, rudes et gros, par la rareté de leur barbe, et par leur teint, qui varie du jaune au rouge cuivre. Chez une partie d'entre eux, le nez très-saillant et les yeux grands et ouverts rappellent la race blanche. Leur front est très-déprimé ; mais aucune autre race n'a la partie postérieure du crâne plus volumineuse, ni les orbites plus larges. En général, hospitaliers et généreux, ils sont cruels et implacables dans leurs ressentiments, et se font la guerre pour les motifs les plus futiles. Deux d'entre ces peuples, les anciens Mexicains et les anciens Péruviens, avaient fondé autrefois de grands empires, et atteint une civilisation assez avancée, bien qu'inférieure à celle des Européens de la même époque. Mais ces empires ayant été détruits par les conquérants espagnols, la civilisation s'arrêta. Les Indiens échappés à la dévastation de leur race et qui se sont soumis aux vainqueurs, ne sont plus que des cultivateurs ou des artisans. Quant aux Indiens restés indépendants, ils errent dans les bois et les prairies, et sont les derniers représentants de l'homme à l'état sauvage ou demi-sauvage. Ils vivent dans les forêts et les savanes des produits de leur chasse et de leur pêche. Ils tiennent dans la plus grande abjection leurs femmes, qu'ils chargent des travaux les plus pénibles. Certaines tribus font encore des sacrifices humains à leurs idoles.

Il est à remarquer que les Indiens qui étaient déjà fixes et cultivateurs lors de l'arrivée des Espagnols, se soumirent promptement aux étrangers, mais que l'on n'a jamais pu dompter ceux qui, dès le quinzième siècle, se montrèrent rebelles à l'influence étrangère, et aimèrent mieux gagner les solitudes des forêts que d'accepter le joug et les coutumes des Européens. Du reste, le nombre et la population des tribus sauvages des deux Amériques diminue tous les jours, surtout dans le nord. On attribue ce résultat à leurs guerres continuelles, aux ravages de la petite vérole, et surtout à la funeste passion de ces tribus sauvages pour l'eau-de-vie.

Les anthropologistes se sont donné beaucoup de peine pour trouver l'origine réelle des Indiens d'Amérique, et pour établir leur rapport avec les autres races humaines. Mais jusqu'ici leurs études n'ont pas amené de résultat satisfaisant. On ne peut rapprocher exactement les Indiens de l'une des races blanche, jaune ou brune; et d'un autre côté, on ne peut prendre sur le fait le mélange de ces trois races, ni reconnaître dans l'Indien d'Amérique un type original déterminé.

Les grandes différences que l'on constate, quant à la forme du crâne et à la couleur de la peau, chez les diverses peuplades indiennes, annoncent de nombreux croisements. Plusieurs circonstances prouvent que, dans des temps très-anciens, des Européens s'introduisirent en Amérique par le nord, et qu'ils y trouvèrent une ou plusieurs races indigènes, qu'ils soumirent en partie, et avec lesquelles ils sont mêlés aujourd'hui. L'état de civilisation qu'avaient atteint les anciens Mexicains et Péruviens lorsque Christophe Colomb aborda en Amérique, la tradition américaine qui établit que les fondateurs de leurs empires étaient des étrangers, l'existence dans l'Amérique septentrionale de ruines annonçant une civilisation au moins aussi avancée que celle des *Nahuath* et des *Quichuas* (anciens Mexicains et Péruviens), telles sont les circonstances qui établissent qu'un mélange s'est opéré autrefois entre les Indiens primitifs et les Européens du nord.

Les formes du corps propres aux Indiens du nord-est ont également fait supposer qu'ils comptaient des Européens parmi leurs ancêtres. Cette idée paraît d'autant plus admissible qu'au dixième siècle, les anciens Scandinaves ont eu positivement des relations avec l'Amérique.

Ainsi la race originelle qui a peuplé l'Amérique est presque impossible à retrouver. Il est probable que la population qui existait dans le Nouveau-Monde, avant l'arrivée des Européens se composait de plusieurs types différents de ceux qui existent maintenant dans les autres régions du globe, types ayant une grande tendance à se modifier et qui durent s'éteindre lorsqu'ils furent mis en contact avec les races venues d'Europe. Mais remonter à cette population primordiale serait impossible aujourd'hui.

Pour décrire les peuples de la race rouge, nous séparerons les Indiens qui habitent l'Amérique septentrionale de ceux qui habitent l'Amérique méridionale, car certains caractères distinguent ces deux groupes. En d'autres termes, nous distinguerons dans la race rouge deux rameaux : le rameau *méridional* et le rameau *septentrional*.

CHAPITRE PREMIER.

RAMEAU MÉRIDIONAL

Les peuples du *rameau méridional* de la race rouge se rapprochent de ceux de la race jaune. Leur teint, souvent jaune ou olivâtre, n'est jamais aussi rouge que celui des Indiens du nord. Leur tête est ordinairement moins allongée, leur nez moins proéminent; leurs yeux sont fréquemment obliques.

Nous diviserons le rameau méridional de la race rouge en trois familles : les familles *andienne*, *pampéenne* et *guaranienne*.

FAMILLE ANDIENNE.

La *famille andienne* contient différents peuples : 1° les *Indiens Quichuas*, 2° les *Indiens Antis*, 3° les *Araucaniens*.

Les peuples appartenant à cette famille ont pour caractère commun un teint brun olivâtre, une taille petite, un front peu élevé et fuyant, des yeux horizontaux, non bridés à l'angle extérieur. Ils habitent les parties occidentales de la Bolivie, du Pérou et de l'État de Quito. Au seizième siècle, ces pays furent entièrement soumis par les Espagnols, qui convertirent les habitants au christianisme.

Nous signalerons, dans cette famille, les *Quichuas* ou anciens *Incas*, les *Aymaras*, les *Atacamas* et les *Changos*.

Quichuas ou *Incas*. — Les Quichuas étaient le peuple principal de l'ancien empire des Incas, et ils forment encore près de la moitié de la population indienne libre de l'Amérique méridionale. Les Incas étaient, au quinzième siècle, la race dominante parmi les nations du Pérou. Ils parlaient une langue particulière : le *quichu*.

Les anciens Incas, ceux qui vivaient avant l'invasion espagnole, possédaient une certaine civilisation. Ils avaient exactement calculé la durée de l'année solaire; ils avaient fait d'assez grands progrès dans l'art de la sculpture; ils gardaient le souvenir de leur histoire, au moyen de signes symboliques; ils jouissaient d'un gouvernement bien organisé et d'un code de bonnes lois. On comptait parmi eux des orateurs, des poëtes et des musiciens.

Fig. 243. Huascar, treizième empereur des Incas.

Leur langue, imagée et douce à l'oreille, dénotait une longue culture. Leur religion était empreinte, au plus haut degré, du caractère spiritualiste. Ils reconnaissaient un Dieu, arbitre suprême, créateur de toutes choses. Ce dieu, c'était le soleil, et ils lui élevaient des temples superbes. Leur religion et leurs mœurs respiraient une grande douceur. Les farouches conquérants espagnols rencontrèrent ce peuple inoffensif et doux, et ils n'eurent point de cesse qu'ils n'eussent anéanti par le fer et par le feu ces hommes simples et tranquilles qui valaient mieux que leurs cruels envahisseurs.

Les figures 243 et 244 représentent des types d'Incas tirés de
l'arbre généalogique de la descendance impériale des Incas, qui a
été publiée en 1863 dans *le Tour du monde*.

D'après le naturaliste Alcide d'Orbigny, qui a parfaitement décrit
cette race, la couleur des peuples *quichuas*, ou *incas*, n'est pas
cuivrée, mais est un mélange de brun et d'olivâtre; leur taille
moyenne n'est que de 1^m,60; celle des femmes est plus petite
encore. Leurs épaules sont larges, carrées, la poitrine excessivement volumineuse, très-bombée et très-longue. Leurs mains et
leurs pieds sont petits. Le crâne et les traits de ces peuples, fort
bien caractérisés, constituent un type tout à fait distinct, qui ne
se rapproche que des peuples mexicains. La tête est oblongue

Fig. 244. Coya Cahuana, reine des Incas.

d'avant en arrière, un peu comprimée latéralement. Le front est
légèrement bombé, court, fuyant un peu en arrière. Néanmoins
le crâne est souvent volumineux, et annonce un assez grand développement du cerveau. La face est généralement large; le nez
est toujours saillant, assez long, fortement aquilin, comme recourbé à son extrémité sur la lèvre supérieure, et percé de narines larges et très-ouvertes. La bouche est plutôt grande que
moyenne, et saillante sans que les lèvres soient grosses. Les
dents sont toujours belles et persistantes dans la vieillesse. Le
menton est assez court, sans être fuyant, quelquefois même il
est assez saillant. Les yeux, de dimensions moyennes et même
souvent petits, toujours horizontaux, ne sont jamais bridés ni

relevés à leur angle extérieur. Les sourcils sont très-arqués, étroits, peu fournis. Les cheveux, toujours d'un beau noir, sont gros, épais, longs, très-lisses, très-droits et descendant très-bas sur les côtés du front. La barbe se réduit à quelques poils droits et rares, poussant fort tard, couvrant la lèvre supérieure, les côtés de la moustache et la partie culminante du menton. La physionomie de ces hommes est uniforme, sérieuse, réfléchie et même triste; on dirait qu'ils veulent cacher leurs pensées sous l'aspect uniforme et concentré de leurs traits. Rarement on voit chez les femmes une jolie figure.

On a retrouvé sur un vase ancien la peinture d'un Inca, qui est tout semblable à ceux d'aujourd'hui, et qui prouve que depuis quatre ou cinq siècles les traits de ces peuples n'ont éprouvé aucune altération sensible.

La race des *Aymaras* ressemble beaucoup, par les caractères physiques, à celle des *Quichuas*, dont elle se distingue d'ailleurs complétement par le langage.

Les Aymaras formaient une nation nombreuse, répandue sur une grande étendue de pays, et qui paraît avoir été très-anciennement civilisée. On peut les considérer comme les descendants de cette race antique qui, dans des temps fort reculés, habitait les hautes plaines couvertes par les singuliers monuments de Tiagnanaco, la plus ancienne cité de l'Amérique méridionale et qui peuplait les bords du lac de Titicaca.

Les Aymaras ressemblent aux Quichuas par le trait le plus remarquable de leur organisation, c'est-à-dire par la longueur et la largeur de la poitrine qui, en permettant aux poumons de prendre un grand développement, rend ces races particulièrement propres à vivre sur les hautes montagnes. Pour la forme de la tête, les facultés intellectuelles, les mœurs, les coutumes et l'industrie, les Aymaras ressemblent aux Quichuas. Mais l'architecture de leurs monuments et de leurs tombeaux s'écartait beaucoup de celle des Incas.

Deux nations inférieures en nombre à celles dont nous venons de parler sont celle des *Atacamas*, qui occupent le versant occidental des Andes Péruviennes, et celle des *Changos*, qui occupent le versant de l'océan Pacifique. Les uns et les autres ressemblent aux Incas par leurs caractères physiques; mais la couleur de la peau des Changos est un peu plus foncée de ton et d'un bistre noirâtre.

Antis. — Les Indiens Antis comprennent plusieurs peuples, à
savoir : les *Yuracarès*, les *Mocetènes*, les *Tucanas*, les *Maropas* et les
Apolistas. Ces peuples habitent les Andes de la Bolivie. Leur teint
est plus clair que celui des Incas ; leurs formes sont moins massives, et leurs traits plus efféminés.

Le *Voyage de l'océan Pacifique à l'océan Atlantique à travers l'Amérique du Sud*, qu'a publié M. Paul Marcoy dans *le Tour du monde*,
est accompagné de plusieurs dessins représentant des Indiens
Antis, ainsi que quelques peuplades qui se rattachent à ce groupe.
Nous reproduisons ici quelques-uns de ces dessins.

Fig. 245. Indien Antis.

Voici d'abord (fig. 244 et 245) deux types de têtes d'Indiens
Antis.

Nous empruntons au voyage de M. Paul Marcoy les détails qui
suivent sur les indigènes antis.

L'Antis est de taille moyenne et bien proportionnée. Ses formes
sont arrondies. Il se peint les joues et le tour des yeux avec du
rouge emprunté au rocou. Le noir de genipa sert à colorer certaines parties de leur corps exposées à l'air. Leur vêtement se
compose d'un sac tissé par les femmes, ainsi que la gibecière, en

formé de cabas, que les hommes portent en sautoir, et dans laquelle ils mettent leurs objets de toilette, à savoir : un peigne fabriqué avec les épines du palmier chouta, du rocou en pâte, une moitié de pomme de genipa, un fragment de miroir enchâssé dans du bois, un peloton de fil, un morceau de cire, une pince à épiler, formée de deux valves de moule, une tabatière empruntée au test d'un escargot et renfermant du tabac récolté vert et moulu très-fin, un appareil à priser, fabriqué avec deux bouts de roseau ou deux humérus de singe, soudés avec de la cire noire et figurant un angle aigu ; quelquefois un couteau, des ciseaux, des hameçons et des aiguilles de fabrique européenne.

Fig. 246. Indien Antis.

Les deux sexes portent la chevelure en queue de cheval, et coupée carrément à la hauteur de l'œil. Le seul bijou qu'ils portent est une pièce d'argent monnayé aplatie entre deux pierres, qu'ils percent et suspendent à la cloison de leurs narines. Ils ont, comme parure, des colliers de verroteries, des graines de cédrel et de styrax, des peaux d'oiseaux de couleur brillante, des becs de toucan, des ongles de tapir et jusqu'à des gousses de vanille suspendues à un fil.

Les maisons des Antis sont presque toujours bâties au bord des cours d'eau, isolées et à demi cachées par un rideau de végétation. Elles sont basses et malpropres. Une odeur de bête

fauve règne dans ces logis où l'air a peine à circuler. Des abris
en plein air (fig. 247) remplacent dans la bonne saison l'intérieur des maisons.

Les armes des Antis sont la massue, l'arc et les flèches. Le
pêcheur surprend le poisson dans les eaux courantes à l'aide de

Fig. 247. Indiens Antis.

flèches barbelées ou à trident. D'autres flèches à pointe de palmier ou à lance de bambou sont employées par le chasseur contre
les oiseaux et les quadrupèdes.

Parfois les Antis empoisonnent, à l'aide du *menispernum coc-
culus* (coque du Levant), l'eau des criques ou des baies. Le pois-

son, enivré momentanément, se débat d'abord, puis monte le

Fig. 248. Pêche en rivière chez les Antis.

ventre en l'air, et vient flotter à la surface de l'eau, où on le prend à la main (fig. 248).

Les poteries des Antis sont grossièrement fabriquées, peintes et vernissées. Ces Indiens vivent par familles, en couples isolés, et n'ont pour lois que leur bon plaisir. Ils ne se choisissent de chefs qu'en temps de guerre et pour marcher à l'ennemi. Les femmes, nubiles à douze ans, se marient avec celui qui les recherche, et qui a fait préalablement un cadeau aux parents. Elles préparent la nourriture de leur maître et mari, tissent ses vêtements, surveillent et récoltent les produits des plantations de riz, de manioc, de maïs, etc. Elles portent son bagage en voyage, le suivent à la guerre, et ramassent les flèches qu'il a lancées. Elles l'accompagnent à la chasse et à la pêche, rament dans sa pirogue, et rapportent au logis le butin fait sur l'ennemi et le produit de la chasse ou de la pêche. Malgré ce rude labeur et cet esclavage continuel, la femme prend gaiement son existence.

La figure 249 représente une famille d'Indiens Antis préparant un repas au seuil d'une forêt. Un grand vase de terre sert à faire cuire le poisson pêché au plus prochain cours d'eau.

A la mort d'un Antis, ses parents et ses amis se réunissent dans sa demeure, prennent par la tête et par les pieds le cadavre enveloppé dans un sac et le jettent à la rivière, puis ils dévastent le logis. Ils brisent l'arc, les flèches et les poteries du défunt, éparpillent les cendres de son foyer, saccagent sa plantation, coupent à ras de terre les arbres qu'il a plantés, et finalement mettent le feu à sa hutte. Désormais l'endroit est réputé impur. Chacun s'en écarte en passant. La végétation reprend bientôt ses droits, et le mort est définitivement effacé du souvenir des vivants.

Les Antis, qui traitent si mal leurs morts, professent le même dédain pour les vieillards. C'est pour eux qu'est l'aliment rebuté, le haillon sali, la place dédaignée au foyer.

Leur religion est un pêle-mêle de théogonies, dans lequel on reconnaît cependant la notion de l'existence d'un Dieu suprême, l'idée des deux principes du bien et du mal, enfin la rémunération ou le châtiment au sortir de cette vie.

Les mœurs de ces peuplades sont, comme on le voit, un assez singulier mélange. Le bon plaisir est la loi dominante et comme la sagesse de cette nation, qui vit en liberté au sein de la nature.

L'idiome des Indiens Antis est doux et facile. Ils le parlent avec une extrême volubilité, d'un ton sourd et voilé, mais toujours égal.

Araucaniens. — Ces peuples s'étendent sur le versant occidental des Andes, depuis le 30ᵉ degré de latitude sud jusqu'à l'extré-

Fig. 249. Repas des Indiens Antis au seuil d'une forêt.

mité de la Terre de Feu. Ils occupent aussi les vallées supérieures et les plaines situées à l'est des Cordillères.

Les Araucaniens composent deux nations : les *Araucaniens* proprement dits, guerriers indomptables, dont l'héroïsme est célébré

dans l'histoire de la conquête du Pérou par les Espagnols, et les
Pécherais, qui habitent la partie la plus australe des montagnes
américaines.

Ces deux peuples présentent, d'après A. d'Orbigny, une grande
similitude au point de vue des caractères physiques : tête forte
à proportion du corps, visage arrondi, pommettes saillantes,
bouche large, lèvres épaisses, nez court et épaté, narines larges,
front étroit et fuyant, yeux horizontaux, barbe rare.

Fig. 250. Araucanien.

La figure 250 représente, d'après l'ouvrage de Pritchard, un de
ces Indiens d'Araucanie, qui peuvent être considérés comme les
plus policés des Indiens libres de l'Amérique méridionale.

Les Araucaniens ne mènent pas, en effet, l'existence nomade
des peuplades indiennes. Défendus par d'épaisses forêts contre
les attaques et l'invasion des Américains, ils bâtissent avec le bois
et le fer de véritables maisons, et leurs mœurs dénotent une
civilisation rudimentaire.

Un avoué de Périgueux qui a réussi à se faire nommer roi de cette peuplade, et qui chassé par les Péruviens est venu raconter son odyssée en Europe, puis est reparti pour reconquérir son trône chancelant, a rendu célèbre en France la peuplade araucanienne. Orélie, premier du nom, a, dit-on, retrouvé aujourd'hui sa haute position chez les Indiens d'Araucanie. Nous lui souhaitons un règne tranquille.

Les *Pécherais* habitent toutes les côtes de la Terre de Feu et des

Fig. 251. Huttes de Pécherais.

deux rives du détroit de Magellan. Leur genre de vie et les glaces qui couvrent tout l'intérieur du pays montueux qu'ils habitent les forcent à se tenir exclusivement sur les rivages de la mer.

Les Pécherais sont de couleur olivâtre ou basanée. Ils sont bien bâtis, mais leurs formes sont massives. Leur démarche chancelante tient à la courbure de leurs jambes, déterminée par la manière dont ils s'asseyent à terre à la façon des Orientaux. Leur sourire doux et naïf dénote un caractère obligeant.

Essentiellement nomades, ils ne se réunissent pas en société. Ils vont en petit nombre, par groupes de deux ou trois familles, vivant de chasse et de pêche, changeant de séjour dès qu'ils ont épuisé les animaux et les coquillages des côtes. Habitant une terre morcelée en une multitude d'îles, ils sont devenus naviga- teurs, et parcourent incessamment toutes les plages de la Terre de Feu et des contrées situées à l'est du détroit. Armés de simples coquilles ou de haches en silex, ils se font avec l'écorce des arbres des barques de douze à quinze pieds de long sur trois de large.

Leurs huttes (fig. 251) sont recouvertes d'argile ou de peau de phoque. Un beau matin, ils les abandonnent, et toute la famille monte en nacelle avec ses nombreux chiens. Les femmes rament; les hommes se tiennent prêts à percer d'un dard armé d'une pierre aiguë à son extrémité le poisson qu'ils aperçoivent. Ils arrivent ainsi à une autre île. Aussitôt les femmes mettent leur pirogue en sûreté, et vont à la pêche aux coquillages, tandis que les hommes chassent avec la fronde ou l'arc. Après une courte station, nouveau départ.

Ces pauvres gens sont donc sans cesse exposés aux dangers de la mer et aux intempéries des saisons, et pourtant ils sont, pour ainsi dire, sans vêtements. A peine si les épaules de l'homme sont couvertes d'un morceau de peau de phoque, tandis que la femme n'a pour se couvrir qu'un petit tablier de la même peau.

Malgré cette rude existence les Pécherais ont de la coquetterie. Ils se chargent le cou, les bras, les jambes, de colifichets ou de coquilles. Ils se peignent le corps, et plus souvent la figure, de divers dessins blancs, noirs et rouges. Les hommes s'ornent quel- quefois la tête d'un bouquet de plumes. Tous portent des espèces de bottines faites de peau de phoque.

Comme tous les peuples chasseurs, les Pécherais ont entre eux de fréquentes querelles, et même de petites guerres, qui durent peu, mais qui se renouvellent souvent.

Des coquillages cuits ou crus, des poissons, des oiseaux, des phoques dont ils mangent la graisse crue, telle est leur nour- riture, qu'ils partagent avec les chiens, leurs compagnons fidèles. Pendant l'époque la plus rigoureuse de l'hiver, ils ne passent pas le temps sous terre, comme les habitants du pôle nord, mais poursuivent leurs travaux en plein air, en se garantissant le mieux qu'ils peuvent du froid qui règne sur ce rivage, en dépit de son nom trompeur de *Terre de Feu*. Cette *Terre de Feu*, en rai- son de son voisinage du pôle austral, est pendant la plus grande partie de l'année une terre de glace.

Les femmes sont soumises aux plus rudes travaux. Elles rament, elles pêchent, elles construisent les cabanes, elles plongent dans la mer, même par les froids les plus intenses, pour aller chercher les coquillages attachés aux rochers.

Le langage des Pécherais se rapproche, quant aux sons, de celui des Patagons et des Puelches, et de celui des Araucaniens quant aux formes. Leurs armes, leur religion, les peintures de leur visage sont aussi celles des trois nations voisines.

FAMILLE PAMPÉENNE.

Les peuples assez nombreux de l'Amérique méridionale qui forment cette famille ont la taille souvent élevée, le front bombé non fuyant, les yeux horizontaux, quelquefois bridés à l'angle extérieur. Ces peuples habitent les immenses plaines ou *pampas* situées au pied du revers oriental des Andes. Ils élèvent une grande quantité de chevaux. Aussi les hommes sont-ils presque toujours à cheval, comme ceux qui errent dans les steppes de l'Asie.

Les peuples compris dans cette famille sont : les *Patagons* proprement dits ; — les *Puelches* ou tribu des pampas au sud de la rivière de la Plata ; — les *Charruas*, sur l'Uruguay ; — les *Tobas*, les *Lenguas* et les *Machicuys*, qui possèdent la plus grande partie du Chaco ; — les *Mixos* et *Chiquitos* ; — les *Mataguayos*, qui sont de la même région ; — enfin les fameux *Abipoues*, les centaures du Nouveau-Monde. Nous ne parlerons que de quelques-unes de ces tribus.

Patagons. — Nous réunissons sous ce nom, outre les Patagons proprement dits, plusieurs autres tribus nomades qui leur ressemblent, et qui se trouvent les unes au sud, les autres au nord de la rivière de la Plata. Les tribus du sud de la Plata sont celles qui errent dans les pampas étendues depuis ce cours d'eau jusqu'au détroit de Magellan ; les tribus du nord de la Plata qui, physiquement, ressemblent aux Patagons proprement dits, habitent cette portion du pays comprise entre la rivière du Paraguay et les derniers contre-forts de la Cordillère, et qui s'avance au nord jusqu'au 20ᵉ degré de latitude, comprenant toute la région des plaines intérieures de la province de Chaco.

Les Patagons sont les nomades du Nouveau-Monde. Ce sont des tribus équestres qui parcourent des plaines arides, et vivent sous des tentes de peau, ou dans les forêts, dans des huttes recouvertes d'écorce ou de chaume. Guerriers fiers et indomptables, ils méprisent l'agriculture et les arts de la civilisation, et ont toujours résisté aux armes des Espagnols.

Ces tribus sauvages ont le teint plus foncé que la plupart de celles qui habitent l'Amérique du Sud. Leur teint est d'un brun olivâtre. C'est chez les hommes qui les composent qu'on trouve la plus haute stature, les formes les plus athlétiques et les plus robustes. Les tribus qui présentent la taille la plus élevée sont celles qui habitent le plus au midi; la taille diminue chez les autres à mesure qu'on se rapproche de la province du Chaco.

Comme nous l'avons dit dans l'Introduction de cet ouvrage, on avait autrefois beaucoup exagéré la taille des Patagons. M. Alcide d'Orbigny, qui vécut pendant sept mois chez les Patagons de diverses tribus, en mesura un grand nombre. Il affirme que le plus grand de tous n'avait que cinq pieds onze pouces, et que la taille moyenne n'est pas au-dessous de cinq pieds quatre pouces.

M. Victor de Rochas, dans son *Journal d'un voyage au détroit de Magellan*, a constaté également que la taille des Patagons n'a rien d'extraordinaire. Il leur trouva le teint brun, les cheveux noirs, gros et plats, la barbe rare, la physionomie sérieuse; mâle et fière chez les hommes, et chez les femmes douce et bonne; les traits réguliers, mais épais; les mains et les pieds des femmes petits.

Chez toutes les tribus dont il est question, le tronc est large et robuste, les membres bien fournis, la complexion vigoureuse, aussi bien chez les femmes que chez les hommes. Chez les Patagons proprement dits, la tête est grosse, la face large et aplatie, les pommettes saillantes.

Dans les nations du *Chaco*, dont il sera parlé plus loin, les yeux sont petits, horizontaux, quelquefois légèrement bridés à l'extérieur, le nez court, épaté, large, à narines ouvertes, la bouche grande, les lèvres grosses et saillantes, le menton court, les sourcils arqués, la barbe rare, les cheveux noirs, longs et plats; la physionomie sombre, souvent féroce.

Les langues de ces nations, distinctes pour le fond, ont entre elles quelques analogies ; toutes sont dures, gutturales et difficiles à prononcer.

Un voyageur, M. Guinard, passa trois ans en captivité chez les Patagons. Le sort l'avait livré aux mains de la tribu des Poyuches, qui errent sur la rive méridionale du Rio Negro, depuis le voisi-

Fig. 252. Patagon, d'après Pritchard.

nage de l'île Pacheco. Nous empruntons à son récit les détails qui suivent.

Que ces Indiens nomades vivent dans le voisinage des Hispano-Américains, ou dans les solitudes de la Patagonie, sous les premiers contre-forts boisés des cordillères, ou sur le sol nu et agreste de la pampa, ils ont le même genre de vie uniforme. Leurs occupations sont la chasse, la surveillance de leurs animaux domestiques, l'équitation, le maniement de la lance, des boules, de la fronde et du lasso.

Les habitations sont des tentes en cuir, que ces sauvages trans-

portent dans leurs migrations. Leur costume se compose d'une
pièce d'étoffe quelconque, dans le milieu de laquelle ils pratiquent une ouverture pour passer la tête; une autre pièce de petite dimension leur serre la taille. Leur tête est entourée d'un
lambeau d'étoffe qui maintient leur chevelure séparée en avant.
et retombant à longs flots sur les épaules. Ils s'épilent avec soin
tout le corps, sans même épargner les sourcils. Ils se peignent
la figure à l'aide de terres volcaniques que leur apportent les
Araucaniens. Les couleurs varient selon les goûts; celles qui
dominent sont le noir, le rouge, le bleu, le blanc. Les femmes
sont habillées d'un fourreau, d'où sortent têtes, bras et jambes.
Elles s'épilent le corps, les sourcils, et se peignent la figure,

Fig. 253. Percement de l'oreille chez les Patagons.

dont le bizarre et dur aspect est rehaussé d'une parure en
perles grossières. Des boucles d'oreilles carrées et des bracelets achèvent leur toilette. Elles savent jeter la lance et le
lasso aussi aisément que les hommes, et montent à cheval
comme eux.

M. Guinard apprit à manier les chevaux et les armes indiennes,
car on le fit participer aux chasses au nandou et au guanaco.

La plus grande occupation de ces Indiens est en effet la chasse.
Ils s'y livrent toute l'année. Les *Chen-elches*, une des tribus pata-
gones, n'ayant pas à leur disposition le secours des chevaux,
chassent à pied.

A chaque retour de la chasse, les Patagons se livrent au jeu et

Fig. 254. Sacrifice du cheval chez les Patagons.

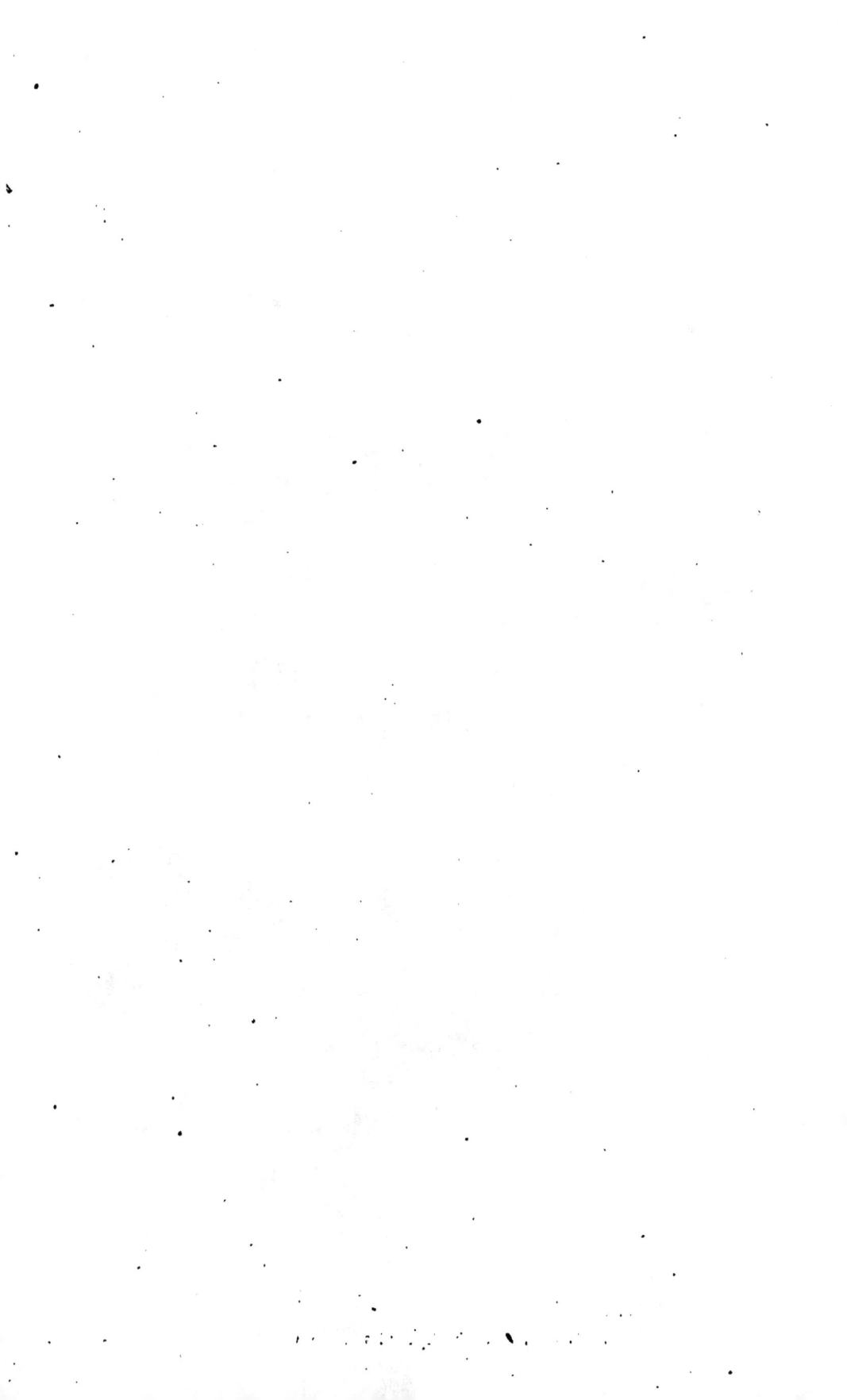

à l'ivrognerie. Ils trichent au jeu et s'enivrent jusqu'à devenir furieux et à se battre entre eux avec acharnement. Ils observent

Fig. 255. Un enterrement chez les Patagons.

par an deux fêtes religieuses. A cette occasion, ils dansent et se livrent à de fantasques cavalcades.

Les Patagons ont l'habitude de percer les oreilles des enfants. Ce percement est une cérémonie analogue à celle du baptême.

L'enfant est couché sur un cheval qui a été renversé par le chef de la famille ou de la tribu, et on lui transperce solennellement le lobule de l'oreille (fig. 253).

Disons d'ailleurs que l'existence d'un nouveau-né est soumise à l'appréciation du père et de la mère, qui décident de sa vie ou de sa mort. S'ils jugent à propos de s'en défaire, ils l'étouffent, et le portent à peu de distance, où il devient la pâture des chiens sauvages et des oiseaux de proie. Si le pauvre petit est jugé digne de vivre, sa mère l'allaite jusqu'à trois ans, et c'est à quatre ans qu'on lui perce solennellement les oreilles.

Dans leurs cérémonies religieuses, les Patagons sacrifient à Dieu un jeune cheval et un bœuf, donnés par les plus riches d'entre eux. Après qu'on a renversé ces bêtes sur le sol, la tête tournée du côté du levant, un homme ouvre la poitrine de chaque victime (fig. 254). Il en arrache le cœur et le suspend, encore palpitant, au bout d'une lance. La foule empressée et curieuse, les yeux fixés sur le sang qui coule d'une large incision, tire des augures qui, presque toujours, sont à son avantage; puis elle se retire dans son habitation, estimant que Dieu favorisera ses entreprises.

Chez ces peuples, le mariage est un trafic, un échange d'objets et d'animaux divers contre une femme. Celle-ci est d'ailleurs chargée du travail, pendant que l'homme se repose, s'il n'est pas à la chasse ou occupé à la surveillance des animaux.

Le Patagon qui meurt dans ses foyers est inhumé avec pompe. Son corps, revêtu de ses plus beaux ornements, est étendu sur un large linceul de cuir. A ses côtés on place ses armes. On l'enveloppe ensuite dans ce cuir, et on le place sur le dos de son cheval favori, auquel on casse la jambe gauche. Toutes les femmes de la tribu se réunissent aux veuves du défunt et poussent des cris perçants. Les hommes, après s'être peint les mains et la figure en noir, escortent le corps jusqu'au lieu de la sépulture. Là, on abat des chevaux et des moutons, qui serviront d'aliments au défunt pendant les moments de son passage dans l'autre vie (fig. 255).

Indiens Tobas, Lenguas et Machicuys. — C'est dans la famille pampéenne qu'il faut placer, avons-nous dit, les Indiens Tobas, Lenguas et Machicuys. M. le docteur Demersay a étudié ces tribus pendant son voyage au Paraguay.

On appelle *Indiens du Grand-Chaco* les trois tribus tobas, lenguas et machicuys. Il ne sera pas sans intérêt, pour donner un exemple particulier des mœurs des Indiens sauvages de l'Amérique du Sud, de citer ici les quelques pages dans lesquelles M. Demersay a rendu compte de son excursion chez les Indiens

Fig. 256. Indiens du Grand-Chaco.

du *Grand-Chaco*, c'est-à-dire chez les Lenguas, les Tobas et les Machicuys.

« Aujourd'hui très-peu nombreuse, dit le docteur Demersay, et presque éteinte; la nation lengua vit au nord du Pilcomayo, unie et mélangée aux Emmages et aux Machicuys, à peu de distance du Quartel. Leurs ennemis actuels sont les Tobas, unis aux Pitiligas, aux Chunip:s et aux Aguilots. Ces derniers constituent une horde nombreuse de l'autre côté du Pilcomayo.

« C'est surtout avec les Machicuys que les restes de la nation lengua sont unis et confondus. En effet, ils disent ne plus former que douze familles, et le cacique des Mascoys est en même temps le leur.

« Les Lenguas ont des *payes*, ou médecins, qui n'administrent aux malades que de l'eau et des fruits, et pratiquent des succions avec la bouche sur les plaies et les endroits douloureux. Ils entremêlent cette opération de jongleries et de chants accompagnés avec des calebasses (*porongos*) qu'ils secouent aux oreilles du malade. Ces porongos, remplis de petites pierres, font un bruit assourdissant. Les *payes* sont en même temps sorciers, prédisent les événements et lisent dans l'avenir.

« Quelques femmes (la coutume n'est pas générale) se tatouent d'une manière indélébile à l'époque de la puberté, qui toujours est marquée par une fête. Cette fête consiste dans une réunion de famille, où les hommes s'enivrent avec de l'eau-de-vie s'ils ont pu s'en procurer par échange, ou avec la liqueur fermentée (*chicha*) qu'ils tirent des fruits de l'*algarobo*.

« Le tatouage des femmes consiste en quatre raies bleues, étroites et parallèles, qui tombent du haut du front sur le nez qu'elles suivent jusqu'à l'extrémité, sans continuer sur la lèvre supérieure, et en anneaux irréguliers, dessinés sur les côtés du front jusqu'aux tempes exclusivement, sur les joues et le menton.

« Les deux sexes se percent les oreilles dès l'âge le plus tendre, et y passent un morceau de bois, dont ils augmentent sans cesse le diamètre, de telle sorte que vers l'âge de quarante ans ce trou offre d'énormes dimensions. J'en ai mesuré plusieurs, et j'ai trouvé pour moyenne, dans le sens longitudinal, six centimètres. Le diamètre antéro-postérieur était un peu moins considérable. Ces morceaux de bois, pleins, sont irrégulièrement arrondis, et m'ont présenté, dans leur plus grand diamètre, jusqu'à quatre centimètres et demi. Souvent aussi les Lenguas les remplacent par un long morceau d'écorce d'arbre roulé en spirale comme un ressort de pendule. Ce morceau de bois se nomme *barbote*.

« Les Lenguas (fig. 257) se peignent les cheveux, qu'ils coupent sur le haut du front, et font une mèche qui du milieu de la tête va rejoindre, en passant au-dessus de l'oreille gauche, la masse réunie et attachée derrière la tête avec un ruban ou une corde de laine. Ces cheveux, toujours noirs, droits et généralement longs et très-fins, soyeux même, sont donc tombants entre les deux épaules. Les femmes ne réunissent pas ainsi leur chevelure tous les jours. J'en ai vu plusieurs qui la laissaient flotter. Au reste, s'ils se peignent quelquefois, on ne peut pas dire que les Lenguas aient soin de leurs cheveux : leur extrême malpropreté s'y oppose. Il est en effet impossible de rien voir de plus sale que cette nation, si semblable en cela aux autres.

« Les Lenguas ont pour armes un arc et des flèches qu'ils portent derrière le dos serrées dans un cuir. Ils ont aussi une hache qu'ils appellent *achagy*, et qu'ils portent de la même manière. Ils tiennent à la main une *mahana*, bâton fait de bois dur et pesant. A cela ils ajoutent encore une lance garnie de fer, et quelques-uns les *bolas* et le *lazo*. Ils sont excellents cavaliers, montent à poil, avec leur femme et leurs enfants, plusieurs sur le même cheval, et ils montent à droite, les femmes comme les hommes.

Fig. 257. Indiens Lenguas.

Ils n'ont pas de mors et se contentent d'un morceau de bois; ils font des rênes avec des fils de *caraguata*.

« Leur couleur brun olivâtre, plus foncée que celle des Tobas, des pommettes saillantes, leurs petits yeux, une face large, aplatie, leur nez ouvert un peu écrasé, leur large bouche, de grosses lèvres, donnent à la physionomie de ces sauvages un aspect singulier, auquel ne contribue pas médiocrement une paire d'oreilles tombant jusqu'à la base du cou, et chez quelques individus jusqu'aux clavicules. Les Lenguas, comme tous les Indiens, deviennent hideux en vieillissant.

« Quelques semaines s'étaient écoulées depuis mon excursion sur ce point, et je rentrais à l'Assomption après un nouveau voyage dans l'intérieur du pays, lorsque j'appris que le Quartel avait été l'objet d'une agression tout à fait imprévue de la part des tribus du Chaco, et qu'à la suite d'un engagement dans lequel deux Indiens avaient trouvé la mort, les soldats avaient pu reprendre le bétail dérobé, et faire des prisonniers, aussitôt dirigés sur la capitale, et confiés à la garde de la troupe dans la caserne de cavalerie située près de l'arsenal et du port. L'occasion était on ne peut plus favorable pour continuer mes études ethnographiques et les compléter : dès le lendemain j'accourais à la caserne.

« Je trouvai, en arrivant, une douzaine d'Indiens chargés de fers et assis çà et là au milieu d'une cour étroite. Couverts de sordides vêtements européens, de *ponchos* en guenilles, ou drapés à l'antique, dans de mauvaises couvertures, les prisonniers, parmi lesquels figuraient deux enfants, l'un de huit ans, l'autre de quinze, paraissaient tristes et abattus. Ils gardaient un silence profond, dont j'eus quelque peine à les tirer.

« A côté des Lenguas que j'avais vus au Quartel, il y avait des Tobas et des Machicuys ; mais quoique connu des premiers, ce fut en vain que mon interprète les questionna sur le motif de leur agression.

« Les Tobas (fig. 258) sont d'une taille généralement élevée et bien prise. J'en ai mesuré trois, et j'ai trouvé 1m,81, 1m,77, et 1m,71. Leur système musculaire est développé, et leurs membres, bien conformés, se terminent, comme chez toutes les nations du Chaco, par des mains et des pieds à faire envie à des Européennes.

« Ils ont un front ordinaire, non fuyant ; des yeux vifs, plus grands que ceux des Lenguas, et surmontés de sourcils minces et peu fournis : l'iris est noir. Ils ne s'arrachent pas les cils. Leur nez, régulier, allongé, s'arrondit à son extrémité en s'élargissant un peu. La bouche, légèrement relevée aux angles, mieux proportionnée et moins largement fendue que celle des Lenguas, est garnie de belles dents, qu'ils conservent dans un âge fort avancé. Ils n'ont pas non plus les pommettes saillantes et la face aussi large.

« Les Tobas paraissent avoir renoncé à l'usage du *barbote* qu'ils portaient encore au temps d'Azara : aucun d'eux n'avait de cicatrice à la lèvre inférieure. Leurs oreilles n'étaient pas percées. Ils laissent croître et flotter librement leurs cheveux sans les attacher. Quelques-uns cependant les coupent carrément sur le front : cette coutume existe même chez certaines femmes.

« La couleur de la peau, moins foncée que celle des Lenguas, est d'un brun olive, sans reflets jaunâtres ; au reste, j'avoue qu'il est très-difficile d'exprimer ces nuances si variées de coloration.

« Rien ne pouvait distraire les hommes de leur taciturnité ; à toutes nos questions leur physionomie restait impassible, froide et sérieuse. Quelques voyageurs accordent aux femmes encore jeunes un sourire gracieux, une figure intéressante; mais leurs traits se déforment de bonne heure, et, comme les hommes, elles deviennent d'une laideur repoussante. En même temps, le sein, d'un volume normal, d'abord bien placé, s'allonge

Fig 258. Indiens Tobas.

au point de leur permettre d'allaiter leurs enfants qu'elles portent derrière le dos.

« La nation toba occupe, ou plus exactement parcourt une étendue considérable des plaines du Chaco. On la rencontre sur les bords du

Pilcomayo, depuis son embouchure jusqu'au pied des premiers contre-forts des Andes, où elle est en contact et souvent en guerre avec les Chiriguanos.

« Généralement nomades, les Tobas sont pêcheurs et chasseurs. Pour. armes ils ont des *bolas*, des flèches, des *makanas* et de longues lances armées de pointes de fer. Quelques-unes de leurs tribus, plus sédentaires, ajoutent les produits de l'agriculture à ceux de la chasse ; elles cultivent le maïs, le manioc et les patates.

« Les enfants des deux sexes vont nus ; les hommes et les femmes portent une pièce d'étoffe enroulée autour des reins, ou se drapent dans un manteau fait de la dépouille des animaux sauvages. Les femmes ont pour ornements des colliers et des bracelets de perles de verre ou de petits coquillages ; et dans certaines tribus, les hommes s'entourent le corps de longs chapelets blancs, composés de petits fragments de coquilles arrondis en forme de boutons, et enfilés de manière à conserver une position uniforme.

Machicuys. — M. Demersay ne partage pas l'opinion émise par M. d'Orbigny, que les Machicuys ne seraient qu'une tribu des Tobas dont ils parleraient la langue. Selon ce voyageur, le langage ne serait pas le même chez ces deux tribus, et d'autres différences les sépareraient.

« Plus sédentaires, agriculteurs, doués de mœurs moins farouches, les Machicuys, dit M. Demersay, se rapprochent des Lenguas par les dimensions extraordinaires du lobule des oreilles, par leurs armes et la manière de combattre. Azara dit qu'ils s'en éloignent par la forme de leur barbote, lequel ressemblerait à celui des Charruas. Nous répéterons ici l'observation que nous avons faite précédemment : aucun des Machicuys que nous avons vus ne présentait la cicatrice de l'ouverture destinée à recevoir ce sauvage ornement qu'ils abandonnent, à l'exemple des Botocudos du Brésil, tandis que certaines peuplades de l'ancien continent le conservent religieusement. C'est ainsi que les Berry, nation noire des bords du Saubat, affluent de la rive droite du Nil, se percent la lèvre inférieure pour y introduire un morceau de cristal de plus d'un pouce.

« La taille, les formes, les proportions des Machicuys sont celles des Lenguas. Comme eux, ils ont de petits yeux, la face large, une grande bouche, le nez épaté, les narines ouvertes. Ils laissent flotter leurs cheveux, dont les boucles épaisses couvrent en partie leur visage, et retombent sur leurs épaules.

« Le langage de ces nations est, comme celui de tous les Indiens du Chaco, très-accentué et rempli de sons arrachés avec effort du nez et de la gorge ; il présente des redoublements de consonnes d'une extrême difficulté de prononciation. »

Moxos et *Chiquitos.* — Les provinces intérieures, et en quelque sorte centrales, de l'Amérique du Sud qui se trouvent au nord du Chaco, ont été appelées par les Espagnols *provinces des Moxos et des Chiquitos*, du nom des deux principales familles de peuples indiens qui vivent dans ces contrées.

Fig. 259. Indien Machicuy.

Les Moxos habitent de vastes plaines sujettes à de fréquentes inondations et parcourues par d'immenses rivières, sur lesquelles ils sont fréquemment obligés de naviguer dans leurs bateaux. Ce sont les ichthyophages de la région fluviale de l'intérieur.

Le pays des Chiquitos est une suite de montagnes peu élevées, couvertes de forêts et entremêlées de nombreuses petites rivières. Ils sont cultivateurs et ont des demeures fixes.

Les Chiquitos vivent par clans, dont chacun a son petit village. Les hommes vont nus. Les femmes ont un vêtement flottant, qu'elles se plaisent à orner. D'un naturel heureux et d'un caractère bienveillant, ces Indiens sont sociables, hospitaliers, disposés à la gaieté, passionnés pour la danse et pour la musique. Ils se sont convertis au christianisme d'une manière durable. Sous le rapport physique, ils ont la tête grosse, arrondie, presque toujours circulaire, la face ronde et pleine, les pommettes saillantes, le front bas et bombé, le nez court et légèrement épaté, les narines peu ouvertes, les yeux petits, horizontaux, pleins d'expression et de vivacité, les lèvres minces, les dents belles, la bouche médiocre, la barbe peu fournie, les cheveux longs, noirs et lisses. Dans l'extrême vieillesse ils ne blanchissent pas, mais ils jaunissent.

Les Moxos ont des mœurs fort analogues à celles des Chiquitos. Leur teint est brun olivâtre peu foncé, leur taille moyenne. Leurs formes sont peu robustes, le nez est court, peu large, la bouche médiocre, les lèvres et les pommettes sont peu saillantes; la face est ovale ou circulaire, la physionomie douce et un peu enjouée. Cette famille habite vers les confins de la Bolivie, du Pérou et du Brésil.

Avant la conquête, ces peuples étaient établis au bord des rivières et des lacs. Ils étaient pêcheurs, chasseurs, et surtout agriculteurs. La chasse était pour eux un délassement, la pêche une nécessité; l'agriculture leur procurait des provisions et des boissons. Leurs coutumes étaient pourtant barbares. Un Moxos immolait par superstition sa femme si elle avortait, et ses enfants s'ils étaient jumeaux. La mère se débarrassait de ses enfants *s'ils l'ennuyaient*. Le mariage pouvait être dissous à la volonté des parties, et la polygamie était fréquente. Ces Indiens étaient tous plus ou moins guerriers; mais les traditions et les écrits ne nous ont conservé la mémoire que d'une seule nation, qui était anthropophage et mangeait ses prisonniers. Les conseils des missionnaires ont modifié les mœurs de cette nation, sans lui enlever toutes ses coutumes barbares.

Les Moxéens et les Chiquitéens ont de larges épaules, une poitrine fortement bombée, un corps des plus robustes.

Ces deux peuples comprennent chacun un certain nombre de peuplades, que nous ne croyons pas devoir signaler ici, car leurs mœurs à demi sauvages ressemblent à celles des tribus que nous venons de signaler. C'est pour les mêmes motifs que nous passerons sous silence les autres tribus qui se rangent dans la famille pampéenne, et dont nous avons cité les noms plus haut.

FAMILLE GUARANIENNE.

La *famille guaranienne* s'étend sur un espace immense, depuis le Rio de la Plata jusqu'à la mer des Antilles.

Un teint jaunâtre, mélangé d'un peu de rouge, une taille moyenne, des formes très-massives, un front peu bombé, non fuyant, des yeux obliques relevés à leur angle extérieur, un nez court et étroit, une bouche moyenne, des lèvres minces, des pommettes peu saillantes, une face circulaire pleine, des traits efféminés, et une figure douce : tels sont les caractères principaux de cette famille.

D'Orbigny a établi deux divisions seulement dans cette famille : les *Guaranis* et les *Botocudos*.

Guaranis. — Toute la portion de l'Amérique du Sud qui se trouve à l'est de la rivière du Paraguay et d'une ligne tirée des sources de cette rivière à l'embouchure de l'Orénoque était habitée, à l'époque de la découverte de l'Amérique méridionale, par un grand nombre de tribus indigènes qui appartenaient à deux grandes familles. L'une était celle des *Guaranis*, répandue dans tout le Paraguay, et qui est alliée aux tribus sauvages du Brésil ; l'autre comprend les races qui occupent les provinces plus septentrionales et s'avancent jusqu'au golfe du Mexique. Par les traits, par leurs couleurs, les Indiens appartenant à ces deux familles se ressemblent beaucoup, et d'Orbigny les rattache au même type physique, caractérisé par une couleur jaunâtre, une taille moyenne, un front non fuyant et des yeux souvent obliques, toujours relevés à l'angle extérieur.

Par l'aptitude toute particulière qu'elle a montrée pour entrer dans la voie des améliorations sociales, la nation guaranienne est une des plus intéressantes de l'Amérique du Sud. Les *Guaranis méridionaux*, ou indigènes du Paraguay, renferment à la fois des tribus soumises au régime des missions, dans les établissements que les jésuites ont formés au Paraguay, et d'autres qui errent encore en liberté dans les forêts de ce pays. Outre les Guaranis proprement dits, qui sont tous chrétiens et habitent trente-deux grandes bourgades situées sur les bords du Parana, du Paraguay et de l'Uruguay, il existe un certain nombre de tribus sauvages qui appartiennent à la même race et qui restent cachées dans les profondeurs des bois. Ces tribus portent des noms tirés pour la plupart de ceux des rivières ou des montagnes dans le voisinage desquels elles habitent. Parmi les principales on cite les *Topas*, les *Tobatinguas* et les *Cayuguas*, les *Gadiguès*, les *Magachs*, etc.

M. Demersay, qui a visité les établissements des jésuites au Paraguay, a également parcouru les forêts habitées par les tribus sauvages dont nous parlons. L'auteur a publié dans *le Tour du monde*, en 1865, la relation de ses observations. Nous rapporterons ici les parties de son récit qui concernent les tribus sauvages du Paraguay.

« L'histoire des races américaines, dit M. Demersay, pourrait tenir dans quelques pages. Les unes ont accepté la demi-servitude que leur apportaient les conquérants; les autres, plus rebelles, ont voulu lutter et ont été détruites; celles qui luttent encore périront. Les races qui ont préféré la sujétion à la mort, en mêlant dans une forte proportion leur sang au sang européen, n'ont disparu comme races que pour entrer comme partie intégrante, et quelquefois dominante, dans les nationalités américaines. La grande famille des Guaranis offre à l'observation de l'ethnologue l'exemple e plus frappant de cette fusion intime.

« Mais au milieu d'elle, à côté des hordes insoumises du Grand-Chaco, si remarquables par leurs belles proportions, il existe encore une peuplade peu nombreuse, dont les rangs chaque jour s'éclaircissent, et qui, près de disparaître, a légué intactes à la génération actuelle, avec une complète indépendance, ses croyances, ses coutumes, et les glorieuses traditions de ses ancêtres.

« A l'époque de la découverte, les Payaguas, tel est le nom de cette nation vaillante, partagée en deux tribus, les *Gadiguès* et les *Magachs*, vivaient sur les rives et les îles nombreuses du Rio-Paraguay, vers les 21° et 25° de latitude. Ces résidences n'avaient rien de fixe. Maîtres du fleuve et jaloux de son empire, ils naviguaient depuis le lac de Xarayes, et faisaient de lointaines excursions sur le Parana jusqu'à Corrientes et Santa-Fé d'un côté, et jusqu'au Salto-Chico de l'autre.

« On a proposé comme étymologie assez rationnelle du nom de ces Indiens les deux mots guaranis *paï* et *aguaá*, qui signifient « attaché à la rame », ce qui est tout à fait en rapport avec leurs habitudes. Ensuite, on a voulu voir dans l'expression *Paraguay*, appliquée comme dénomination à la rivière, avant de l'être à la province, une corruption de *Payagua*, corruption assez légère, et qui nous paraît fort admissible.

« Quoi qu'il en soit de cette supposition dont nous ne discuterons pas ici la valeur, cette nation indomptable et rusée fut pendant deux siècles le plus redoutable adversaire des Espagnols. Les écrivains de la conquête, les ouvrages d'Azara, l'*Essai historique* du doyen Funes, et de nombreuses pièces conservées dans les archives de l'Assomption, contiennent le récit de leurs entreprises audacieuses.

« .... Quel était leur nombre dans la première moitié du seizième siècle ? Il est impossible de le dire avec certitude ; mais les anciennes relations, qui paraissent ne pas mériter sur ce point le reproche d'exagération qu'on leur a plus d'une fois et à juste titre adressé, ne l'estiment pas au delà de plusieurs milliers de combattants. Du temps d'Azara, la peuplade tout entière comptait à peine mille âmes ; de nos jours, elle n'en a pas deux cents.

« Leur taille est remarquable. Elle surpasse incontestablement celle de la plupart des nations du globe. Les mesures prises au hasard sur huit individus justifieraient l'application de cette épithète aux Payaguas, car elles m'ont donné pour moyenne $1^m,781$.

« Chez les femmes, les proportions ne sont pas moins avantageuses. Ainsi, quatre femmes de plus de vingt ans m'ont offert : la première, $1^m,55$; la seconde, $1^m,55$; la troisième, $1^m,60$, et la quatrième, $1^m,62$. Moyenne, $1^m,58$.

« On peut tirer plusieurs conséquences de cette double série de mesures. En comparant la taille moyenne des Payaguas à celle de l'homme en général, que les physiologistes s'accordent à fixer vers $1^m,70$, on voit que la différence, tout à l'avantage des premiers, n'est pas inférieure à $0^m,121$.

« Si l'on prend ensuite pour points de comparaison les mesures observées par des voyageurs exacts sur les peuples qui passent pour les plus grands de l'univers, sur les Patagons par exemple, on trouve comme moyenne donnée par M. d'Orbigny, $1^m,73$: ainsi les Payaguas surpassent encore de $0^m,051$ cette nation à laquelle on a, de tout temps, attribué une stature fabuleuse.

« Le corps des Payaguas, toujours élancé, ne présente jamais d'obésité, excepté chez les femmes. Les épaules sont larges, et les muscles de la poitrine, des bras et de la partie postérieure du tronc offrent un développement dû à l'exercice fréquent de la rame, car ils vivent dans leurs pirogues. En revanche, cette prédominance de l'appareil musculaire dans les membres supérieurs fait paraître grêles et effilées les extrémités inférieures.

« La peau, lisse et douce au toucher, comme celle des indigènes du Nouveau-Continent, est d'une couleur brun olivâtre, et il serait assez difficile d'en définir la nuance plus rigoureusement. Elle paraît un peu plus claire que celle des Guaranis, dont elle n'offre pas les reflets jaunâtres ou mongoliques.

« Les Payaguas portent haute leur tête volumineuse, couverte de cheveux abondants, longs, plats ou légèrement bouclés. Ils les coupent sur le devant du front, ne les peignent jamais, et les laissent croître et retomber en désordre. Les jeunes guerriers seuls les rassemblent en partie sur l'occiput, où ils les retiennent attachés à l'aide d'une petite corde rouge, ou d'une lanière découpée dans la peau d'un singe. Ainsi font les Guatos de Cuyaba, qui, pour le dire en passant, se rapprochent plus de cette peuplade que des Guaranis, à côté desquels ils ont été placés dans une savante classification.

« Les yeux petits et vifs, légèrement bridés, mais non relevés à l'angle externe, expriment la finesse et l'astuce. Le nez long, un peu arrondi, rappelle par ses lignes la conformation caucasique.

« Les pommettes sont à peine saillantes; la lèvre inférieure dépasse la supérieure, ce qui donne à leur physionomie sérieuse et froide une expression de fierté dédaigneuse en rapport avec le caractère de ce peuple indompté.

« Les Payaguas s'épilent. A l'exemple des autres Indiens, ils s'arrachent les sourcils et les cils afin de mieux voir.

« Dans la jeunesse, les femmes, sans être sveltes, sont bien proportionnées. Mais elles engraissent de bonne heure; leurs traits se déforment, et bientôt leur corps devient trapu et ramassé. En revanche, les pieds et les mains conservent toujours une petitesse remarquable, quoiqu'elles marchent pieds nus, et qu'elles ne prennent aucun soin de leur personne. J'ai retrouvé cette conformation délicate, cette distinction si enviée des Européennes, dans les nations du Chaco, qui sont, avec les Payaguas, les plus belles de l'Amériqne.

« Elles laissent flotter leurs cheveux sur les épaules et ne les attachent jamais.

« Lorsqu'une jeune fille sort de l'enfance, elle subit un tatouage. A l'aide d'une épine et du fruit du genipayer, on lui trace une raie bleuâtre large d'un centimètre, laquelle commence à la racine des cheveux, traverse le front, et descend perpendiculairement sur le nez jusqu'à la lèvre supérieure exclusivement. Au moment de son mariage, on prolonge cette bande sur la lèvre inférieure jusque sous le menton. Sa nuance varie du violet au bleu ardoise, et ses traces sont indélébiles. Quelques femmes ajoutent à celle-ci d'autres lignes et des dessins tracés avec la teinte enflammée de l'*urucu;* mais cette mode, générale il y a un demi-siècle, et qu'Azara décrit en détail, devient de plus en plus rare.

« Les Payaguas (fig. 260) vont nus dans leurs tentes (*toldos*); mais, lorsqu'ils se rendent en ville, hommes et femmes portent une petite couverture ou mante de coton, qui les entoure à partir du creux de l'estomac jusqu'au-dessous du genou. Cette pièce d'étoffe, qu'ils croisent sur leur corps à la manière du *chiripa* des créoles, est un des rares produits de leur industrie. Les femmes sont chargées du soin de sa fabrication, pour laquelle elles emploient le seul secours des doigts, sans se servir de navette et de métier. D'autres se contentent d'endosser une chemisette sans col ni manches, assez semblable au *tipoy* des Guaranis. Toutefois l'usage des vêtements semble leur devenir à tous de jour en jour plus familier, et parmi ceux que j'ai vus vaguer dans les rues de l'Assomption, aucun ne s'était contenté, comme

Fig. 260. Indigène du Paraguay.

autrefois, de se couvrir de peintures figurant des vestes et des culottes.

« Quelques anciennes coutumes ont encore disparu : telle est celle qu'a-
vaient les hommes de porter soit le *barbote*[1], soit une petite baguette d'argent analogue au *tembeta* des Guaranis sauvages ou Cayaguas. D'autres ne
sont reprises qu'à de rares intervalles, ou à certaines époques ; alors on
voit reparaître, en ces jours solennels, les longues aigrettes de plumes
fixées sur le sommet de la tête ; les tatouages variés et de couleurs tranchantes ; les dessins bizarres dont ils se couvraient le visage, les bras et la
poitrine ; les colliers de verroterie ou de coquillage ; enfin les bracelets
d'ongles de *capivaras*, enroulés autour des poignets et des malléoles. Mais
la tradition de cette ornementation compliquée a été religieusement conservée par le *paye* (*pa-ye*) ou médecin de la tribu, représenté ci-contre
fidèlement (fig. 261).

« Les Payaguas vivent sur la rive gauche du Rio-Paraguay, qu'ils ne quittent jamais pour aller s'établir du côté opposé, où les Indiens du Chaco,
avec lesquels ils sont toujours en guerre, ne manqueraient pas de les attaquer. Leur hutte principale (*tolderia*), élevée sur le bord du fleuve, consiste en une grande case allongée, haute de trois à quatre mètres, faite de
bambous placés sur des fourches et que l'on a recouverts de nattes de jonc
non tressées. Des dépouilles de jaguars, de *capivaras*, étendues sur le sol,
servent de lits ; des armes, des ustensiles de pêche et de ménage sont accrochés aux perches qui soutiennent la frêle toiture de l'habitation, ou
gisent pêle-mêle avec des vases de terre dans quelque coin.

« .... L'industrie très-bornée des Payaguas constitue cependant leur
unique ressource ; car ils ne connaissent aucune culture, et ne récoltent ni
maïs, ni patates, ni tabac. Ils sont pêcheurs, passent leur vie sur l'eau, et
deviennent de bonne heure de très-habiles mariniers. Tantôt on les voit à
l'arrière d'une pirogue s'abandonner au courant en suivant leur ligne ;
tantôt, debout sur une file, ils rament en cadence, et font glisser l'embarcation avec la rapidité d'une flèche. Longues de quatre à cinq mètres, et
larges de deux pieds et demi à trois pieds, leurs pirogues sont creusées
dans le tronc d'un *timbo*, et se terminent aux deux extrémités en pointe
allongée.

Leur pagaie, acérée comme une lance, devient entre leurs mains une
arme redoutable, à laquelle il faut ajouter l'arc, les flèches et la *macana*.
A la guerre ils sont cruels, et ne font de quartier qu'aux femmes et aux
enfants. Leur manière de combattre n'offre rien de particulier. Ils attaquent les Indiens du Chaco en fondant sur eux à l'improviste, et s'efforcent de les surprendre ; mais ils se gardent bien de s'éloigner des rivières,
car ils seraient facilement vaincus en rase campagne par ces tribus si redoutables à cheval.

« Déjà on l'aura pressenti, cette nation vit dans un état de liberté absolue
et de complète indépendance vis-à-vis du gouvernement de la république
paraguayenne, qui ne lui impose ni taxe ni corvée. Loin de là, il paye aux

---

1. Le *barbote* est un morceau de bois léger, arrondi, de dimensions variables, qui
se place, comme nous l'avons dit plus haut, dans une ouverture pratiquée à la lèvre
inférieure. Les Botocudos, les Lenguas, etc., semblent aussi renoncer à cet affreux
ornement, autrefois très-usité chez les tribus sauvages de l'Amérique.

Payaguas les services qu'il réclame d'eux, soit lorsqu'il les envoie en courriers sur le fleuve, soit lorsqu'il s'en sert comme de guides dans les

Fig. 201. Sorcier du Paraguay (le *paye*).

expéditions dirigées contre les hordes sauvages qui errent sur la rive droite.

« .... Désireux de connaître et de pouvoir dessiner à mon aise, au milieu de tout le luxe sauvage de son accoutrement, celui qui était chargé de ce rôle, j'obtins qu'il se rendrait, revêtu des attributs de sa haute dignité, dans ma maison, en compagnie de quelques autres Indiens. La promesse d'une certaine quantité du précieux breuvage et la perspective d'une soirée d'ivresse avaient eu promptement raison de ses hésitations.

« Au jour dit, le paye vint me trouver. C'était un vieillard, un peu courbé par les années, mais dont la physionomie n'avait rien de repoussant, malgré la déformation des traits, toujours précoce et si remar-

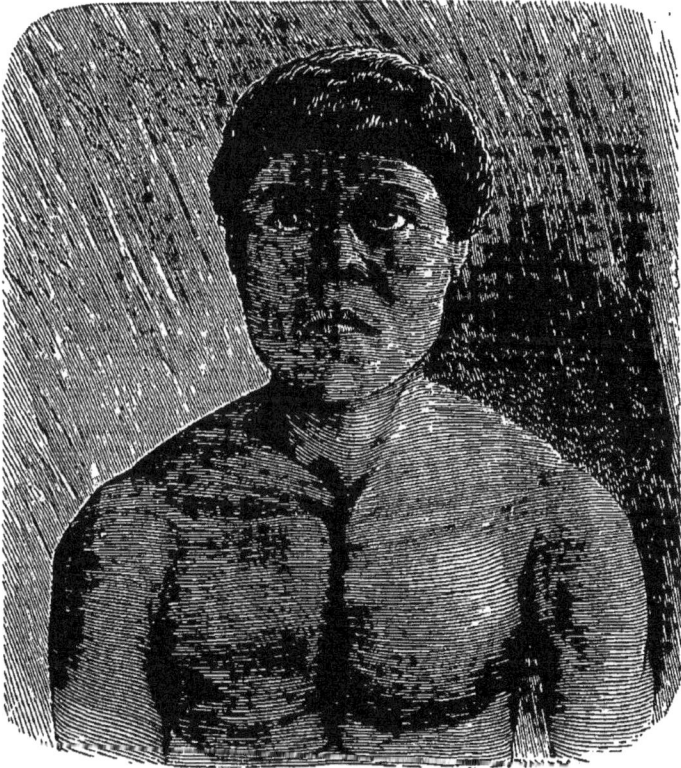

Fig. 262. Indien du Brésil.

quable chez les indigènes. Ses cheveux, encore noirs, étaient retenus sous une résille bordée de verroterie. Une aigrette surmontait la résille, et des plumes de nandou flottaient derrière sa tête; un collier de coquillages bivalves entourait son cou, auquel pendait, comme trophée, un sifflet taillé dans l'os du bras d'un ennemi. Entièrement nu sous sa chemisette sans col ni manches, faite de deux peaux de jaguars, il portait autour des malléoles des chapelets d'ongles de *capivara* . Enfin, il tenait dans la main droite une courge allongée, et dans la gauche un long tube de bois dur que j'eus quelque peine à reconnaître pour une pipe.

« La scène s'ouvrit. Le sorcier donna la pipe à son compagnon chargé de l'allumer, et, l'ayant reprise, il aspira plusieurs bouffées qu'il lança bruyamment dans la calebasse par l'orifice dont elle était percée; puis, sans l'éloigner de ses lèvres, il se mit à crier tantôt lentement, tantôt vite, en faisant entendre alternativement les syllabes *ta*, *ta*, et *to*, *to*, *to*, avec des redoublements et des éclats de voix extraordinaires, inexprimables. En même temps, il se livrait à de violentes contorsions, à droite, à gauche, et exécutait des sauts en cadence, tantôt sur un seul pied, tantôt sur les deux réunis.

« Ce manége ne dura pas longtemps, et sous prétexte de fatigue il ne

Fig. 263. Indienne du Brésil.

tarda pas à s'arrêter. Il fallut une rasade pour le remettre debout, et son chant monotone recommença aussitôt.

« Enfin, mes dessins achevés, je levai la séance, à la satisfaction générale de mes hôtes, et je les congédiai, après avoir acheté au paye sa pipe et son sifflet.

« Faite de bois dur et pesant, cette pipe est couverte de traits réguliers, gravés superficiellement avec une assez grande perfection. Longue de cinquante centimètres, elle est ornée de clous dorés, et percée d'un conduit évasé par un bout, et terminé par un bec à l'autre. On retrouve cet instrument chez d'autres nations voisines, chez les Tobas et les Matacos des bords du Pilcomayo. Il donne une idée de ces énormes cigares faits avec la feuille roulée du palmier et le *petun*, lesquels jouaient un grand rôle au Brésil dans les cérémonies des Tupinambas, et chez les Caraïbes des Antilles, toutes les fois qu'il fallait décider de la paix ou de la guerre, évoquer les mânes des ancêtres, etc., et que les premiers navigateurs prirent pour des torches. »

Les *Guaranis occidentaux* comprennent les tribus connues sous les noms de *Guarayis*, *Chiriguanos* et *Cirionos*. Les premiers avaient été convertis par les jésuites. Entre la province de Chiquitos et celle de Moxos, il y a encore quelques hordes de Guarayis sauvages.

Les Chiriguanos, qui n'ont jamais été convertis, sont des barbares très-redoutables pour les peuplades voisines. Les indigènes de cent soixante villages des Andes compris entre la grande rivière de Chaco et celle de Mapayo, dans la province de Santa Cruz de la Sierra, parlent le guarani dans toute sa pureté. Les barbares Ciriones, qui parlent un dialecte de cette langue, habitent au nord de Santa Cruz.

Les *Guaranis orientaux du Brésil* comprennent les Brésiliens indigènes.

La langue générale du Brésil ne paraît pas plus différer de la langue guarani que le portugais ne diffère de l'espagnol. Les *Caryis*, les *Tameyi*, les *Tapinaquis*, les *Timmimnes*, les *Tabayaris*, les *Tupinambis*, les *Apontis*, les *Tapigoas* et plusieurs autres tribus occupant les districts maritimes situés au sud de l'embouchure de la rivière des Amazones, parlent la langue *tupi*, peu ou point altérée.

Dans leur *Voyage au Brésil* publié dans *le Tour du monde* en 1868, M. et Mme Agassiz ont visité plusieurs tribus indiennes, et examiné leurs habitations au milieu des bois. Nous extrayons quelques pages de leur récit.

« Nous arrivons au *sitio*, écrit Mme Agassiz, et nous débarquons. D'habitude les sitios sont assis sur les bords du lac ou de la rivière, à un jet de pierre de la rive, afin que la pêche et le bain soient plus à portée. Mais celui-ci, plus retiré, se trouve à l'extrémité d'un joli petit sentier qui serpente sous bois, au sommet d'une colline dont le versant opposé plonge dans un large et profond ravin où court un igarapé. Au delà, le terrain se relève et ondule en lignes accidentées sur lesquelles l'œil accoutumé au paysage uniformément plat de l'Amazone supérieur ne se repose pas sans plaisir. Vienne le temps des pluies, et l'igarapé, soulevé par la crue de la rivière, baignera presque le pied de la maison qui du sommet

du coteau domine aujourd'hui la vallée et le lit encaissé du petit ruis-
seau. Aussi, grande est la différence entre l'aspect des mêmes lieux dans la
saison sèche et dans la saison pluvieuse. L'habitation se compose de plusieurs constructions, dont la plus remarquable est une longue salle ouverte,
où dansent les *brancas* (blanches) de Manaos et du voisinage lorsqu'elles
viennent, ce qui n'est pas rare, passer la nuit au sitio en grande compagnie.

« C'est de la vieille dame indienne qui me fait les honneurs de la maison

Fig. 264. Case brésilienne.

que j'apprends ce détail. Un mur bas, de trois à quatre pieds environ, dé-
limite ce hangar (fig. 264). Sur les côtés et tout le long sont placées des
banquettes en bois; les deux bouts sont clos de fond en comble par une forte
tenture en feuilles de palmier bien luisantes, aussi fines que belles et
d'une jolie couleur paille. A l'une de ces extrémités nous trouvons un immense métier à broder (tel était sans doute celui de Pénélope), où il n'y
a de tendu pour le moment qu'un hamac en fil de palmier, œuvre inache-
vée de la *senhora dona* (la maîtresse de maison). Celle-ci consent à me

montrer comment elle y travaille. Elle s'accroupit, sur un petit banc
fort bas, devant cet échafaudage, et me fait voir que les deux rangées
de fil transverses sont séparées par une grosse pièce de bois poli,
en forme de règle plate. Entre ces deux fils est lancée la navette, et la
trame est serrée par un coup sec de la grosse règle. On me fait ensuite
admirer des hamacs de couleurs et de tissus variés qu'on est en train
de disposer pour la commodité des visiteurs, et tandis que les hommes

Fig. 265. Case brésilienne.

vont se baigner dans l'igarapé, je parcours le reste du logis avec notre
hôtesse et sa fille, une très-jolie Indienne. C'est la plus âgée des
deux dames qui a la direction de toutes choses ; le maître est absent,
il a dans l'armée qui opère contre le Paraguay une commission de capitaine.

« Sur le même terrain soigneusement tenu où est située la salle que j'ai
décrite, se trouvent, plus ou moins rapprochées les unes des autres, plusieurs casinhas ou petites cases couvertes en chaume et ne formant qu'une

seule pièce ; puis vient une maisonnette plus grande, aux murs en terre et au sol nu, qui contient deux ou trois pièces et dont la façade est garnie d'une vérandah en bois. C'est l'appartement particulier de la senhora. Un peu plus bas sur la colline est la féculerie à manioc avec tous ses appareils. Rien de mieux tenu que la cour de ce sitio, où deux ou trois négresses viennent d'être mises à l'œuvre, un balai de minces branchages à la main.

Fig. 266. Indienne du Brésil.

Autour de ces constructions est la plantation de manioc et de cacao, où quelques caféiers apparaissent çà et là. Il est difficile de juger de l'étendue de ces plantations, car elles sont irrégulières et comprennent une certaine variété de plantes, manioc, cacao, café, coton même, cultivées pêle-mêle. Mais celle-ci, comme tout le reste de l'établissement, paraît plus grande et plus soignée que celles que l'on voit d'ordinaire. Au départ, notre hôtesse indienne m'apporte un gentil panier garni d'œufs et.d'*abacatys* ou poires d'alligator, suivant le nom local. Nous sommes rentrés à la maison juste à temps pour le repas de dix heures qui rassemble tout le monde, gens de plaisir et gens de travail. Les chasseurs sont revenus de la forêt chargés de toucans, de perroquets, de perruches et d'une grande variété d'autres oiseaux, et les pêcheurs ont apporté de nouveaux trésors à M. Agassiz.

« Tandis que nous prenions le café sous les arbres, ayant cédé aux Indiens nos places dans la salle à manger, le président proposa une promenade sur le lac au coucher du soleil.

« .... L'embarcation glissait entre l'éclat du soleil et l'éclat du lac profond, et semblait emprunter ses couleurs à l'un et à l'autre. Elle approchait rapidement. Bientôt elle fut tout près, et alors éclatèrent les vivats joyeux auxquels nous répondîmes gaiement. Puis les deux bateaux se placèrent bord à bord et redescendirent ensemble, la guitare passant de l'un à l'autre, les chansons brésiliennes alternant avec les chants des Indiens. Non, l'on ne peut rien imaginer de plus fortement marqué de l'empreinte nationale, de plus fortement imprégné de la couleur des tropiques, de plus caractéristique enfin que cette scène du lac. Quand nous arrivâmes au débarcadère, les nuages aux tons roses et dorés n'étaient plus qu'une masse de vapeurs blanches ou d'un gris cendré; les derniers rayons du soleil s'étaient éteints et la lune brillait en son plein. En montant la pente légère du coteau, pour regagner le sitio, quelqu'un proposa de danser sur l'herbe, et les jeunes filles indiennes formèrent un quadrille. Bien que la civilisation ait mêlé ses usages aux mœurs indigènes, il y avait encore dans leurs mouvements beaucoup des allures natives, et cette danse de convention perdait quelque peu de son caractère artificiel. Enfin nous rentrâmes à la maison, où les danses et les chants recommencèrent, tandis que çà et là des groupes assis par terre riaient et causaient, hommes et femmes fumant avec le même plaisir. L'usage du tabac, presque universel parmi les femmes de la basse classe, n'est cependant pas confiné chez les gens du commun. Plus d'une *senhora* aime à fumer sa pipe en se balançant dans son hamac pendant les heures chaudes de la journée. »

Les figures 266 et 267 représentent des Indiens indigènes du Brésil, dessinés dans la relation du voyage de M. et Mme Agassiz.

On rattache à la race brésilio-guaranienne les *Ourogas*, avec quelques tribus qui leur sont alliées de très-près. Ils forment une des nations les plus largement répandues dans les parties septentrionales de l'Amérique du Sud. Ils étaient anciennement en possession des rives et des îles du fleuve des Amazones, dans un espace de deux cents lieues, à partir de l'embouchure du Rio-Nabo.

La race *caraïbe* a une étroite affinité avec la race guarani. Les Indiens qui ont donné leur nom à ce groupe, l'un des plus nombreux et des plus largement disséminés de l'Amérique méridionale, sont ces célèbres *Caraïbes* qui au seizième siècle occupaient toutes les îles depuis Porto-Rico jusqu'à la Trinité, et toute la portion de la côte de l'Atlantique comprise entre l'embouchure

Fig. 267. Indien du Brésil.

de l'Orénoque et celle de l'Amazone, c'est-à-dire jusqu'à la frontière du Brésil.

Les *Tamanaques*, qui appartiennent à la même famille, vivent sur la rive droite de l'Orénoque; mais leur nombre est aujourd'hui fort réduit. Il en est de même des *Arawacs* ou *Araocas*, des *Guarannes*, qui construisent, dit-on, leurs maisons sur des arbres, des *Guayqueries*, des *Cumanogotes*, des *Phariagotes*, des *Chaymas*, etc.

Humboldt a dit de ces derniers peuples :

« L'expression de la physionomie des Chaymas, sans être dure et farouche, a quelque chose de grave et de sombre. Le front est petit et peu saillant; les yeux sont noirs, enfoncés et allongés; ils ne sont ni placés aussi obliquement, ni aussi petits que chez les peuples de race mongole. Cependant le coin de l'oreille est sensiblement relevé par en haut vers les tempes; les uns sont noirs et d'un brun foncé, minces et peu arqués; les paupières sont garnies de cils très-longs, et l'habitude de les baisser comme si elles étaient appesanties par la lassitude adoucit le regard chez les femmes et fait paraître l'œil voilé plus petit qu'il ne l'est effectivement. »

Fig. 268. Botocudos.

Les *Botocudos* (fig. 268), qui habitent vers le Rio-Doce, au Brésil, ont été cannibales, et ils sont encore aujourd'hui les plus sauvages de tous les Américains Ils portent pour ornement des colliers de dents humaines. Constamment errants et complétement nus, ils se plaisent à augmenter leur laideur naturelle, et se donnent une physionomie plus repoussante par l'habitude qu'ils ont de se fendre la lèvre inférieure et les oreilles, et d'introduire des *barbotes* dans ces ouvertures.

Dans son *Voyage au Brésil*, M. Biard a vu des Botocudos. Celui qui lui sembla le chef portait, comme ses compagnons, dans une ouverture faite à la lèvre inférieure, un *barbote*, composé d'un morceau de bois un peu plus large qu'une pièce de cinq francs. Il se servait de ce morceau de bois comme d'une petite table ; il découpait dessus, avec le couteau du voyageur, un morceau de viande fumée, qui n'avait qu'à glisser de là dans l'intérieur de sa bouche. Cette façon de se servir de la lèvre comme d'une table parut à M. Biard d'une grande originalité. Les compagnons de ce Botocudos avaient également de grands morceaux de bois dans le lobe des oreilles.

CHAPITRE II.

RAMEAU SEPTENTRIONAL.

Les peuples du *rameau américain septentrional* présentent entre eux des différences plus tranchées que ceux du rameau méridional au point de vue de la race mais leurs caractères se fondent les uns dans les autres. Cependant les populations qui habitent respectivement au sud, au nord-est et au nord-ouest peuvent être considérées comme formant autant de familles distinctes, que nous passerons successivement en revue.

FAMILLE DU SUD.

La *famille du sud* du rameau septentrional conserve encore beaucoup de ressemblance avec les peuples du rameau méridional que nous venons d'étudier. Le teint des individus est assez clair, le front déprimé; la taille est assez bien proportionnée.

Cette famille réunit un grand nombre de peuples qui parlent des langues différentes, propres à la partie centrale du continent du sud. Les principaux de ces peuples sont les *Aztèques*, ou anciens Mexicains, les Indiens *Moyas* et les Indiens *Lencas*.

Aztèques. — Quand les Espagnols arrivèrent au Mexique, ils trouvèrent un peuple dont les mœurs étaient bien loin de la vie sauvage. Il était très-habile dans la pratique de différents arts manuels ou libéraux, et ses connaissances étaient assez étendues. On pouvait toutefois lui reprocher une véritable cruauté.

Les Aztèques étaient des agriculteurs intelligents et laborieux. Ils savaient exploiter les mines, préparer les métaux, et monter

P. Sellier, pˣ   Imp. Dupuy, 22 R des Petits Hôtels   G. Regamey, lith

INDIEN DE L'AMÉRIQUE DU NORD.   INDIEN DE L'AMÉRIQUE DU SUD.

RACE ROUGE

en parures les pierres précieuses. Ils avaient construit des monuments superbes. Ils avaient une langue écrite qui conservait les souvenirs de leur histoire. Ceux qui habitaient la région du Mexique actuel étaient avancés dans les·sciences. Ils avaient à un profond degré le sentiment religieux. Leurs cérémonies sacrées étaient pleines de pompe, mais accompagnées de sacrifices expiatoires d'une révoltante barbarie. Ils faisaient remonter leurs annales à une très-haute antiquité. Ces annales étaient tracées dans des peintures historiques, dont l'explication, qui était conservée

Fig. 269. Indien (indigène) de la côte du Mexique.

traditionnellement, fut donnée par des indigènes à quelques-uns de leurs vainqueurs, ainsi qu'à des prêtres espagnols et italiens.

Les principaux événements que retracent ces peintures se rattachent aux migrations de trois nations différentes, qui, parties de régions éloignées du nord-ouest, arrivèrent successivement dans l'Anahuac. Ces nations étaient les Toltèques, les Chichimecas et les Nahuatlacas, divisés en sept tribus différentes, dont une était celle des Aztèques ou Mexicaine.

Le pays d'où sortirent les Toltèques se nommait Huehuetlapallan. Les Toltèques commencèrent leur marche dans l'année 544

Fig. 270. Indienne de la côte du Mexique.

de notre ère. La peste les décima en 1051; ils émigrèrent alors

Fig. 271. Indien de la côte du Mexique.

vers le sud, mais quelques-uns restèrent à Tula. Les *Chichimecas*, peuple barbare, arrivèrent au Mexique en 1070. La migration des *Nahuatlacas* eut lieu bientôt après. Ces derniers parlaient la même langue que les Toltèques. Les Aztèques ou Mexicains se séparèrent des autres peuples, et en 1325 ils bâtirent Mexico.

En résumé, les anciens habitants du Mexique étaient arrivés d'un pays situé vers le nord, sur le plateau central de l'Anahuac, et leurs migrations successives avaient continué pendant plusieurs siècles à une époque antérieure à la découverte de l'Amérique par les Européens.

Fig. 272. Indienne de la côte du Mexique.

Les portraits des anciens Aztèques et les figures de quelques-unes de leurs divinités sont remarquables par la dépression du front, d'où résulte la petitesse de l'angle facial : forme qui paraît avoir appartenu au beau type de la race.

Les Mexicains indigènes de notre temps sont assez grands de taille, bien proportionnés dans tous leurs membres. Ils ont le front étroit, les yeux noirs, les dents blanches bien enchâssées et

régulières, les cheveux épais, rudes, noirs, brillants, la barbe
rare ; généralement ils n'ont pas de poils sur les jambes, les cuisses
ni les bras. Leur peau est de couleur olive. Parmi les jeunes
femmes on en voit beaucoup qui sont très-belles et qui ont le
teint fort clair. Leurs sens sont excellents, surtout celui de la vue,

Fig. 273. Dame mexicaine.

qu'ils conservent dans toute sa force jusqu'à un âge très-avancé.

Les indigènes indiens, qui forment une partie de la population
du Mexique, sont caractérisés par une face large et un nez épaté
qui rappellent en quelque chose les linéaments de la physionomie mongole. On peut en juger par les figures 269, 270, 271 et 272,

qui représentent des indigènes de l'intérieur et de la côte du
Mexique.

M. Roudé, qui a publié le récit de son voyage dans l'État de Chi-
huahua, a rapporté des dessins exacts relatifs aux usages et mœurs
de la population de la capitale du Mexique.

Fig. 274. Servante mexicaine.

Les dames mexicaines s'enveloppent avec beaucoup de grâce
dans leur *rebosso*, dont elles se couvrent la tête en cachant une
partie de leur visage et ne laissant voir que leurs yeux (fig 273).
Chez les dames riches ce *rebosso* est généralement en soie noire
ou blanche, brodée de dessins de couleurs vives et voyantes. Les

femmes du peuple (fig. 274) ont un *rebosso* en laine bleue avec de petits carreaux blancs. La jupe est courte; le bas en est brodé de dessins en laine. Les femmes du peuple aiment pour la jupe le rouge voyant.

Le costume des hommes (fig. 275) est plus riche et plus varié que celui des femmes. Le dimanche il est chamarré d'argent. Le pantalon blanc est de rigueur. Il est recouvert d'un autre pantalon de peau, ouvert sur le côté et de haut en bas, et orné d'une rangée de boutons en argent. Une ceinture en crêpe de Chine entoure le corps, la veste est en peau de cerf ou en velours avec

Fig. 275. Picador mexicain.

broderies d'argent. Le sombrero est à très-larges bords; il est en paille ou en feutre et décoré d'une torsade très-épaisse en velours noir ou en argent et or. Le *sarapé* est bariolé de couleurs tranchantes et de dessins variés. Les hommes ont un talent particulier pour se draper avec grâce dans le *sarapé*.

C'est dans les marchés qu'il faut aller étudier la vie populaire des habitants de Mexico (fig. 276). On y voit s'y coudoyer fraternellement Indiens, créoles et étrangers, porte-guenilles et riches bourgeois, redingotes noires, vestes de peau brodées, uniformes

usés, soldats, muletiers, cargadores, moines de toutes nuances, car-
mes chaussés et déchaussés. Basile y allonge l'ombre de son cha-

Fig. 276. **Le marché du pont de Roldau, à Mexico.**

peau fantastique sur le mur de l'église voisine. Des marchands de
chapeaux, de coqs, d'auges en bois offrent aux acheteurs les pro-

duits de leur industrie (fig. 277, 278, 279). De jolies marchandes

Fig. 277, 278, 279. Marchands à Mexico.

de fruits et de fleurs, de fraîches servantes de bonne maison, d'agaçantes Chinas, à l'œil vif, passent et repassent, drapées dans leur rebosso. Sur la paume de la main gauche renversée à la hauteur de l'épaule, elles portent, de la manière la plus académique, la corbeille pleine de verdure ou le gracieux cantaro de terre rouge, peint et vernissé, rempli d'eau.

Le porteur d'eau (*aguador*), vêtu de cuir, fend à petits pas cette foule turbulente. Il porte sur son dos une énorme jarre de terre rouge, qu'une large bande de cuir fixe, au moyen de deux anses, sur son front protégé par une petite casquette de cuir ; une autre lanière qui passe sur le sinciput soutient une seconde cruche, beaucoup plus petite, qui pend devant lui à la hauteur de ses genoux.

Si l'on veut connaître le Mexique, c'est dans le peuple qu'il faut aller l'étudier. Ce peuple est bon. Il est avide de savoir, malgré son ignorance, et plein d'énergie, malgré son long servage. Il faut seulement se méfier des hautes classes, infime minorité gâtée par les prêtres, dont l'influence est toute puissante. L'ignorance des moines qui pullulent dans ce pays est doublée d'une insupportable vanité qui leur inspire l'horreur de tout progrès.

Le peuple mexicain est très-simple dans ses habitudes. Le pot-au-feu (*pilchero*) et le plat national, les *frijoles* (haricots), tel est le menu ordinaire de la bourgeoisie, auquel on ajoute quelquefois un ragoût de canard pimenté. Pour se désaltérer on a l'eau pure, contenue dans un verre immense, car il a la contenance d'un à deux litres. Ce verre est placé au centre de la table. C'est le seul qui figure dans le service, d'où sont bannies carafes et bouteilles, et même très-souvent cuillers et fourchettes. Chacun trempe ses lèvres à son tour dans ce hanap, et le remet à sa place ou le passe à son voisin. Au reste, les Mexicains en général ne boivent qu'à la fin du repas. Le soir, le cercle s'agrandit de quelques amis. Les guitares sont décrochées de la muraille, et l'on chante quelques romances naïves sur des airs dolents. On danse sur le même rhythme.

Les Aztèques ou anciens Mexicains, de même que leurs prédécesseurs les Toltèques, étaient, avons-nous dit, étrangers dans l'Anahuac. Avant leur arrivée, ce plateau avait été habité par diverses races, dont quelques-unes avaient acquis un certain degré de civilisation, tandis que d'autres étaient tout à fait barbares. Les Aztèques se répandirent au loin dans l'Amérique centrale. Parmi les plus anciennes tribus, on cite les *Olmécas*, qu'on suppose avoir peuplé les Antilles et l'Amérique du Sud.

Les *Olmécas* partagèrent le sol du Mexique avec les *Xicalaucas*, les *Coras*, les *Tepanecas*, les *Tarascas*, les *Mixtecas*, les *Tzapotecas* et les *Othomis.*

Les *Othomis* et les *Totonaques* étaient deux races barbares qui habitaient les pays situés près du lac Tezcuco antérieurement à l'arrivée des *Chichimecas*, qui étaient de race mexicaine. Tandis que toutes les langues connues de l'Amérique sont polysyllabiques, celle des Othomis est monosyllabique.

Plus loin, au nord, et par delà les frontières septentrionales de l'empire mexicain, habitaient les *Huaxtecas*.

Les *Tarascas* résidaient dans la grande et fertile contrée de Méchoacan, au nord du Mexique. Ils furent toujours indépendants de ce royaume. Leur langue sonore et harmonieuse différait de toutes les autres. Sous le rapport des arts et de la civilisation ils marchaient de pair avec les Mexicains, qui ne purent jamais les subjuguer. Mais leur roi se soumit sans résistance à la domination des Espagnols.

Moyas et *Lencas*. — Ce sont des tribus qui vivent encore à l'état sauvage, dans les forêts situées entre les isthmes de Panama et de Thuantépec. Entrer dans l'examen de leurs mœurs ou coutumes n'offrirait aucun intérêt. La vie des peuples sauvages est d'une uniformité qui abrége beaucoup notre tâche.

FAMILLE DU NORD-EST.

La *famille du nord-est* occupait, au quinzième siècle, cette immense étendue de l'Amérique du Nord qui est comprise entre l'océan Atlantique et les montagnes Rocheuses; mais tous ces peuples sont réduits maintenant à quelques tribus, peu nombreuses, confinées à l'ouest du Mississipi.

Les caractères de la race rouge sont très-prononcés chez ces peuplades. Un teint couleur de cannelle claire, une tête allongée, un nez long et aquilin, des yeux horizontaux, un front déprimé, une constitution robuste, une taille élevée, tels sont leurs principaux caractères physiques, auxquels il faut joindre des sens extraordinairement développés. Ces peuples ont l'habitude de peindre en rouge leur corps et surtout leur visage. Leur caractère est fier et indépendant; ils supportent la douleur avec un courage stoïque.

Fig. 280. Indiens Creeks.

Presque toutes ces tribus indiennes ont déjà disparu par la
guerre acharnée que leur ont faite les Européens. Celles qui vivaient

Fig. 231. Chef des Indiens Creeks.

jadis sur les versants des montagnes qui regardent l'Atlantique,
ou qui s'étendent le long du Mississipi, sont à peu près éteintes.
Tels sont les Hurons, les Iroquois, les Algonquins, les Natchez,

illustrés par Chateaubriand, les Mohicans, célébrés par Cooper.

Nous ne saurions parler ici avec détails de ces diverses populations. Seulement, pour en donner une idée, nous ouvrirons le *Voyage en Amérique* de Chateaubriand ; nous en rapporterons quelques lignes, puis nous ferons connaître sommairement les observations qui ont été faites de nos jours dans ces mêmes contrées par quelques voyageurs contemporains.

Chateaubriand, dans son *Voyage en Amérique*, parle en ces termes des Muscogulges et des Simnioles :

« Les Simnioles et les Muscogulges sont d'une assez grande taille, et, par un contraste extraordinaire, leurs femmes sont la plus petite race des femmes connue en Amérique : elles atteignent rarement la hauteur de quatre pieds deux ou trois pouces ; leurs mains et leurs pieds ressemblent à ceux d'une Européenne de neuf ou dix ans. Mais la nature les a dédommagées de cette espèce d'injustice : leur taille est élégante et gracieuse ; leurs yeux sont noirs, extrêmement longs, pleins de langueur et de modestie. Elles baissent leurs paupières avec une sorte de pudeur voluptueuse ; si on ne les voyait pas lorsqu'elles parlent, on croirait entendre des enfants qui ne prononcent que des mots à moitié formés. »

Le grand écrivain passa sur les bords du lac auquel la peuplade iroquoise des *Onondagas* a donné son nom. Il visita le *Sachem* des Onondagas :

« C'était, dit Chateaubriand, un vieil Iroquois dans toute la rigueur du mot. Sa personne gardait le souvenir des anciens usages et des anciens temps du désert. Grandes oreilles découpées, perle pendante au nez, visage bariolé de diverses couleurs, petite touffe de cheveux sur le sommet de la tête, tunique bleue, manteau de peau, ceinture de cuir, avec le couteau de scalpe et le casse-tête, bras tatoué, mocasins aux pieds, chapelet ou collier de porcelaine à la main. »

Chateaubriand trace en ces termes le portrait de l'Iroquois :

« Il était d'une forte stature. Poitrine large, jambes musculaires, bras nerveux. Les grands yeux ronds de l'Iroquois étincellent d'indépendance : tout son air était celui d'un héros. On voyait reluire sur son front les hautes combinaisons de la pensée et les sentiments élevés de l'âme. Cet homme intrépide ne fut point étonné des armes à feu lorsque, pour la première fois, on en usa contre lui ; il tint ferme au sifflement des balles et au bruit du canon comme s'il les eût entendus toute sa vie. Il n'eut pas l'air d'y faire plus d'attention qu'à un orage. Aussitôt qu'il put se procurer un mousquet, il s'en servit mieux qu'un Européen. Il n'abandonna pas pour cela le casse-tête, le couteau, l'arc et la flèche ; mais il y ajouta la carabine, le pistolet, le poignard et la hache ; il semblait n'avoir jamais assez d'armes pour sa valeur. Doublement paré des instruments meurtriers de l'Europe et de l'Amérique, avec sa tête ornée de panaches, ses oreilles découpées, son visage barbouillé de noir, ses bras teints de sang, ce noble champion du Nouveau-Monde devint aussi redoutable à voir qu'à combattre sur le rivage qu'il défendit pied à pied contre l'étranger. »

A ce portrait terrible Chateaubriand oppose la physionomie légère du Huron, qui n'avait de commun avec l'Iroquois que le langage :

« Le Huron, gai, spirituel, volage, d'une valeur brillante et téméraire, d'une taille haute et élégante, avait l'air d'être né pour être l'allié des Français. »

Arrivons aux voyageurs contemporains. Nous donnons d'abord, d'après M. Paul Kane [1], les portraits d'après nature et les costumes des Indiens sauvages qui habitent le pied des montagnes Rocheuses, dans le Missouri, et qui portent le nom de Creek (fig. 280).

Nous donnons également, d'après une photographie, le portrait et le costume d'un Indien Creek, tribu qui occupe les plaines s'étendant au pied des montagnes Rocheuses, dans le Colorado (fig. 281).

Dans un *Voyage aux États-Unis et au Canada*, M. H. Deville eut l'occasion de visiter un établissement d'Iroquois. Ces sauvages se faisaient remarquer par leur teint rougeâtre et leurs traits grossiers. Ils portaient un chapeau rond, à larges bords, et se drapaient, à la façon espagnole, dans une pièce d'étoffe sombre.

La fabrication des chaussures indigènes forme la principale occupation des femmes. Sous prétexte d'acheter quelques-uns de leurs ouvrages, M. H. Deville entra dans plusieurs maisons d'Iroquois.

Dépouillées de l'épais manteau qu'elles portent au dehors, les femmes avaient revêtu une longue blouse de couleur, et deux pantalons collants descendant jusqu'à la cheville. Leurs souliers vernis laissaient apercevoir de gros bas de laine. Des boucles d'oreilles et un collier en or forment leur principal ornement. Elles relèvent leur chevelure sur le sommet de la tête, puis l'attachent, comme le faisaient autrefois nos gardes françaises. On ne peut dire que leurs traits sont agréables ; mais, pendant la

1. *Le Tour du monde*, 1860, 1er semestre, page 285

première jeunesse, leurs formes sont assez belles. Le travail,
l'ordre et la propreté règnent dans leur ménage. Leurs frères et
leurs maris sont bûcherons, pilotes ou conducteurs de radeaux.

Le même voyageur rencontra quelques Indiens *Chippeways* à la
hauteur du lac Pepin. Ils étaient de grande taille, mais avaient
des traits grossiers et la peau d'une couleur rougeâtre très-
foncée. La moitié de leur figure était couverte d'une épaisse couche de vermillon, qui s'étendait jusqu'à leurs cheveux, nattés au
sommet du crâne. Ils portaient de longues guêtres de cuir, attachées sur le côté par mille lanières effilées. Par-dessus une espèce
de blouse déguenillée ils avaient jeté une grande couverture en
laine, qui les enveloppait entièrement. L'un d'eux, armé d'une
longue lame d'acier en forme de poignard, avait planté sa pipe
dans ses cheveux.

Dans son *Voyage dans les Mauvaises-Terres du Nebraska*, M. de Gi-

Fig. 282. Campement d'Indiens Sioux.

rardin (de Maine-et-Loire) a parcouru la partie du bassin du Missouri (États-Unis) qui est occupée par des Indiens libres et sauvages. Il a rapporté des dessins, des types de ces tribus, dont les

principales sont les *Pieds-Noirs* et les *Dakotas*, ou *Sioux*. M. de
Girardin assista à un grand conseil de la nation *sioux* ou *dakota*.
Les chefs des différentes tribus, vêtus de leurs plus brillants
costumes, haranguaient les guerriers, tandis qu'une vingtaine de
jeunes braves, sans autres vêtements qu'une épaisse couche de
vermillon ou d'ocre, faisaient caracoler leurs chevaux et exécu-
taient mille fantasias. Les chevaux, peints en jaune, en rouge et
en blanc, avaient leurs longues queues ornées de plumes aux
couleurs brillantes.

Une immense tente, composée de cinq ou six loges de peaux de

Fig. 283. Cavalier indien sioux.

bison, était dressée au milieu du camp. Les chefs et les principaux guerriers formaient un cercle, au milieu duquel se tenaient
l'agent, le gouverneur du fort Saint-Pierre et ses interprètes. Selon l'usage indien, le grand chef alluma le calumet de la paix, une
magnifique pipe de pierre rouge, dont le tuyau, long d'un mètre,
était orné de plumes de toutes couleurs. Après des harangues pas-
sionnées, le conseil refusa aux voyageurs la permission de passer
sur leurs terres, pour gagner le territoire des Pieds-Noirs.

La figure 282 représente le campement d'Indiens Sioux visité par

M. de Girardin. La figure 283 représente, d'après le même voyageur, un cavalier indien sioux; la figure 284 un guerrier sioux,
et la figure 285 une femme sioux.

M. de Girardin eut l'occasion de visiter un autre campement,
celui d'un vieux chef sioux. Il se composait de cinq ou six tentes,
de forme conique, faites en peau de bison. Remarquables par leur
blancheur et leur propreté, les tentes étaient couvertes de peintures bizarres, rouges et jaunes, qui représentaient des guerriers
fumant le calumet, des chevaux, des cerfs et des chiens. De nombreuses chevelures, fraîchement scalpées, étaient suspendues au
bout de longues perches. A côté de chaque tente, une sorte de

Fig. 284. Guerrier sioux.

trépied supportait les carquois, les boucliers en cuir de bison et
les lances ornées de plumes aux couleurs brillantes. De jeunes
guerriers aux traits fortement accentués, au nez aquilin et aux
formes herculéennes, mais hideusement barbouillés de noir et de
blanc, étaient occupés à lancer des flèches dans une boule rou-
lante ou jetée en l'air.

Le chef fit asseoir les voyageurs sur des peaux d'ours et de bison, et causa avec l'interprète, pendant que M. de Girardin restait exposé à la curiosité des jeunes gens, des femmes et des enfants. Les jeunes filles s'enhardissaient jusqu'à chercher dans ses poches, et à en retirer son couteau, ses crayons, son livre de notes. La plus curieuse, une belle fille aux yeux très-doux et aux dents magnifiques, lui voyant une longue barbe, voulut s'assurer s'il n'était pas entièrement velu comme un ours. Alors notre voyageur s'avisa de placer un peu de poudre dans la main de la belle

Fig. 285. Femme sioux.

curieuse et de l'allumer à l'aide d'une lentille de verre, au grand effroi de l'assistance.

M. L. Simonin, dans un *Voyage au nord-ouest de l'Amérique*, exécuté en 1867, a pu étudier un village sioux. Nous lui emprunterons quelques-unes de ses descriptions.

Le village des Indiens Sioux visité par M. L. Simonin se composait d'une centaine de huttes. Ces huttes étaient faites avec des perches et des peaux de bison, ou de pièces de toile cousues. On y entrait par un trou bas et étroit, recouvert d'une peau de castor. Au centre de la hutte flambait un feu, autour duquel étaient les marmites et les chaudrons pour le repas. La fumée qui sortait par le haut rendait ce séjour intolérable. Des lits, des matelas, des malles, des ustensiles de cuisine, des quartiers de bison crus ou séchés et fumés étaient épars çà et là. Autour des huttes couraient les enfants à moitié nus, filles et garçons, et des troupes de chiens, qui constituent à la fois leurs défenseurs et leurs sentinelles vigilantes et leur nourriture.

M. Simonin entra dans beaucoup de huttes, où des guerriers jouaient silencieusement aux cartes, ayant des balles de plomb pour enjeu. D'autres, au bruit de chants discordants et du tambour de basque, jouaient le *jeu des mains*, et marquaient les points avec des flèches piquées en terre. D'autres huttes, dans lesquelles on faisait de la sorcellerie, ou *grande médecine*, furent interdites au visiteur. Autour de quelques loges les femmes, assises en rond, travaillaient à des ouvrages d'aiguille, ornaient de perles des colliers, des mocassins, ou traçaient des dessins sur des peaux de bison.

La figure 286 représente le village décrit par M. Simonin.

Le grand chef de cette tribu s'appelait la *Nuée-Rouge*. L'un des lieutenants placés sous les ordres de la *Nuée-Rouge* s'appelait *Grosses Côtes*. On voit ce lieutenant représenté dans la figure 287.

De vieilles matrones préparaient des peaux tendues sur des piquets, en les frottant avec des cailloux de grès et un ciseau d'acier emmanché au bout d'un os.

Les femmes des Sioux, auxquelles incombent d'ailleurs tous les soins domestiques, sont loin d'être belles. Elles sont la servante de l'homme qui les acheta pour un cheval ou pour une peau de bison.

La grande tribu des Sioux compte environ trente-cinq mille individus.

Parmi les Indiens des prairies, M. Simonin put étudier la tribu des *Corbeaux*, voisine des Sioux. Leurs traits sont largement accentués, leur stature est gigantesque, leurs formes athlétiques. Leur figure majestueuse rappelle, selon l'auteur, les types des

Fig. 786. Village d'Indiens Sioux.

Césars romains, tels qu'on les voit dessinés sur les médailles antiques.

Fig. 287. Grosses-Côtes, chef sioux, lieutenant du grand chef la *Nuée-Rouge*.

M. Simonin entra dans la hutte des chefs, toucha successivement la main à ses *sachems*, qui, assis en rond, firent chaque fois entendre le son guttural *à hou*, qui sert de salutation chez les Peaux-Rouges. Il fuma le calumet.

La figure de ces hommes était tatouée de vermillon sur les joues. Ils étaient à peine vêtus, celui-ci d'une couverture de laine, celui-là d'une peau de buffle ou d'un uniforme incomplet d'officier. Cet autre avait le torse nu. Beaucoup portaient des colliers ou des pendants d'oreilles en coquillages ou en dents d'animaux. L'un avait autour du cou une médaille d'argent à l'effigie d'un président des États-Unis, médaille qu'il avait reçue lorsqu'il s'était rendu en mission à Washington en 1853; l'autre portait sur la poitrine un cheval d'argent grossièrement sculpté.

M. Simonin assista ensuite au conseil des Indiens Corbeaux. Nous ne rapporterons pas cette conférence de sauvages. Le lecteur en prendra une idée en jetant les yeux sur la figure 288.

M. Simonin entre, au sujet des rapports entre les Indiens sauvages de l'Amérique du Nord et les habitants civilisés, c'est-à-dire les Américains des États-Unis, dans des considérations intéressantes, que nous croyons devoir reproduire.

« C'est une singulière race, dit M. Simonin, que celle des Peaux-Rouges à laquelle la nature a si généreusement départi le plus beau sol qui existe au monde, sol de riches alluvions, épais et plat, bien arrosé; et cependant cette race n'est pas encore sortie de l'étape primitive qu'a dû partout parcourir l'humanité au début de son évolution, celle de peuple chasseur, nomade, celle de l'âge de pierre! Les Indiens, si les blancs ne leur avaient pas apporté le fer, auraient encore des armes de silex, comme l'homme antédiluvien, qui s'abritait dans des cavernes, et fut en Europe contemporain du mammouth. Les Indiens fuient le travail, hors la chasse et la guerre; chez eux la femme fait toute la besogne. Quel contraste avec la race qui les entoure, si travailleuse, si occupée, et où l'on a pour la femme un si profond respect! Cette race les enserre, les enveloppe entièrement aujourd'hui, et c'en est fait des Peaux-Rouges s'ils ne consentent à rentrer dans les réserves.

« Et encore, dans ces réserves, l'industrie et les arts naîtront-ils? On sait combien la race rouge est mal douée pour la musique et pour le chant. Chez elle les beaux-arts sont restés dans l'enfance. L'écriture, si ce n'est une grossière représentation *pictographique*, est complètement inconnue. On sait à peine, avec des perles, tracer quelques dessins sur des peaux. Sans doute ces dessins sont souvent heureusement groupés et les couleurs s'y lient avec une certaine harmonie, mais c'est tout. L'industrie, à part une grossière préparation des viandes et le tannage des peaux et des fourrures, est également tout à fait nulle. L'Indien est moins avancé que le nègre africain, qui sait au moins tisser et teindre les étoffes. Les Navajoes

Fig. 288. Conseil tenu par les Indiens Corbeaux.

sont les seuls Peaux-Rouges qui fabriquent quelques couvertures avec la laine.

« On peut estimer à cent mille environ les Indiens libres des Prairies, disséminés entre le Missouri et les montagnes Rocheuses. Le nombre de tous les Indiens de l'Amérique du Nord, de l'Atlantique au Pacifique, est estimé à quatre cent mille. Peut-être ces nombres sont-ils un peu faibles; les statistiques, les recensements exacts manquent complétement. Les Indiens eux-mêmes ne donnent jamais que leur nombre de tentes ou loges: mais une loge contient un nombre d'individus différent, suivant les tribus et parfois dans la même tribu : de là l'impossibilité de calculs mathématiquement exacts.

« Dans le nord des Prairies se fait surtout remarquer la grande famille des Sioux, qui sont au nombre de trente-cinq mille. Les Corbeaux, les Gros-Ventres, les Pieds-Noirs, etc., qui occupent les territoires d'Idaho et de Montana, offrent ensemble un chiffre de population inférieur à celui des Sioux, peut-être vingt mille. Dans le centre et le sud, les Pawnies, les Arrapahoes, les Chayennes, les Yutes, les Kayoways, les Comanches, les Apaches, etc., dépassent certainement tous ensemble le chiffre de quarante mille. Les territoires de Nebraska, Kansas, Colorado, Texas, Nouveau-Mexique sont ceux que ces bandes parcourent. Les Pawnies sont cantonnés dans le Nebraska, au voisinage du chemin de fer du Pacifique, et les Yutes dans les *parcs* du Colorado.

« Toutes ces races ont entre elles des caractères communs; elles sont nomades, c'est-à-dire qu'elles n'occupent aucune place fixe, vivent de pêche, surtout de chasse, et suivent le bison dans toutes ses migrations.

« Un régime absolument démocratique et une sorte de communauté règlent toutes les relations des membres d'une même tribu vis-à-vis les uns des autres. Les chefs sont nommés à l'élection et pour un temps; ils sont cependant quelquefois héréditaires. Le plus courageux, celui qui a pris le plus de *scalps* à la guerre ou qui a tué le plus de bisons, celui qui a fait quelque action d'éclat, celui qui parle avec une grande éloquence, tous ceux-là ont des droits pour être nommés chefs. Tant qu'un chef se conduit bien, il reste en place; pour peu qu'il démérite, un autre chef est nommé. Les chefs mènent les bandes à la guerre et sont consultés dans les occasions difficiles ; les vieillards le sont également. Les lieutenants des chefs sont les *braves*, et commandent en second à la guerre. Il n'y a aucun juge dans les tribus, et chacun se fait justice à soi-même et applique la loi à sa guise.

« Toutes ces tribus chassent et font la guerre de même façon, à cheval, avec la lance, l'arc et les flèches, à défaut de revolvers et de carabines. Pour se défendre des coups de l'ennemi, elles ont le bouclier. Elles vivent uniquement de bison et se recouvrent de sa peau Elles scalpent leur ennemi mort et se parent de sa chevelure. Elles pillent et dévastent ses propriétés, elles emmènent captifs les femmes et les enfants, et souvent elles soumettent à d'affreuses tortures, avant de le faire mourir, le vaincu, surtout le blanc, qui tombe vivant entre leurs mains.

« Les *squaws*, auxquelles on abandonne le prisonnier, se montrent vis-à-vis de lui d'une cruauté révoltante, arrachant les yeux, la langue, les ongles au patient, lui brûlant, lui coupant un jour une main, l'autre jour un pied. Quand on a bien tourmenté le captif, on allume un feu de charbon sur son ventre et l'on danse en rond en hurlant. Presque tous les Peaux-Rouges commettent froidement ces atrocités envers les blancs dès qu'ils sont en lutte avec eux.

« Les tribus se font souvent la guerre entre elles sous le moindre pré-texte : pour un troupeau de bisons qu'elles poursuivent, pour une prairie où elles veulent camper seules. Elles n'ont aucune place réservée, c'est vrai, mais quelquefois elles veulent en garder une à l'exclusion de tout autre oc-cupant. Enfin il n'est pas rare que la même tribu se débande en deux clans

Fig. 289. La chasse au bison chez les Indiens des Prairies.

ennemis. Il y a quelques années les Ogallallas, pris de whisky, se sont bat-tus entre eux à coups de fusil, et depuis lors se sont séparés en deux bandes, dont celle des Vilaines-Faces est commandée par la Nuée-Rouge, et l'autre par Grosse-Bouche et Tueur-de-Pawnies.

« Les langues de toutes les tribus sont différentes ; mais peut-être qu'un linguiste y reconnaîtrait des racines communes, comme on en a trouvé de nos jours entre les langues européennes et celles de l'Inde. Ces langues obéissent toutes au même mécanisme grammatical : elles sont *agglutinatives* ou *polysynthétiques*, et non *analytiques* ou à *flexion*, c'est-à-dire que les mots peuvent se combiner entre eux pour former un seul mot exprimant une idée complète ; mais la relation, le genre, le nombre, etc., ne sont pas indiqués par des modifications sur le substantif. Je passe sur les autres ca-

Fig. 290. Indiens Pawnies (homme et femme).

ractères qui distinguent les langues d'agglutination des langues à flexion. Les langues des Peaux-Rouges n'ont ou paraissent n'avoir aucune affinité dans les différents termes de leur vocabulaire ; celui-ci, du reste, est souvent très-restreint.

« Pour se comprendre entre elles, les tribus ont adopté, d'un commun accord, le langage par signes et par gestes, qui se rapproche de celui des sourds-muets. Par ce moyen, tous les Indiens s'entendent, et un Yute, par exemple, peut causer sans peine pendant plusieurs heures avec un Arrapahoe, celui-ci avec un Sioux.

« Les blancs ne connaissent pas ou connaissent très-mal les langues des Indiens des Prairies. Il n'y a souvent pour la même langue qu'un seul interprète, parfois assez mauvais, et comprenant seulement l'idiome qu'il a traduit, ne le parlant pas. Beaucoup, à plus forte raison, ne savent pas écrire la langue qu'ils interprètent. Ni le docteur Mathews, ni John Richard ou Pierre Chêne n'ont pu m'écrire en caractère anglais les noms des chefs des Corbeaux. Que serait-ce s'il se fût agi d'Arrapahoes ou d'Apaches, dont la langue, déjà si gutturale, ne s'accentue que du bout des lèvres?

« En tout cela, bien entendu, je ne parle que des tribus des Prairies, et non de celles qui vivaient jadis sur les versants des montagnes qui regardent l'Atlantique, ou le long du Mississipi. On sait que la plupart de ces dernières sont éteintes, les Algonquins, les Hurons, les Iroquois, les Natchez, les Mohicans, et que la France, il faut bien le reconnaître, a contribué pour une large part à cette disparition.

« Le restant de ces tribus, que j'appellerai atlantiques, les Delawares, les Cherokees, les Séminoles, les Osages, les Creeks, est aujourd'hui cantonné dans des réserves, notamment dans l'*Indian Territory*, où les Peaux-Rouges perdent peu à peu leurs caractères distinctifs. Sur toutes ces tribus on a des histoires, des documents authentiques, tandis que l'on ne sait encore que fort peu de chose sur celles des Prairies. La plupart des légendes et des traditions qu'on leur prête ont été inventées par les voyageurs.

« C'est vers un nouveau territoire, analogue au précédent et limitrophe de celui-ci, que les commissaires de l'Union ont récemment refoulé les cinq grandes nations du sud. C'est le même genre de réserve qu'elles indiqueront dans le nord du Dakota aux Corbeaux et aux Sioux, si elles les trouvent bien disposés.

« Et après, va-t-on dire, qu'arrivera-t-il des Indiens? Car c'est la question que chacun adresse quand il entend parler des Peaux-Rouges. Si les Indiens des Prairies vont dans les réserves, il leur arrivera ce qui est arrivé à ceux des bords atlantiques, ils perdront peu à peu leurs coutumes, leurs mœurs sauvages, ils se plieront insensiblement à la vie sédentaire et agricole, et peu à peu, dernière phase dont il reste à voir le premier exemple, leur pays passera du rang de territoire à celui d'État. Arrivé à ce dernier degré, l'Indien sera tout à fait fondu avec le blanc; il ne s'en distinguera pas plus peut-être, après quelques générations, que le Franc chez nous ne se distingue du Gaulois, et le Normand du Saxon en Angleterre.

« Mais si l'Indien ne se soumet pas, s'il ne consent pas à être cantonné dans des réserves? Alors c'est une guerre à mort, entre deux races de couleur et de mœurs différentes, une guerre impitoyable comme on en a vu malheureusement tant d'exemples sur le sol même de l'Amérique. Où sont maintenant les Hurons, les Iroquois, les Natchez qui ont étonné nos pères? Les Algonquins, qui ne connaissaient pas les limites de leur territoire, où

Fig. 291. Chefs indiens chayennes et arrapahoes.

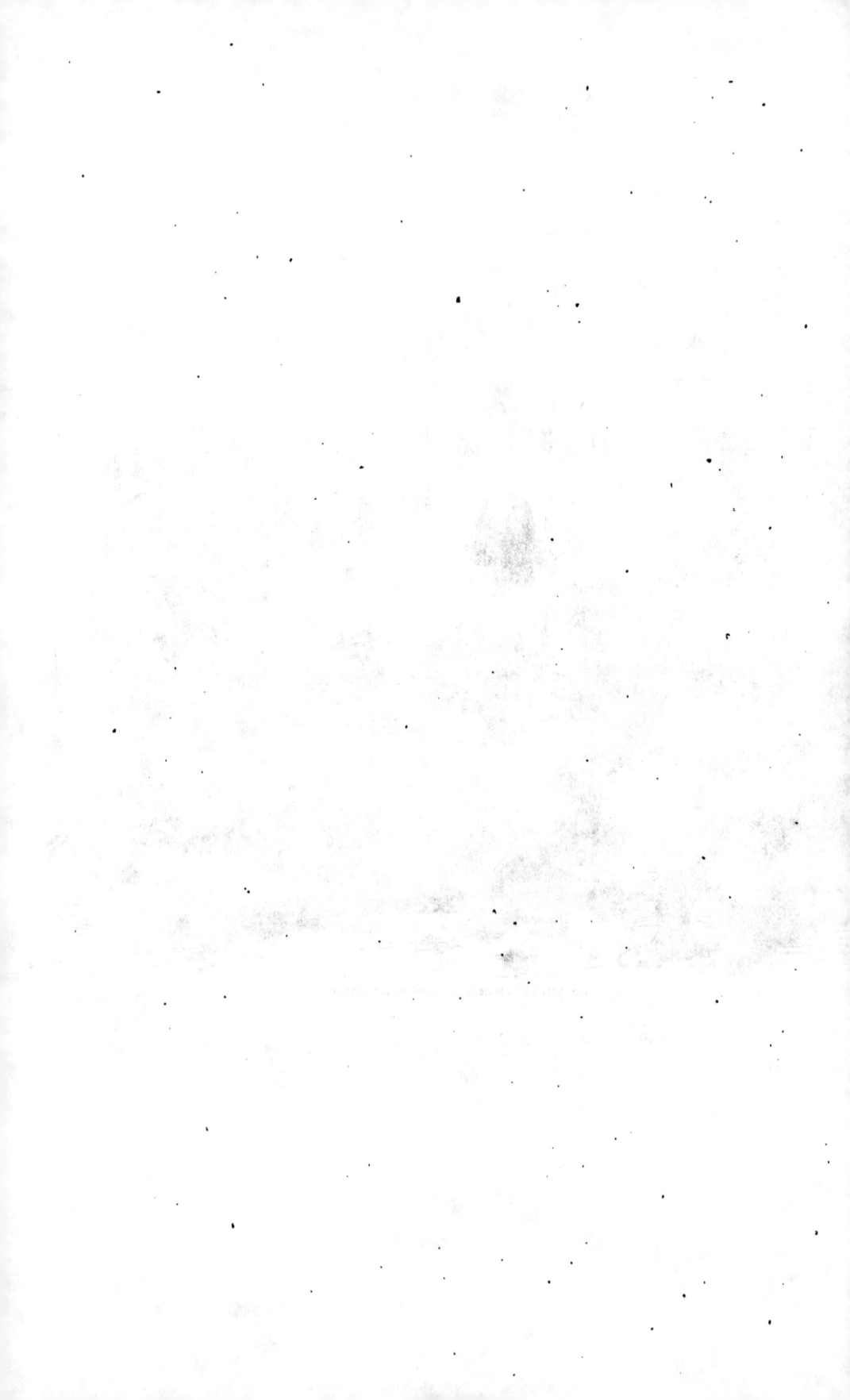

et combien sont-ils aujourd'hui? Tous ont peu à peu disparu par les maladies, par la guerre.

Fig. 292. Le Loup tacheté, chef indien chayenne.

« La guerre qui se livrera cette fois sera courte, et ce sera la dernière, car l'Indien y succombera fatalement. Il n'a pour lui ni la science ni le nombre. Sans doute, par ses embûches, par sa fuite, par ses attaques isolées et tout à fait imprévues, il déroute la guerre savante, et les plus habiles stratégistes des États-Unis, le général Sherman en tête, ont été battus par les Indiens; ceux-ci s'en sont fait assez de gloire auprès des blancs. Mais cette fois ce sera une guerre de volontaires et non plus de réguliers. Les pionniers des territoires s'armeront, et si l'Indien demande dent pour dent, œil pour œil, les blancs lui imposeront l'inflexible peine du talion, et l'Indien disparaîtra pour toujours. »

La figure 290 (page 543) représente, d'après M. Simonin, des Indiens Pawnies. Sur le dernier plan est la hutte ou *wigwam*; sur le premier plan est le chef des Pawnies.

La figure 291 représente les grands chefs chayennes et arrapahoes qui furent envoyés au Denver, en 1863, pour traiter avec le gouverneur du Colorado.

La figure 292 représente un chef chayenne qui avait pour nom *le Loup tacheté*.

Les chefs sont élus par tous les membres de la tribu. Celui qui a le plus de courage, qui a scalpé à la guerre le plus grand nombre de chevelures, qui a tué le plus de bisons, qui a le plus d'éloquence, est nommé chef.

Le chef mène les bandes à la guerre et est consulté dans les occasions difficiles. Toutes ces tribus chassent et font la guerre de la même façon, à cheval, avec la lance, l'arc et les flèches, à défaut de carabines et de revolvers. Elles ont un bouclier pour se défendre. Elles vivent uniquement de bisons et se recouvrent de sa peau. Elles scalpent leur ennemi mort et se parent de sa chevelure.

L'Indien des Prairies scalpe l'ennemi tué en lui enlevant la partie supérieure de la chevelure, ou même la chevelure tout entière. Voici comment il procède. Il fait avec son couteau une incision circulaire autour du crâne, et prenant la chevelure par le sommet, il l'arrache vivement : la chevelure vient avec la peau sur toute la surface découpée (fig. 291).

Ces hommes féroces pillent et dévastent les propriétés. Ils emmènent en captivité femmes et enfants, et souvent, avant de les faire mourir, ils torturent les blancs tombés en leur pouvoir. Après ces tortures ils allument un feu de charbon sur le corps même de la victime, et dansent en rond autour d'elle en poussant des hurlements lugubres.

Ces tribus se font souvent la guerre sous le moindre prétexte.

Fig. 293. Indien scalpant un ennemi tué.

Comme leurs langues sont différentes, les tribus, pour se comprendre, ont adopté le langage par signes et par gestes. Ce langage est très-analogue à celui de nos sourds-muets.

Les figures 294 et 295 représentent les Indiens Yutes.

Tous ces portraits de chefs indiens, que nous empruntons au *Voyage* de M. Simonin, furent pris par l'auteur, pendant les visites qu'il faisait, avec la commission des États-Unis, à ces tribus sauvages, en vue d'une négociation de la part du gouvernement des États-Unis.

Tout ce qui précède se rapporte aux tribus du nord-est, qui habitent les Prairies, et non à celles qui vivaient jadis sur les versants des montagnes qui regardent l'Atlantique ou s'étendent le long du Mississipi. Nous avons déjà dit que la plupart de ces dernières tribus sauvages sont aujourd'hui éteintes : telles sont les Algonquins, les Hurons, les Iroquois, les Natchez, les Mohicans. Ce qui reste de ces tribus, c'est-à-dire les *Choctaws*, les *Delawares*, les *Séminoles*, les *Osages*, les *Creeks*, est aujourd'hui cantonné dans la partie du territoire désignée par les Américains sous le nom de *territoire indien* (*Indian territory*), espace que l'on voit indiqué sur toutes les cartes de géographie.

Dans son *Voyage du Mississipi aux côtes de l'océan Pacifique* fait en 1853, M. Mollhausen a donné divers détails sur les dernières tribus sauvages que nous venons de nommer.

Les *Choctaws*, qui comptent 22 000 âmes, sont répandus sur des territoires qui, à l'est, confinent à l'Arkansas, au sud aux plaines habitées par les *Chiksaws*, à l'ouest à celles occupées par les *Creeks*. Ils ont pour voisins, au nord, les *Cherokees*.

Les vastes plaines qui avoisinent les territoires des Choctaws servent aux ébats des Indiens, et surtout à leur jeu de balle ou de paume. Les Choctaws, les Chiksaws, les Creeks et les Cherokees se livrent à ce jeu avec passion. Le défi porté par deux joueurs habiles donne ordinairement lieu à la fête. Après avoir fixé le jour de la lutte, les joueurs expédient de tous côtés leurs hérauts d'armes. Ce sont des cavaliers tatoués, accoutrés d'une façon bizarre. Portant une raquette de cérémonie, ils se rendent de village en village et de maison en maison, proclamant dans toute la tribu le nom des joueurs qui ont demandé la partie, et faisant connaître le jour et le lieu du rendez-vous. Comme chacun des acteurs est accompagné des siens, souvent la moitié de la nation se trouve réunie sur le lieu désigné, la veille du jour solennel,

Fig. 29%. Yulé, chef des Indiens Yutes.

les uns pour participer à la lutte; les autres pour faire des paris.

Ce jeu (fig. 296) est une lutte immense, un pêle-mêle

Fig. 295. Shawanoh, chef des Indiens Yutes.

général, auquel prend part la tribu presque tout entière.

Entre le Canadian-Rives et l'Arkansas est le fertile domaine des Indiens *Creeks*, parsemé de fermes florissantes. Il n'y a pas encore longtemps les guerriers s'y couvraient de tatouages bizarres ; aujourd'hui le progrès a pénétré dans ces savanes. Ces mêmes Indiens lisent un journal imprimé dans leur langue.

De même que les Choctaws, les Indiens Creeks habitaient jadis l'Alabama et le Mississipi, qu'ils cédèrent, moyennant argent, au gouvernement américain. Ils ne sont plus qu'au nombre de 22 000.

Tel est aussi le chiffre de la population des *Cherokees*, qui ont abandonné la Nouvelle-Géorgie pour le haut Arkansas.

Plus loin sont les *Shawnees*. Ils sont réduits au nombre de 1400, et cependant ils furent une des plus puissantes tribus de l'Amérique du Nord. Les premiers ils opposèrent de la résistance aux envahissements de la civilisation. Chassés de partout, ils ont semé sur les routes les ossements de leurs guerriers.

Les *Delawares*, réduits au nombre insignifiant de 800 individus, habitaient à l'origine, la partie orientale des États de la Pensylvanie, de New-Jersey et de Delaware. Leur destinée fut, comme pour les Shawnees, de conquérir toujours de nouveaux territoires, qu'ils étaient ensuite obligés de céder au gouvernement. Chassés des lieux qui renfermaient les tombeaux de leurs ancêtres, trompés et trahis par les étrangers, les Indiens Delawares ont repoussé les missionnaires chrétiens. Placés aux limites extrêmes de la civilisation, sur la lisière même de la nature vierge, ils se livrent sans crainte à leurs goûts aventureux. Ils vont chasser l'ours gris en Californie, le buffle dans les plaines de la Nebraska, l'élan aux sources du Yellowstone, et le mustang au Texas, scalpant à l'occasion quelques chevelures. Un Delaware n'a besoin de voir une portion de terrain qu'une seule fois pour la reconnaître après des années, de quelque côté qu'il s'en approche. Et là où il met le pied pour la première fois, un coup d'œil lui suffit pour découvrir l'endroit où il faut chercher de l'eau. Ces Indiens sont d'admirables guides, et de leurs services, qu'on ne saurait payer trop cher, dépend souvent l'existence de toute une caravane.

Comanches. — La grande et vaillante nation des *Indiens Comanches*, divisée en trois tribus, parcourt en tous sens la vaste étendue des Prairies. Ils ne pourraient vivre hors de ces vertes savanes. Ceux du nord et du centre poursuivent constamment des troupeaux de buffles. La chair de ces animaux est presque leur

Fig. 296. Indiens Choctaws jouant à la paume.

unique nourriture. Depuis leur plus tendre enfance jusqu'à l'âge
le plus avancé ils sont en selle. A l'aide d'une bride et d'un fouet
le Comanche est le plus adroit, le plus agile, le plus indépendant
des hommes. Ils galopent par milliers dans les Prairies, pendus
aux flancs de leur monture, et dirigeant, avec une adresse merveil-

Fig. 297. Indiens Comanches.

leuse, leurs flèches et leur lance vers le but. Ils se vantent d'être
voleurs. Ils attaquent les établissements des blancs, et emmènent
prisonniers hommes, femmes, enfants et troupeaux.

La figure 297 représente des Indiens Comanches; la figure 298
un de leurs campements, et la figure 299 la chasse au buffle chez
ces mêmes Indiens.

Apaches. — La nation des Apaches est une des plus nombreuses du Nouveau-Mexique. Elle renferme beaucoup de tribus, dont plusieurs ne sont pas même connues de nom.

La tribu des *Navajohes* appartient à cette nation. Ce sont les seuls Indiens du Nouveau-Mexique qui entretiennent de grands trou-

Fig. 298. Camp d'Indiens Comanches.

peaux de brebis et qui mènent une vie nomade. Ils savent tisser la laine de leurs moutons, dont ils confectionnent d'épaisses couvertures, capables de rivaliser avec les produits de l'Occident. Ils s'entortillent dans ces couvertures aux couleurs voyantes, ce qui leur donne un air très-original. Ils confectionnent avec le plus grand soin leurs chaussures en cuir de cerf, munies de fortes

Fig. 299. Chasse au buffle chez les Indiens Comanches.

semelles et d'un bout pointu en forme de bec, précaution nécessaire contre les cactus épineux qui hérissent le terrain. Leur
coiffure est un bonnet de cuir en forme de casque, orné d'un bou-

Fig. 300. Indiens Mohawes.

quet de plumes de coq, d'aigle ou de vautour. Outre l'arc et les
flèches, ils portent de longues lances, qu'ils manient très-adroi-
tement sur leurs rapides montures.

Au dernier rang de la nation des Apaches se placent les tribus des *Cosninos* et des *Vampays*, qui sont pillards, farouches, défiants, avec lesquels on n'a pas pu former de relations, et qui sont indigènes des montagnes de San-Francisco. Les baies des cèdres, les fruits d'une espèce de pin, le gazon et la racine de l'agavé mexicain sont leurs moyens de subsistance, car ils sont mauvais chasseurs.

En vue du Rio Colorado, M. Mollhausen rencontra des Indiens appartenant aux trois tribus des *Chimehwhebes*, des *Cutchanas* et des *Pah-Utah*, qui se ressemblent entre elles. Leur teint était d'une couleur foncée, leur visage rayé de noir; leurs cheveux noirs pendant sur le dos en tresses retenues par de l'argile mouillée. Ils étaient nus, sauf une ceinture, et d'une belle stature. Ils bondissaient comme des cerfs pour venir au-devant des voyageurs, et leur physionomie était franche, bienveillante et joyeuse. Les femmes, au contraire, sont petites, ramassées et épaisses, mais leurs grands yeux noirs et leur air aimable leur donnaient un certain charme.

Les voyageurs rencontrèrent aussi les *Indiens Mohawes* (fig. 300), à la taille herculéenne, tatoués, depuis la racine des cheveux jusqu'à la plante des pieds, en blanc, jaune, bleu et rouge. Sous cette couche de peinture leurs yeux brillaient comme des charbons. La plupart portaient sur le sommet de la tête des plumes de vautour, de pie et de cygne. Ils avaient à la main de grands arcs et des lances.

M. Catlin a fait de nombreuses excursions parmi les tribus indiennes des bassins de la Colombie et du haut Missouri. Nous noterons ici ses observations sur les Indiens *Nayas* et *Têtes-Plates*.

Ces deux tribus habitent l'ouest des montagnes Rocheuses, et occupent tout le pays situé autour de la basse Colombie et l'île de Vancouver. La tribu des Têtes-Plates a tiré son nom de la singulière coutume qui existe chez ces Indiens d'aplatir la tête des enfants dès leur naissance.

Les Indiens Têtes Plates (fig. 301) forment un peuple maritime, car il vit dans un pays où il ne trouve guère pour se nourrir que du poisson, et il passe sa vie en canot. Ce sont surtout les femmes qui ont presque sans exception la tête aplatie. Cette habitude n'est qu'une question de mode. Cette déformation artificielle ne paraît pas d'ailleurs avoir d'influence appréciable sur les fonctions des organes : ceux qui ont la tête aplatie sont aussi intelligents que ceux qui n'ont pas subi cette singulière opération.

Écoutons M. Catlin nous raconter ses visites aux Indiens Nayas.

« Dans le courant de l'année 1853, je me trouvais à bord d'un petit bâ-

Fig. 301..Indiens Têtes-Plates.

timent au pavillon étoilé, *la Sally-Anne*, qui, après avoir couru quelques bordées commerciales sur le littoral du Kamtchatka et de l'Amérique russe, allait déposer dans la Colombie anglaise plusieurs passagers attirés par la renommée des placers aurifères nouvellement découverts dans cette contrée.

« Le troisième jour de notre entrée dans le long et magnifique détroit de la Reine-Charlotte, qui sépare l'île Vancouver du continent, nous descendîmes dans la chaloupe, pour aller à terre, et nous arrivâmes au village des Nayas.

« Les Indiens, informés de notre visite, s'étaient tous rassemblés dans leurs huttes, et le chef, homme très-digne, était assis dans son wigwam, sa pipe allumée, prêt à nous recevoir.

« Nous nous assîmes sur des nattes étendues sur le sol, et pendant qu'on passait la pipe à la ronde, — c'est la première cérémonie en de telles occasions, — des centaines de chiens indigènes (à moitié loups), ayant suivi nos traces, envahirent complétement les abords du wigwam, en poussant les aboiements et les hurlements les plus aigus et les plus lugubres.

« La sentinelle que le chef avait placée à la porte pour empêcher qu'on entrât sans permission, lança une flèche sur le premier de la bande et le frappa au cœur. Ce procédé calma la bande, que dispersèrent les femmes indiennes à grands coups de rames.

« Nous étions assez embarrassés, n'ayant pas d'autre manière d'interpréter nos pensées que par des signes. Cependant nous avions l'air de nous entendre parfaitement, et nous comprîmes que le chef avait envoyé chercher, dans un village assez proche, un interprète qui devait bientôt arriver près de nous.

« Je recommandai à mes compagnons de ne pas dire un mot du but qu'ils se proposaient en visitant ce pays, avant l'arrivée de l'interprète, afin d'éviter tout malentendu ; et, en attendant, je ne perdis pas un instant pour éveiller l'intérêt de nos hôtes.

« Je fis signe à César de m'apporter le portefeuille ; je m'assis à côté du chef, et l'ouvris devant lui, lui expliquant chaque portrait ; il n'exprima pas une grande surprise, et prit cependant un intérêt visible à les regarder.

« Je lui montrai plusieurs chefs des Amazones, d'autres chefs des Sioux, des Osages, des Pawnies ; le dernier portrait était celui de César, en pied. A sa vue, il ne put s'empêcher de pousser les plus formidables éclats de rire, et se tournant vers César assis à l'extrémité opposée, il lui fit signe d'avancer, lui donna alors une poignée de main et le fit asseoir à côté de lui.

« Ces portraits excitèrent une grande animation dans l'assemblée ; trois ou quatre sous-chefs voulurent les voir, la femme du chef et leur jeune fille vinrent aussi s'asseoir à côté de nous pour les regarder.

« Un détail de leur toilette attira les regards de César : un homme avait une botoque de bois insérée dans sa lèvre inférieure ; la fille du chef portait aussi un ornement semblable.

« Mes compagnons ignoraient, comme César, cette curieuse et incroyable coutume, et ils regardaient ces Indiens ainsi parés avec le plus grand étonnement.

« La fille du chef portait un magnifique mantelet de laine de mouton des montagnes et de poil de chien sauvage, merveilleusement tricoté avec du bitord de belles couleurs, formant les dessins les plus compliqués et les plus curieux ; le tout était bordé d'une frange de dix-huit pouces de haut : c'était l'ouvrage de trois femmes pendant une année, et sa valeur était celle de cinq chevaux.

« Le godet de la pipe que le chef avait passée à la ronde était en terre

.dure, noire comme du jais et très-polie : godet et tuyau étaient ornés de figures d'hommes et d'animaux, sculptées de la manière la plus ingénieuse ; j'ai vu plusieurs de ces pipes, et j'en ai eu plusieurs en ma possession, avec leurs excentriques dessins, représentant les vêtements, les canots, les rames, les guêtres, et même les figures en pied de leurs possesseurs. Ces dessins chez les Nayas sont différents de tout ce qui a été vu parmi les autres tribus du continent.

Fig. 302. Indiens Nayas.

« Les mêmes ornements se trouvent sur leurs cuillers, leurs vases, leurs massues, sur leurs poteries dont ils font une grande quantité, et sur tout ce qu'ils fabriquent. Ce sont des hiéroglyphes inexplicables pour nous jusqu'à présent, et d'un grand intérêt pour les archéologues et pour les étymologistes.

« Je ne trouvai pas chez ce chef naya les mêmes craintes superstitieuses que m'avaient témoignées les Indiens de l'Amazone et de certaines parties du sud de l'Amérique quand je leur demandais de faire leurs portraits ; au contraire, il me dit de lui-même : « Si vous trouvez l'un de nous digne de « cet honneur, ou assez beau pour être peint, nous sommes prêts ! » Je le remerciai ; César alla chercher ma boîte de couleurs et mon chevalet, et je commençai son portrait et celui de sa fille, car il m'avait dit combien il aimait cette enfant, ajoutant qu'il s'était fait une règle de l'avoir presque toujours avec lui, et qu'il pensait que je ferais bien de les mettre tous deux sur la même toile ; j'acquiesçai à sa demande en lui disant combien j'appréciais ses sentiments si naturels et si nobles.

«… Près du village, une grande foule vint à notre rencontre ; je remarquai que la masse, particulièrement les femmes, s'attachaient aux pas de César, qui marchait solennellement, sa grande taille redressée et le portefeuille sur le dos.

« Il y avait tant de monde pour un aussi petit village que je demandai à l'interprète ce que cela voulait dire. Il m'apprit que la nouvelle de notre arrivée et l'attrait de la danse qui devait avoir lieu le soir avaient amené et amèneraient encore un grand nombre d'Indiens des localités voisines.

« Au coucher du soleil nous prîmes part, dans le wigwam du chef, à un repas composé de venaison ; ensuite nous nous mîmes à fumer et la nuit vint. Alors, au milieu de cris épouvantables, d'aboiements, de chants, nous vîmes une douzaine environ de torches-flamboyantes s'approcher du wigwam, devant lequel commença la danse des masques.

« Bizarre est un mot imparfait pour rendre les excentricités incroyables et les bouffonneries qui eurent lieu devant nous. César fut pris d'un tel accès de rire qu'il faillit étouffer.

« Imaginez-vous quinze ou vingt personnages, tous hommes faits, masqués ou habillés de la plus étrange manière ; plusieurs spectateurs des deux sexes, placés au premier rang, étaient costumés d'une manière semblable.

« Le conducteur de la danse, un grand docteur, le plus excentrique de tous, représentait le *roi des Outardes*, un autre le *roi des Plongeons*, un troisième le *docteur des Lapins ;* il y avait le *frère du Diable*, le *faiseur du Tonnerre*, la *blanche Corneille*, l'*Ours qui voyage la nuit*, l'*âme du Caribou*, ainsi de suite, jusqu'à ce que les noms des animaux et des tribus emplumées fussent entièrement épuisés.

« Les masques des danseurs (je m'en procurai plusieurs) sont très-ingénieusement faits ; on les creuse adroitement dans un bloc solide de bois, de manière qu'ils puissent être adaptés à la figure ; ils sont retenus dans l'intérieur par une courroie transversale qui va d'un coin à l'autre de la souche du masque, de sorte que, quand il est placé, la courroie du cuir est prise entre les dents, ce qui permet de contrefaire et de déguiser la voix ; ils sont en outre couverts de dessins bizarres de couleurs variées.

« À l'exception de celui du conducteur de la danse, ces masques portaient une rondelle de bois à la lèvre inférieure, pour rappeler la singulière coutume qui existe dans ce pays.

« Ce n'est pas seulement chez les Nayas qu'ont lieu des divertissements de ce genre, j'ai été témoin de semblables divertissements dans plusieurs tribus du sud aussi bien que du nord de l'Amérique.

« Ils fendent aussi en long et allongent les cartilages et les lobes de leurs oreilles dans lesquelles ils mettent de grandes rondelles comme ornements.

« Ce sont les femmes qui portent principalement des botoques à la lèvre;

Fig. 303. Chef d'Indiens Corbeaux.

cependant quelques hommes ont adopté cette mode, qui est de plus en plus
suivie par les deux sexes au fur et à mesure qu'on remonte la côte dans la

direction du nord. Il en est de même des masques qu'on rencontre jusque chez les Aléoutes.

« Toutes les femmes n'ont pas la lèvre percée, et celles qui l'ont ne portent leur botoque que dans certaines occasions, à des époques fixées, quand elles se mettent en grande parure. Elles la retirent pour manger et pour dormir ou quand elles ont à parler beaucoup, car avec ce bijou incommode il y a bien des mots qui ne peuvent être prononcés.

Fig. 304. Indiens Mandans.

« On perfore la lèvre dès le plus jeune âge, et cette ouverture, presque imperceptible au début, quand la botoque est ôtée, se conserve et grandit pendant toute la vie. »

Les *Crows*, ou *Corbeaux*, furent revus avec plaisir par le voyageur français.

Nous avons déjà parlé des Indiens Corbeaux. Aussi nous con-
tenterons-nous de reproduire ici le costume très-pittoresque
que M. Catlin dessina sur les lieux, d'un chef des Indiens Corbeaux (fig. 303).

M. Catlin visita deux fois les *Indiens Mandans* dans le courant de

Fig. 305. Indiens Mandans en déguisement de fête.

l'été 1832. L'unique village où ils vivaient réunis, au nombre
de deux ou trois mille, était sur la rive gauche du Missouri, à six
cents lieues environ de la ville de Saint-Louis. De taille moyenne,
confortablement vêtus de pelleteries, tous portaient des jam-
bières et des mocassins de peau élégamment brodés de soies

de porcs-épics teintes de diverses couleurs. Nous représentons (fig. 304), d'après M. Catlin, le costume et le type des Indiens Mandans.

Chaque homme avait sa tunique et son manteau qu'il prenait ou quittait suivant la température, et chaque femme sa robe de peau de daim ou d'antilope. Beaucoup, parmi eux, avaient la peau presque blanche; les cheveux de ceux-ci, gris d'argent de l'enfance à la vieillesse, leurs yeux bleu clair, leur face ovale témoignaient sans doute d'un mélange avec le sang étranger. Presque tous les hommes suivaient une mode curieuse et particulière à cette peuplade : leur chevelure, qui peut tomber jusqu'aux mollets, était divisée en mèches aplaties et séparées par de la glu durcie ou de l'argile rouge ou jaune.

La figure 305 représente un des costumes de ces mêmes sauvages, lors de certaines cérémonies, propres à des fêtes ou à des spectacles publics.

FAMILLE DU NORD-OUEST.

Les peuplades indiennes qui composent la famille du *nord-ouest* au rameau septentrional américain sont moins belliqueuses et moins cruelles que celle de l'est. Elles ne scalpent pas. Leur taille est moins élevée, leur face plus large, leurs yeux plus enfoncés, leur teint plus brun. M. d'Omalius d'Halloy cite dans cette famille les tribus des *Koliouges* (depuis le 60e jusqu'au 50e de latitude boréale), les *Wakisches* ou *Nootkans* (île de Nootka et côtes voisines), les *Chinooks* (embouchure de l'Orégon) et les *Tularenos*, ou Indiens de la Californie.

Décrire avec détails ces différentes tribus américaines serait sans intérêt. Nous ne pourrions, en effet, que reproduire, avec peu de changements, ce qui a été dit plus haut concernant les mœurs, habitudes, coutumes, etc., des derniers sauvages qui peuplent encore l'intérieur des forêts de l'Amérique du Nord.

Nous nous bornerons à mettre sous les yeux du lecteur (fig. 306) le portrait, d'après une photographie, d'un indigène de la Californie.

Ce que nous ne pouvons nous empêcher de faire remarquer à

propos de ce type d'habitant indigène, c'est que les Californiens ont la peau tellement brune ou rouge-brune qu'elle paraît noire.

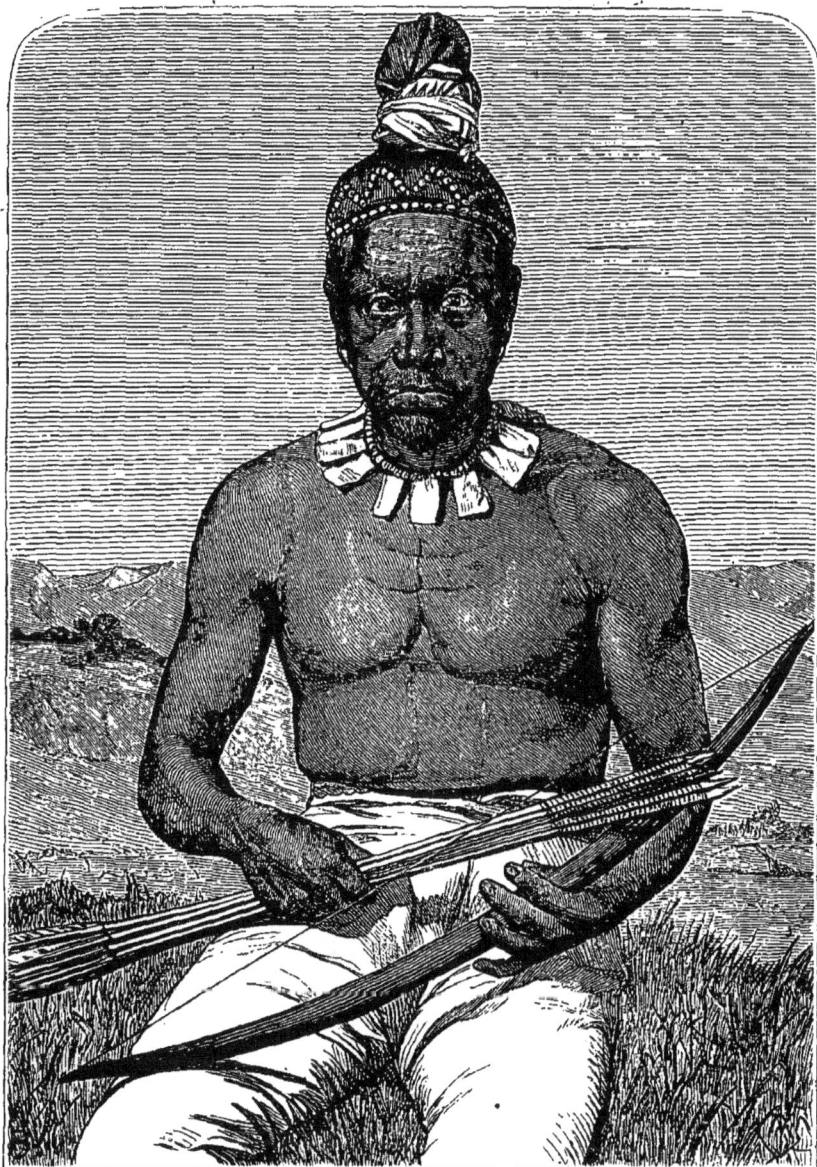

Fig 306. Indigène de la Californie.

Cette couleur de la peau est assurément exceptionnelle parmi les Indiens ou anciens habitants de l'Amérique, mais ce caractère est ici tellement prononcé, qu'il nous était impossible de ne pas le signaler, bien qu'il soit en opposition avec la classification que nous adoptons, en qualifiant de *race rouge* toutes les races humaines propres à l'Amérique. C'est un inconvénient des classifications, auquel il faut se résoudre, sans pour cela vouloir le dissimuler.

RACE NOIRE

RACE NOIRE.

Considérée dans les peuples qui en forment le type, la race noire se distingue par ses cheveux courts et laineux, son crâne comprimé, son nez écrasé, sa mâchoire saillante, ses lèvres épaisses, ses jambes arquées, son teint noir ou brun foncé. Ces peuples sont confinés dans les portions centrales et méridionales de l'Afrique, dans les parties méridionales de l'Asie et de l'Océanie. Les noirs que l'on trouve en Amérique proviennent d'esclaves africains qui furent transportés dans le Nouveau-Monde par les Européens.

Les peuples qui appartiennent à la race noire présentent de grandes variations. Les uns ont le type tout à fait propre à la race que nous venons de caractériser, les autres tendent à se rapprocher des races jaune et blanche. Les habitants de la Guinée et du Congo sont très-noirs, mais les Cafres ne sont que très-bruns et ressemblent aux Abyssiniens. Les Hottentots et les Boschimans sont jaunâtres comme les Chinois, tout en présentant les traits et la physionomie des Nègres.

Il y a donc dans la race noire des variations aussi considérables que dans la race blanche. Aussi une classification rigoureuse est-elle très-difficile à établir dans cette race.

Admettant la classification proposée par M. d'Omalius d'Halloy, nous diviserons la race noire en deux rameaux : le *rameau occidental* et le *rameau oriental*.

CHAPITRE PREMIER.

RAMEAU OCCIDENTAL.

Dans le *rameau occidental* de la race noire, nous distinguerons trois familles : les familles cafre, hottentote et nègre. Ce groupe général comprend une immense quantité de peuplades, dont plusieurs sont encore inconnues, et qui forment une population d'environ 52 millions d'individus.

FAMILLE DES CAFRES.

Les Cafres (fig. 307), qui habitent le sud-est de l'Afrique, forment, pour ainsi dire, le passage ou l'intermédiaire entre les peuples bruns et les peuples noirs. Leurs cheveux sont laineux, mais leur teint n'est pas aussi foncé, leur nez n'est pas aussi épaté que celui des Nègres. Ayant plus d'aptitude pour la civilisation que les autres peuples noirs, ils sont réunis en grandes sociétés, dont chacune obéit à un chef. Tout en étant demi-nomades, ils habitent des villes très-populeuses, d'une grande étendue, et qui ressemblent à de vastes camps. Leur habillement, très-simple, se réduit presque à un manteau pour les hommes, tandis que les femmes, plus couvertes, ont des vêtements de cuir.

Les Cafres ont de grands troupeaux de bétail, et se livrent à l'agriculture. Ils cultivent le maïs, le millet, les fèves, les melons d'eau. Ils font du pain et de la bière, ils fabriquent des poteries. Ils font usage des métaux, emploient le fer et le cuivre, et connaissent l'art de travailler ces métaux pour en faire des outils et des ornements. Ils croient à un être suprême et à l'immorta-

Fig. 307. Danse guerrière des Cafres.

lité de l'âme; mais ils altèrent le sentiment religieux par diverses superstitions.

Les diverses tribus de cette grande nation ont des caractères physiques communs, et qui ne se trouvent dans aucun autre peuple d'Afrique. Les Cafres sont bien plus grands et plus forts que le reste des Africains. Leurs membres sont bien proportionnés. Leur peau est brune, leurs cheveux sont noirs et laineux. Ils ont le front élevé et le nez droit des Européens, avec

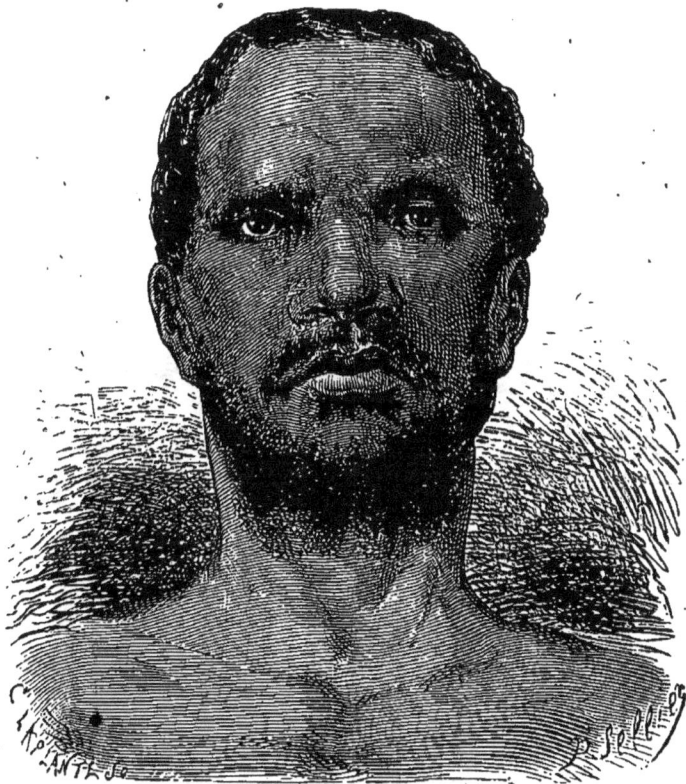

Fig. 308. Cafre (d'après un moulage du Muséum d'histoire naturelle de Paris).

les lèvres épaisses des Nègres, les pommettes hautes et proéminentes des Hottentots. Leur langage est sonore, suave et harmonieux, avec des clappements dans l'articulation.

Nous rangeons parmi les Cafres :

1° Les Cafres méridionaux, qui comprennent les Amakisas, les Amathymbas ou Tamboukis, les Amapendas et d'autres peuplades ;

2° Les Amazulas, les Vatwas, et d'autres tribus belliqueuses no-

mades, qui depuis peu de temps se sont avancées dans l'intérieur,
vers le sud;

3° Les habitants de la baie Delagoa, qui ressemblent davantage
aux Nègres;

4° Les Bechuanas et toutes les nombreuses tribus situées vers
le nord et dans l'intérieur, parmi lesquelles on parle une langue
particulière, la langue *sichuana*.

Les tribus *Bechuanas* sont les plus avancées de ces quatre peu-

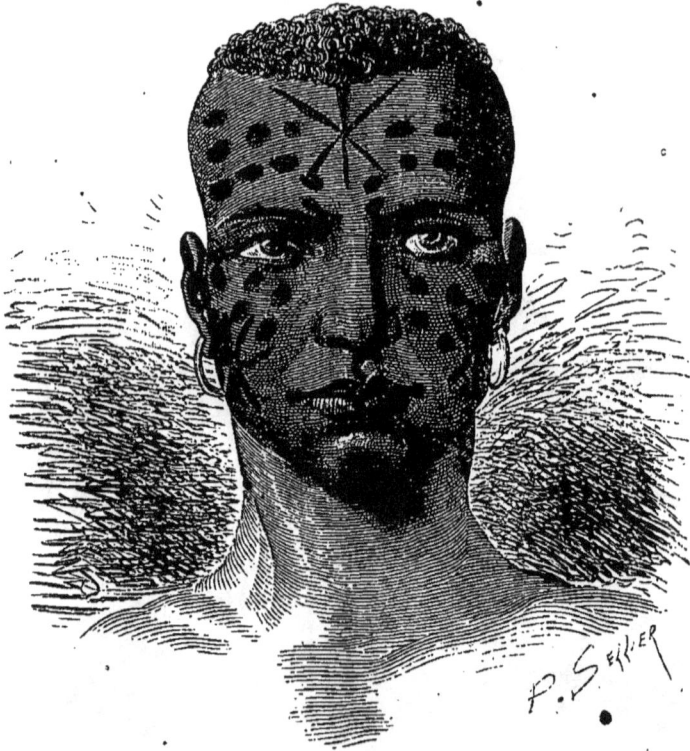

Fig. 309. Naturel de la côte de Mozambique (d'après Prichard).

plades. Le voyageur Livingstone, qui a fait un long séjour parmi
les Bechuanas, en a donné d'excellentes descriptions dans son ouvrage, l'*Exploration du Zambèse*.

Les Bechuanas sont avancés sous le rapport des arts et de la
civilisation. Ils habitent de grandes villes, ont des maisons bien
bâties, cultivent la terre et savent conserver les récoltes d'une
année à l'autre. Leurs traits tendent à se rapprocher de ceux des
Européens.

Dans le pays des *Tammahas*, non loin de Marhow, ville de dix mille âmes, s'étendent des champs de blé de plusieurs centaines d'acres, qui témoignent d'un état agricole et industriel assez avancé.

Les *Maratsis* cultivent le sucre et le tabac, fabriquent des rasoirs et des couteaux, se construisent des maisons en maçonnerie, qu'ils ornent de pilastres et de moulures.

Il faut également rattacher aux Cafres les habitants de la côte de Mozambique, c'est-à-dire la portion de la côte ouest de l'Afrique qui s'étend de l'embouchure du Zambèse au cap Delgado. La figure 309 représente le type d'un naturel de cette côte.

FAMILLE DES HOTTENTOTS.

Les *Hottentots*, que les colons hollandais appellent *Boschimans*, c'est-à-dire *hommes des bois*, habitent l'extrémité méridionale de l'Afrique. La couleur de leur peau est jaunâtre foncé. Ce n'est donc que par la considération de leurs traits et de leurs formes physiques, qui sont ceux des Nègres, qu'on range les Hottentots dans la race noire, car si l'on considérait la couleur de leur peau, on les rangerait dans la race jaune.

Avant la découverte du cap de Bonne-Espérance par les navigateurs européens, les Hottentots formaient un peuple nombreux, dont les petites tribus vivaient heureuses et tranquilles, sous le gouvernement patriarcal de leurs chefs, ou des anciens. Formées seulement de trois à quatre cents individus, ces tribus erraient avec leurs troupeaux, et se réunissaient dans des villages, dont les maisons, construites en branches d'arbre et en nattes de jonc, se démontaient au signal du départ, et étaient transportées par des bœufs dans le nouveau lieu de campement désigné par le chef. Les plus sauvages avaient pour vêtement un manteau, formé de peaux de mouton cousues, et pour armes un arc qui lançait des flèches empoisonnées. Les Hottentots étaient d'actifs et intrépides chasseurs, et ils trouvèrent l'occasion de prouver aux Européens qu'ils étaient courageux à la guerre. Leurs cruels envahisseurs, les Hollandais, exterminèrent la plupart de ces tribus. D'autres furent violemment dépouillées de leurs possessions, et refoulées dans les forêts ou les déserts, où vivent encore leurs malheureux descendants.

Les Hottentots ou *Boschimans* (fig. 310) paraissent être les derniers des hommes, autant par leurs caractères physiques que par l'infériorité de leur intelligence. Ils sont de petite taille, d'un teint jaunâtre et d'une physionomie repoussante. Un front saillant, des yeux petits et enfoncés, un nez extrêmement aplati, des lèvres épaisses et saillantes, tels sont les traits caractéristiques de leur visage. Par suite de leur mauvaise condition d'existence, ils sont de bonne heure usés et décrépits. Ils aiment la parure, et ornent leurs oreilles, leurs bras et leurs jambes d'anneaux en verroterie, en fer, en cuivre ou en laiton. Les femmes se colorent

Fig. 310. Hottentots.

tout le visage, ou n'en teignent qu'une partie. Pour tout vêtement, elles se jettent sur les épaules une sorte de manteau de peau de mouton.

Nous donnons ici (fig. 311), comme spécimen exact de la race hottentote, le portrait d'une femme de ce pays, qui mourut à Paris en 1828, et qui était connue sous le nom de *Vénus hottentote*. La particularité physique qui la faisait remarquer, et qui consistait en un développement considérable des muscles fessiers, n'était qu'une anomalie individuelle, qui ne permet de tirer aucune conclusion générale comme caractère de la race hottentote. Le squelette de cette femme est conservé entier au Muséum d'histoire naturelle de Paris, et un moulage du corps entier, colorié comme l'était le vivant, se voit dans la même galerie.

La demeure du Boschiman est une hutte basse ou une cavité circulaire. Les Boschimans habitaient autrefois des espèces de grottes naturelles au milieu des rochers. Quelques individus

Fig. 311. La Vénus-hottentote (d'après le moulage du Muséum d'histoire naturelle de Paris).

vivent encore aujourd'hui dans ces mêmes repaires, qui nous donnent l'image parfaite des habitations de l'homme aux temps de sa première apparition sur le globe.

On n'a jamais vu à ces êtres sauvages d'autre occupation que celle de fabriquer ou réparer leurs armes et leurs flèches barbelées ou empoisonnées. Dans les temps de disette, ils mangent des racines d'herbes, des œufs de fourmis, des sauterelles et des serpents. Leur langage est un mélange de claquements de langue, de sifflements et de grognements nasillards.

Sous le rapport du type physique, les Hottentots sont petits, mais bien proportionnés, et droits, sans être musculeux. En général, ils sont fort laids. Leur nez est ordinairement aplati. Leurs yeux sont longs et étroits, très-écartés l'un de l'autre, avec l'angle intérieur arrondi, comme chez les Chinois, auxquels les Hottentots ressemblent d'ailleurs à certains égards. Les pommettes sont haut placées, très-proéminentes, et elles forment presque un triangle équilatéral avec le menton pointu. Leurs dents sont très-blanches. Dans la première jeunesse, les femmes ont quelques formes agréables; mais plus tard leur gorge s'allonge démesurément, leur ventre devient protubérant, et quelquefois la partie postérieure de leur corps se recouvre d'une énorme masse de graisse. Cette disposition se présentait chez la Vénus hottentote avec une exagération excessive; mais, comme nous l'avons dit, elle ne constituait qu'une anomalie individuelle, et c'est à tort que l'on généraliserait ce caractère pour la famille entière des Hottentots.

FAMILLE DES NÈGRES.

Les Nègres occupent une grande partie de l'Afrique centrale et méridionale. La Sénégambie, la Guinée, une partie du Soudan occidental, la côte du Congo, ainsi que l'immense étendue de pays, encore à peu près entièrement inconnue, qui est comprise entre la côte du Congo à l'ouest, et à l'est la côte de Mozambique et du Zanguebar, tels sont les lieux d'habitation des Nègres proprement dits.

La Guinée et le Congo sont la terre classique des Nègres. C'est là que vivent les représentants de cette race aux traits les plus caractérisés et les plus repoussants. On croit que l'invasion en Afrique des populations asiatique et européenne, s'étant toujours opérée par l'isthme de Suez et la mer Rouge, les noirs indigènes furent repoussés de plus en plus vers l'ouest du continent africain. Les habitants de la Guinée et du Congo seraient donc les descendants et les représentants contemporains de la souche noire primitive.

On trouve également des Nègres dans les nombreuses îles de la mer du Sud, la Nouvelle-Guinée, la Nouvelle-Bretagne, la Nouvelle-Calédonie, l'Australie, la Nouvelle-Islande, la grande île de Madagascar, etc., etc. Dans cette dernière, il existe un vaste royaume nègre, gouverné par une reine, qui envoya, au commencement de

PAPOU. NEGRE DE GUINÉE.

RACE NOIRE

notre siècle, des ambassadeurs en France et en Angleterre. Il y a enfin des Nègres aux États-Unis d'Amérique et dans nos colonies. Les Nègres sont libres en Amérique depuis la déclaration faite en 1848 de l'abolition de l'esclavage dans les possessions françaises, et depuis l'émancipation graduelle des noirs qui s'est faite plus récemment dans beaucoup de possessions espagnoles ou américaines.

Nous allons étudier les Nègres, d'abord au point de vue de l'organisation, ensuite sous le rapport intellectuel et moral.

La physionomie du Nègre est tellement caractérisée, qu'il est impossible de ne pas la reconnaître à première vue, même quand l'individu aurait la peau blanche. Ses lèvres proéminentes, son front bas, ses dents en saillie, ses cheveux laineux, à demi frisés, sa barbe rare, son nez large et épaté, son menton en retrait, ses yeux ronds, lui donnent un aspect spécial parmi tout le reste des races humaines. Plusieurs ont les jambes cambrées, presque tous peu de mollet, des genoux demi-fléchis, le corps porté en avant et l'allure fatiguée.

Les muscles masticateurs sont plus puissants chez le Nègre que chez le blanc, en raison de la plus grande longueur de la mâchoire. Leur occiput est plus plat que chez le blanc, et le trou occipital plus reculé en arrière. Le docteur Madden a observé dans la haute Égypte des squelettes de Nègres offrant six vertèbres lombaires au lieu de cinq, ce qui explique la longueur de leurs reins et leur allure vacillante. Les hanches sont moins saillantes que chez le blanc.

Nous pouvons ajouter que dans cette race le tronc a moins de largeur que chez les autres races; que les bras sont proportionnellement un peu plus longs, que les jambes offrent une courbure assez sensible, avec un mollet aplati et haut placé.

Les os du crâne et ceux du tronc sont plus épais et plus durs que dans les autres races.

La cavité osseuse du bassin est beaucoup plus étroite chez le Nègre que chez l'Européen; mais elle est plus large vers le sacrum, ce qui rend l'accouchement facile chez la Nègresse. D'après des mesures exactes, le bassin supérieur serait un quart plus large chez l'Européen que chez le Nègre.

Les cuisses diffèrent aussi chez le Nègre et chez le blanc : elles sont chez le premier très-sensiblement aplaties.

Le pied participe de cette laideur de formes. Le vice de conformation du pied qui chez nous exempte du service militaire, c'est-à-dire le *pied plat*, non-seulement n'est pas une difformité chez le Nègre, mais est un caractère constant. Au lieu de former cette courbure qui donne au corps tout entier de l'élasticité, et rend la marche plus sautillante et plus légère, la partie inférieure du pied chez le Nègre est plane, ce qui rend le pied moins apte à supporter le corps dans les longues marches.

Cette difformité est tellement apparente chez le Nègre, qu'on dit de lui, en Amérique : « Le dessous de son pied fait un trou dans le sable. » Aussi est-il facile de distinguer à simple vue la trace du pied d'un Européen de celle d'un Nègre. La première empreinte ne représente que les doigts du pied et le talon ; la seconde imprime toute la plante du pied, du talon jusqu'aux orteils. En outre, le pied du Nègre est grand et étroit, et ses orteils largement fendus. Les ongles en sont tellement allongés et aigus, qu'ils ressemblent à des griffes.

La couleur de la peau est un des attributs les plus apparents, mais non les plus caractéristiques, de la race nègre. On a cru longtemps que la couleur des noirs résultait de l'action prolongée du soleil sur leur peau ; mais l'observation a montré que cette coloration ne dépend nullement de l'intensité ni de l'éclat des rayons solaires. Il existe dans les parties centrales de l'Afrique, par exemple dans le Soudan et le Sahara, ainsi que chez les Touaregs, des hommes blancs, tandis que l'on trouve des tribus noires dans les pays en proie à des froids rigoureux, comme la terre de Van Diémen et la Nouvelle-Zélande. D'un autre côté, tout près des blancs Irlandais et Norvégiens, on trouve des hommes au teint très-foncé, comme les Lapons ; dans la Californie, pays d'une latitude froide, les indigènes sont, comme nous l'avons dit, presque noirs.

La couleur noire réside dans un principe huileux, graisseux, nommé *pigmentum nigrum* (pigment noir), qui est déposé par couche dans le tissu muqueux sur l'épiderme de la peau. Ce pigment pénètre dans les poils et les cheveux, et les teint en noir. Il imprègne toute l'économie, jusqu'aux membranes qui enveloppent le cerveau.

Ce réseau muqueux noir paraît garantir la peau de la vive action du soleil d'Afrique ; elle la préserve de ces inflammations qu'on appelle *coups de soleil* dans nos climats.

Par le croisement avec le blanc, la couleur du Nègre s'atténue,
et selon la prédominance des couleurs blanche ou noire dans les

Fig. 312. Nègre de l'Ouganda (Zanguebar).

antécédents, les produits présentent des dégradations diverses
des couleurs blanche et noire.

Voici, d'après Valmont de Bomaire, les noms que l'on donne,
dans nos colonies, aux produits du mélange des deux races :

1° Un blanc avec une Négresse, ou un Nègre avec une blanche, produisent un mulâtre; qui n'est ni blanc ni noir, mais d'un jaune noirâtre, et qui porte des cheveux noirs, courts et frisés.

2° Un blanc avec une mulâtresse ou un Nègre avec une mulâtresse produisent un quarteron. C'est sous le rapport de la couleur un mélange de trois quarts blanc et un quart noir, ou trois quarts noir et un quart blanc. Le teint est d'un jaune moins foncé que le mulâtre.

3° Un blanc avec une quarteronne, ou un nègre avec une quarteronne, produisent un octavon (sept huitièmes de couleur blanche et un huitième de couleur noire, ou sept huitièmes noir et un huitième blanc).

4° Un blanc avec une octavonne, ou un noir avec une octavonne, produisent l'un presque tout blanc, l'autre presque tout noir.

Valmont de Bomaire ajoute que dans les générations suivantes toujours mêlées (le mariage du blanc se faisant en Europe et celui du noir au Sénégal) le teint s'éclaircirait ou deviendrait plus foncé, jusqu'à ce qu'enfin il naquît un individu blanc ou un individu noir.

Telle est la marche des influences et des causes physiques de la dégradation ou du retour de la couleur dans l'espèce humaine. Il ne faut que quatre ou cinq générations de races croisées pour rendre un Nègre blanc, et il n'en faut pas plus pour rendre un blanc noir. On comprend que les mélanges d'un mulâtre avec une quarteronne ou une octavonne produiront d'autres teintes qui approcheront du blanc ou du noir, en proportion de la progression décrite plus haut.

Aux colonies, on appelle saltatras un individu issu de noir et de quarteron. Ce mot saltatras (saut en arrière) désigne un retour vers la race noire.

Les croisements du Nègre avec des individus de la race jaune ou rouge, avec les Indiens asiatiques ou les Peaux-Rouges américains, engendrent des individus de nuance variée, qui portent des dénominations différentes selon les pays. Ces hommes de couleur dominent dans beaucoup d'îles de la Polynésie. N'ayant ni l'intelligence des blancs, ni la soumission des noirs, dédaignés des premiers et haïs des seconds, ils forment une caste ambiguë, sans état fixe, et moins disposée au travail qu'à la révolte.

La coloration de sa peau ôte tout charme à la physionomie du Nègre. Ce qui donne de la grâce au visage de l'Européen, c'est

Fig. 313. Négresses de l'Oumyamyembé (Zanguebar).

que chaque partie se colore d'une nuance particulière. Les pommettes des joues, le nez, le front, le menton ont chez le blanc des teintes différentes. Au contraire, tout est noir sur une physionomie africaine. Les sourcils, noirs comme le reste, se perdent dans la couleur générale. A peine aperçoit-on une nuance différente à la ligne de contact des deux lèvres.

La peau des Nègres est très-poreuse, à ce point que les pores s'y présentent d'une manière visible. Mais elle est loin d'être dure chez tous les Nègres; elle est au contraire, chez un certain nombre, molle, satinée et très-douce au toucher.

Ce qu'il y a de désagréable dans la peau du Nègre, c'est l'odeur nauséabonde qu'elle répand quand l'individu est échauffé par la sueur ou l'exercice. Ces émanations sont aussi difficiles à supporter que celles qu'exhalent certains animaux.

Les cheveux du Nègre sont tout particuliers. Tandis que ceux des Européens sont cylindriques, ceux des Nègres sont plats. Ils sont en même temps courts et crépus, comme la laine d'un mouton. Tandis que chez l'Européen la chevelure est abondante et longue, à ce point que chez les femmes elle peut traîner jusqu'à terre, celle des Nègres n'atteint qu'une longueur de quelques centimètres. La barbe même est très-faible, et recouvre à peine la lèvre supérieure.

L'œil du Nègre diffère aussi de celui du blanc. L'iris est si foncé, qu'il se confond presque avec le noir de la pupille. Chez l'Européen, la couleur de l'iris est tellement marquée, que l'on voit immédiatement si l'individu a les yeux noirs, bleus ou gris. Rien de pareil chez le Nègre, où toutes les parties de l'œil se perdent dans la même teinte. Ajoutez que la sclérotique, ou blanc de l'œil, est toujours, chez le nègre, injectée de jaune, et vous comprendrez que cet organe, qui contribue si puissamment à accentuer la physionomie dans la race blanche, soit toujours, dans la race noire, terne et sans expression.

La nature approprie le Nègre aux contrées brûlantes qu'il habite. Son tempérament est en général lymphatique et mou. Son allure lente et apathique, sa paresse invincible impatientent l'Européen, qui ne peut comprendre tant d'indolence. Le relâchement des membres du Nègre se trahit par son inertie, sa somnolence, et par ses chairs pendantes chez les femmes (fig. 313).

Les Nègres sont beaucoup moins sensibles que les Européens à l'influence des excitants. L'eau-de-vie la plus forte, le rhum, le piment, les condiments les plus irritants, n'excitent que faiblement leur palais inerte. Leur peau molle, épaisse, huileuse, lisse ou peu velue, est, comme nous l'avons dit, encroûtée, sous l'épiderme, d'un réseau noir, muqueux, qui lui donne sa couleur. Ce réseau muqueux enveloppe les houppes nerveuses qui viennent s'y épanouir, ce qui émousse la sensibilité. La peau fine et délicate de l'Européen éprouverait des tourments horribles sous l'action du fouet; le Nègre, déchiré par des lanières de cuir, et dont les plaies saignantes sont quelquefois frottées, par excès de barbarie, avec du poivre et du vinaigre, supporte ce traitement cruel avec indifférence. On voit des noirs qui, après ce supplice, courent à la danse, comme si de rien n'était.

Avant de parler du cerveau et de l'intelligence chez le Nègre, nous devons parler de l'angle facial observé sur cette race.

Nous avons dit que l'on peut juger avec une exactitude relative de la valeur d'une race humaine, au point de vue intellectuel, par la grandeur de l'angle facial [1]. Plus cet angle est ouvert, plus il indique des instincts nobles et élevés; plus il est petit, plus la tête se rapproche de celle de l'animal. Un front saillant est le signe d'une intelligence développée, tandis que des mâchoires avancées révèlent des instincts de bestialité. Ainsi, l'angle facial augmente ou diminue selon que le front ou bien les mâchoires se projettent en avant. L'angle facial de l'Européen est d'environ 85 degrés, et il peut aller jusqu'à 90 degrés. Dans les statues anciennes de la Grèce, on trouve un angle de 100 degrés, c'est-à-dire l'angle droit. Or le Nègre, par son front fuyant en arrière et ses mâchoires proéminentes, ne donne un angle facial que de 68 à 70 degrés. Il se rapproche en cela du singe, dont l'angle facial, pour les singes dits *anthropomorphes*, tels que l'orang-outang et le gorille, est de 50 degrés.

Cette faiblesse relative d'intelligence, qui nous est révélée par la petitesse de l'angle facial chez le Nègre, va être confirmée pour nous par l'examen du cerveau.

Les travaux des anatomistes de nos jours ont établi que ce n'est pas seulement la masse du cerveau qui est en rapport avec l'activité intellectuelle, mais que le véritable signe révélateur de la supériorité de l'esprit, chez l'homme, c'est le nombre et la profondeur des sillons ou circonvolutions du cerveau. Or les

---

1. Voir pages 23 et 24, *Introduction*.

contours et anfractuosités de la masse encéphalique, chez l'Européen, sont si nombreux et si profonds, qu'ils peuvent à peine se mesurer, tandis que chez le Nègre les circonvolutions sont moindres de moitié, sous le rapport du nombre et de la profondeur. Ajoutez que le cerveau du Nègre est sensiblement plus petit que celui du blanc. C'est surtout la partie antérieure, c'est-à-dire les lobes cérébraux, qui est bien plus considérable chez l'Européen. De là la belle courbure du front, qui est propre à la race blanche ou caucasique.

L'infériorité intellectuelle du Nègre se lit sur sa physionomie, sans expression ni mobilité. Le Nègre est un enfant; il est, comme l'enfant, impressionnable, mobile, sensible aux bons traitements, susceptible de se dévouer, mais, dans certains cas aussi, sachant haïr et se venger. Les peuples de race nègre qui existent à l'état de liberté, à l'intérieur de l'Afrique, nous montrent, par leurs habitudes et l'état de leur esprit, qu'ils ne peuvent guère dépasser le niveau de la vie de tribu. D'un autre côté, on a tant de peine, dans beaucoup de colonies, à tirer un bon parti des Nègres, la tutelle des Européens leur est tellement indispensable, pour maintenir chez eux les bienfaits de la civilisation, que l'infériorité de leur intelligence, comparée à celle du reste des hommes, est un fait incontestable.

Sans doute, on pourrait citer beaucoup de Nègres qui ont dépassé les Européens par la portée de leur esprit. Les généraux Toussaint Louverture, Christofle et Dessalines, n'étaient pas des hommes ordinaires, et Blumenbach nous a conservé les noms de beaucoup de Nègres illustres, parmi lesquels il cite Jacob Captain, dont les sermons, les écrits théologiques, en latin et en hollandais, sont vraiment remarquables. Il ne faut pas cependant juger ici par des cas individuels, mais par l'ensemble. Or l'expérience a prouvé que les Nègres sont inférieurs en intelligence à tous les peuples connus, même aux peuples sauvages de l'Amérique et des îles de l'Océanie.

Les peuplades nègres seraient excessivement nombreuses si tous leurs enfants vivaient, mais l'incurie et la paresse font périr une notable partie de leur progéniture. Les guerres continuelles auxquelles elles se livrent les unes contre les autres arrêtent également l'essor de la population. Malgré la fertilité du sol d'une grande partie de l'Afrique, l'imprévoyance et l'insouciance des indigènes amènent de véritables famines, qui déciment les tribus africaines.

Une autre cause de dépopulation qui heureusement perd en importance chaque jour, c'est la traite, que les Nègres eux-mêmes sont les plus ardents à entretenir. Ils vendent leurs enfants pour quelques verroteries, pour quelques flacons d'*eau-de-feu*.

La pensée s'attriste en se reportant aux temps, encore peu éloignés, où la traite et l'esclavage des noirs, qui ne sont aujourd'hui qu'une exception, était la règle universelle sur toute la côte de

Fig. 314. Village de Khoutou dans le Zanguebar.

l'Afrique occidentale. On voyait alors les Nègres arrachés violemment à leur patrie et transportés sous d'autres climats, pour être réduits en esclavage, c'est-à-dire pour sacrifier leur vie et leurs forces à leur maître, et, pour le servir, s'épuiser à la peine, sans attirer sur eux la pitié que l'on a pour les bêtes de somme. Pour nos animaux, en effet, le repos suit la fatigue, et les aliments réparent les forces ; tandis que la crainte des sup-

Fig. 315. Convoi de Nègres captifs.

plices, le fouet et les traitements les plus douloureux assujettissaient à un travail forcé les Nègres dans les colonies soumises aux Européens.

Depuis un demi-siècle, le commerce des noirs ayant soulevé l'indignation universelle, la plupart des États ont décrété l'abolition de la traite. La France, par ses lois, décrets et ordonnances de 1814 à 1848, a émancipé définitivement les esclaves dans toutes ses colonies. L'Amérique presque tout entière a suivi cet exemple depuis 1860 environ. Aujourd'hui des croisières permanentes, établies par l'Angleterre et la France sur les côtes de l'Afrique, rendent la traite des noirs, sinon impossible, du moins difficile et dangereuse pour les hommes avides et barbares qui ne craignent pas de s'y livrer encore.

Cette traite, contre laquelle les nations européennes ont tant fait, compte encore, disons-nous, comme ses partisans les Nègres eux-mêmes. En effet, ces peuplades guerroient sans cesse entre elles, pour faire des prisonniers, et les vendre comme esclaves aux négriers qui viennent de contrebande visiter leurs rivages. On ne voit encore que trop souvent des convois d'esclaves, enchaînés au moyen d'une fourche de bois, traverser les forêts (fig. 315) et se rendre au vaisseau négrier mouillé sur quelque crique déserte.

Depuis l'abolition presque générale de l'esclavage, on remarque que beaucoup de tribus nègres vivent entre elles de meilleure intelligence. Les pères aiment un peu leurs enfants depuis qu'ils n'ont plus l'espoir de les vendre pour une bouteille de rhum ou un collier de verre !

Du reste, l'esclavage des Nègres n'est pas une institution sociale de date récente. Les Romains possédaient des esclaves noirs. Les Égyptiens avaient précédé les Romains dans le même usage. Plus anciennement encore, les Assyriens et les Babyloniens avaient des esclaves noirs. Il y a trois mille ans, les Arabes et les Turcs ravissaient des Nègres. Ils remontaient le Nil dans de grandes barques, récoltant sur leur passage les noirs, qu'on leur livrait dans la Nubie et l'Abyssinie. Revenus dans la basse Égypte, chargés de ce bétail humain, ils le vendaient, pour en faire des ouvriers esclaves.

Une cruauté, qui va quelquefois jusqu'à la férocité, est le triste privilége de quelques tribus nègres. Molien disait des habitants du Fouta-Toro, que ces Nègres n'avaient pris de la civilisation que ses vices. Ce reproche est vrai pour quelques tribus de Nègres modernes. Les habitants du Dahomey, royaume nègre qui s'étend aux bords du golfe de Guinée, se distinguent de tous les noirs par leur froide et repoussante cruauté. Pour eux, tuer, massacrer est un plaisir, que se refuse rarement celui qui peut se le permettre ; et le métier de bourreau est recherché par les plus riches et les plus puissants du pays, comme donnant l'occasion des plus désirables jouissances.

Pour se faire l'idée d'un pareil débordement de férocité et de perversion il faut lire dans le Tour du monde la relation épouvantable faite de visu par un voyageur, le docteur Répin, qui parcourut le Dahomey en 1856. Le cœur nous manquerait pour retracer ici le tableau de cette froide cruauté.

Les Nègres imposent aux femmes de durs travaux. Chez eux la femme n'est qu'un auxiliaire du travail, un serviteur de plus. La fabrication de la farine et du pain, le travail de la terre, et les plus fatigantes occupations, sont le lot de la Négresse dans sa patrie On a dit, peut-être avec raison, que pour les Négresses l'ancien esclavage était un bienfait : elles ne faisaient que changer de tyrans.

Nous représentons d'après le voyageur Livingstone (fig. 316) la manière dont les peuples nègres broient le grain. Le grain est placé sur une pierre creusée d'un trou, et une femme l'écrase à l'aide d'un caillou rond. La farine tombe par la déclivité de la pierre et est recueillie sur une natte.

Les Nègres ne possèdent que d'une manière bien voilée les notions religieuses ; ils croient sans doute à un dieu suprême, à un créateur, mais ils s'adonnent avec excès aux pratiques du fétichisme.

Les fétiches des Nègres sont des espèces de divinités secondaires, subordonnées au grand Dieu, maître de la nature. Seulement chacun choisit pour fétiche ce qu'il lui plaît : le feu, un arbre, un serpent, un chacal, l'eau, un porc, et jusqu'à un morceau de bois taillé de main d'homme. Le culte du serpent est très en faveur chez les habitants du Dahomey. Ils lui construisent des tentes, des demeures. On les nourrit en grand nombre et on leur permet de circuler où bon leur semble. La mort frapperait celui qui voudrait tuer ou poursuivre les serpents fétiches.

La croyance au pouvoir du hasard ou du destin domine chez ces hommes grossiers. Ils sentent que les événements ne dépendent pas de leur volonté, mais d'une puissance occulte, qui dirige

Fig. 316. Africaine broyant du grain.

tout et qu'il faut se rendre favorable. De là les magiciens et les oracles chargés d'écarter le mauvais sort ou les destins contraires. De là aussi l'innombrable quantité de fétiches. Chaque Nègre a le sien, auquel il sacrifie aussi longtemps qu'il en obtient quelque chose, et qu'il abandonne dès qu'il reconnaît son inutilité. Triste effet de l'abrutissement naturel de ces peuples!

Ces graves défauts de la race nègre considérée à l'état sauvage ne doivent pas faire oublier ses aptitudes. Quand il a été arraché à la vie de tribu ou délivré des fers qui pesaient sur lui, le Nègre manifeste quelques qualités, qu'il nous reste à mettre en relief.

Disons d'abord que les Nègres ou les mulâtres qui résultent de leur union avec les blanches sont souvent pourvus d'une mémoire extraordinaire, qui leur donne une grande facilité à apprendre les langues. Ils ne tardent pas à s'approprier le langage des peuples au milieu desquels ils se trouvent. Ils parlent l'anglais dans l'Amérique du Nord, l'espagnol dans l'Amérique centrale et dans l'Amérique du Sud, le hollandais au cap de Bonne-Espérance. Ils peuvent même changer de langue en changeant de maître. Si un Nègre hollandais entre au service d'un Anglais, il abandonnera l'idiome du premier pour celui du second, et il oubliera son ancien langage. Bien plus, leur mémoire retient quelquefois en même temps des langues fort différentes. Des voyageurs ont trouvé au milieu de l'Afrique des commerçants nègres qui, en rapport avec différentes nations, s'exprimaient dans plusieurs langues, et en même temps comprenaient l'arabe, le copte et le turc.

Les villes habitées par les Nègres ressemblent quelquefois à s'y méprendre à des cités européennes; il n'y a qu'une différence de degré dans leur civilisation et leur industrie comparées à celles de l'Europe. Seulement les villes proprement dites sont très-espacées dans l'intérieur de l'Afrique, mais les voyageurs en signalent tous les jours de nouvelles, et l'avenir nous révélera peut-être sur la civilisation de l'Afrique centrale des particularités que nous soupçonnons à peine.

Les Nègres ne sont pas mauvais calculateurs; ils comptent de tête avec une grande rapidité, et surpassent de beaucoup, sous ce rapport, les Européens.

Les arts industriels sont exercés avec un certain succès chez beaucoup de tribus nègres. L'extraction du fer de ses minerais se fait assez facilement pour que l'art de la métallurgie, le métier de fondeur et de forgeron soient pratiqués dans tous les

Fig. 317. Forgerons de l'Hunyamonzi (dans le Zanguebar).

villages nègres. Il y a dans la Sénégambie et dans beaucoup

de pays nègres de l'intérieur d'excellents forgerons et fondeurs (fig. 317).

La fabrication des boissons fermentées, telles que la bière, le vin de sorgho, etc., est également mise en pratique avec beaucoup d'intelligence (fig. 318).

Le talent d'imitation des Nègres est très-remarquable. Ils saisissent et savent reproduire avec fidélité les traits caractéristiques ou les allures d'un individu, si ces traits prêtent à rire. Aussi l'humeur du Nègre est-elle, en général, gaie et plaisante. Ils aiment à se moquer de leur maître, de leurs surveillants, des enfants du logis, etc. C'est pour eux un bonheur de s'égayer à leurs dépens.

Toutefois l'art d'imitation qui est propre aux Nègres ne va pas jusqu'à leur donner le talent des arts. Le dessin, la peinture, la sculpture leur sont inconnus, et il est impossible de leur donner la moindre habileté dans les arts par des leçons et des conseils. Leurs temples, leurs demeures ne sont décorés que d'informes ébauches. Les Nègres de nos jours sont moins habiles dans l'art du dessin et de la sculpture que ne l'étaient les hommes antédiluviens qui habitaient nos contrées.

Si les Nègres sont rebelles aux arts plastiques, ils sont au contraire très-sensibles à la musique et à la poésie. Ils chantent, dans leurs fêtes et leurs récréations, des mélopées bizarres et expressives. On trouve même dans quelques royaumes nègres une caste de chanteurs qui est, dit-on, héréditaire. Ces chanteurs sont en même temps les historiens de la tribu.

Les instruments de musique sont assez nombreux chez les Nègres. Au tambour, qui tient une si grande place dans la musique des Arabes, ils ajoutent des flûtes, des triangles, des clochés, et même des instruments à cordes, qui portent depuis huit jusqu'à dix-sept cordes. Ces cordes sonores sont fournies par la queue de l'éléphant. Ils ont encore des instruments à cordes fines tendues sur des écorces de concombre, et qui sont des espèces de harpes grossières. Les Nègres Mandigos qui vivent sur les bords du Sénégal, vers le milieu de son cours, ont des espèces de clarinettes de quatre à cinq mètres.

« Les Nègres, dit Livingstone dans son ouvrage intitulé *Explorations du Zambèse*, ont eu leurs bardes; ils en ont même encore, mais la tradition ne conserve pas leurs épanchements. L'un de ces ménestrels, un véritable poëte, autant que nous pouvons en juger, nous a suivis pendant plusieurs jours. Dans tous les endroits où nous avons fait halte, il a chanté nos louanges en des strophes faciles et harmonieuses, formées de vers blancs

Fig. 318. Fabrication de la bière dans le Zanguebar.

composés de cinq syllabes. Tout d'abord le chant n'avait que quelques lignes ; mais chaque jour, l'auteur recueillant de nouveaux détails sur nous, allongeait son poëme, et notre éloge a fini par devenir une ode d'une assez belle longueur. Quand la distance où il était de chez lui l'obligea de nous quitter, il nous en exprima tous ses regrets; il retourna dans ses foyers, après avoir touché, bien entendu, le prix de ses louanges, non moins utiles qu'agréables.

« Un autre enfant d'Apollon, moins bien doué il est vrai (encore un Ba-

Fig. 319. Instruments de musique des Nègres africains.

toka), fait partie de notre escorte. A la veillée, pendant que les autres jasent, font la cuisine ou dorment, il redit ses poëmes, où il raconte tout ce qu'il a vu chez les blancs, et ce qu'il a remarqué sur la route. Il en

Fig. 320. Violon africain.

résulte que tous les soirs quelque chant nouveau s'ajoute à son odyssée. L'improvisation d'ailleurs lui est facile : jamais il ne reste court; si le mot lui échappe, il ne s'arrête pas pour cela, il remplit la mesure d'un son particulier qui n'a pas de sens, mais qui conserve le rhythme. En récitant ses poëmes, il s'accompagne sur la *sausa*, instrument pourvu de neuf touches

Fig. 321. Musiciens des bords du Zambèse.

en fer, que l'on frappe avec le pouce, tandis que les doigts en maintiennent
la boîte. La partie creuse et décorée fait face à l'artiste. Les gens qui ont

le goût de la musique et ne sont pas assez riches pour acheter cet instrument, le remplacent, ou plutôt s'en font un avec de grosses tiges de sorgho dont ils forment la caisse ; ils fabriquent les touches avec des éclats de bambou. Le son est faible, mais n'en paraît pas moins ravir l'exécutant. Quand on ajoute à la *sausa* une calebasse, en guise de table d'harmonie, elle est naturellement plus sonore. On y met des fragments de coquille et des morceaux d'étain qui joignent leur cliquetis aux accords du virtuose ; enfin la calebasse est ornée, comme on peut le voir dans les gravures ci-dessus (fig. 319 et 320) »

On peut remarquer que la musique des Nègres ne se borne pas à la mélodie. Ils ne se contentent pas d'accompagner les voix à l'unisson avec leurs instruments ; ils ont quelques principes d'harmonie. Ils accompagnent les voix à la quarte, à la sixte, à l'octave de l'instrument ; les autres intervalles musicaux leur sont moins familiers, excepté lorsqu'ils les emploient quelquefois pour exprimer l'ironie ou le blâme. L'état avancé de la musique dans les tribus nègres est d'autant plus à remarquer, que chez les anciens peuples européens, chez les anciens Grecs, à l'époque la plus brillante de leur histoire, on n'avait aucune idée de l'harmonie en musique.

Ainsi les facultés des Nègres peuvent, sous certains rapports, se développer, et il est établi que des Nègres qui vivent depuis plusieurs générations dans les villes de nos colonies, et qui sont en contact perpétuel avec les Européens, se perfectionnent à ce contact, et voient augmenter leurs facultés intellectuelles.

En résumé, la famille nègre a moins d'intelligence qu'aucune autre famille humaine ; mais ce n'est pas une raison pour justifier les persécutions odieuses dont ces infortunés ont été victimes dans tous les temps. Aujourd'hui, grâce au progrès de la civilisation, l'esclavage est aboli dans la plus grande partie du monde, et ses derniers restes ne tarderont pas à disparaître. Ainsi finira, pour l'honneur de l'humanité, une coutume barbare, héritage malheureux des temps anciens, répudiée par le moderne esprit de charité et de fraternité Avec elle disparaîtra l'infâme trafic qui s'appelle la traite.

Cependant il faudra bien du temps pour rendre une égalité sociale aux Nègres affranchis. Nous ne saurions dire avec quel mépris sont traités, dans l'Amérique du Nord et du Sud, les Nègres rendus à la liberté. Ils sont à peine considérés comme des hommes. Malgré l'abolition de l'esclavage, on les tient toujours

à l'écart de la population blanche. Des siècles seront nécessaires pour effacer chez les Américains ce préjugé enraciné.
Notre pays même a eu quelque peine à s'en affranchir, puisqu'un
édit de Louis XIV retirait la noblesse à quiconque s'alliait à une
Négresse et même à une mulâtresse.

L'adoucissement général des mœurs finira par effacer entièrement, il faut l'espérer, ces distinctions si cruelles et si injustes
pour les malheureux qu'un destin fatal condamne à l'état de
perpétuelles victimes, sans qu'elles aient fait autre chose pour
mériter leur sort que de naître sous les cieux africains.

CHAPITRE II.

RAMEAU ORIENTAL.

Les *noirs orientaux*, que l'on a aussi nommés *Mélanésiens* et *Nègres océaniens*, habitent la partie occidentale de l'Océanie et le sud-est de l'Asie. Leur teint est très-rembruni et peut aller jusqu'au noir intense. Leurs cheveux sont frisés, crépus, floconneux, quelque-fois laineux. Leurs traits sont désagréables, leurs formes peu régulières et leurs extrémités souvent grêles. Ils vivent en tribus ou peuplades, sans former de corps de nations.

Nous distinguerons dans ces nations deux familles : l'une, la *famille papouenne*, composée des peuplades chez qui les caractères indiqués ci-dessus sont le plus prononcés ; l'autre, la *famille anda-mène*, composée des peuplades qui se rapprochent davantage de la race brune, et qui sont probablement le résultat du mélange des deux races.

FAMILLE PAPOUENNE.

La *famille papouenne* paraît n'habiter que de petites îles ou les côtes des grandes îles. On peut distinguer dans cette famille deux groupes de peuples : l'un se rapprochant des Malais, ce sont les *Papous*, qui habitent l'archipel de la Nouvelle-Guinée ; l'autre se rapprochant des Tabouens, et qui occupe les îles Viti, les Nouvelles-Hébrides, la Nouvelle-Calédonie et l'archipel Salomon. Nous allons dire quelques mots des mœurs et coutumes de ces différents peuples de la race noire.

Papous. — Les Papous présentent dans leur extérieur un trait remarquable : c'est l'énorme volume de leur chevelure, à demi laineuse. Leur peau est brun foncé, leurs cheveux sont noirs ; ils n'ont que peu de barbe. Cette barbe est de couleur noire, ainsi que les sourcils et les yeux. Quoiqu'ils aient le nez un peu épaté, les lèvres épaisses et les pommettes larges, leur physionomie n'est point désagréable. Les femmes sont plus laides que les hommes. Leur système musculaire flétri, leurs mamelles pendantes, leurs traits hommasses les rendent désagréables à voir. Les jeunes filles elles-mêmes ont un aspect peu attrayant.

Lesson avait considéré les Papous comme des hommes féroces, inhospitaliers, astucieux. Mais les habitants du Havre de Doresy, et en général ceux de la partie nord de cette région de l'Océan jusqu'au cap de Bonne-Espérance, lui parurent d'une grande douceur, et plutôt disposés à fuir les Européens qu'à leur nuire. Lesson pense néanmoins que les Nègres du sud de la Nouvelle-Guinée, refoulés dans cette partie du pays, et que nul mélange n'a altérés, ont conservé leurs mœurs incultes et leur grossière indépendance. L'état d'hostilité perpétuel dans lequel ils vivent rend leur caractère défiant et soupçonneux. Jamais Lesson ne visitait un village avec une embarcation montée par un certain nombre d'hommes sans que femmes, enfants, vieillards et guerriers ne prissent la fuite dans leurs grandes pirogues, emportant avec eux leurs meubles et leurs effets les plus précieux. Lesson ajoute qu'à force de bons traitements et de présents on parvient à les réduire, à calmer leur inquiétude et à en faire des amis. La figure coloriée qui accompagne cette partie de notre ouvrage représente, d'après Pritchard, un indigène des îles Papous.

Vitiens. — C'est à Dumont d'Urville que l'on doit les premiers renseignements précis sur l'archipel des îles Viti, ou Fidji, qui est situé entre le 174e et le 180e degré de longitude ouest. M. Macdonald, aide-chirurgien sur le vaisseau anglais *le Herald*, a publié un récit de son voyage à la grande île Viti, dont nous extrayons les renseignements qui vont suivre.

Voici d'abord le portrait du roi Thakombau (fig. 322). Homme d'une taille puissante, presque gigantesque, il avait des membres bien formés et d'une heureuse proportion. Son apparence, qui s'éloignait du type nègre plus que celle des individus de rang inférieur dans la même nature, était agréable et intelligente. Sa chevelure était soigneusement relevée, apprêtée selon la mode élégante du pays, et couverte d'une sorte de gaze brune. Son cou et sa large poitrine étaient découverts, et l'on voyait sa peau nue,

d'un noir transparent. Non loin de lui se tenait son épouse favo-
rite, femme assez forte, aux traits souriants, ainsi que son fils
et héritier, bel enfant de huit à neuf ans. Le roi était en outre
environné, à distance respectueuse, de la foule de ses courtisans
humblement agenouillés.

M. Macdonald, pendant ses pérégrinations, assista à un repas,

Fig. 322. Thakombau, roi des îles Viti.

composé de porc, d'ignames, de taro, servis dans des plats de
bois par des femmes. Un coquillage d'eau douce du genre cypris
compléta le festin. Le bouillon était très-savoureux, mais la chair
fade. Dans la conversation qui suivit, notre voyageur put se convaincre que l'esprit de causerie est un don naturel des Vitiens.

Nous représentons (fig. 323 et 324) deux types de ces indigènes.

Les Vitiens se réunissent volontiers pour se dire les nouvelles locales, ou se raconter d'anciennes légendes.

Le respect pour les chefs s'est toujours conservé inaltérable parmi cette population aux allures violentes, aux instincts pervers,

Fig. 323. Indigène de l'île Viti.

à laquelle jusqu'ici le meurtre, le vol et le mensonge ont été familiers. L'hommage rendu à la supériorité des chefs se traduit à la fois par la parole et par l'action; les hommes abaissent leurs armes, prennent les bas côtés des sentiers, et s'inclinent humblement au passage du chef.

Une des formes les plus bizarres de ce respect, c'est la coutume d'après laquelle tout inférieur qui voit son chef trébucher et tomber, se laisse choir à son tour, pour prendre sur lui-même le ridicule que la chute aurait pu attirer à son supérieur.

Les différentes classes ou castes dont se compose la population vitienne sont: 1º les souverains de plusieurs îles; 2º les chefs d'îles ou de districts; 3º les chefs de village et les chefs des pêcheries; 4º les guerriers renommés, mais d'une naissance inférieure, les

Fig. 324. Indigène de l'île Viti.

maîtres charpentiers et les chefs de pêcheurs de tortues; 5º les prolétaires; 6º les esclaves capturés à la guerre.

L'affreuse coutume de l'anthropophagie existe encore dans l'île Viti. Les missionnaires ont réussi à la faire disparaître dans quelques parties de l'île, mais elle persiste dans les districts de l'intérieur. Seulement elle se cache et ne se fait plus un honneur du nombre des victimes dévorées!

Chez les Vitiens l'anthropophagie ne dérive pas, comme chez

la plupart des tribus sauvages, d'un sentiment de vengeance poussé à ses dernières limites. Ici, c'est un goût spécial pour la chair humaine. Mais comme ce mets recherché n'est pas assez abondant pour suffire à tous les appétits, les chefs se le réservent exclusivement, et n'abandonnent que par une faveur spéciale à leurs inférieurs un morceau de cette nourriture prisée.

Fig. 325. Scène de cannibalisme.

La figure 325 représente, d'après le missionnaire Thomas William, une sorte de temple qui sert aux scènes de cannibalisme dans l'île Viti. Les quatre hommes accroupis au-devant du temple sont des victimes prêtes à subir leur supplice et à servir ensuite au festin de ces cannibales.

M. Macdonald apprit que la coutume de faire périr les veuves est encore en pleine vigueur dans un des districts de l'île Viti.

La danse est le passe-temps populaire des îles Viti. Le chant sur lequel on la règle habituellement est d'un rhythme monotone. Il rappelle par ses paroles, soit un fait actuel, soit un événement historique. Les mouvements des danseurs sont d'abord lourds, puis ils s'animent et s'accompagnent de gestes des mains et d'inflexions du corps. Il y a toujours un chef pour diriger la troupe dansante. Parfois on introduit dans le cercle un bouffon, dont les grotesques contorsions provoquent les applaudissements.

Dans les danses régulières des solennités de l'île Viti (fig. 326), on compte deux troupes, l'une de musiciens, l'autre de danseurs ; les premiers sont ordinairement au nombre de vingt, les seconds au nombre de cent cinquante à deux cents individus. Ces derniers sont couverts de leurs plus riches ornements, portent la massue ou la lance, et accomplissent une suite d'évolutions diverses, marches, haltes, pas redoublés. A mesure que le divertissement approche de son terme, la rapidité s'accroît, les gestes prennent plus de vivacité et de violence, en même temps que les pieds frappent lourdement le sol, jusqu'à ce qu'enfin les danseurs, hors d'haleine, poussent le cri final *Wa-oo!* et le mouvement s'arrête.

Néo-Calédoniens. — Les habitants de la Nouvelle-Calédonie appartiennent au rameau des Nègres océaniens. Cette île perdue dans l'Océan équinoxial est une possession française, et elle a été désignée pour recevoir les communeux insurgés et incendiaires arrêtés à Paris en juin 1871, après la *bataille des sept jours*, et condamnés par les conseils de guerre à la déportation.

Nous devons à MM. Victor de Rochas et J. Garnier de précieux détails sur la population de la Nouvelle-Calédonie.

Les indigènes de la Nouvelle-Calédonie ont la peau d'un noir fuligineux, couleur chocolat clair, les cheveux noirs, laineux et crépus, la barbe de même couleur et bien fournie, le nez large et épaté, profondément déprimé entre les orbites, la conjonctive oculaire injectée, les lèvres grosses et renversées, les mâchoires proéminentes, la bouche largement fendue, les dents bien alignées et d'une blancheur parfaite, les pommettes légèrement saillantes, le front haut, étroit et convexe, la tête aplatie en travers, surtout à la région temporale. La taille moyenne des individus est au moins aussi élevée que celle des Français ; le front et les mem-

Fig. 326. Danse des guerriers de l'île Viti.

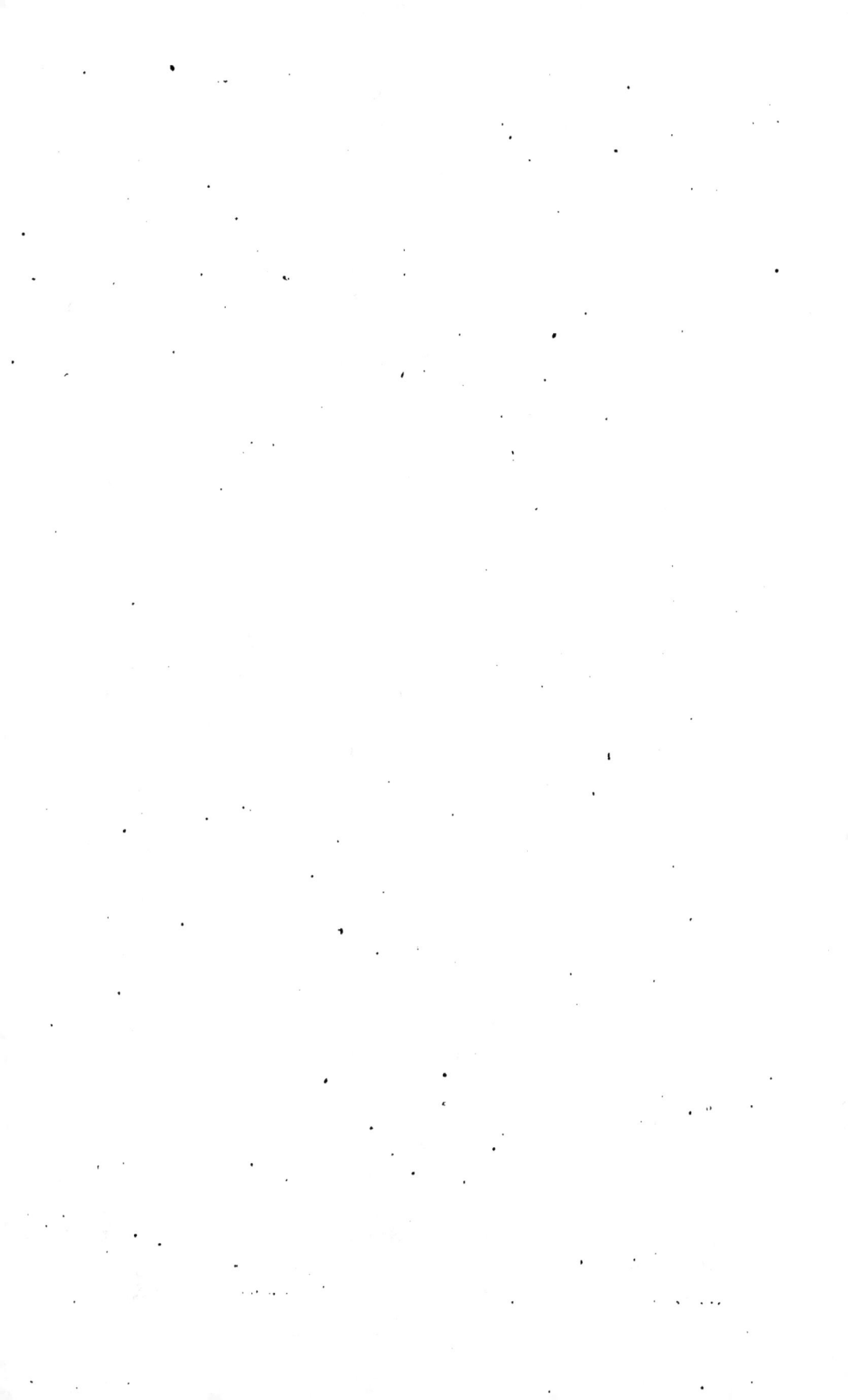

bres sont bien proportionnés, le développement thoracique et le développement musculaire sont généralement avantageux.

Les hommes ne sont pas très-laids; plusieurs même présentent une certaine régularité de traits. Certaines tribus de la côte orientale sont, sous ce rapport, mieux douées que toutes les autres. Les figures 327 et 328 donnent une juste idée de l'aspect de la population mâle.

La laideur des Calédoniennes est proverbiale. Avec leur tête rasée, leur lobule de l'oreille horriblement perforé ou déchiqueté, elles présentent, même à un âge peu avancé, un aspect repoussant. Vouées à de rudes labeurs et à de mauvais traitements, elles ont une vieillesse précoce. Elles allaitent leurs enfants pendant très-longtemps, trois ans en moyenne, et quelquefois pendant cinq ou six ans.

Les Néo-Calédoniens ont, comme tous les sauvages, le sens de la vue et de l'ouïe d'une exquise finesse. Ils sont agiles et capables de déployer, à un moment donné, une force considérable, mais de peu de durée. Leur impuissance à supporter longtemps la fatigue vient sans doute de leur genre de nourriture. Ils n'absorbent guère, en effet, que des aliments végétaux sucrés ou féculents, et ne mangent que rarement de la viande, qui est la véritable source de l'entretien et de la réparation des forces. Leur île ne fournit aux Néo-Calédoniens aucuns quadrupèdes dont ils puissent s'emparer pour en faire leur nourriture, et ils n'ont pas d'armes convenables pour chasser les oiseaux.

La quantité d'aliments que les Néo-Calédoniens peuvent ingurgiter en un seul repas, est extraordinaire : elle est trois fois plus considérable que celle qu'un Européen pourrait consommer.

Nous avons emprunté ces considérations générales au *Voyage* de M. de Rochas. Feuilletons maintenant le *Voyage à la Nouvelle-Calédonie* de M. Garnier.

M. Garnier visita le village d'Hienghène. Le chef de ce village vint au-devant des voyageurs, et leur présenta son fils aîné. De nombreux guerriers nus, la poitrine, la barbe et le visage noircis, formaient un groupe silencieux et immobile (fig. 330). On aurait pu les prendre pour des statues de bronze, sans leur œil noir et étincelant qui suivait les moindres gestes des visiteurs.

Sur un signe du chef, plusieurs jeunes gens s'élancèrent, et en quelques secondes ils firent pleuvoir, du haut des cocotiers,

une grêle de noix, dont la pulpe, à l'état liquide, est la plus
agréable boisson qu'on puisse imaginer pour apaiser la soif.

Fig. 327. Jeune indigène calédonien.

Le village d'Hienghène (fig. 329) est un des plus considérables de
toute l'île de la Nouvelle-Calédonie. Les maisons, en forme de ruches,

portent au sommet une statue grossière, surmontée d'une série de coquillages et quelquefois de crânes d'ennemis tués à la guerre.

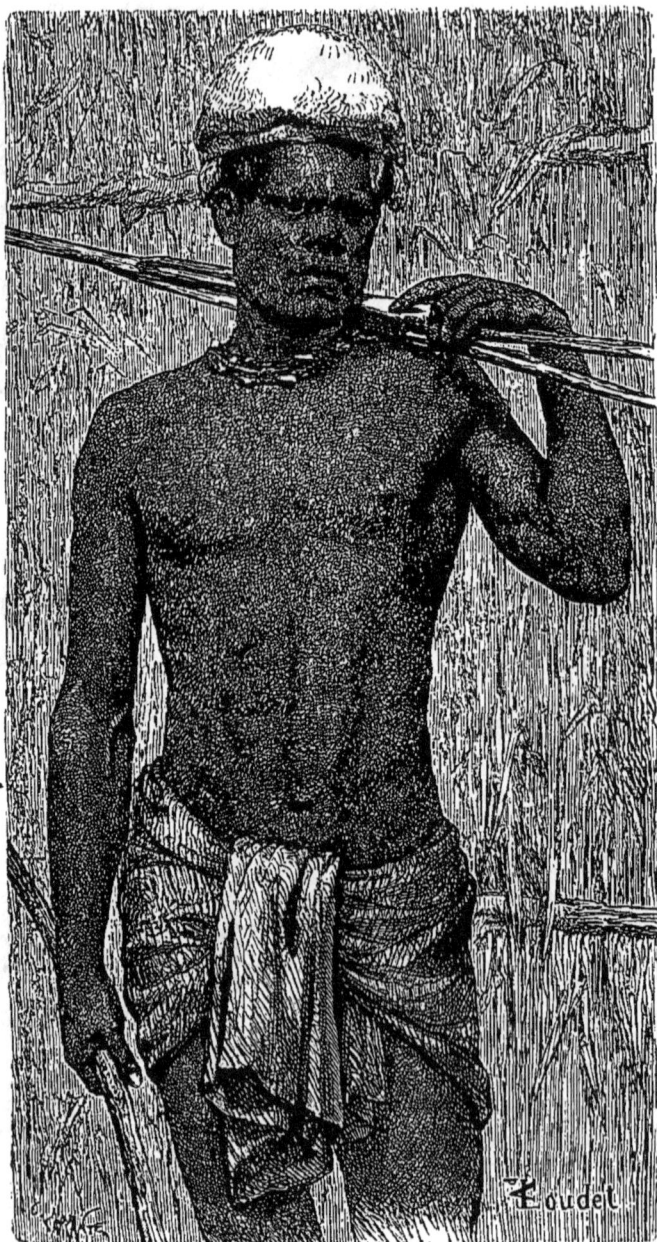

Fig. 328. Indigène calédonien.

Les cases ont une seule ouverture très-basse et très-étroite. Le soir, on les remplit de fumée, pour chasser les moustiques. On bouche ensuite l'étroite ouverture, et l'on s'endort sur des nattes,

pendant que la fumée, plus légère, flotte au-dessus des têtes.
Aussi est-il impossible de s'asseoir sans être à demi asphyxié.

Le long du rivage de la mer habitent de nombreux indigènes.
Ils venaient en foule à bord du vaisseau de M. Garnier, apportant
des provisions et des coquillages, et examinant tout avec la plus
grande attention.

Fig. 329. Village d'Hienghène, dans la Nouvelle-Calédonie.

Le type de cette tribu d'indigènes calédoniens est beau. M. Garnier remarqua parmi les visiteurs plusieurs hommes admirablement bâtis et parfaitement musclés. Il constata cependant ce défaut général des Néo-Calédoniens, d'avoir les jambes un peu
grêles relativement au buste, et les mollets placés plus haut
que chez les Européens.

Fig. 330. Indigènes calédoniens, d'après une photographie de M. Garnier.

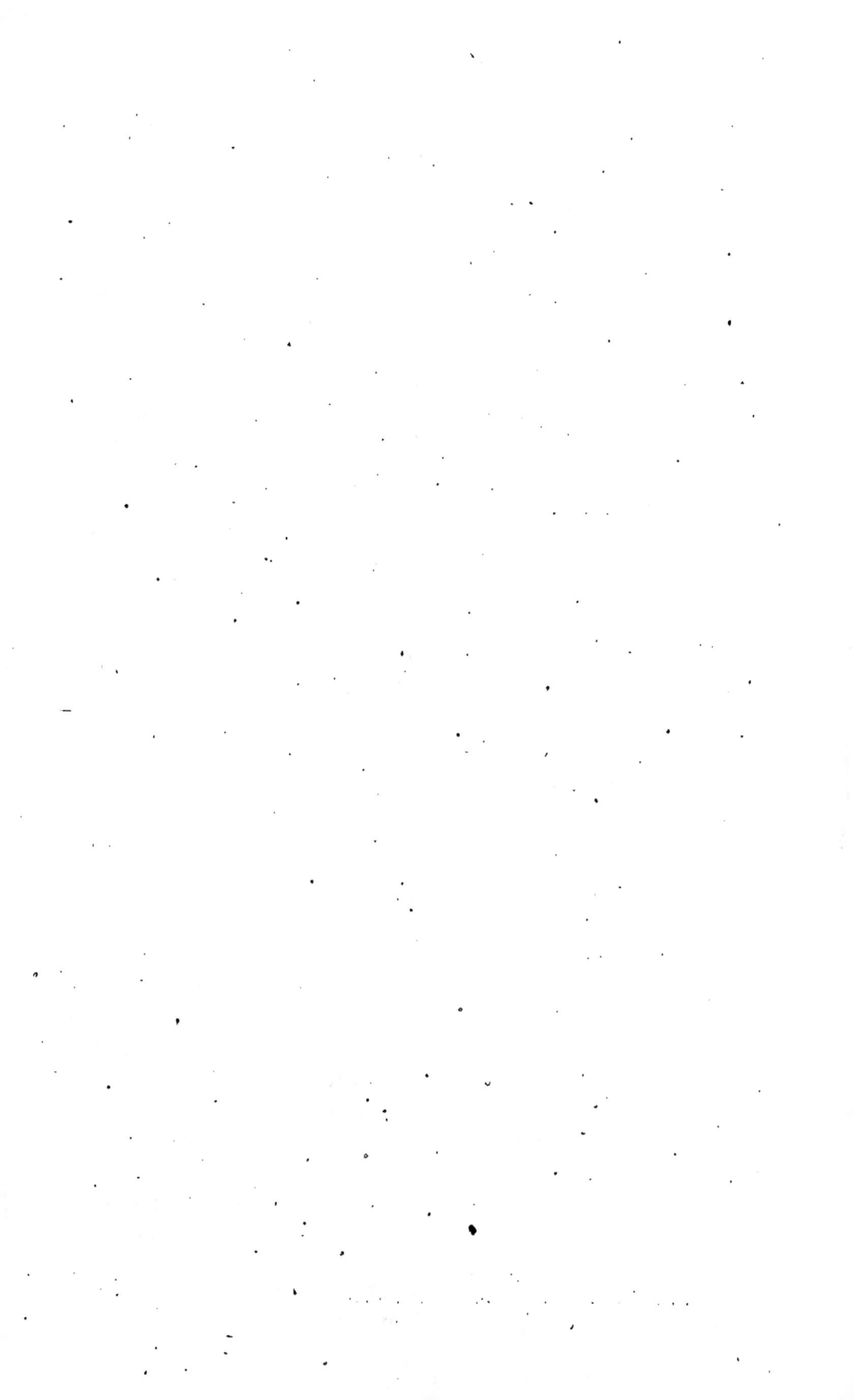

Soit habitude, soit constitution anatomique, ils prennent à chaque instant des poses qui nous fatigueraient horriblement. Ils s'assoient sur leurs talons des journées entières. Lorsqu'ils montent sur un cocotier, lorsqu'ils se reposent en route, ils prennent sans effort des positions vraiment extraordinaires.

On avait déjà signalé le singulier goût de certaines de ces peuplades pour la terre. M. Garnier s'est assuré de la réalité du fait. Cette terre est un silicate de magnésie, de couleur verdâtre. Elle se convertit sous la dent en une poussière douce et tendre qui n'a rien de désagréable au goût. Cependant l'usage de manger de la terre est peu général ; les femmes seules, dans certains cas de maladie, en prennent quelques pincées.

M. Garnier eut l'occasion d'assister au *pilou-pilou*, fête dansante célébrée à l'occasion de la récolte des ignames (fig. 331). Au sommet d'un plateau qui dominait une vaste plaine, étaient assis les chefs et les vieillards; au bas se tenait la foule, devant laquelle s'élevait un amas considérable d'ignames. Trente ou quarante jeunes gens, choisis parmi les plus beaux de la tribu, venaient en prendre chacun une charge, et tous ensemble remontaient au pas de course sur le plateau, avec leurs fardeaux, qu'ils déposaient aux pieds des chefs. Ensuite, toujours courant, ils retournaient au grand tas d'ignames, pour en rapporter une nouvelle charge, et ainsi de suite. Dans cette course effrénée, ils étaient suivis par la foule hurlante, qui bondissait autour d'eux en brandissant ses armes. Tout Européen se fût intéressé à cet étrange spectacle; mais un peintre, un sculpteur n'aurait pu se lasser d'admirer les formes des jeunes acteurs; de plus beaux modèles académiques ont rarement posé dans un atelier.

Cette fête fut interrompue par un combat simulé. Nus, ou ceints d'étoffes aux couleurs voyantes, les guerriers agitaient leurs armes, tout en bondissant, hurlant, injuriant leurs adversaires. Les vieillards au corps maigre, dont la main ne pouvait lancer la pierre ou la zagaie, animaient de la voix le courage des jeunes gens, et prodiguaient l'insulte à leurs ennemis.

Nous ne pouvons retracer en entier le curieux tableau que M. Garnier a donné de cette lutte. Mais la scène de cannibalisme à laquelle notre voyageur assista est trop dramatique pour que nous ne la reproduisions pas ici.

Une douzaine d'hommes étaient assis près d'un grand feu. M. Garnier reconnut les chefs qu'il avait vus le matin. Sur de

larges feuilles de bananier était placé un monceau de viandes
fumantes, entourées d'ignames et de *taros*. Les corps de quelques
malheureux tués dans la journée faisaient les frais de ce festin hideux. Le trou dans lequel on avait fait cuire leurs membres, détachés à coups de hache, était encore là. Une joie farouche se peignait sur les visages de ces démons. Ils mangeaient à deux mains.
Un vieux chef à la longue barbe blanche ne paraissait pas jouir
de l'appétit formidable de ses compagnons. Laissant de côté le
fémur, accompagné d'une épaisse couche de viande qu'on lui avait
offert, il se contentait de grignoter une tête. Il avait déjà enlevé
toutes les parties charnues, le nez et les joues ; restaient les yeux.
Le vieux chef prit un bout de bois pointu et l'enfonça dans les
deux prunelles. Il secouait ce crâne affreux, et en faisait sortir peu
à peu la cervelle. La chose ne se faisant pas assez vite, il mit
l'arrière de la tête dans le feu, et le reste de la substance cérébrale s'échappa aisément !...

FAMILLE ANDAMÈNE.

Nous comprenons dans la famille *andamène* ceux des noirs
orientaux qui présentent d'une manière tranchée les caractères
de la race nègre. Ces peuplades sont encore peu connues. Les
habitants de la *Nouvelle-Guinée* et ceux de l'île de *Leiçon*, les
indigènes des îles *Andamans* dans le golfe du Bengale, les noirs
de la presqu'île de Malacca, ceux qui habitent dans quelques
montagnes de l'*Indo-Chine*, ceux qui appartiennent à l'île *Van
Diémen*, enfin les indigènes de l'Australie, appartiennent à ce
groupe.

Chez tous ces peuples l'angle facial n'est que de 60 à 66 degrés ;
la bouche est très-grande, le nez large et épaté ; les bras sont
courts, les jambes grêles ; le teint est couleur de suie. Les femmes
sont vraiment hideuses.

Les tribus que forment ces peuplades sont, en général, nombreuses, et soumises à l'autorité arbitraire d'un chef. Le langage
est extrêmement borné. Il n'y a parmi elles ni gouvernement, ni
lois, ni cérémonies régulièrement établies. Quelques-unes même
ne savent pas construire des habitations.

Pour donner au lecteur une idée des peuples qui composent la
famille andamène, nous jetterons un coup d'œil sur les habitants
des îles Andamans et sur ceux de l'Australie.

Fig. 331. Le pilou-pilou, fête de nuit dans la Nouvelle-Calédonie.

Andamans. — Les habitations des Andamans appartiennent à la forme la plus rudimentaire et ne sont guère supérieures aux tanières des animaux sauvages. Quatre poteaux couverts d'un toit de feuilles de palmier composent ces abris, qui, ouverts à tous les vents, sont *ornés* d'os de cochon, de carapaces de tortues et de grands poissons desséchés et liés en grappes.

Quant aux habitants eux-mêmes, ils sont d'un noir très-foncé. Leur taille dépasse rarement cinq pieds. Ils ont la tête large et enfoncée dans les épaules ; leur chevelure est laineuse comme celle des noirs africains. Chez un grand nombre d'individus, le ventre est protubérant, et les membres inférieurs sont grêles. Ils vont dans une nudité absolue; seulement ils ont soin de se couvrir tout le corps d'une couche d'ocre jaune ou d'argile, qui les préserve de la piqûre des insectes. Ils se peignent le visage et saupoudrent leur chevelure avec de l'ocre rouge.

Cependant leurs armes sont fabriquées avec beaucoup d'habileté. Leurs arcs, qui offrent une très-forte résistance, sont faits d'une sorte de bois de fer, d'une forme gracieuse. Les flèches, qu'ils décochent avec adresse, sont armées de pointes fines ; il y en a de simples et de barbelées. Ils manient avec prestesse des *pagaies* courtes, marquées d'ocre rouge. Ils creusent leurs embarcations avec un instrument assez grossier, formé d'une pierre dure et tranchante liée à un manche par une forte corde de fibres végétales.

Les Andamans sont ichthyophages, car les mers qui baignent leurs îles abondent en excellents poissons et en mollusques savoureux. Les soles, les mulets, les huîtres forment leur principale ressource alimentaire. Lorsque durant les gros temps le poisson vient à manquer, ils mangent les lézards, les rats et les souris qui pullulent dans les bois.

Les Andamans ne sont pas cannibales, mais ils n'en sont pas moins une peuplade très-sauvage, qui n'existe pas même à l'état de tribu, et ne se compose que de véritables bandes:

On a épuisé à l'égard de ces grossiers habitants des îles du Bengale toutes les formules du dédain le plus méprisant. On s'est plu à les considérer comme des brutes de la dernière cruauté et de la plus extrême laideur. Des observations plus récentes et les quelques faits que nous avns cités montrent qu'il faut un peu adoucir cette appréciation.

Noirs d'Australie. — Nous arrivons aux peuples noirs qui habitent une partie de l'Australie.

Noùs trouverons dans les *Souvenirs d'un Squatter français en Australie*, par M. H. de Castella, de précieuses observations faites de *visu* sur ces grossières peuplades.

L'état sauvage dans lequel vivent les indigènes d'Australie est

Fig. 332. Indigène d'Australie.

la conséquence de la [pauvreté de leur pays, qui n'offre d'autre ressource d'alimentation que les animaux. Il est vrai que les animaux abondent dans ces contrées. Le kanguroo, l'écureuil, l'opossum, le chat sauvage et les oiseaux de toute espèce y sont tellement nombreux, que les indigènes n'ont pour ainsi dire qu'à étendre la main pour les atteindre. Sous ce doux climat ils peuvent vivre sans abri.

Fig. 333. Camp d'indigènes australiens.

Selon M. de Castella, les Nègres d'Australie seraient moins laids qu'on ne les a dépeints. Parmi les hommes qu'il examina, quelques-uns étaient grands et bien faits. Leur démarche lente et paresseuse n'était pas sans noblesse; ils marchaient avec une solennité qui rappelait le pas des acteurs tragiques sur la scène.

Les noirs australiens reconnaissent la famille. Chacun d'eux n'a qu'une femme, mais ils ne se marient pas dans leur propre tribu. Ils vivent campés par troupes, et maintenant que les tribus sont peu nombreuses, par tribus entières. Ils ne se construisent pas de huttes permanentes. Pendant l'été, de simples branches de gommier entassées et appuyées contre quelques bâtons plantés en terre les garantissent du soleil et du vent chaud. Pendant l'hiver, ils détachent des arbres de grands lambeaux d'écorce de huit à dix pieds de hauteur, qui ont pour largeur toute la circonférence du tronc; et avec ces écorces ils se font un abri, qu'ils opposent au côté d'où vient la pluie, et qu'ils déplacent si le vent vient à changer. Accroupi sur la terre nue, dans la peau d'opossum qui lui sert de lit et de vêtement, chacun d'eux se tient devant un foyer particulier.

Les figures 332 et 333 représentent, d'après des photographies, des indigènes d'Australie.

Aujourd'hui les Nègres australiens ont des fusils, et ils se servent de petites haches pour faire leur bois et couper les écorces. Mais ils n'avaient, il y a peu d'années, que des armes en bois dur, et leurs hachettes étaient des pierres aiguës attachées au bout de bâtons, comme les armes de silex dont faisaient usage les hommes antédiluviens. Entre les hommes de l'âge de pierre et les Nègres d'Australie il n'y a donc presque aucune différence. Aussi les naturalistes de nos jours ont-ils beaucoup profité de la connaissance des mœurs et coutumes sauvages des Australiens pour éclairer l'histoire de l'homme primitif.

M. H. de Castella admira l'adresse des Nègres australiens à monter sur des gommiers dont le tronc droit est souvent dépourvu de branches jusqu'à vingt et trente pieds de hauteur, et qui est d'ailleurs trop gros pour qu'on puisse l'embrasser. Arrivé, par des prodiges d'acrobatisme, aux nids des chats sauvages et des opossums, l'indigène saisissait l'animal et le jetait à sa femme.

Cette femme portait tout : son dernier-né dans un panier de jonc suspendu à son cou, dans une main le gibier tué, et dans l'autre une branche de gommier allumée, pour faire le feu quand la famille irait camper ailleurs. L'homme marchait en avant, ne portant que ses armes. La femme venait ensuite, puis les enfants, par rang de taille.

Jamais on ne rencontre plusieurs noirs australiens marchant de front, même quand ils sont très-nombreux. Quand toute une

Fig. 334. Australien indigène.

tribu voyage au travers des plaines, on voit une longue file noire se mouvoir au-dessus des hautes herbes.

M. de Castella a assisté au curieux spectacle que présente la pêche à l'anguille chez ces indigènes. Debout dans l'eau jusqu'à la ceinture, ils tiennent dans chaque main une lance, avec laquelle ils fouillent le fond de l'eau, se balançant et réglant leurs mouvements sur la mesure, parfaitement marquée, d'un de leurs chants. Quand ils ont traversé une anguille d'un coup de lance, ils transpercent la même anguille avec une seconde lance, dans un autre

Fig. 335. Une sépulture en Australie.

endroit du corps, puis tenant les deux pointes écartées, ils jettent l'anguille à terre. Ils prennent de cette façon des quantités prodigieuses de ce poisson. Pour préparer leur dîner, ils savent se passer de casserole. Ils placent le gibier ou le poisson sur des braises recouvertes d'un peu de cendre.

Tout le monde a entendu parler de l'adresse des peuples sauvages à voyager sur les rivières dans des canots d'écorce. Les Nègres d'Australie se font remarquer entre tous par leur habileté à diriger leur embarcation sur les eaux rapides. Deux personnes seulement peuvent se tenir dans leur canot. La lance leur tient lieu de rame, et ils s'en servent avec une adresse étonnante.

On n'est pas surpris, quand on connaît ce genre de vie barbare, d'apprendre que les tribus noires de l'Australie diminuent dans des proportions extraordinaires. De toute la tribu de *la Varra*, autrefois nombreuse, M. de Castella ne retrouva plus que dix-sept individus.

Ce qui frappa le plus l'auteur d'une relation du *Voyage de Sydney à Adélaïde*, imprimée en 1860 dans *le Tour du monde*, c'est le petit nombre d'indigènes qu'il rencontra dans un trajet de plus de 400 kilomètres. Au milieu de notre siècle, Stust et Mitchell avaient visité sur les affluents supérieurs du Murray des tribus qui se composaient alors de plusieurs centaines d'individus ; notre voyageur ne les trouva plus représentées que par des groupes épars de sept ou huit individus affamés. La figure 334 représente un des types dessinés par l'auteur que nous venons de citer.

Mitchell avait décrit dans son *Voyage* les *bocages de la mort*, ces poétiques sépultures des Australiens. L'auteur du voyage dont nous parlons ne les retrouva plus. Aujourd'hui leurs tombes sont toutes rustiques. Dans les déserts dénudés des contrées de l'ouest, quatre branches fichées en terre, et croisées à leur sommet (fig. 335) supportent la dépouille mortelle de l'Australien qui a pour suaire une peau de kangurou.

FIN DES RACES HUMAINES.

TABLE DES CHAPITRES.

Introduction . . . . .Page   1

RACE BLANCHE.

CHAPITRE I. — Rameau européen   40

Famille teutonne.   40
  —   latine.   69
  —   slave 127
  —   grecque 155

CHAPITRE II. — Rameau araméen. 169

Famille libyenne. 169
  —   sémitique. 190
  —   persique. 202
  —   géorgienne. 223
  —   circassienne. 224

RACE JAUNE.

CHAPITRE I. — Rameau hyperboréen 228

Famille laponne. 228
  —   samoyède. 232
  —   des Kamtchadales. 233
  —   des Esquimaux. 233
  —   des Iénisséiens 240
  —   iukaghire et koriake. 240

CHAPITRE II. — Rameau mongolique. 241

Famille mongole. 241
  —   tongouse. 249
  —   yakoute. 250
  —   turque. 256

CHAPITRE III. — Rameau sinique. 288

Famille chinoise. 288
  —   japonaise 332
  —   indo-chinoise 364

RACE BRUNE.

CHAPITRE I. — Rameau hindou 378

Famille hindoue 382
  —   malabare. 403

CHAPITRE II. — Rameau éthiopien................................. Page 404

Famille abyssinienne... 404
—   fellane.. 415

CHAPITRE III. — Rameau malais............................... 418

Famille malaise.. 418
—   polynésienne.. 435
—   micronésienne.. 459

RACE ROUGE.

CHAPITRE I. — Rameau méridional............................ 468

Famille andéenne.. 468
—   pampéenne... 481
—   guaranienne.. 497

CHAPITRE II. — Rameau septentrional........................ 514

Famille du sud.. 514
—   du nord-est.. 524
—   du nord-ouest.. 570

RACE NOIRE.

CHAPITRE I. — Rameau occidental............................ 576

Famille des Cafres.. 576
—   des Hottentots.. 581
—   des Nègres.. 584

CHAPITRE II. — Rameau oriental............................. 608

Famille papouenne.. 608
—   andamène.. 624